역 대 상

ESV 성경 해설 주석

편집자 주

• 성경의 문단과 절 구분은 ESV 성경의 구분을 기준하였습니다.
• 본문의 성경은 《성경전서 개역개정판》과 ESV 역을 주로 사용하였습니다.

ESV Expository Commentary: *1 Chronicles*
© 2019 Crossway
Originally published as *ESV Expository Commentary*, Volume 3: *1 Samuel-2 Chronicles*
Published by Crossway
a publishing ministry of Good News Publishers
Wheaton, Illinois 60187, U.S.A.

ESV EXPOSITORY COMMENTARY

역대상

ESV 성경 해설 주석

존 W. 올리 지음
정옥배 옮김

국제제자훈련원

추천의 글

성경은 하나님의 생명의 맥박이다. 성경은 사망에서 생명으로 옮겨 주는 생명의 책이다. 성경은 하나님의 창조와 구원 디자인에 따라 삶을 풍요롭게 하는 생활의 책이다. 성경을 바로 이해하고 적용해서 그대로 살면 우선 내가 살고 또 남을 살릴 수 있다. '하나님의 생기'가 약동하는 성경을 바로 강해하면 성령을 통한 생명과 생활의 변화가 분출된다. 이번에 〈ESV 성경 해설 주석〉 시리즈가 나왔다. 미국 필라델피아 웨스트민스터신학교의 이언 두기드 교수와 남침례교신학교의 제임스 해밀턴 교수와 커버넌트신학교의 제이 스클라 교수 등이 편집했다. 학문이 뛰어나고 경험이 많은 신세대 목회자/신학자들이 대거 주석 집필에 동참했다. 일단 개혁주의 성경신학 교수들이 편집한 주석으로 신학적으로 건전하다. 〈ESV 성경 해설 주석〉은 또한 목회와 신앙생활 전반에 소중한 자료다. 성경 내용을 총체적으로 이해하고 적용한 주석으로 읽고 사용하기가 쉽게 되어 있다. 성경 각 권의 개요와 주제와 저자와 집필 연대, 문학 형태, 성경 전체와의 관계, 해석적 도전 등을 서론으로 정리한 후 구절마다 충실하게 주석해 두었다. 정금보다 더 값지고 꿀보다 더 달고 태양보다 더 밝은 성경 말씀을 개혁주의 성경 해석의 원리에 따라 탁월하게 해석하고 적용한 〈ESV 성경 해설 주석〉이 지구촌 각 교회 지도자들과 성도들에게 널리 읽혀서 생명과 생활의 변화를 통해 하나님의 영광이 극대화되기 바란다.

권성수 | 대구 동신교회 담임목사

〈ESV 성경 해설 주석〉은 미국의 건전한 개혁주의 전통에 서 있는 젊고 탁월한 학자들을 중심으로 집필된 해설 주석이다. 이 책은 매우 읽기 쉬운 주석임에도 세세한 부분까지 놓치지 않고 해설을 집필해 놓았다. 성경 전체를 아우르는 신학적 큰 그림을 견지하면서도 난제는 간결하고 핵심을 찌르듯 해설한다. 목회자들이나 성경을 연구하는 이들은 이 주석을 통해 성경 기자의 의도를 쉽게 파악하여 설교와 삶의 적용에 적절하게 활용할 수 있을 것이다.

김성수 | 고려신학대학원 구약학 교수

ESV 성경은 복음주의 학자들이 원문에 충실하게 현대 언어로 번역한다는 원칙으로 2001년에 출간된 성경이다. ESV 번역을 기초로 한 이 해설 주석은 성경 본문의 역사적 의미를 밝힘으로써, 독자가 하나님의 영감된 메시지를 발견하도록 도울 목적으로 기획되었다. 각 저자는 본문에 대한 학문적 논의에 근거하여 일반 독자가 이해하고 적용할 수 있도록 충실하게 안내하고 있다. 또한 성경 각 권에 대한 서론은 저자와 본문을 이해하는 데 큰 도움을 준다. 이 주석은 말씀을 사모하는 모든 사람들, 특별히 말씀을 선포하고 가르치는 책임을 맡은 이들에게 신뢰할 만하고 사용하기에 유익한 안내서다.

김영봉 | 와싱톤사귐의교회 담임목사

〈ESV 성경 해설 주석〉은 성경 해석의 정확성, 명료성, 간결성, 통합성을 두루 갖춘 '건실한 주석'이다. 단단한 문법적 분석의 토대 위에 문학적 테크닉을 따라 복음 스토리의 흐름을 잘 따라가며, 구약 본문과의 연관성 속에서 견고한 성경신학적 함의를 제시한다. 성경을 이해하는 데 관심 있는 일반 독자들은 이 책을 통해 최신 해석들을 접할 수 있으며, 설교자들은 영적 묵상과 현대적 적용에 통찰을 얻을 수 있을 것이다.

김정우 | 총신대학교 명예교수, 한국신학정보연구원 원장

〈ESV 성경 해설 주석〉은 단락 개요, 주석 그리고 응답의 구조로 전개되기 때문에 독자는 성경의 말씀들을 독자 자신의 영적 형편에 적합하게 적용할 수 있다. 특히 절 단위의 분절적인 주석이 아니라 각 단락을 하나의 이야기로 묶어 해석하기 때문에 본서는 성경이라는 전체 숲을 파악하는 데 더없이 유익하다. 목회자, 성경 교사, 그리고 성경 애호적인 평신도들에게 추천할 만하다.

김회권 | 숭실대학교 기독교학과 구약신학 교수

성경 주석의 가장 중요한 사명은 하나님의 말씀을 바르게 해석하고 오늘날 청중에게 유익하게 적용할 수 있도록 안내하는 일이다. 〈ESV 성경 해설 주석〉은 목회자와 성도 모두에게 성경에 새겨진 하나님의 마음을 읽게 함으로 진리의 샘물을 마시게 할 뿐 아니라 하나님을 더욱 사랑하는 마음을 불러일으킨다. 성경과 함께 〈ESV 성경 해설 주석〉을 곁에 두라. 목회자는 강단에 생명력 있는 설교에 도움을 얻을 것이고 일반 독자는 말씀을 더 깊이 깨닫는 기쁨을 누릴 것이다.

류응렬 | 와싱톤중앙장로교회 담임목사, 고든콘웰신학교 객원교수

주석들의 주석이 아니라 성경을 섬기는 주석을, 학자들만의 유희의 공간이 아니라 현장을 섬기는 주석을, 역사적 의미만이 아니라 역사 속의 의미와 오늘 여기를 향하는 의미를 고민하는 주석을, 기발함보다는 기본에 충실한 주석을 보고 싶었다. 그래서 책장 속에 진열되는 주석이 아니라 책상 위에 있어 늘 손이 가는 주석을 기다렸다. 학문성을 갖추면서도 말씀의 능력을 믿으며 쓰고, 은혜를 갈망하며 쓰고, 교회를 염두에 두고 쓴 주석을 기대했다. 〈ESV 성경 해설 주석〉은 나를 성경으로 돌아가게 하고 그 성경으로 설교하고 싶게 한다. 내가 가진 다른 주석들을 대체하지 않으면서도 가장 먼저 찾게 할 만큼 탄탄하고 적실하다. 현학과 현란을 내려놓고 수수하고 담백하게 성경 본문을 도드라지게 한다.

박대영 | 광주소명교회 책임목사, 《묵상과 설교》 편집장

또 하나의 주석을 접하며 무엇이 특별한가 하는 질문부터 하게 된다. 먼저 디테일하고 전문적인 주석과 학문적인 논의의 지루함을 면케 해주면서도 성경 본문의 흐름과 의미 그리고 중요한 주제의 핵심을 잘 파악하게 해 준다는 점을 들 수 있다. 그래서 분주한 사역과 삶으로 쫓기는 이들의 시간과 에너지를 절약해 준다는 이점이 있다. 또한 본문에 대한 충실한 해석뿐 아니라 그 적용까지 이끌어낼 수 있도록 돕는다는 점이 유익하다. 더불어 가독성이 뛰어나다는 점에서 설교를 준비하는 이들뿐 아니라 성경을 바로 이해하기 원하는 모든 교인들에게 적합한 주석이다.

박영돈 | 작은목자들교회 담임목사, 고려신학대학원 교의학 명예교수

성경이 질문하고 성경이 답변하게 하는 방법을 찾는 것은 이 시대에 성경을 연구하거나 가르치거나 설교하는 이들의 가장 큰 고민거리라고 할 수 있다. 그동안 접했던 많은 성경 주석서들은 내용이 너무 간략하거나 지나치게 방대했다. 〈ESV 성경 해설 주석〉은 이 시대의 목회자들뿐만 아니라 진리를 갈망하는 모든 신자들, 특히 제자

훈련을 경험하는 모든 동역자들에게 매우 신선하고 깊이 있는 영감을 공급하는 주석이다. 첫째, 해석이 매우 간결하고 담백하면서도 깊이가 있다. 둘째, 영어 성경과 대조해서 본문을 폭넓게 이해할 수 있다. 셋째, 성경 원어 이해를 돕기 위한 세심한 배려는 목회자뿐만 아니라 성경의 깊이를 탐구하는 모든 신앙인들에게도 큰 유익을 준다. 넷째, 이 한 권으로 충분할 수 있다. 성경이 말하기를 갈망하는 목회자의 서재뿐만 아니라 말씀을 사랑하는 모든 신앙인들의 거실과 믿음 안에서 자라나는 다음 세대의 공부방들도 〈ESV 성경 해설 주석〉이 선물하는 그 풍성한 말씀의 보고(寶庫)가 되기를 염원한다.

故 박정식 | 전 은혜의교회 담임목사

〈ESV 성경 해설 주석〉는 성경 본문을 통해 저자가 드러내기 원하는 사고의 흐름을 따라가면서 예수님을 중심으로 하는 구원계시사적 관점에서 친절히 해설한다. 《ESV 스터디 바이블》의 묘미를 맛본 분이라면, 이번 〈ESV 성경 해설 주석〉을 통해 복음에 충실한 개혁주의 해설 주석의 간명하고도 풍성한 진미를 기대해도 좋다. 설교자는 물론 성경을 진지하게 읽음으로 복음의 유익을 얻기 원하는 모든 크리스천에게 독자 친화적이며 목회 적용적인 이 주석 시리즈를 기쁘게 추천한다.

송영목 | 고신대학교 신학과 신약학 교수

일반 성도들이 성경을 읽을 때 곁에 두고 참고할 만한 자료가 의외로 많지 않다. 그런 점에서 〈ESV 성경 해설 주석〉이 한국에 소개되는 것을 매우 기쁘게 생각한다. 학술적이지 않으면서도 깊이가 있는 성경 강해를 명료하게 담아내고 있기 때문이다. 성경을 바르고 분명하게 이해하려는 모든 성도들에게 큰 도움이 되리라 확신하며 추천한다.

송태근 | 삼일교회 담임목사, 미셔널신학연구소 대표

본 시리즈는 장황한 문법적 · 구문론적 논의는 피하고 본문의 흐름을 따라 단락별로 본문의 핵심을 파악할 수 있도록 도와주는 매우 간결하고 효율적인 주석 시리즈다. 본 시리즈는 석의 과정에서 성경신학적으로 건전한 관점을 지향하면서도, 각 책의 고유한 신학적 특성을 드러내 보여주는 것도 소홀히 하지 않는다. 특히 본 시리즈는 목회자들이 설교를 준비할 때 본문 이해의 시발점으로 사용하기에 적절하며, 평신도들이 읽기에도 과히 어렵지 않은 독자 친화적 주석이다. 본 시리즈는 성경을 연구하는 모든 이들에게 매우 요긴한 동반자가 될 것이다.

양용의 | 에스라성경대학원대학교 신약학 교수

메시아적 시각을 평신도의 눈높이로 풀어낸 주석이다. 주석은 그저 어려운 책이라는 편견을 깨뜨리고 성경을 사랑하는 모든 이의 가슴 속으로 살갑게 파고든다. 좋은 책은 평생의 친구처럼 이야기를 듣고 들려주면서 함께 호흡한다는 점에서 〈ESV 성경 해설 주석〉은 가히 독보적이다. 깊이에서는 신학적이요, 통찰에서는 목회적이며, 영감에서는 말씀에 갈급한 모든 이들에게 열린 책이라고 할 수 있다. 서사적 구조와 시의 적절한 비유적 서술은 누구라도 마음의 빗장을 해제하고, 침실의 머리맡에 두면서 읽어도 좋을 만큼 영혼의 위로를 주면서도, 말씀이 주는 은혜로 새벽녘까지 심령을 사로잡을 것으로 믿는다. 비대면의 일상화 속에서 말씀을 가까이하는 모든 이들이 재산을 팔아 진주가 묻힌 밭을 사는 심정으로 사서 평생의 반려자처럼 품어야 할 책이다.

오정현 | 사랑의교회 담임목사, SaRang Global Academy 총장

〈ESV 성경 해설 주석〉 시리즈의 특징은 신학자나 목회자들에게도 도움이 되겠지만 평신도 지도자인 소그룹 인도자들의 성경본문 이해에 대한 통찰력을 제공한다. 건강한 교회의 공통분모인 소그룹 활성화를 위하여 인도자의 영적 양식은 물론 그룹원들의 일상을 새로운 각도에서 조명하는 원리를 찾아주는 데 도움을 준다. 서로 마음이 통하는 반가운 친구처럼 손 가까이 두고 싶은 책으로 추천하고 싶다.

오정호 | 새로남교회 담임목사, 제자훈련 목회자네트워크(CAL-NET) 이사장

〈ESV 성경 해설 주석〉은 내용이 충실하여 활용성이 높고, 문체와 편집이 돋보여 생동감을 주기에 충분하다. 이와 함께 본문의 의미를 최대한 살려내는 심오한 해석은 기존의 우수한 주석들과 어깨를 나란히 할 만큼 정교하다. 또한 본 시리즈는 성경 각 권을 주석함과 동시에 성경 전체를 관통하는 그리스도 중심의 구속사적 관점을 생생하게 적용함으로써 탁월함을 보인다. 설교자와 성경 연구자에게는 본문에 대한 알찬 주석을 제공한다는 차원에서 오아시스와 같고, 실용적인 주석을 기다려온 평신도들에게는 설명이 뛰어나다는 점에서 가장 이상적인 해설서로 적극 추천한다.

윤철원 | 서울신학대학원 신약학 교수, 한국신약학회 회장

설교자들은 늘 신학적으로 탄탄하면서도 성경신학적인 주석서가 목말랐다. 학문적으로 치우쳐 부담되거나 석의가 부실한 가벼운 주석서들과는 달리 〈ESV 성경 해설 주석〉은 깊이 있는 주해와 적용에 이르기까지 여러 면에서 균형을 고루 갖춘 해설 주석서다. 한국 교회 강단을 풍성케 할 역작으로 기대된다.

이규현 | 수영로교회 담임목사

ESV 성경은 원문을 최대한 살려서 가장 최근에 현대 영어로 번역한 성경이다. 100여 명의 대표적인 복음주의 학자와 목회자들로 구성된 팀이 만든 ESV 성경은 '단어의 정확성'과 문학적 우수성뿐만 아니라 그 의미를 깊이 있게 드러내는 영어 성경이다. 2001년에 출간된 이후 교회 지도자들과 수많은 교파와 기독교 단체에서 널리 사용되었고, 현재 전 세계 수백만의 그리스도인들이 사용하고 있다. 〈ESV 성경 해설 주석〉은 무엇보다 개관, 개요, 주석이 명료하고 탁월하다. 포스트모던 시대에도 진지한 강해설교를 고민하는 모든 목회자들과 성경공부 인도자들에게 마음을 다하여 추천하고 싶다. 이 책을 손에 잡은 모든 이들은 손에 하늘의 보물을 잡은 감사를 느끼게 될 것이다.

이동원 | 지구촌교회 원로목사, 지구촌 목회리더십센터 대표

〈ESV 성경 해설 주석〉은 '성경'을 '말씀'으로 대하는 신중함과 경건함이 부드럽지만 강렬하게 느껴지는 저술이다. 본문의 흐름과 배경을 알기 쉽게 보여주면서 본문의 핵심을 명확하게 제시하는 묘한 힘을 가지고 있다. 연구와 통찰을 질서 있고 조화롭게 제공하여 본문을 보는 안목을 깊게 해 주고, 말씀을 받아들이는 마음을 곧추세우게 해 준다. 주석서에서 기대하는 바가 한꺼번에 채워지는 느낌이다. 설교를 준비하는 목회자, 성경을 연구하는 신학생, 말씀으로 하나님을 만나려는 성도 모두에게 단비 같은 주석이다.

이진섭 | 에스라성경대학원대학교 신약학 교수

ESV 성경 간행에 이은 〈ESV 성경 해설 주석〉의 발간은 이 땅을 살아가는 '말씀의 사역자'들은 물론, 모든 '한 책의 백성'들에게 주어진 이중의 선물이다. 본서는 구속사에 대한 거시적 시각과 각 구절에 대한 미시적 통찰, 학자들을 위한 학술적 깊이와 설교자들을 위한 주해적 풀이, 그리고 본문에 대한 탁월한 설명과 현장에 대한 감동적인 적용을 다 아우르고 있는 성경의 '끝장 주석'이라 할 만하다.

전광식 | 고신대학교 신학과 교수, 전 고신대학교 총장

〈ESV 성경 해설 주석〉은 처음부터 그 목적을 분명히 하고 집필되었다. 자기 스스로 경건에 이르도록 성장하기 위해서, 또 다른 사람들을 가르치기 위해서, 성경을 진지하게 연구하는 모든 사람들에게 도움을 주기 위해서라고 밝힌다. 목사들에게는 목회에 유익한 주석이요, 성도들에게는 적용을 돕는 주석이다. 또 누구에게나 따뜻한 감동을 안겨주는, 그리하여 주석도 은혜가 된다는 것을 새삼 확인할 것이다. 학적인

주석을 의도하지 않았지만, 이 주석의 구성도 주목할 만하다. 한글과 영어로 된 본문, 단락 개관, 개요, 주해, 응답으로 구성되어 있다. 만약 신구약 한 질의 주석을 곁에 두길 원하는 성도라면, 〈ESV 성경 해설 주석〉 시리즈는 틀림없이 실망시키지 아니할 것이라고 확신한다.

정근두 | 울산교회 원로목사

말씀을 깊이 연구하는 일부의 사람들에게는 원어 주해가 도움이 되겠지만, 강단에 서는 설교자들에게는 오히려 해설 주석이 더 요긴하다. 〈ESV 성경 해설 주석〉은 본문 해설에 있어 정통 신학, 폭넓은 정보, 목회적 활용성, 그리고 적용에 초점을 두었다. 이 책은 한마디로 설교자를 위한 책이다. 헬라어나 히브리어에 능숙하지 않아도 친숙하게 성경 본문을 연구할 수 있다는 점에서 주변 목회자들에게 적극적으로 추천하고 싶다. 목회자가 아닌 일반 성도들도 깊고 풍성한 말씀에 대한 갈증이 있다면, 본 주석 시리즈를 참고할 것을 강력하게 권하고 싶다.

정성욱 | 덴버신학교 조직신학 교수

입고 있는 옷이 있어도 새 옷이 필요할 때가 있다. 기존의 것이 낡아서라기보다는 신상품의 맞춤식 매력이 탁월하기 때문이다. 〈ESV 성경 해설 주석〉 시리즈는 분주한 오늘의 목회자와 신학생뿐 아니라 성경교사 및 일반 그리스도인의 허기지고 목마른 영성의 시냇가에 심길 각종 푸르른 실과나무이자 물 댄 동산과도 같다. 실력으로 검증받은 젊은 저자들은 개혁/복음주의 신학과 신앙의 깊은 닻을 내리고, 성경 각 권의 구조와 문맥의 틀 안에서 저자의 의도를 핵심적으로 포착하여 침침했던 본문에 빛을 던져준다. 아울러 구속사적 관점 아래 그리스도 중심적 의미와 교회-설교-실천적 적용의 돛을 바라보게 함으로써 본문의 지평을 한층 더 활짝 열어준다. 한글/영어 대역으로 성경 본문이 제공된다는 점은 한국인 독자만이 누리는 보너스이리라. "좋은 주석은 두껍고 어렵지 않을까"라는 우려를 씻어주듯 이 시리즈 주석서는 적절한 분량으로 구성된 '착한 성경 해설서'라 불리는 데 손색이 없다. 한국 교회 성도의 말씀 묵상, 신학생의 성경 경외, 목회자의 바른 설교를 향상시키는 데 〈ESV 성경 해설 주석〉 시리즈만큼 각 사람에게 골고루 영향을 끼칠 주석은 찾기 어려울 듯싶다. 기쁨과 확신 가운데 추천할 수 있는 이유다.

허주 | 아세아연합신학대학교 신약학 교수, 한국복음주의신약학회 회장

〈ESV 성경 해설 주석〉은 정확무오한 하나님의 말씀을 전하는 설교자와 전도자들에게 훌륭한 참고서다. 성경적으로 건전하고 신학적으로 충실할 뿐 아니라 목회 현장에 실질적인 도움이 된다. 나 또한 나의 설교와 가르침의 사역에 활용할 수 있기를 고대한다.

대니얼 에이킨 (Daniel L. Akin) | 사우스이스턴침례신학교 총장

하나님은 그의 아들에 대해 아는 것으로 모든 열방을 축복하시려는 영원하고 세계적인 계획을 그의 말씀을 통해 드러내신다. 이 주석이 출간되어 교회들이 활용할 수 있게 된 것만으로 행복하고, 성경에 대한 명확한 해설로 말미암아 충실하게 이해할 수 있게 해 준 것은 열방에 대한 축복이다. 물이 바다를 덮음같이 하나님의 영광에 대한 지식이 온 땅에 충만해지는데 이 주석이 사용되길 바란다.

이언 추 (Ian Chew) | 목사, 싱가포르 케이포로드침례교회

〈ESV 성경 해설 주석〉은 탁월한 성경 해설과 깊이 있는 성경신학에 바탕한 보물 같은 주석이다. 수준 높은 학구적 자료를 찾는 독자들뿐만 아니라 읽기 쉽고 이해하기 쉽도록 잘 정리된 주석을 원하는 사람들에게도 적합하다. 목회자, 성경교사, 신학생들에게 이 귀한 주석이 큰 도움이 되고 믿을 수 있는 길잡이가 되리라 확신한다.

데이비드 도커리 (David S. Dockery) | 사우스웨스턴침례신학교 석좌교수

대단한 주석! 성경을 배우는 모든 학생들에게 도움이 될 수 있도록 최고 수준의 학자들이 성경의 정수를 정리하여 접근성을 높여서 빠르게 참고하기에 이상적인 주석이다. 나 또한 설교 준비와 성경 연구에 자주 참고하고 있다.

아지스 페르난도 (Ajith Fernando) | 스리랑카 YFC 교육이사, *Discipling in a Multicultural World* 저자

〈ESV 성경 해설 주석〉은 성경교사들의 기초 자료로서 활용성 높은 최고의 주석 중 하나다. 일반 독자들도 쉽게 이해할 수 있는 동시에 강해설교가들에게 충분한 배움을 제공한다. 이 주석 시리즈는 성경을 제대로 배우고자 하는 전 세계 신학생들에게도 표준 참고서가 될 것이다.

필립 라이켄 (Philip Graham Ryken) | 휘튼칼리지 총장

〈ESV 성경 해설 주석〉에 대하여

성경은 생명으로 맥동한다. 성령은 믿음으로 성경을 읽고 소화해서 말씀대로 살아가는 사람들에게 맥동하는 생명력을 전해 준다. 하나님께서 성경 안에 자신을 계시하셨기 때문에 성경은 꿀보다 달고 금보다 귀하며, 모든 부(富)보다 가치 있다. 주님은 온 세상을 위해 생명의 말씀인 성경을 자신의 교회에 맡기셨다.

또한 주님은 교회에 교사들을 세우셔서 하나님의 말씀이 무엇을 의미하는지를 설명해 주고 각 세대에 어떻게 적용해야 하는지를 분명하게 보여주도록 하셨다. 우리는 이 주석이 하나님의 말씀을 진지하게 공부하는 모든 사람들, 즉 다른 사람들에게 가르치기 위해 성경을 연구하는 사람들과 스스로 경건에 이르도록 성장하기 위해 성경을 공부하는 사람들에게 큰 유익을 주길 기도한다. 우리의 목표는 성경 본문을 그리스도 중심적으로 명료하고 뚜렷하게 설명하는 것이다. 모든 성경은 그리스도에 대해 말하고 있으며(눅 24:27), 우리는 성경의 각 책이 우리가 "예수 그리스도의 얼굴에 있는 하나님의 영광을 아는 빛"(고후 4:6)을 보도록 어떻게 돕고 있는지 알려주길 원한다. 그런 목표를 이루고자 이 주석 시리즈를 집필하는 저자들에게 다음과 같은 원칙을 제시했다.

- 올바른 석의를 토대로 한 주석 성경 본문에 나타나 있는 사고의 흐름과 추론 방식을 충실하게 따를 것.
- 철저하게 성경신학적인 주석 성경은 다양한 내용들을 다루지만, 그리스도 안에서 완성된 구속이라는 단일한 주제를 말하고 있다는 점에서 성경 전체를 하나의 통일된 관점으로 볼 수 있게 할 것.
- 전 세계를 대상으로 한 주석 성경과 신학적으로 신뢰할 만한 자료들을 가능한 한 많은 사람들에게 공급하겠다는 크로스웨이(Crossway)의 선교 목적에 맞게 전 세계 독자들이 공감하고 필요로 하는 주석으로 집필할 것.
- 폭넓은 개혁주의 주석 종교개혁의 역사적 흐름 안에서 오직 은혜와 오직 믿음으로 말미암아 오직 그리스도 안에서 오직 성경의 가르침을 따라 오직 하나님의 영광을 위한 구원을 천명하고, 큰 죄인에게 큰 은혜를 베푸신 크신 하나님을 높일 것.
- 교리 친화적인 주석 신학적 담론도 중요하므로 역사적 또는 오늘날 신학적으로 중요한 문제들과 성경 본문에 대한 주석을 서로 연결하여 적절하고 함축성 있게 다룰 것.
- 목회에 유익한 주석 문법적이거나 구문론적인 긴 논쟁을 피하고, 하나님을 경외하는 마음으로 '성경 본문 아래 앉아' 경청하게 할 것.
- 적용을 염두에 둔 주석 오늘날 서구권은 물론이고 그 밖의 다른 세계에서 살아가는 사람들이 처한 상황과 성경 본문이 어떻게 연결되는지를 간결하면서도 일관되게 제시할 것(이 주석은 전 세계 다양한 상황 가운데 살아가는 사람들을 대상으로 하기 때문에).
- 간결하면서도 핵심을 찌르는 주석 성경에 나오는 단어들을 일일이 분석하는 대신, 본문의 흐름을 짚어내서 간결한 언어로 생동감 있게 강해할 것.

이 주석서에서 기본적으로 사용한 영역 성경은 ESV이지만, 집필자들에게 원어 성경을 참조해서 강해와 주석을 집필하도록 요청했다. 또한 무조건 ESV 성경 번역자들의 결해(結解)를 따르라고 요구하지도 않았다.

인간이 세운 문명은 시간이 흐르면 무너져서 폐허가 되지만, 하나님의 말씀은 영원히 서 있다. 우리 또한 바로 그 말씀 위에 서 있다. 성경의 위대한 진리들은 시간과 공간을 뛰어넘어 말하고, 우리의 목표는 전 세계적으로 적용될 수 있는 방식으로 그 진리들을 전하는 것이다.

하나님께서 자신의 말씀을 연구하는 일에 복을 주시고, 그 말씀을 강해하고 설명하려는 이 시도에 흡족해 하시기를 기도한다.

차례

약어표

참고 자료 |

AB Anchor Bible

ApOTC Apollos Old Testament Commentary

BAR *Biblical Archaeology Review*

BCBC Believers Church Bible Commentary

DOTHB *Dictionary of the Old Testament: Historical Books*. Edited by Bill T. Arnold and H. G. M. Williamson. Downers Grove, IL: IVP Academic, 2005.

DSB Daily Study Bible

HALOT *The Hebrew and Aramaic Lexicon of the Old Testament.* Ludwig Koehler, Walter Baumgartner, and Johann J. Stamm. Translated and edited under the supervision of Mervyn E. J. Richardson. 5 vols. Leiden: Brill, 1994–2000.

JBL *Journal of Biblical Literature*

JHebS *Journal of Hebrew Scriptures*

JSOTSup Journal for the Study of the Old Testament Supplement Series

LHBOTS The Library of Hebrew Bible/Old Testament Studies

NAC New American Commentary

NCBC New Century Bible Commentary

NIB *The New Interpreter's Bible*. Edited by Leander E. Keck. 12 vols. Nashville: Abingdon, 1994–2004.

NIDOTTE *New International Dictionary of Old Testament Theology and Exegesis*. Edited by Willem A. VanGemeren. 5 vols. Grand Rapids, MI: Zondervan, 1997.

NIVAC NIV Application Commentary

NPNF2 *Nicene and Post-Nicene Fathers, Series 2*

NSBT New Studies in Biblical Theology

OtSt *Oudtestamentische Studiën*

TDOT *Theological Dictionary of the Old Testament*. Edited by G. Johannes Botterweck and Helmer Ringgren. Translated by John T. Willis et al. 8 vols. Grand Rapids, MI: Eerdmans, 1974–2006.

TOTC Tyndale Old Testament Commentaries

VT *Vetus Testamentum*

WBC Word Biblical Commentary

성경

구약 ▶

창 창세기
출 출애굽기
레 레위기
민 민수기
신 신명기
수 여호수아
삿 사사기
룻 룻기
삼상 사무엘상
삼하 사무엘하
왕상 열왕기상
왕하 열왕기하
대상 역대상
대하 역대하
스 에스라
느 느헤미야
에 에스더
욥 욥기
시 시편
잠 잠언
전 전도서
아 아가
사 이사야
렘 예레미야
애 예레미야애가
겔 에스겔
단 다니엘
호 호세아
욜 요엘
암 아모스
옵 오바댜
욘 요나
미 미가
나 나훔
합 하박국
습 스바냐
학 학개
슥 스가랴
말 말라기

신약 ▶

마 마태복음
막 마가복음
눅 누가복음
요 요한복음
행 사도행전
롬 로마서
고전 고린도전서
고후 고린도후서
갈 갈라디아서
엡 에베소서
빌 빌립보서
골 골로새서
살전 데살로니가전서
살후 데살로니가후서
딤전 디모데전서
딤후 디모데후서
딛 디도서
몬 빌레몬서
히 히브리서
약 야고보서
벧전 베드로전서
벧후 베드로후서
요일 요한일서
요이 요한이서
요삼 요한삼서
유 유다서
계 요한계시록

역대기 서론

개관

어느 사회에서나 이야기는 삶에서 빠뜨릴 수 없는 요소다. 어떤 차원에서 보면 이야기는 재미를 준다. 특히 가족, 교회, 인종 집단, 조직, 민족 내에서 거듭해서 반복되는 이야기들이 그렇다. 이야기는 우리가 어디에서 왔는지, 우리가 어디에 속해 있는지, 우리가 어디에서 가치관과 방향을 찾는지 말해준다. "이것이 우리가 일을 행하는 방식이다." 이야기는 현재를 조명하고 미래로 가는 길을 가리키기 위해 과거를 되풀이해서 말한다. 하나님의 백성에게 성경 내러티브들은 앞으로 나아가도록 도우면서 삶과 믿음을 유지하는 소망의 이미지를 제공한다. 이야기는 의식들, 종종 연례적으로 행해지는 것과 연관되어 있을 수 있으며 그것이 갖는 친숙함이야말로 이야기가 지닌 힘이다.

역대상하(지금부터는 '역대기'라고 하겠다)는 포로 생활 중에 영원하고 삶에 의미와 정체성을 부여했던 모든 것을 잃어버린 사람들에게 과거의 일을 이야기한다. 이제 그들은 이방의 지배하에 하나님의 백성의 공동체로 다시 세워져 가기 시작했다. 역대기에 나오는 내용 중 많은 것은 사무엘하 및 열왕기상하와 유사하지만, 여기에 나오는 강조점들은 다르다. 역대기는 바꿔 말하고 재배열하며, 역대기 자료 중 상당한 분량은 성경의 다른 부분과 유사점이 없다. 역사는 보통 승자와 지배자들이 그들의 관점에서 말한다. 하지만 여기서 역사는 정치적, 경제적, 군사적으로 약하며, 다른 사람의 지배를 받는 사람들 입장에서 이야기한다. 역대기 저자는 "우리 조상들의 하나님 여호와여 주는 하늘에서 하나님이 아니시니이까 이방 사람들의 모든 나라를 다스리지 아니하시나이까"(대하 20:6)라고 믿음을 격려하며, 백성은 예배 가운데 "하늘은 기뻐하고 땅은 즐거워하며 모든 나라 중에서는 이르기를 여호와께서 통치하신다 할지로다"(대상 16:31, 참고. 서론의 '역대기 신학')라고 노래한다.

전반적 구조면에서 보면, 시작 부분에 나오는 역대기 계보들(대상 1-9장)은 백성을 모든 인류라는 맥락 속에서 보며 이스라엘과 그의 아들들 시대로부터 열두 지파로서 계속 이어진 이스라엘을 묘사한다. 유다의 계보는 다윗의 혈통을 포함하는 것으로 목록 제일 처음에 나오며, 가운데 나오는 것은 레위의 계보로 레위의 혈통에서 제사장들 및 성전의 다른 일꾼들이 나온다. 이런 배치는 이 책 나머지 부분에서 다윗과 성전이 둘 다 중요하다는 것을 강조한다.

사울의 죽음에 대한 짧은 글(대상 10장)이 나온 후, 역대상 나머지 부분은 다윗의 통치에 대해 말하면서, 궤를 위한 상세한 준비와 솔로몬이 건축할 성전을 위한 준비 그리고 다윗의 승리들에 대한 요약과 다윗의 "용사" 목록을 나열한다. 다윗은 성전을 건축할 수가 없다. "[그는] 전쟁을 많이 한 사람"(대상 28:3)이기 때문이다. 하지만 다윗은 설계도와 자료를 마련해놓으며 국민의 지지를 확보한다. 솔로몬의 통치는 역대하 1-9장의 초점으로, 성전 건축과 봉헌 그리고 솔로몬의 업적들에 주의를 기울인다.

다음 장들에서는 유다의 왕들에게 초점을 맞춘다(대하 10-36장). 북왕국의 왕들은 그들이 남왕국을 침범할 때만 등장한다. 하지만 북쪽 지파 사람들이 예루살렘에서 성전 예배에 참여하는 것이 나오기는 한다. 개혁가인 히스기야(대하 29-32장)와 요시야(대하 34-35장)의 통치는 단연 눈에 띈다.

마지막으로, 예루살렘이 최종적으로 점령당하고 불태워지는 것에 대한 짧은 설명이 나온 후(대하 36:17-21) 역대기는 바사 왕 고레스의 칙령으로 긍정적으로 끝나는데, 결론부에 나오는 다음과 같은 말은 지속적 도전을 제공한다. "너희 중에 그의 백성된 자는 다 올라갈지어다 너희 하나님 여호와께서 함께 하시기를 원하노라"(대하 36:22-23).

제목

히브리어 제목은 적어도 랍비 시대부터는 세페르 디브레 하야밈(*Sefer Dibre Hayyamim*), '당시의 사건들(혹은 '말씀들')의 책'이다. 이것은 열왕기상하에서 언급된 잃어버린 책들에 대해 사용된 표현법을 따른다(참고. 왕상 14:19, 29). 70인역 제목은 파랄레이포메논(*Paraleipomenōn*)으로 '빠진 것들'(matters left out)이라는 의미이다. 그것은 역대기가 대개 열왕기상하를 보충하는 것임을 암시한다.

라틴어로 된 불가타 성서에서는 70인역의 이름을 그대로 지니고 있지만, 제롬(Jerome, 약 주후 400년)은 선택된 역사적 사건들을 연대 순서로 쓴 글이라는 의미의 헬라어 용어[크로니콘(*chronikon*)]를 사용해서, 그 책을 "모든 신적 역사의 연대기"라고 묘사한다.[1] 제롬은 역대기가 뭔가를 보충하는 것이기보다는 아담으로부터 시작해서 다시 쓰는 글이라고 인식했다. 마틴 루터(Martin Luther)는 그의 강의들 및 그가 번역한 1534년판 독일어 역본에서 제롬의 말을 이어받아, '디 크로니카'(*Die Chronika*)라는 제목을 사용했다. 이것은 마일스 커버데일(Miles Coverdale)의 1535년판 영어 역본에 영향을 끼쳤다. 그 역본은 영어 제목으로는 최초로 '역대기'라는 말을 사용했는데, 이후

1 Jerome, *Preface to the Books of Samuel and Kings* (NPNF2 6:490).

에 나온 영어 역본들은 그 제목을 따랐다. 히브리어 사본에서 역대기는 한 권의 책이다(대상 27:25이 한가운데 구절로 표시되어 있다). 그 책을 두 권으로 나누는 것은 이제는 보편화된 것으로, 가장 이른 시기의 70인역 역본을 따른다.

저자, 저작 연대, 배경

유대 전통은 에스라가 역대기와 에스라-느헤미야 둘 다의 저자라고 말한다. 하지만 이 책들의 강조점과 관심사에서 차이가 나는 것은 두 책의 저자가 서로 다른 사람임을 가리킨다. 역대기 저자는 미상이며 오늘날에는 '역대기 저자'(Chronicler)라고 일컬어진다. 성전 예배 및 그 조직과 관련된 역대기의 광범위한 내용으로 보아 저자는 레위 사람인 듯하다.

연대에 관해서는, 계보들에 따라(대상 1-9장), 사울의 죽음(약 주전 1010년)으로부터 포로 생활에서 돌아올 수 있게 해준 고레스 칙령(주전 539년)까지의 약 오백 년을 망라한다고 볼 수 있을 것이다. 이 책의 내용을 보면 기록된 연대는 몇 세대 후였다는 단서들을 발견할 수 있다. 페르시아(바사)의 다릭 화폐(대상 29:7)는 주전 515년에 처음으로 주조되었으며 다리우스 1세의 이름을 따서 이름 지어졌다. 역대상 9:2-34에 나오는 그 땅에 재정착한 사람들 목록은 느헤미야 11:3-19(주전 450년 이후에 기록된)에 나오는 목록과 어느 정도 비슷하다. 아마 결말 부분인 역대하 36:22-23과 그것의 극적인 마지막 말인 "올라갈지어다"라는 말은 에스라 1:1-4에 나온 더 긴 형태에서 인용한 것이며 최초의 역대기 청중들은 그것을 알고 있었다(에스라서 역시 450년 이후에 기록되었다).[2] 게다가 역대상 3:19-24에 나오는 다윗의 후손 목록은 스룹바벨 이후로 계속된다. 그러나 몇 세대가 관련되어 있는지에 대해서는 분명하지 않다(해석은 두 세대에서 열 세대까지 다양하다. 참고. 대상 3:17-24 주석). 이 책 전체는 주전 400년 혹은 그 이후의 연대에 기록되었다고 추측하는 것이 일반적이다.

역대기 저자는 이처럼 포로 생활에서 영광스럽게 귀환하는 선지자적 환상이 이루어지는 상황을 다룬다. 그러나 다윗 통치의 회복, 하나님의 영광이 성전으로 돌아오는 것, 하나님의 나라가 민족들에게 인정되는 일 등은 아직 실현되지 않았다. 일부 유대인들은 돌아왔으나, 그들의 집은 작은 바사 지방인 예후드(유대, 남북으로 약 48킬로미터)이다.

삶은 진부하고 약속들의 성취는 더딘 것처럼 보일 때, 역대기 저자는 청중에게 그들이 열방 가운데서 하나님의 백성 이스라엘로서 계속 동일한 정체성을 지니고 있음을 강조한다. 다윗이 확립하고 계속 이어진 레위인 중심의 구조와 함께, 성전은 이스라엘에게 예배를 위한 중심 위치를 차지한다. 이는 하나님의 왕 되심과 하나님에 대한 백성들의 충성을 확증한다. 하나님의 백성은 또한 오랜 세월 동안 하나님이 그분께 겸손히 의지하는 사람들을 얼마나 복 주셨는지 상기하면서 격려를 받을 수 있다(참고. 서론의 '역대기 신학'). 외견상 바사 치하에서 연약해 보이는 외적 환경에도 불구하고, 여기에는 하나님을 바라고 신뢰하면서 계속 신실함을 유지하라는 격려가 나온다.

장르와 문학적 특징

계보와 목록들

역대기는 서너 개의 계보로 시작한다. 저자는 일반적인 형식을 각색하는

2 처음부터 끝까지 필자는 '독자들'이라는 말보다 '청중들'이라는 말을 사용한다. 고대 사회에서(그리고 현재 사회의 많은 곳에서) 기록된 본문을 가지고 있는 사람은 매우 적었으며, 대부분의 사람들은 성경이 공개적으로 읽혀질 때 그 성경을 들었다(예를 들어, 느 8:1-3; 눅 4:16-21). 그것은 또한 본문이 '듣도록' 되어 있음을 상기시키는 말로, 반응이 있었음을 암시한다.

데, 그것은 서로 다른 출처를 반영하며, 때로는 문체들을 뒤섞어놓고, 그의 강조점들과 관련된 내러티브 해석들을 포함시킨다(참고. 역대상 1:1-9:34 개관). 이 책 나머지 부분의 내러티브에는 다윗의 "용사들"(대상 11:10-12:40)로부터 성전 일꾼들(대상 23:1-26:32)에 이르기까지 다양한 주제를 다루는 목록이 적절히 배치되어 있다. 역시 종종 짧은 내러티브 해석들이 중간중간 삽입되어 있다. 다윗의 통치에 관한 부분에 나오는 목록들은 역대상 11-29장 구절들의 절반 이상을 차지한다(참고. 역대상 11:1-29:30 개관).

내러티브

시작 부분에 나오는 계보들에 이어, 모든 내러티브에 공통적으로 나오는 특징들이 분명히 나타난다. 전반적 이야기는 일련의 장면들로 표현되어 있는데, 각 장면에는 일반적으로 두세 명의 주인공이 등장한다. 무대 연기에서처럼 이야기는 일반적으로 대화를 통해 진전되며, 각 장면에는 말하는 부분이 보통 두세 군데만 있는데, 그중 하나는 종종 여호와가 말씀하시는 것이다. 예를 들어, 역대상 21장에서 말하는 사람은 다윗과 요압(1-3절), 다음에 다윗과 갓을 통해 말씀하시는 여호와(8-18절), 이어서 다윗과 오르난이다(21-25절). 집단들("온 이스라엘", "지도자들" 등의)은 한 목소리로 말한다(예를 들어, 대상 13:4).

극적인 흐름(혹은 줄거리)은 긴장을 창출하고 해결을 요구하는 상황들("이제 무슨 일이 일어날까?")에 이어 해결을 가져오는 몇몇 변화 그리고 결국 새로운 상황으로 이끄는 묘사들을 통해 볼 수 있다. 예를 들어, 역대상 13장에서 다윗은 예루살렘에서 왕이 되었다. 하지만 궤는 기럇여아림에 있다. 그래서 궤를 이동시키기 위한 행동을 취하게 된다. 도중에 웃사가 궤를 만지고, 그 결과 "여호와의 진노"가 임해서 궤는 오벧에돔의 집에 남아있게 된다. 예상 밖의 전개에서 "여호와께서 오벧에돔의 집…에 복을 내리셨[다]". 그로 인해 역대상 15장에서 궤를 예루살렘에 가져올 때 더 변화되고 결단하게 된다.

또 다른 내러티브 기법은 자료의 배열이다. 서너 개의 돌로 구성된 하나의 보석 조각처럼, 구성요소들은 개별적 단편들을 임의로 모아놓은 것이기보다 아름다운 전체를 형성하도록 배열되어 있다. 예를 들어, 솔로몬의 통치에 대한 글인 역대하 1-9장을 보면 성전이 가운데 있고, 3-7장이 연속적으로 배열되어 있어 7장이 그 부분의 절정이 된다.[3]

과거에 대해 말하는 모든 글은 무엇을 포함시키고 어떻게 전달할지 선택하는 일을 포함하며, 이러한 결정들은 청중의 견지에서 이루어진다. (설교자들은 성경 이야기나 개인의 간증들을 다른 형식으로 바꾸어 말할 때 자주 이렇게 한다.) 사무엘하-열왕기와 비교해보면 역대기 저자가 그 두 책의 청중들과 다른 자신의 청중을 위해 글을 쓸 때 어떤 관심사와 강조점들을 갖고 있는지 보는데 도움이 된다.[4] 심지어 사무엘서-열왕기의 표현을 거의 정확하게 재현하는 내러티브 부분에서도, 역대기 저자는 대단히 선택적이며 말을 바꿔서 표현하는 모습을 보여준다. 지나가는 말로 나오는 짧은 진술들을 보면, 역대기 저자는 자기 청중이 자신에게는 그리 중요하지 않은 사무엘서-열왕기의 세세한 내용들을 잘 알고 있다고 추정하는 것을 알 수 있다.[5] 때로는 다윗의 통치 이야기에서 그렇듯(대상 11-29장) 전체적으로 재구성된다. 또 어떤 때는 짧게 덧붙인 내용에서 특정한 성공이 여호와께 대한 충성 및 예배와 어떻게 연관되어 있는지 혹은 역으로 패배가 어떻게 신실하지 못함으로 인한 것인지 강조한다(예를 들어, 대하 12:2; 15:19; 16:7-10). 많은 부분은 사무엘서와 열왕기에 유사한 부분이 전혀 없거나 거기서 짧게만 인용

3 역대기의 교차대구법적 배열에 관한 몇 가지 안에 대한 평가로는 Yitzhak Berger, "Chiasm and Meaning in 1 Chronicles," *J HebS* 14 (2014): 1-31을 보라.

4 아마 열왕기는 처음에 바벨론에서 포로 생활을 하는 동안 청중에게 한 말일 것이며(왕하 25:27-30) 그래서 역대기 저자와는 다른 상황에서 기록되었을 것이다.

5 참고. 역대상 11:2; 12:1, 19, 29에 나오는 다윗에 대한 이야기와 "그가 이스라엘 왕들의 길로 행하여 아합의 집과 같이 하였으니"(대하 21:6; 22:3)라는 언급. David I. Starling, *Hermeneutics as Apprenticeship: How the Bible Shapes Our Interpretive Habits and Practices* (Grand Rapids, M I: Baker Academic, 2016), 59-60을 보라.

된 사건들을 참조해서 설명한다. 이를테면 히스기야의 종교 개혁 등이다(대하 29-31장, 참고. 왕하 18:4, 22). 간단히 말해, 역대기 저자는 하나님이 그분의 백성과 나라의 삶에서 하고 계신 일에 대해 그리고 그분의 백성이 어떻게 반응하기를 원하시는지에 대해 또 다른 관점을 제공한다.[6]

연설, 기도, 예언

연설, 기도, 예언은 핵심 전환점 혹은 각 부분의 초반에 특히 두드러진다. 예를 들어, 이 책에 나오는 첫 번째 연설은 궤를 예루살렘으로 가져오는 것과 관련되어 있다(대상 13:2-3). 이 연설 대부분은 성경 다른 곳에는 유사한 내용이 없지만, 열왕기에는 일부분 나온다. 그러나 역대기 저자의 관심사들을 반영하기 위해 개작되었다.

내러티브 안에 끼워 넣어져 있을 때 연설과 기도들은 핵심 주제에 청중들의 주의를 집중시키는 반면, 예언들은 하나님의 말씀과 활동(선지서에서 그러듯이) 및 갖가지 인간의 반응 및 결과에 주의를 집중시킨다. 통상 선지자가 말할 때 서론적으로 나오는 표현인 "여호와께서 이같이 말씀하시니라"라는 말이 나온다. 그러나 때로 본문에서 여호와 자신이 화자가 되실 수도 있다.

6 사무엘하, 열왕기, 역대기 주제들을 비교하는 개관표는 *ESV Study Bible*, 702-703에서 볼 수 있다. 또한 James D. Newsome Jr., *A Synoptic Harmony of Samuel, Kings, and Chronicles With Related Passages from Psalms, Isaiah, Jeremiah, and Ezra* (Grand Rapids, MI: Baker, 1986)와 John C. Endres, William R. Millar, and John Barclay Burns, eds., *Chronicles and Its Synoptic Parallels in Samuel, Kings, and Related Biblical Texts* (Collegeville, MN: Liturgical Press, 1998)를 보라. 각 저서에는 유사점들과 차이점들을 보여주는 영어 역본들과 함께 완전한 대조표가 나온다.

다윗	대상 13:2-3; 15:2, 12-13; 17:16-27; *21:8*, 17; 22:1, 5, 7-19; 23:4-5, 25-26; 28:2-10, 19-21; 29:1-5, 10-20
솔로몬	대하 2:3-10; *6:1-2*, 4-11, 14-42; 8:11b
다른 다윗 계열의 왕들	대하 13:4-12; 14:7; 16:3; 19:6-7, 9-11; 20:6-12, 20; 24:5-7; 29:4-11, 31; 30:6-9, 18-19; 32:7-8; 34:21; 35:3-6
이방 통치자들	대하 2:11-16; 9:5-8; 32:10-19; 35:21; 36:23
여호와(선지자들과 왕들에게)	대상 17:3-14; 21:9-10; 대하 7:12-22
선지자	대상 12:18; *17:2*; 21:11-12; 대하 11:2-4; 12:5, 7-8; 15:1-7; 16:7-9; 18:4-27; 19:2-3; 20:14-17, 37; 21:12-15; 24:20; 25:7-9, 15-16; 28:9-11; 34:23-28; 36:12, 16, 22
다른 사람들	대제사장: 대하 23:3-7; 26:18; 31:10, 우두머리들: 28:12-13, 레위인들: 29:18-19

표1. 역대기에 나오는 연설, 기도, 예언들

• 주: 이탤릭체는 사무엘서-열왕기와 같은 표현을 나타내며, 밑줄 친 부분은 사무엘서-열왕기를 약간 수정한 것을 의미한다. 보통 글씨체는 본문이 역대기에만 나오는 것을 나타낸다.

시

사무엘서의 시 혹은 노래들은 개인들의 입에서 나오는 반면[한나: 삼상 2:1-10, 다윗: 삼하 22:1-51(=시 18:1-50); 삼하 23:1-7], 역대기에서는 모든 시와 노래가 공동으로 혹은 공중 예배라는 배경에서 불리며, 언제나 시편에 그와 대응되는 부분이 있다. 레위인들은 성전에서 통상 노래를 불러야 하며[대상 16:7-36 (시 105:1-15; 96:1-13; 106:1, 47-48)], 솔로몬은 성전 봉헌 때 드리는 공중 기도를 시편 132:8-10, 16을 인용하는 말로 끝낸다(대하 6:41-42). 시편에서 자주 나오는 "그는 선하시며 그 인자하심이 영원함이로다"(106:1; 107:1; 118:1, 29; 136:1)라는 짧은 후렴구는 역대하 7:3에서는 성전에 있는 모든 사람이 그리고 역대하 5:13에서는 성전에 있는 레위인 성가대가 부르며, 역대하 20:21에서는 약간 수정된 형태로 전투를 시작하면서 부른다.

기록 인용

열왕기에서처럼 각 왕의 통치 끝에 나오는 다양한 관용표현들은 기록된 자료를 인용한다. 표현은 다양하며, 인용된 자료는 왕의 자료도 있고 보다 자주 나오는 것으로 선지자의 자료도 있다[참고. 대상 29:26-30 주석; 《ESV 성경 해설 주석 역대하》(이하 ESVEC 대하)의 16:11 주석]. 계보들 역시 출처를 인용하며(대상 4:33; 5:17; 7:9 등) 요약 진술은 "온 이스라엘이 그 계보대로…이스라엘 왕조실록[Book of the Kings]에 기록되니라"(대상 9:1)라고 말한다.

본문

각주에서 보여주는 것처럼(예를 들어, 대상 1:6, 17), 서너 군데에서 ESV 번역은 오늘날 사용되는 표준적인 히브리어 본문(마소라 본문)보다는 70인역을 따르기로 결정했다. 게다가 사무엘서-열왕기와 역대기가 밀접하게 중복되는 본문들에는 이따금 사소한 차이점들이 있으며, 때로 번역자들은 사무엘서-열왕기 본문을 따르기로 했다(예를 들어, 대상 11:11; 대하 6:27). 본문 비평 원리들은 보통 번역자들이 상당한 확신을 가지고 이런 결정들을 내리는 것을 허용한다. 중요한 점은 이 차이점들이 책의 전반적 신학에 영향을 미치지 못하며, 그중 많은 것은 그저 숫자 혹은 이름의 철자 등의 차이점과 관련되어 있다는 것이다.

역대기 신학

오케스트라의 연주자처럼 역대기는 성경 신학의 풍성한 화음에 나름대로 기여한다. 특정한 주제들은 강조되어 있는 반면, 다른 주제들은 전면에 드러나지 않는다.

"이방 민족"의 세계

역대기는 아담의 계보로 시작하며 바사왕 고레스의 칙령으로 끝난다. 중간에는 이스라엘 사람들에게 초점을 맞춘다. 그래서 역대기는 계속 진행되는 하나님 백성의 이야기를 인류 전체를 위한 하나님의 목적 안에서 풀어나간다.

역대상 시작 부분에 나오는 계보는 배경 지식을 제공하며, "아브람 곧 아브라함"(1:27)으로 이어진다. 그것은 "여러 민족의 아버지"(창 17:5)가 될 사람이 언약적으로 이름이 바뀌는 것을 상기시킨다. 이스라엘 아닌 다른 백성과 민족에 대한 세부사항이 이 장 후반부에 계속된다(이스라엘의 이름은 대상 1:34에서 나오지만, 그에 대한 세부적인 내용은 2장에 이르기까지 나오지 않는다). 그리고 열방은 다음에 이어지는 장들에서 계속 진행되는 이스라엘의 이야기의 일부다. 이방 민족은 "두려워"한다. "다윗의 명성이 온 세상에 퍼졌[기]" 때문이다(대상 14:17, 참고. 29:30; 대하 20:29). 그리고 그들은 하나님이 "통치하[실]" 때 하나님의 전 세계적 "영광"에 대해 들어야 한다(대상 16:24, 31, 참고. 대하 20:6). 여호와께서 백성을 건져내시는 것은 그분의 영광이 열방 가운데 알려지도록 하기 위해서이며(대상 16:35; 17:21), 열방의 재물은 여호와의 성전을 위한 것이다(18:11).

역대하에서 '이방 민족'은 하나님의 백성이 신실하도록 격려하는 식으로 언급된다. 경고로는, 하나님의 백성은 이스라엘이 이방 민족의 "가증한 일", 곧 그들이 다른 신들을 섬긴 것이 포로 생활이라는 결과를 가져왔다는 사실을 상기하게 된다(대하 28:3; 33:2, 9; 36:14). 긍정적인 것으로는, 앗수르의 산헤립은 스스로 자랑하면서 다른 이방 민족 신들과 여호와의 무력함을 선언했지만(32:13-15, 17) 히스기야가 기도 후에 건지심을 받음으로 "모든 나라의 눈에 존귀하게"(32:23) 되었다는 이야기가 나온다. 이 책은 한 이방인, 곧 바사의 고레스가 "하늘의 신 여호와께서 세상 만국을 내게 주셨고 나에게 명령하여 유다 예루살렘 성전을 건축하라 하셨나니"(36:23)라고 한 긍정적 단언으로 끝난다.

이스라엘이 이방인들과 관계를 맺어야 하는 방식들이 다양하게 예시된다. 열방이 위협을 할 수도 있지만, 그리고 이방 동맹에 의지하는 것은 이스라엘이 신실하지 못하여 패배로 이어지는 것을 나타내는 표시일 수는 있지만(예를 들어, 대하 16:7-9), 하나님께 대한 신실함을 유지한 채 이방인들과 우호적인 관계를 맺을 수도 있다는 단언도 나온다(예를 들어, 솔로몬과 두로, 대하 2:3-16). 비이스라엘인들은 다윗의 재산을 "맡은 자들"(대상 27:30-31) 가운데 이름이 나오며 성전을 건축하는 사람들 가운데 포함되어 있다(대상 22:2; 대하 2:7, 13-14). 이는 그 비이스라엘인들이 환영을 받는다는 것을 암시한다.

부유한 강대국 바사 왕의 통치하에 있는 한 작고 약한 공동체에게, 역대기 저자는 현재가 이방 나라 가운데서 지속되는 하나님의 통치 이야기의 흐름 속에 있다고 말한다. 하나님은 여전히 왕이시며, 백성은 삶에서 하나님께 순종하면서 여전히 신실하게 예배를 드려야 한다. 그들은 자신을 건져주시도록 기도할 수 있다. 그 건져냄은 모든 이방 나라들에서 하나님께 영광을 가져올 것이다.

"온 이스라엘"

"온 이스라엘"은 역대기에 계속해서 등장하는 테마로 사무엘서-열왕기의 비슷한 구절에 자주 추가되는 문구다. 계보에는 모든 지파가 포함된다. 야곱의 아들들의 자손은 그 누구도 계속되는 "온 이스라엘"에서 배제되지 않는다(대상 7:12은 단을 말할 것이다. 참고. 해당 구절 주석). "야곱"과 "이스라엘"이 나란히 나오는 역대상 16:13, 17을 제외하고, 족장들은 언제나 "이스라엘"이라고 불린다(12번). 그래서 이스라엘 지파 간의 가족 유대가 강조된다. 하나님을 나타내는 가장 두드러진 호칭은 '(여호와,) 이스라엘의 하나님'(34번)과 '(여호와,) 우리/너희/그들의/그의 아버지의 하나님'(27번, 참고. 열왕기에는 한 번도 등장하지 않음)으로, 족장들에게 땅을 주시겠다고 하신 하나님의 약속을 환기시킨다. 분명 그분은 모든 지파의 하나님으로, 그 지파들은 모두 이스라엘의 후손이며 같은 하나님을 예배하고, 모두 신실함을 유지하는 한 같은 땅을 약속받았다.[7]

이러한 강조는 역사적 상황에 비추어볼 때 특히 중요하다. 바벨론에 포로로 잡혀간 것은 남왕국 유다 백성이었으므로(북왕국은 135년 전에 멸망했다), 귀환한 사람 대다수는 유다 지파 혹은 더 작은 지파인 베냐민 지파와 동일시되었다. 게다가 바사 지역에서는 '예후드/유대'(Yehud/Judea)라는 이름으로 불렸고, 시간이 지나자 그 백성은 포로시대 이전처럼 '이스라엘 사람들/이스라엘 백성'으로 알려지기보다는 '유대인, 유대 사람들'(신약에서처럼)이라고 알려지게 되었다. 그래서 유다 지파가 자신들을 다른 지파들보다 뭔가 더 우월하다고, 심지어 하나님의 백성이 된다는 것의 의미를 규정한다고 생각했으리라는 것은 이해할만하다. (어느 한 종족 집단이 우세한 현대 국가에서도 이와 비슷한 점을 발견할 수 있을 것이다.)

하지만 역대기 저자는 북쪽 지파 사람들이 여전히 '온 이스라엘'과 대등한 구성원이라고 강조한다. 계보에서 역대기 저자는 유다를 첫 번째로 열거하긴 하지만, 장자권이 르우벤에게서 유다에게 넘어가는 것이 아니라 "요셉의 자손"(에브라임과 므낫세)에게 넘어간다고 기술한다(대상 5:1-2). 포로 귀환자 목록에는 분명 "에브라임과 므낫세 자손 중에서 예루살렘에 거주한 자"(대상 9:3; 느 11:1-18과 비교해보라)가 포함된다. 나라가 분열된 후, 첫 번

7 Troy D. Cudworth, "The 'God of the Fathers' in Chronicles," *JBL* 135/3 (2016): 483-491.

째 "여호와의 말씀"은 르호보암에게 유다와 베냐민이 "온 이스라엘"의 일부라는 것을 상기시킨다(대하 11:3, 이 말은 왕상 12:23에는 나오지 않는다). 역대기 저자는 북쪽 지파 출신 사람들이 성전 예배에 참여하도록 초청받은 것(대하 11:16; 15:9; 19:4; 30:1, 18; 34:9), 그리고 "친척들"인 북쪽의 신실한 추종자들이 한 긍정적 행동(대하 28:8-15)에 대해 말한다. 그들은 차별 없이 모두 환영을 받는다.

에스라와 느헤미야의 개혁에서는 이방인 아내들이 배제되지만(스 9:1-2; 느 13:23-30), 역대기 저자는 다윗의 아내를 포함한 이방인 아내들 혹은 다윗의 누이의 남편을 포함한 이방인 남편들 몇 명의 이름을 말한다(대상 2:3, 17, 34-35; 3:1, 2; 4:17; 7:14; 8:8; 대하 2:13-14; 8:11; 12:13; 24:26). 열왕기상 11:1-8과 느헤미야 13:26과는 달리, 역대기 저자는 솔로몬의 아내들에 대한 열왕기의 비판에 관해서는 침묵한다. 이것은 다른 신들을 섬기는 것에 대한 경고를 희석시키려는 것이 아니라(참고. 서론의 '역대기 신학' 중 '하나님의 상과 벌') 여호와께로 돌아와 전심으로 그분을 섬기는 모든 사람을 그들의 과거와 상관없이 환영하려는 것이다. 그들 역시 "이스라엘"의 일부가 된다.

모두를 아우르는 이 관점의 또 다른 요소는 "회중"[카할(*kahal*)은 특정한 목적, 종종 제의적 목적을 위한 사람들의 모임을 말한다]의 역할이다. '회중(총회)'은 출애굽 시대부터 존재했으며(출 12:6; 신 5:22), 왕이 회중을 소집하는 사람이 되었다. 역대기의 서너 부분은 전체 '회중'이 의사 결정과 활동에 참여하는 것에 대해 말한다. 이것은 사무엘하 및 열왕기와 대조를 이룬다. 거기에서는 왕 혹은 왕과 그의 동료들만 언급되며 '회중'은 언급되지 않는다.[8] 다윗 통치의 초기에 나오는 한 예는 궤를 예루살렘으로 가져오기로 한 결정에 대한 이야기다(대상 13:1-5, 참고. 삼하 6:1). 백성이 자문 역할을 하면서 참여하는 것은 더 이상 왕이 없는 공동체에 적절하며, 이 같은 '회중'은 지속된다.[9]

8 역대기에서 '카할'이 나오는 33번의 경우 중 네 번[대하 6:3(2번), 12; 7:8]만 열왕기에도 나온다.

언약들: 아브라함, 모세, 다윗

역대기 저자는 아브라함에게 한 약속들을 두 번만 명확하게 언급한다[대상 16:15-18(=시 105:7-11); 대하 20:7]. 하지만 그 약속들은 "아브람 곧 아브라함"(대상 1:27)이라는 말과 "아브라함과 이삭과 이스라엘의 하나님 여호와"(대상 29:18; 대하 30:6)라는 말에 암시되어 있을 것이다.

모세 언약은 내러티브 내내 언급되는데, 모세가 "명령한" 것에 대한 잦은 언급과 함께, 종종 "여호와의 말씀을 따라"(대상 15:15; 22:13; 대하 8:13; 33:8) 등의 문구가 추가되어 나온다. 역대기 뒷부분에서는 기록된 "모세의 [율법] 책"(대하 23:18; 25:4; 34:14; 35:12)이라는 말이 나온다. 출애굽기로부터 신명기에 이르기까지 우리에게 알려진 모든 모세 율법 중에서, 역대기에서 대단히 많이 언급되는 것은 궤 그리고 관련된 성막에 대한 지시 및 레위인들의 배치와 제사에 대한 것이다. 동시에 모세 율법 전체가 귀중하게 여겨졌다는 것이 분명하다. 그것은 역대하 33:8에서 여호와께서 "내가 명령한 일들, 곧 모세를 통하여 전한 모든 율법과 율례와 규례"를 강조하시는 것에서 분명히 볼 수 있다.

히스기야와 요시야의 개혁적 통치에서 출애굽은 유월절을 기념하는 것에 관한 긴 묘사들 내내 암시되어 있긴 하지만 출애굽이라는 말이 등장하지는 않는다(대하 30장; 35장, 참고. 왕하 23:21-23의 더 짧은 묘사). 다른 곳에 모세 율법으로 이끄는 사건들 역시 간신히 약간 언급되는[대상 17:21; 대하 5:10(둘 다 열왕기에 대응되는 부분이 나온다); 7:22] 반면, 열왕기에서 나온 출애굽에 대한 암시들은 빠져있다(예를 들어, 왕상 6:1; 8:21b, 50b-53). 이것은 역대기 저자가 처한 상황 때문일 것이다. 그는 바사의 통치 하에 어느 정도 지원을 받으

9 이 점에 대한 포괄적 논의로는 H. G. M. Williamson, *Israel in the Book of Chronicles* (Cambridge, UK: Cambridge University Press, 1977), 87-140를 보라. 관련된 다양한 관계들은 Louis C. Jonker, *Defining All-Israel in Chronicles: Multi-levelled Identity Negotiation in Late Persian-Period Yehud*, FAT 106 (Tübingen: Mohr Siebeck, 2016)에 나와 있다.

며 평화롭게 살고 있다. [솔로몬의 성전 봉헌 기도에서 역대기 저자는 "사로잡은 자"와 "적국"이라는 열왕기의 언급들을 수정한다(왕상 8:47-48; 대하 6:37-38).] 종교적 절기를 묘사하는 것이 이상하게 보이지는 않을 것이다. 그러나 유대인들에게 유월절은 건져주시는 하나님을 분명하게 상기시키는 절기일 것이다.

중요한 것은, 강조점이 다윗 언약 쪽으로 바뀐다는 점이다. 솔로몬의 성전 봉헌 기도에서, 열왕기상 8:51-53에 나오는 것처럼 하나님이 "주의 백성"을 애굽에서 인도하여 내신 것에 호소하는 대신, 역대하 6:41-42는 시편 132:8-10, 16을 인용해서 "주의 종 다윗에게 베푸신 은총"에 호소하는 것으로 바꾼다(참고. ESVEC 대하 6:40-42 주석). 이런 식으로 역대기 저자는 하나님께 계속 호소하는 기초로 다윗 언약(대상 17장에서 수립된)에 주의를 집중시킨다.

동시에 역대기 저자가 솔로몬에게 보낸 히람의 편지를 끼워넣은 것("여호와께서 '자기 백성을 사랑하시므로' 당신을 세워 그들의 왕을 삼으셨도다", 대하 2:11)과 스바의 여왕이 한 칭찬을 확장시킨 것("당신의 하나님이 이스라엘을 사랑하사 '영원히 견고하게 하시려고' 당신을 세워', 대하 9:8)은 다윗 언약이 자기 백성을 위한 하나님의 오랜 언약적 사랑에서 나오는 것임을 보여준다. 역대기 저자는 다윗 언약을 전면에 내세우지만, 그 언약은 아브라함 시대부터 명백히 나타난 하나님의 동일한 사랑에서 나온다(대상 16:15-18, 34). 그리고 함축적으로 그 사랑은 그의 청중들에게 계속된다.

다윗, 하나님의 나라, 하나님의 집

역대기 저자는 다윗에게 하신 하나님의 약속들을 하나님 나라에서 지속되는 이야기를 통해 살펴보며 성전에 주의를 돌린다. 예를 들어, 사무엘하 7:16에 나오는 "네 집[=왕조]과 네[다윗의] 나라"라는 하나님의 말씀이 역대상 17:14에서는 "내 집[=성전]과 내[하나님의] 나라"가 된다[또한 대상 10:14; 28:5; 29:11; 대하 9:8(참고. 왕상 10:9); 대하 13:8을 보라]. 더구나 왕의 보좌는 "여호와[의 나라]의 왕위"(대상 28:5; 29:23, 참고. 대하 9:8)라고 불린다.

청중들을 하나님의 나라와 성전으로 향하게 하는 것은 포로기 이후 공동체에 중요하다. 그들에게는 이제 다윗 "궁궐"에 있는 다윗의 보좌는 없지만, 하나님의 나라는 계속되며, 성전이 그분의 "궁궐"이다(대하 2:1에서, "성전"과 "궁궐"은 같은 히브리어 단어를 번역한 것이다).

게다가 역대기 저자는 다윗과 성전을 밀접하게 결합시킨다. 저자는 사무엘하 7장에서 나온 다윗의 처음 계획과 하나님의 반응에 대한 글을 포함시킨다(대상 17장). 하지만 사무엘하는 다윗이 성전 부지를 구입한 이야기 이상은 더 말하지 않는 반면(삼하 24:18-25=대상 21:18-27), 역대기 저자는 성전의 포괄적 설비에 대해 상세하게 말하며, 성전 조직과 예배에 특히 주의를 기울인다(대상 23-28장). 다윗은 모든 것을 정리해서, 솔로몬이 실제로 건축을 할 준비를 해놓는다(대상 28:11-21). 그래서 지금은 다윗 계열의 통치자가 없을지 모르지만, 다윗의 주요 과업은 성전 예배를 확립하는 것이었으며 다윗이 정한 것에 맞춰 계속 성전 활동이 이루어지는 것이 자주 언급된다(대상 6:31-32; 9:22; 대하 8:14-15; 23:18; 29:25; 35:4, 15). 포로기 이후의 공동체는 성전에 대한 황제의 후원을 포함해서(대하 36:23; 스 6:1-12) 바사의 통치 하에 있을지 모르지만, 성전 예배 구조는 다윗이 오래 전에 정해놓은 것을 계속 이어간다(스 3:10; 8:20; 느 12:24, 45-46).

더구나 성전은 시내산에서 확립된 언약 관계를 진척시킨다. 궤가 성전 안에 놓일 때 우리는 시내산 "언약"에 대한 언급이 나오는 것을 보며(대하 5:10; 6:11), 역대기 저자는 종종 "하나님"/"여호와의 궤"를 "여호와의 언약궤"(대상 15:25-29; 16:6, 37 등), 즉 시내산에서 확립된 언약의 궤로 확장시킨다. 이것은 언약 관계의 연속성을 단언한다.

후대 왕들의 행동이 다윗의 행동과 비교될 때, 성전에서 일어나는 일의 중요성이 역시 강조된다. 판단 기준은 그 왕들이 다윗이 확립한 대로 성전에서 여호와를 순전하게 예배하고 있는가의 여부다. 군사적 승리는 긍정적 비교와 연관되며(대하 29:2, 뒤이어 29:3-32:23의 내러티브가 나온다), 역으로 패배는 다윗 언약을 따르지 못한 것과 연관된다(대하 28:1-5; 33:7-11). 이런 식으로 초점은 다윗뿐 아니라 성전과 성전 예배에 맞춰져 있다.

나라에 대해 말할 때, 역대기 저자가 메시아 소망, 다윗 군주정의 회복을 제시하는가의 여부를 생각해보는 것이 중요하며 그것에 대한 찬반 논증들이 제기되어 왔다.[10] 다윗의 계열은 포로 귀환 후에도 몇 세대 동안 계속되어(대상 3:17-24), 그런 소망이 제시될 가능성을 높여준다. 하지만 계속 이어지는 사울 계열과의 비교(대상 8:33-39)는 여기서 말하고 있는 것이 사울 가문이 계속 이어졌다는 것뿐임을 시사하는가? 역대하 6:16은 하나의 조건을 시사하며, 역대상 17:14는 솔로몬의 통치만 보장하는가? 열왕기는 여호야긴이 처한 상황에서 희미한 소망의 빛을 보는 것으로 끝나는 반면(왕하 25:27-30), 역대기 저자는 고레스 그리고 다윗의 집이 아니라 여호와의 "집"만 언급하는 것으로 끝난다.

하지만 동시에 역대하 7:18은 "언약"이라는 말을 언급하고 미가 5:2의 메시아 약속을 반영하는 단어들을 사용함으로 열왕기에 나오는 같은 의미의 단어들을 강화했다. "언약"에 대한 다른 두 언급은 왕조가 위협을 받을 때다. 역대하 13:5은 여호와께서 "소금 언약으로 이스라엘 나라를 영원히 다윗과 그의 자손에게 주신 것"에 대해 말하며, 21:7에서는 여호와께서 "다윗의 집[왕하 8:19는 "유다"]을 멸하기를 즐겨하지 아니하셨음은 이전에 다윗과 더불어 언약을 세우[셨기]" 때문이라고 말한다. "인자하심"[헤세드(*hesed*)]이 나오는 경우들 역시 관련되어 있는데, 그 말은 구약 내내 언약적 관계라는 맥락에서 자주 나오며 인자함, 신실함, 법적인 것 이상의 헌신 등을 말한다.[11] 역대기에서 그 말의 배경은 아브라함 언약(대상 16:15-18)과 다윗 언약(대상 17:13; 대하 1:8; 6:14-15, 42) 둘 모두에 해당한다. 그래서 역대

10 광범위한 논증들과 입장들에 대한 분명하고 포괄적인 검토로, 포로기 이후 성전과 공동체 생활에 현재의 성취와 하나님 나라가 온전히 실현되는 것에 대한 미래의 소망이라는 두 측면이 모두 있다고 주장하는 것으로는 Mark J. Boda, "Gazing through the Cloud of Incense: Davidic Dynasty and Temple Community in the Chronicler's Perspective" in *Chronicling the Chronicler: The Book of Chronicles and Early Second Temple Historiography*, ed. Paul S. Evans and Tyler F. Williams (Winona Lake, IN: Eisenbrauns, 2013), 214-245를 보라.

11 D. A. Baer and R. P. Gordon, "*ḥāsad* II," *NIDOTTE*, 2:211-218.

기가 "그의 인자하심[헤세드]이 영원함이로다"(대상 16:34, 41; 대하 5:13; 7:3, 6; 20:21)라고 반복해서 노래하는 것은 포로기 이후 예배자들의 마음속에 두 언약을 모두 환기시킬 수 있다. 계속되는 기도와 찬양에서 우리는 아브라함에게 하신 하나님의 언약 약속들과 함께, 다윗에게 하신 언약 약속들에 기초한 소망이 선언되는 것을 본다.

성전, 레위인들, 예배

성전, 성전의 다양한 사역, 성전의 공예배는 역대기의 지배적인 특징이다. 솔로몬의 궁궐은 거의 언급되지 않는다(대하 2:1, 12). 초점은 성전, 하나님의 "집"[바이트(*bayit*)]이기 때문이다. ["집"이라는 말은 왕의 "궁궐"과 하나님의 "성전" 둘 다에 대해 사용된다. 의미심장하게도, 비라(*birah*), 곧 "왕의 성채, 궁궐 단지"라는 말은 역대상 29:1, 19에서 성전에 대해 사용된다.] 성전의 정교한 세부 장식들은 바사 왕의 궁궐, 인원, 의식을 모방한 것이며, 그래서 바사 황제의 지배와 대조적으로, 성전은 "이방 사람들의 모든 나라를 다스리[시는]"(대하 20:6) 하나님을 가리킨다.[12] 다윗이 성전 의식을 확립하기 위해 준비한 것은 모세가 성막 예배를 확립한 것을 반영한다. 이것은 다양한 방식으로 나타난다. 모세는 시내산에서 여호와께서 그에게 보여주신 "모양"[타브니트(*tabnit*)]대로(출 25:9, 40) "광야에서" 성막을 만들었다(대상 21:29; 대하 1:3). 이제 다윗은 솔로몬에게 성전 건축, 제사장, 레위인, 비품들에 대한 "설계도"(또 다시 '타브니트', 대상 28:11, 12, 18, 19)를 말해주면서, 이것들을 "여호와의 손이 내게 임하여…나에게 알려주셨으니"(대상 28:19)라고 말한다.

모세는 레위인들의 의무에 관한 지시들을 전달했다. 그중 일부는 성막과 궤를 이곳저곳으로 어떻게 이동해야 하는지 다루었다. 다윗은 궤를 예루살렘에 그리고 성막 안으로 가져올 때 이런 지시들을 따른다(대상 15:11-

12 Matthew Lynch, *Monotheism and Institutions in the Book of Chronicles: Temple, Priesthood, and Kingship in Post-exilic Perspective*, FAT 2/64 (Tübingen: Mohr Siebeck, 2014).

15, 또한 16:7, 37-42에 암시됨). 더구나 큰 성전 단지와 궤를 영구적으로 제자리에 두는 것 등의 변화된 환경에 비추어, 다윗은 제사장들을 포함해서 레위인들의 다양한 의무를 상세히 정리한다(대상 23-26장). 이러한 것들은 솔로몬에게 지시할 때 항목별로 다루어지며(대상 28:21) 솔로몬이 "다윗의 규례를 따라" 이행한다. "하나님의 사람 다윗이 전에 이렇게 명령하였음이라"(대하 8:14-15). 간단히 말해 성전은 이제 모세가 규정한 제사와 제물을 위한 곳이 되어야 한다. 이것은 하나님이 택하신 곳이며(대하 6:5-6), 이 책 끝부분에서 백성들이 "올라"가야 하는 곳이다(대하 36:23).[13]

성전의 중심성은 그것이 하나님이 "거하시는" 하나님의 "집"이라는 것에서 볼 수 있다. 성전은 모든 백성이 왕을 "섬기듯이" 하나님을 "섬기는" 중심점이다.[14] 사람들은 그들의 예배, 제사, 예물을 가지고 거기로 오며, 거기로부터 하나님의 가르침이 나온다(사 2:3에서처럼). 백성들은 그 성전에 간구한다(대하 6:18-40). 또한 "예루살렘"이 하나님이 "영원히" 택하신 곳이라는 말씀도 반복된다(대상 23:25; 대하 6:6, "예루살렘"은 또한 대상 6:10, 32; 21:1-17; 대하 3:1에서 명확히 이름이 나온다. 참고. 대상 21:18-22:1). 이것은 포로기 이후에 다른 잠재적 중심지가 있었다는 논증에 대한 반대 논박일 것이다.[15] 바사의 통치자가 성전과 그 예배를 복구하라고 명령했을 수도 있다(대하 36:22-23). 하지만 예배 자체는 아후라 마즈다(Ahura Mazda)를 예배하는 바사 왕의 이데올로기와 뚜렷이 반대된다(참고. 대상 16:8-36 주석).

성전 예배의 특징은 "즐거움", "기쁨"이다[대상 15:25; 16:10, 31, 사마흐(*samakh*)/심하(*simkhah*)는 25번 나오며, 때로는 "기쁜"(기쁨)으로 번역되었다]. 그러므로

13 Martin J. Selman은 "Jerusalem in Chronicles" in *Zion, City of Our God*, ed. Richard S. Hess and Gordon J. Wenham (Grand Rapids, MI: Eerdmans, 1999), 43-76에서 역대기 저자가 포로기 후에도 예루살렘과 성전이 계속 중요성을 지니고 있음을 단언하는 방식을 강조한다.

14 히브리어로 '섬김'에 해당하는 단어인 아보다(*abodah*)는 성막 혹은 성전이라는 맥락에서 33번 사용된다. 그것은 대상 26:30; 대하 10:4 등에서 지상 왕에 대한 '섬김'에 대해 사용된다.

15 주전 16세기에 이미 애굽의 엘레판틴(Elephanine)에 유대 성전이 있었으며, 다른 성소들도 후에 알려졌다. Mark J. Boda, 1-2 Chronicles, CoBC (Carol Stream, IL: Tyndale, 2010), 10.

당연히 음악은 성전의 의무에서 중대한 위치를 지니고 있고(대상 6:31-47; 23:2-6, 30; 25:1-31), 히스기야의 개혁에서 재확인 되며(대하 29:25-30; 30:21-22; 31:2) 제2성전에서 계속된다(대상 9:33). 다양한 악기들이 노래로 찬양하는 것을 반주하며(대하 5:12-13). 제사장들은 "나팔"을 분다(대상 15:24; 16:6; 대하 5:12; 7:6 등). 역대기에 등장하는 독특한 점인데, 음악은 개인이 드리는 예물과 주요 절기들 및 의식들(대상 15:16-28; 16:4-42; 대하 7:6 등)에서 뿐 아니라 전투하는 군대에게도 수반된다(대하 13:12, 14; 20:19-22, 26-28).[16]

예배는 성전에서 계속된다. 하지만 성취되지 않은 기대가 있다. 저자는 성전 봉헌에 대해 자세히 이야기하면서 시편 132:8-10을 개작한 내용을 끼워 넣는다. 그것은 하나님께 "주의 평안한 처소[에]" 올라가시고 "주의 종 다윗에게 베푸신 은총을 기억하소서"라고 호소하는 것이다(대하 6:41-42). "여호와의 영광이 성전에 가득[할]" 때 즉각적 응답이 나타나며 "모든 자손"의 반응은 "그의 인자하심이 영원하도다"라는 것이다(대하 7:1-3). 하지만 포로생활 후에 백성들은 아직 여호와의 영광이 돌아오는 것을 경험하지 못했다(참고. 서론의 '성경의 다른 본문 및 그리스도와의 관련성'). 이제 공예배에서 그 본문을 들을 때, 그들은 왕이 그의 대적들을 물리치고(그래서 '평안'하게 되고) 하나님의 영광이 모두를 채울 것을 기도하는 마음으로 기대하면서 그 호소를 반복할 수 있다.

하나님의 상과 벌

두 핵심 본문이 역대기에 두드러지게 나오는 단어와 문구를 소개한다. 첫 번째에서 다윗은 솔로몬에게 이렇게 지시한다. "네가 만일 그[여호와]를 찾으면 '만날' 것이요 만일 네가 그를 '버리면' 그가 너를 영원히 버리시리라"(대상 28:9, '버리다'와 '만나다'가 나오는 경우로는 28:9-10 주석을 참고하라). 후에

16 John W. Kleinig, *The Lord's Song: The Basis, Function, and Significance of Choral Music in Chronicles*, JSOTSup 156 (Sheffield, UK: JSOT Press, 1993)을 보라.

솔로몬의 성전 봉헌 기도 후에 여호와는 이렇게 응답하신다. "내 이름으로 일컫는 내 백성이 그들의 악한 길에서 떠나 '스스로 낮추고 기도하여' 내 얼굴을 '찾으면' 내가 하늘에서 '듣고' 그들의 죄를 사하고 그들의 땅을 고칠지라"[대하 7:14, '(스스로) 낮추다', '기도하다', '찾다', '돌이키다' 혹은 '듣다'가 나오는 본문들 목록으로는 7:13-16 주석을 참고하라]. 이 말들과 함께, 역대기 저자가 죄에 대해 가장 일반적으로 사용하는 용어인 '믿음을 깨는 것, 신실하지 못함'[마알(*ma'al*), 열여섯 번, 사무엘서-열왕기에는 한 번도 사용되지 않음]이라는 말은 핵심 관심사가 언약 관계 안에서 적절히 사는 것임을 보여준다. 그렇게 하지 못하는 것은 믿을 수 없을 만큼 심각한 일이다. 그것은 이 말이 포로 생활을 하게 된 이유(대상 9:1, 참고. 대하 36:14)와 나라가 사울에게서 다윗에게로 넘겨진 이유(대상 10:13)를 요약해준다는 사실에서 알 수 있다.

위의 단어와 문구들은 역대기에만 있는 많은 본문에서 나오거나 열왕기와 조화되는 본문들에서 추가 해석으로 나온다. 그래서 그 단어와 문구들은 역대기의 특별한 초점이다. 부정적으로 말해서 '버리는 것'은 배교, 성전을 소홀히 하는 것, 선지자의 경고를 거부하는 것, 혹은 노골적 불의 등에서 분명하게 나타날 수 있으며, 그것은 전쟁, 패배, 상실로 이어진다(참고. 대상 28:9-10 주석). 이와 대조적으로, '낮추는 것', '찾는 것', '돌이키는 것' 등은 번영과 평안의 복으로 이어진다(참고. ESVEC 대하 7:13-16 주석). 심판과 회복은 둘 다 즉각적이다. 하지만 벌은 일반적으로 지연되는데 이는 변화될 기회를 주기 위해서다. 회개를 촉구하도록 선지자를 보내시며, 죄 사함이 따른다(예를 들어, 대하 12:1-8; 16:7-10; 19:1-3; 24:17-20, 이것은 36:15-16에 요약되어 있다). 관련된 것은 '성공, 형통'[찰라흐(*tsalakh*)의 여러 형태]에 이르는 길로서 하나님의 도를 따르라는 반복되는 권고에 순종하여 성공한 예들이다(참고. 대상 22:11-16 주석). 우리는 기계적 인과관계(quid pro quo)보다는 자기 백성이 전심으로 그분을 섬기기를 바라시는 하나님의 행동을 보아야 한다. 특히 회복을 위해 용서하시는 은혜가 두드러지는데 예를 들어, 성전 자체가 다윗이 회개하며 제사를 드렸던 곳에 있다는 점에서(대상 21:16-22:1) 그리고 므낫세가 "겸손[한]"(ESV는 "humbling himself", 자신을 낮춘) 것에 대한 예상치 못한 이야기와 하나님의 자비로운 반응에 대한 이야기(대하 33:10-13)에서 볼 수 있다.

역대기 저자는 백성이 하나님께 돌이킬 때 하나님이 보이시는 반응의 몇 가지 예를 서술함으로 그의 청중들을 격려한다. 하나님이 과거에 그분의 약속을 지키셨던 것처럼, 그들은 하나님께 '돌이킬' 때 소망 가운데 기대할 수 있다는 것이며, 이는 오늘날 우리들도 똑같이 기대할 수 있는 소망이다. 하나님은 자기 백성을 온전히 회복되길 바라시며, 그들에게 하나님만을 충성되게 신뢰하고 예배하면서 신실하라고 명하신다. 소망은 '겸손하게' 하나님을 예배하는 것에서 유지된다.[17]

내러티브에 새겨진 신학–그리고 그 목록들

역대기 저자의 신학 및 그것의 지속적인 중요성을 분별하는데 있어, 하나님이 추상적인 진리 세트가 아니라 내러티브를 사용해서 말씀하기로 하셨다는 사실을 깨닫는 것이 필수적이다. 몇 세기 동안, 계몽주의의 영향으로 서구에서는 이야기를 추상적 진리보다 덜 중요한 것으로 경시하는 경우가 많았다. 지금은 과거와 현재 둘 다의 이야기가 지정의를 동원하여 정체성과 믿음, 행동을 위한 구조를 제공한다는 인식이 보다 일반적이다(많은 문화권에서 언제나 그랬듯이).[18]

역대기 저자는 하나님이 어떻게 그분의 세상과 백성에게 말씀하셨는지 내러티브 형태로 말함으로써 자기 청중 그리고 이후의 청중들과 소통한다. 저자는 하나님이 신실하게 예배를 받으셨을 때 무슨 일이 일어났는지, 언약 관계 안에서 사는데 실패한 것과 그 결과, 백성이 하나님께 돌이켰을 때

17 상세한 석의적 연구로는 Brian E. Kelly, *Retribution and Eschatology in Chronicles*, JSOTSup 211 (Sheffield, UK: Sheffield Academic, 1996)을 보라. 또한 그 책 pp.242-243에서 솔로몬 이후 모든 왕을 위한 복 주심과 상 그리고 벌과 회복이라는 주제 표를 보라.

18 '이야기, 세계관, 지식' 간의 관계에 대한 개관은 N. T. Wright, *The New Testament and the People of God* (London: SPCK, 1992), 38-44에서 찾아볼 수 있다.

하나님의 은혜가 어떻게 명백하게 보였는지 자세히 이야기한다. 여기에 자신의 피조물을 위한 하나님의 목적들이라는 드라마도 일부 포함되어 있다. 우리 자신이 그 드라마 안에서 역할을 하면서 배워야 하는 드라마다.[19]

중요한 것으로, 목록들은 거기 나오는 수많은 이름들과 함께 역대기 이야기의 필수적인 부분이다. 공동체와 개인들은 다양한 목록 종류에 관심을 가지며 목록을 읽는 그들의 반응도 다양하다. 많은 문화권에서 목록은 전쟁에서 혹은 어떤 공동체에서는 재난에서 죽은 사람들의 목록일 수도 있고, 아니면 건물에 기부한 한 무리의 사람들을 기념하는 것일 수도 있다. 하지만 전통적이고 친족과 관련된 많은 사회에서, 목록은 종종 계보를 포함하며 정체성의 핵심 요소를 형성한다. 역대기 저자에게도 마찬가지다. 그에게 계보는 대대로 내려오는 연속성을 단언하며 사람들이 어디 속해 있는지 보여준다. "중요한" 사람들, 보통 왕이나 지도자 혹은 선구자들의 이름만 나오는 역사와는 달리, 역대기 저자는 많은 사람의 다양한 기여를 나열한다. 그런 사람들의 이름을 말하는 것은 그들과 그들의 역할을 존중하는 것이고, '그들이 잊혀지지 않았다'라고 말하는 것이며, 동시에 그들의 역할을 맡고 있는 후계자들을 격려하는 것이다.

"그의 선지자들을 신뢰하라"

선지자들은 역대기 저자만 가지고 있는 자료에서 두드러지게 등장한다. 궁정과 연관된 선지자들에 대한 기록이 자료로 인용되며, 선지자들이 한 연설이 삽입되어 있다(참고. 서론의 '장르와 문학적 특징' 중 '연설, 기도, 예언' 그리고 기록 인용). 초점은 메시지에 대한 즉각적 반응과 그 결과에 맞춰져 있다(예를 들어, 대하 11:2-4; 12:5-8; 15:1-15; 24:19). 다윗이 성전 사역을 위해 준비해 놓은 것과 명령들은 "여호와께서 그의 선지자들"인 갓과 나단으로부터 나

19 Craig G. Bartholomew and Michael W. Goheen, *The Drama of Scripture: Finding Our Place in the Biblical Story* (Grand Rapids, MI: Baker Academic, 2004).

온 것이며(대하 29:25), 성전에서 사역하도록 구별된 사람들은 '신령한 노래를 하다'(ESV는 "prophesy", 예언을 하다)라고 나온다(참고. 대상 25:1-6 주석). 보다 일반적으로, 여호사밧은 백성들에게 "너희 하나님 여호와를 신뢰하라…그의 선지자들을 신뢰하라"(대하 20:20)라고 명하며, 선지자들을 '듣지 않는' 것 혹은 '욕하는' 것(대하 24:19; 36:16)은 멸망으로 이어지는 선택이다. 이러한 말들을 포함시킴으로써 저자는 포로기 이후 청중들에게 '선지자들'이 과거에 선포한 메시지는 여전히 중요하며(이제 정경 책들 안에서), 성전의 성직자들을 통해 전달되는(참고. 슥 1:1-6) 말을 들으라고 명하고 있다.[20]

선지자들이 말하는 "여호와의 말씀"은 또한 하나님의 백성을 위한 그분의 목적을 어김없이 전달한다. 계보들이 나온 후에 등장하는 이야기는 사울이 그의 "범죄"(마알, ESV는 "breach of faith", 믿음을 깨는 것) 때문에 죽은 것으로 시작되고, 그다음에 다윗이 "여호와께서 사무엘을 통하여 전하신 말씀대로" 기름 부음을 받는 이야기가 나오며(대상 10:13-14; 11:3) 백성들이 선지자들의 명령을 거부하면서 "크게 범죄하여"(마알, '극도로 신실하지 못하여') 성전이 파괴되고 백성이 포로로 잡혀가는 이야기로 마무리된다. 그 뒤에 이어지는 것은 귀환과 성전 재건에 대한 고레스의 선포로, 포로로 잡혀가는 것과 귀환하는 것은 둘 다 "예레미야의 입으로 하신 말씀"이 이루어지는 것이다(대하 36:12, 14-16, 21-22).

20 Boda, *1-2 Chronicles*, 18. Starling이 *Hermeneutics as Apprenticeship*, 81-92에서 스가랴에 대해 논의한 것은 역대기에 적절하다. Gary N. Knoppers는 "'To Him You Must Listen': The Prophetic Legislation in Deuteronomy and the Reformation of Classical Tradition in Chronicles," in *Chronicling the Chronicler*, 161-195에서 역대기가 이전 선지자들의 전통들과 관련되는 방식들을 논한다.

성경의 다른 본문 및 그리스도와의 관련성

정경에서의 위치

성경 역본들은 역대기를 서로 다른 위치에 두며, 이런 다양한 위치는 이 책을 보는 방식에 영향을 끼칠 수 있다. 영어 역본들은 70인역을 따라 역대기를 열왕기 뒤에 둔다. 70인역 제목인 파랄레이포메논(빠진 것들)의 뜻처럼, 이 위치에 두면 책의 중요성을 경시하고 그저 부록으로 취급하는 것처럼 보일 수 있다. 하지만 역대기를 열왕기 뒤에 배치함으로써, 이 책의 역사적 차원이 강조되기도 한다. 게다가 서로 나란히 있기 때문에 역대기와 사무엘하-열왕기는 각각 군주정 시대를 다른 시각에서 다른 청중에게 말하는 유사한 글로 보일 수 있다(참고. 사복음서). 두 목소리가 함께 노래하는 것처럼, 두 글의 화음은 하나보다 훨씬 더 풍성하다.

히브리 성경은 역대기를 히브리 정경 배열의 세 번째이자 마지막 부분인 성문서(Writings) 안에 둔다. 그 위치에 관해서는 두 개의 다른 전통이 있다. 가장 오래된 완전한 히브리어 사본인 알렙포 사본(Aleppo Codex, 주후 약 925년)과 레닌그라드 사본(Codex Leningrad, 주후 약 1008년)은 역대기를 성문서의 첫 번째 책으로 두며, 그래서 다음에 나오는 시편(다윗 및 성전과 연관된)과 지혜 문학(솔로몬과 연관된)의 서론 역할을 하도록 한다. 또는 이 사본들 전에 나온 랍비 전통 및 그 후에 나오는 중세 말기에 인쇄된 본문을 보면 역대기가 마지막 책이다. 이런 배치는 "모든 선지자의 피…곧 아벨의 피로부터 제단과 성전 사이에서 죽임을 당한 사가랴의 피까지"(눅 11:50-51, 참고. 마 23:35)라는 포괄적인 예수님의 말씀 범위에 반영되어 있다. 그것은 히브리 정경의 첫 번째 책과 마지막 책에 나오는 사건을 암시할 것이다(창 4:8-10; 대하 24:20-22). 그러나 그것은 연대적으로 첫 번째와 마지막 순교자와 연관된 것일 수도 있다(참고. ESVEC 대하 24:17-22 주석).

역대기를 정경의 마지막 책으로 두는 것은 다음 두 가지 특징을 강화한다.

(1) 역대기는 아담으로부터 시작해서(대상 1:1) 열방 가운데 하나님의 백성의 역사를 개관하면서, 하나님의 왕권, 다윗, 성전에 초점을 맞춘다. 그것들은 모두 이방의 통치에도 불구하고 현재에도 유효한 것으로 여겨진다. (2) 히브리어 성경 전체의 결말은 웨야알(*weya'al*), "올라갈지어다"라는 단 한 단어로, 그것은 성전에서 드리는 예배를 통해 하나님의 통치에 대한 충성을 보이라는 권고 혹은 명령이다. 하나님의 말씀은 반응을 요구한다.

뒤를 돌아봄

역대기 저자가 사무엘서와 열왕기에 나온 자료를 가장 두드러지게 각색한다는 것은 이해할만하다. 하지만 책 도처에는 창세기부터 에스라-느헤미야에 이르는 부분에서 나온 인용들, 비유적 표현들, 암시 및 선지자들의 말이 나온다(이것은 본 주석서 내내 살펴볼 것이다).[21] 그런 인용문들과 암시는 역대기 저자가 하나님께서 자기 백성을 다루시는 역사의 풍성한 다양성을 잘 알고 있다는 사실을 보여준다. 저자는 이 역사를 기반으로, 어떤 것들은 짧게만 언급하고(예를 들어, 아브라함 언약과 출애굽) 또 어떤 것들은 확장하고 강조한다(예를 들어, "온 이스라엘"의 범위 및 하나님의 명령에 순종하여 성전에서 예배로 모이는 것이 지닌 의미).

또한 저자는 시편을 길게 인용하면서 하나님 나라, 다윗, 성전 예배, "회중"에 주의를 기울인다. 시편과 마찬가지로 역대기는 공동 기도와 찬양을 민족의 삶의 중심이라고 표명한다. 실로 역대기는 그 이야기들 한가운데서 시편을 인용하고 다윗의 가르침들을 강조함으로, "성도의 모임"에서 그리고 실로 "호흡이 있는 자마다" 예배에서 시편을 사용하는 것을 강화한다(시 149편; 150편).

21 Martin J. Selman, *1 Chronicles: An Introduction and Commentary*, TOTC (Leicester, UK: Inter-Varsity Press, 1994), 34-44에 좋은 개관이 나와 있다.

앞을 내다봄

역대기에 나오는 얽히고설킨 신학적 주제들은 신약에서 "다윗의 자손" 그리스도가 오신 것에 비추어 발전되고 변형된다. 역대기와 마찬가지로, 신약은 계보로 시작한다. 이제 다윗 계열은 "다윗의 자손", "그리스도"이신 예수 안에서 목적지에 이른다(마 1:1-17). "바벨론으로 사로잡혀"(마 1:11, 17)간 시기는 끝났다. 예수께서 "자기 백성을 그들의 죄에서 구원할"(마 1:21) 것이기 때문이다. 이제 "하나님이 우리와 함께 계[신다]"(마 1:23). 다양한 방식으로 복음서는 역대기가 왕권 행사와 하나님 백성의 삶에 관해 강조하는 것을 예수께서 어떻게 성취하시는지 말한다. 특히 이러한 것들이 성전과 연관되어 있기 때문이다.

성전과 그리스도 성전은 서너 가지를 결합시키는데 그것은 모두 그리스도가 오심으로 말미암아 새롭게 보게 된다. 그것은 이 땅에서 하나님의 통치와 그분의 영광스러운 임재, 제사와 찬양을 통한 예배, 열방이 예물을 가지고 하나님의 도를 배우러 오는 곳 등이다.

성막 시대가 끝났을 때 그리고 솔로몬의 성전이 봉헌될 때, '여호와의 영광이 성막/성전에 충만하였다'(출 40:34, 35; 대하 7:1, 2). 하지만 솔로몬 이후 사백 년이 지났을 때 에스겔은 여호와의 영광이 성전을 떠나는 것을 본다(겔 11:22-23). 이후의 환상에서 에스겔은 그 영광이 장차 돌아오는 것을 보긴 하지만(겔 43:1-5), 성전이 주전 516년에 재건되었을 때는 그런 일이 일어나지 않았다. 여호와의 영광, 즉 온전한 죄 사함과 회복의 증거가 될 가시적인 임재는 아직 일어나지 않았다(학 2:6-9; 슥 2:5, 10-11; 말 3:1).

오랫동안 바라던 역사 속에 예수 그리스도께서 임하셨다. 그분은 눈에 보이는 임재의 궁극적 표현이다. 예수 안에서 "말씀이 육신이 되어 우리 가운데 거하시매 우리가 그의 영광을 보니"(요 1:14). "거하[다]"라고 번역된 단어는 성막과 연관되어 있으며, '성막/거함', 하나님의 "영광"의 임재는 요한복음에서 특별히 분명하게 나타난다. 예수님은 자신의 몸을 "성전"

이라고 말씀하시며(요 2:19-21) 자신의 "영광" 혹은 "하나님의 영광"을 여러 가지로 보여주신다("영광"은 19번, "영화롭게 하[다]"는 23번). 특히 예수님의 십자가와 높이우심에서 그것을 드러내셨다(요 17:1). 예수 안에서 우리는 하나님의 임재가 우리와 함께 하시는 것을 본다. 물리적 건물보다는 예수께서 "성전", 곧 하나님의 임재와 통치의 중심적 상징이시다.

역대기는 개혁하는 왕들을 소개한다. 그들은 성전에서 우상숭배를 몰아내고 참된 제사와 찬양이 일어날 수 있게 한다. 예수님은 예루살렘에 들어가 "다윗의 자손"으로 환호를 받으신 후(슥 9:9을 성취하면서), 그와 똑같은 일을 하신다. 자신의 왕적 권위를 발휘하고 성전을 깨끗하게 하시는 것이다. 하지만 예수를 환영하는 것은 단지 "맹인과 저는 자들" 그리고 "어린 아기와 젖먹이들"뿐이다. 종교 지도자들은 예수를 철저히 거부한다(마 21:1-17). 그래서 성전이 무너지는 것에 대한 고뇌에 찬 단언이 나온다(마 23:37-24:2). 성전은 그것의 목적, 곧 "만민이 기도하는 집"(사 56:7; 막 11:17)이 되는 목적을 성취하지 못했다. 이 목적은 대신 그리스도의 몸의 성전인 교회에서 성취될 것이다.

성전과 교회, 삶과 예배에서 초대 그리스도인들은 예수께서 말씀하신 성전이 "자기 육체[몸]"를 의미한다는 것을 알게 되었다(요 2:19-21). 그들은 이 진리를 다양한 방식으로 적용했다. 때로 그들의 초점은 하나님의 특별한 임재의 장소로서 신자의 몸이었다. 성전은 하나님이 거하시는 곳(그분의 "집")이며, 바울은 고린도교회에 그들이 "하나님의 성전인 것과 하나님의 성령이 너희[그들] 안에 계시는 것"에 대해 가르쳤다(고전 3:16, 참고. 엡 2:21). 그리고 하나님의 성전은 "만민이 기도하는 집"(사 56:7)이 되어간다. 교회는 이제 열방 가운데 흩어져 있기 때문이다.

또 다른 신약의 초점은 하나님의 백성이 하나님께 참된 찬양을 드리는 곳으로서의 몸이다. 베드로는 그리스도인들이 "산 돌…신령한 집으로 세워지고…신령한 제사를 드릴 거룩한 제사장"(벧전 2:5)과 같다고 말할 때 여러 이미지를 혼합해놓는다. 히브리서 저자는 이전의 제사장직과 제사를 그리스도의 역사와 대조시킨 후 그의 청중들에게 이렇게 권고한다. "그러므로 우리는 예수로 말미암아 항상 찬송의 제사를 하나님께 드리자…오직 선을 행함과 서로 나누어주기를 잊지 말라 하나님은 이 같은 제사를 기뻐하시는지라"(히 13:15-16). 성전, 성전의 일꾼들, 성전 제사는 그리스도 안에 있는 하나님의 임재를 통해 변화되었다. 이제 하나님께 제사의 찬양을 드리는 사람들은 "그 안에" 있는 사람들이다.

밧모섬에 있던 요한은 또 다른 관점을 제시한다. 요한은 어떻게 역사 전체가 하나님이 임재하시는 성전이 온 땅을 채울 날로 이어지고 있는지 강조한다. 요한계시록 여러 곳에서 요한은 하늘 성전에서 하나님과 어린양, 곧 유다 지파의 사자를 예배하고 섬기는 것을 본다(계 5:1-14; 7:15, 17; 11:19 등). 하지만 요한이 본 절정의 환상은 새 하늘과 새 땅에 대한 것으로, 거기는 '하나님의 거하는 곳(헬라어, '장막')이 사람들과 함께 있다'(계 21:3). 여기에서는 "성전을 보지 못[한다]". "이는 주 하나님 곧 전능하신 이와 및 어린양이 그 성전이심이라…하나님의 영광이 비치고 어린양이 그 등불이 되심이라 만국이 그 빛 가운데로 다니고 땅의 왕들이 자기 영광을 가지고 그리로 들어가[기]"(계 21:22-24) 때문이다. 그날에 이 땅은 다름 아닌 하나님의 임재의 성전이 된다.

성전과 교회의 연속성의 마지막 사항에 주목해보자. 역대기에서 성전 예배의 주된 특징은 많은 악기로 반주하며 노래하는 것이다(예를 들어, 대상 16:4-7; 25:1-8; 대하 5:11-14). 하늘 성전에서 들리는 찬양의 노래들 및 그것을 반주하는 악기인 거문고(ESV는 "harps", 하프)는 요한계시록의 특징이다(예를 들어, 계 5:8-14; 15:2-4). 그리고 아마 그런 노래들은 초대 교회 예배의 일부였거나 일부가 되었을 것이다. 흥미로운 것은 신약 다른 곳에서 노래가 차지하는 위치이다(마 26:30; 행 16:25; 롬 15:9; 고전 14:15; 엡 5:19; 골 3:16; 히 2:12; 약 5:13). 다윗은 "아삽과 그의 형제를 세워 먼저 여호와께 감사하게[ESV는 "thanksgiving be sung", 감사를 노래하게]" 했다(대상 16:7). 이제 그리스도 안에서 "그 이름을 증언하는" 모든 사람에 의해 "찬송의 제사"가 전 세계적으로 계속해서 노래된다(히 13:15).[22]

"온 이스라엘", 그 "회중", 교회 "온 이스라엘", 공동체로서 하나님의 백성에 대한 역대기 저자의 관심과 비전은 신약에서도 볼 수 있다. 에클레시아(*ekklēsia*)는 일반적으로 신약에서 "교회"로 번역되는 헬라어로, 70인역에서 "회중"이라는 히브리어 카할을 번역하는데 사용되는 용어다. 그 헬라어 단어는 히브리어와 마찬가지로 주로 추상적인 것이 아니라 어떤 목적을 위해 사람들이 물리적으로 함께 모이는 것을 말한다(참고. 행 19:32의 "모인 무리"). 역대기에 나오는 "회중"의 활동은 지금 교회에서 볼 수 있다. 예배를 위해 모이는 것과 주요 개혁들을 논의하고, 참여하고, 때로는 시작하는 것이다. 저자가 하나님의 백성의 전체 공동체가 지닌 적극적 역할을 강조한 것은 오늘날에도 계속된다. 이제는 성령의 권능을 받아서 그런 역할을 하는 것이다. 중요한 것으로, 바울은 그의 편지들을 전체 "교회들", "성도들"(빌 1:1에서만 "감독들과 집사들"이라는 말을 덧붙인다)에게 보내며 "한 몸에 많은 지체…은사가 각각 다르니"(롬 12:4-6)라고 말한다.

하나님 나라와 온 세상 역대기는 하나님 나라와 백성들 그리고 나라들 간의 장기적 관계라는 문제에 답을 하지 않는다(참고. 서론의 '역대기 신학' 중 '"이방 민족"의 세계'). 역대기에 의해 알려진 바사의 통치는 그 나라의 권위를 반대하지 않는 한 친절하고 허용적이었다. 바사는 자신들이 온 세상을 통치할 권리가 있다고 선포했다. 이런 상황에서 역대기는 매년 유월절을 기념하는 것에 대해 길게 이야기한다. 그것은 바로를 타도하고 하나님의 백성이 해방된 것을 기념하는 것이었으며 그래서 하나님의 백성의 원수들이 다시 패배할 때를 소망 가운데 내다보는 것이었다(대하 30:1-27; 35:1-19).

이 승리는 예수 그리스도 안에서 그리스도를 통해 일어난다. 후기 로마 통치 때의 복음서 기사들은 예수 안에서 하나님 나라가 임한 것이 가이사

22 성전이 계속해서 지니고 있는 의미에 대한 포괄적 논의로는 G. K. Beale, *The Temple and the Church's Mission: A Biblical Theology of the Dwelling Place of God*, NSBT 15 (Downers Grove, IL: IVP Academic, 2004)를 보라.

와 그의 군사적 힘에 대한 과시적 주장들에 답하는 다양한 방식을 드러낸다. '주', '세상의 구주', '세상에 화평을 주는 분', '하나님의 아들' 등은 모두 로마 황제들에게 사용되는 호칭이었다. 하지만 이제 분명 오직 왕이신 예수께만 어울리는 호칭이다(요 18:33-40; 19:12, 15, 19-22, 참고. 행 17:7; 28:31; 롬 1:1-4). 이제 "하늘과 땅의 모든 권세"(마 28:18)를 가지고 있는 분은 예수님이며 이것은 모든 다양한 배경을 가진(예를 들어, 대상 1장) 인류 자체가 "모든 족속을 제자로 삼아"(마 28:19)라는 그분의 명령 범위 안에 들어간다는 것을 의미한다.

이에 비추어, 유월절 자체가 이제 새로운 의미를 지닌다. 예수님의 죽음과 부활이 그 절기 때 일어났기 때문이다(마 26:1-2, 17-30; 요 13:1; 19:14; 고전 5:7). 이것은 궁극적 유월절, 죄를 사하시는 하나님이 악의 권세를 물리치시고, 구원을 가져오시고, 자신의 통치를 재개하신 때였다. 오늘날 그리스도인들은 성만찬에 참여할 때마다 이 새로운 해방의 유월절을 기념하며, 그런 식으로 "주의 죽으심을 그가 오실 때까지 전[한다]"(고전 11:26).

역대기 설교하기

역대기 자체는 대략적 특징들이 잘 알려진 이야기를 설교하는 것의 한 예다. 역대기는 인용, 암시, 청중의 상황에 맞는 측면들에 초점을 맞추는 해석 등을 포함하는 새로운 방식으로 전개된다. 저자는 왕이신 하나님이 무엇을 해오셨는지, 인간의 반응과 그에 따른 결과를 선포한다. 저자는 현재의 삶을 가리키기 위해 과거의 경험을 이야기한다. 게다가 간략한 해설을 제외하면, 이야기하는 것 자체, 종종 참여자들의 목소리를 통해 메시지를 전달한다.

오늘날 직면하는 도전은 청중들이 일반적으로 그 책에 나오는 성경적인 비유적 표현이나 암시들을 잘 알지 못하고 큰 이야기의 대략적 특징들

조차 흐릿하게 알고 있을 수 있다는 것(알긴 한다면)이다. 역대기 설교는 이 낯선 상황을 인식하는 것으로 시작하지만 성경 본문이 청중들 자신의 신앙과 순종을 조명할 수 있게 해주는 여정으로 데리고 가는 것을 목표로 한다. 다음에 나오는 것은 앞으로 전진 할 수 있는 몇 가지 방법이다.

(1) 준비할 때는 초기 청중들의 상황을 우리 회중들의 상황과 비교해보아야 한다. 그들은 어떻게 유사한가? 어떻게 다른가? 이것은 본문을 청중들과 더 잘 연관시키는데 도움을 줄 수 있다. 이 주석에는 몇 가지 제안이 나온다.

(2) 선택한 내러티브를 시리즈로 설교할 수 있을 것이다. 연속 설교를 할 수도 있고(예를 들어, 다윗의 통치) 띄엄띄엄 설교할 수도 있다. 내러티브들은 복잡다단한 삶과 다양한 인간의 동기, 상호작용을 묘사하므로, 대부분의 청중은 그 내러티브에 동화될 수 있다. 설교자들은 매번 그 부분에 적절한 서로 다른 신학적 주제/테마에 집중하는 한편 본문에 나오는 그와 관련된 다른 주제들을 가리킬 수 있다.

(3) 설교자들은 특정한 주제가 부각되는 중대한 본문에 기초해서 각 설교를 함으로써 신학적 주제/테마 시리즈를 제시할 수 있을 것이다. 그러면서 본문에 나오는 이야기를 확실히 전해야 한다. 그 주제가 역대기 내내 어떤 방식들로 나오는지 주의를 기울일 필요가 있다.

(4) 설교자들은 각 본문이 아담부터 아브라함, 이스라엘, 모세, 다윗, 고레스에 이르기까지 그리고 그리스도와 하나님이 임재하시는 하나님의 백성의 새롭게 된 "회중"으로 이어지는 큰 이야기의 맥락에 어떻게 어울리는지 알아야 한다. 어떤 측면들을 분명하게 언급할지 숙고해보아야 한다.

(5) 설교자들은 종종 교회 회중들에게 성경의 한 장 이상과 같은 큰 단위를 읽도록 권장할 수 있다. 이들은 공적으로 성경을 읽을 때 모범을 보이기 위해 긴 본문을 읽으며, 청중이 더 잘 들을 수 있도록 읽는 방식을 연습하기도 한다. 읽기 자체에 이같이 주의를 기울이는

것은 읽는 것의 중요성을 전달하면서, 이렇게 읽는 것이 다름 아닌 하나님의 말씀이라는 것을 강조한다. (읽기가 제대로 이루어지지 않거나 다른 요소에 더 많은 시간을 할애하기 위해 읽는 부분이 단축된다면, 이는 무엇을 전달하게 될까?) 성경 읽기는 종종 설교 내에 포함되는 것이 가장 좋다. 장면별로 읽고 멈춰서 본문에서 무슨 일이 일어나고 있는지 설명하거나 주의를 집중시키는 것이다. (예를 들면, 왜 역대기 저자는 이 대목에서 이러한 표현을 하는 것인가?)

(6) 다른 문화에서 시간을 보내면 우리 자신의 문화를 더 잘 이해하는 데 도움이 되고 종종 태도와 행동의 변화로 이어지는 것처럼, 역대기 저자의 오래된 이야기에 몰두하면 현대의 삶을 더 잘 이해하는 데 도움이 된다. 우리는 본문이 현재 우리가 처한 상황을 설명하는 데 어떻게 도움이 되는지 살펴봐야 한다. 그러면서 청중들이 고대의 상황과 우리 상황 사이의 간격을 메우도록 돕는 방법들을 찾아보아야 한다.

(7) 특히 개인주의적인 경향이 있는 사회에서, 역대기는 하나님이 공동체인 그분의 백성과 어떻게 관계를 맺으시는지 초점을 맞출 기회를 많이 제공한다. 우리는 "회중"으로 함께 모일 때 각자를 격려하면서 우리가 가진 다양한 은사들로 함께 하나님을 섬긴다.[23]

(8) 역대기는 "너희 중에 그의 백성 된 자는 다 올라갈지어다"(대하 36:23)라는 말로 끝난다. 역대기는 삶의 모든 면에서 하나님을 신실하게 예배하도록 격려하기 위해 기록되었다. 어떤 본문에 대해서든 설교자는 "내 회중에게 어떤 반응이 적절한가?"라고 물어야 한다.

23 내러티브를 해석하고 설교하는 것에서 향후 나아갈 방향은 Richard L. Pratt Jr., *He Gave Us Stories: The Bible Student's Guide to Interpreting Old Testament Narratives* (Phillipsburg, NJ: P&R, 1993)와 Christopher J. H. Wright, *How to Preach and Teach the Old Testament for All Its Worth* (Grand Rapids, MI: Zondervan, 2016)에 나와 있다. 더 간단하게 다룬 것에는 Sidney Greidanus, *The Modern Preacher and the Ancient Text: Interpreting and Preaching Biblical Literature* (Grand Rapids, M I: Eerdmans, 1988), 188-227과 Steven D. Mathewson, *The Art of Preaching Old Testament Narrative* (Grand Rapids, M I: Baker Academic, 2002)가 포함된다.

해석상 과제

역대기 저자가 열왕기의 자료들을 선택, 수정, 재배열한 것(숫자의 몇 가지 차이를 포함해서, 또한 일반적으로 큰 숫자들이 나오는 것)으로 인해 어떤 사람들은 글의 신빙성을 의심하기에 이르렀다. 그에 대한 반응으로 저자가 다른 성경 자료를 잘 알고 있었으며(그의 청중들도 마찬가지였다) 그의 메시지를 보면 적절한 문제들에 구체적으로 초점을 맞추었다는 것이 종종 거론된다. 포로 생활로 낙심한 사람들에게 역대기 저자는 다윗이나 솔로몬의 실패들을 언급할 필요가 없었으며 그보다는 제의적 문제들이나 "자신을 낮추는"[24] 왕들에 대해 더 상세히 말했다.

숫자들의 차이는 크게 두 가지 유형으로 나뉜다. 일부는 필사자의 실수로 보인다(참고. ESVEC 대하 22:1-6 주석; 36:9-10 주석). 또 다른 차이점으로는 역대기(및 성경의 여러 책)에 나타나는 큰 숫자에서 나타나는데, 이는 반올림, "천"을 군사 집단이나 '일천 명의 사령관, 지휘관'으로 이해하는 것, 또는 고대 근동에서 왕에게 영광을 돌리기 위해 문학적 과장법을 사용하던 관습을 반영한 것으로 볼 수 있다.[25]

24 V. Philips Long은 *The Art of Biblical History* (Grand Rapids, MI: Zondervan, 1994)에서 그의 예 중 하나로 사무엘서-열왕기와 역대기를 비교한다(pp.76-86).

25 예를 들어, 대상 12:23-37 주석; 18:1-6 주석 참고. 큰 숫자 일반에 대해 더 논의한 것으로는 Andrew E. Hill, *1&2 Chronicles*, NIVAC (Grand Rapids, MI: Zondervan, 2003), 28-31과 D. M. Fouts, "Numbers, Large Numbers," in *DOTHB*, 750-754를 보라.

역대기 개요

역대기는 자연스럽게 세 부분으로 나뉘는데, 두 번째와 세 번째 부분은 왕들의 연대 순서를 따른다. 주석은 개요를 확장해서 각 단락의 단위 배열이 어떻게 사건들과 주제들의 상관관계를 가리키는지 논의한다.

I. 아담으로부터 이스라엘과 그의 후손들, 열두 지파까지(대상 1:1-9:34)
- A. 아담부터 에서와 이스라엘까지(1:1-54)
- B. 이스라엘의 모든 지파(2:1-9:1)
  - 1. 이스라엘의 열두 아들 모두를 소개하며 이름을 말함(2:1-2)
    - 2. 유다, 다윗의 계열 포함(2:3-4:23)
      - 3. 시므온과 요단 동쪽 지파들, 르우벤, 갓, 므낫세 반지파(4:24-5:26)
        - 4. 레위(6:1-81)
      - 3′. 유다 북쪽 지파: 잇사갈, 베냐민(간략한),[26] 납달리, 므낫세, 에브라임, 아셀(7:1-40)
    - 2′. 베냐민, 사울의 계열 포함(8:1-40)
  - 1′. 결론적 요약(9:1)
- C. 포로기 이후 예루살렘에 있는 온 이스라엘(9:2-34)

II. 다윗과 솔로몬의 통일 왕국-예루살렘, 궤, 성전(대상 9:35-대하 9:31)
- A. 사울, 다윗에 대한 서막: 그의 계보와 죽음(대상 9:35-10:14)

26 단이 포함될 수도 있는 것에 관해서는 대상 7:12 주석 참고.

B. 다윗, 예루살렘 내에서 왕이 됨: 승리와 성전 준비(11:1-29:30)
 1. 다윗이 왕위에 오름: 군사적 성공과 궤를 예루살렘으로 가져옴(11:1-16:43)
  a. 다윗이 헤브론에서 왕위에 오름, 예루살렘을 점령함: 그의 충성된 용사들(11:1-12:40)
  b. 다윗, 온 이스라엘, 하나님의 궤(13:1-14)
  c. 명예, 가족, 블레셋을 물리침(14:1-17)
  d. 다윗이 궤를 예루살렘으로 가져옴(15:1-16:43)
 2. 승리와 성전준비(17:1-29:30)
  a. 하나님의 약속들(17:1-27)
  b. 다윗의 확장되는 승리들(18:1-20:8)
  c. 다윗의 인구조사와 성전부지(21:1-22:1)
  d. 다윗이 성전에 관해 솔로몬에게 한 지시(22:2-19)
  e. 다윗이 성전과 행정을 조직함(23:1-27:34)
  f. 다윗의 지시들 및 솔로몬이 왕위에 오름(28:1-29:30)

C. 솔로몬: 예배, 지혜, 재산, 성전(대하 1:1-9:31)
 1. 솔로몬의 예배, 지혜, 재물(1:1-17)
  2. 성전 준비, 건축, 설비(2:1-5:1)
  2′. 성전 낙성식과 여호와의 응답(5:2-7:22)
 1′. 솔로몬의 역사, 예배, 지혜, 재물(8:1-9:31)

III. 분열 시기의 유다 왕국(대하 10:1-28:27)

A. 르호보암: 분열, 패배, 성공(10:1-12:16)

B. 아비야와 아사: 여호와께 의지함(13:1-16:4)

C. 여호사밧: 종교적 사법적 개혁, 그리고 전쟁(17:1-20:37)

D. 여호람, 아하시야, 아달랴: 아합의 집과 얽힘(21:1-23:21)

E. 요아스, 아마샤, 웃시야: 신실함이 배교와 교만으로 바뀜 (24:1-26:23)

F. 요담으로부터 우상숭배하는 아하스까지(27:1-28:27)

IV. 유다 왕국이 계속됨(대하 29:1-36:23)

A. 히스기야 치하의 개혁들, 유월절, 응답된 기도(29:1-32:33)

B. 다른 신들에게 돌아감: 므낫세는 스스로 겸손하게 되지만 아몬은 그렇지 않음(33:1-25)

C. 요시야가 개혁과 유월절 경축의식을 인도함(34:1-35:27)

D. 네 왕과 예루살렘 및 예루살렘 성전의 파괴(36:1-21)

E. 귀환하라는 선포(36:22-23)

역대상 1:1-9:34 개관

역대기 저자는 몇 개의 목록으로 책 전체를 위한 준비를 한다. 독자들은 문화적 가치관으로 인해 이 장들을 두고 서로 다른 방식으로 반응할 것이다. 서구에서 계보는 가계 내력을 조사하는 사람들 혹은 토지나 재산을 유산으로 주는 것의 합법성을 결정하는 사람들에게나 관심의 대상일 것이다. 그러나 시골 공동체들은 오랜 유산에서 자부심을 찾곤 한다. 다른 목록들은 전쟁에서 혹은 중대한 비극에서 살아남은 사람들에 대한 것이다. 하지만 아시아와 아프리카 그리고 토착민들, 수많은 가족과 공동체는 계보를 정체성의 근원이 되는 것으로 여긴다. 계보는 다음과 같은 핵심 질문에 대답해주기 때문이다. 우리는 어디에서 왔는가? 우리는 어디에 소속되어 있는가? 누가 우리의 정체성과 사는 방식을 형성했는가/결정했는가? 라는 질문이다.

찰스 크래프트(Charles H . Kraft)는 구약을 공부하는 어느 이방인 학생이 한 유대인 학생에게 좋아하는 성경 본문을 물어본 일에 대해 말한다. 그 유대인 학생은 즉시 "역대기의 처음 여덟 장"이라고 대답했다. 유대인들 그리고 다른 문화권의 민족에게 계보 목록은 복음에 중심이 되는 특정한 백성에 대한 하나님의 사랑을 가장 분명한 방식으로 보여준다.[27]

역대기 저자에게 계보는 아담, 아브라함, 이스라엘, 다윗 그리고 포로기 이후 공동체에 대한 하나님의 목적, 그들에게 주신 약속의 연속성을 제공한다. 계보는 레위인들 혹은 다윗 계열에 속한 사람들의 정통성을 보여

27 Charles H. Kraft and Marguerite G. Kraft, *Christianity in Culture: A Study in Biblical Theologizing in Cross-Cultural Perspective*, rev. ed. (Maryknoll, NY: Orbis, 2005), 179.

준다. 마태와 누가는 그 목록을 예수까지 이어가는 반면(마 1:1-17; 눅 3:23-38), 바울은 예수 그리스도 안에서 어떻게 이방인들이 그 족보에 접붙임을 받았는지 말한다(롬 11:17-24). "너희가 그리스도의 것이면 곧 아브라함의 자손이요"(갈 3:29).

역대상 1장에서 이스라엘 백성은 모든 인류라는 배경 안에 놓여있다. 이 책의 첫 단어는 그냥 "아담"이다. 2-8장에서 계보의 범위와 순서는 "이스라엘"이 포로기 이후 남왕국 유다를 형성한 사람들 뿐 아니라 모든 이스라엘의(야곱의) 후손으로 구성되어 있다고 단언한다. 이 장들의 구조는 교차대구법적인 것으로(뒤를 보라) 다윗 가족을 포함하는 유다 계열에 제일 처음이자 가장 큰 부분을 할애한다. 또한 제사장과 성전 일꾼들이 포함된 레위지파를 교차대구법의 중앙에 두면서 그들을 강조한다. 마지막에 나오는 지파는 베냐민 지파로 거기에는 사울의 집이 포함된다. 9장은 초기 재정착자 목록으로, 포로시대 이후의 연속성을 가리킨다. 거기서는 제사장들과 레위인들을 다시 한번 자세히 언급한다.

저자는 이 계보들을 제공하면서 표준적 형식을 각색한다. 때로 직계 가족에 대한 계보는 세대 당 한 명씩 나열한다. 이 계보들은 시간적으로 위에서 아래로(대상 1:1-3, 24-27) 혹은 아래에서 위로(6:33-38, 39-47) 이동할 수 있다. 많은 경우에 저자는 구획으로 나눠진 나무 모양의 계보를 제공하는데, 거기에서는 각 세대에서 한 명 이상의 이름이 나온다(1:4-23). 형식들은 뒤섞여있을 수 있다. 예를 들어, 3장은 다윗에 대한 구획별로 된 계보(3:1-9)로 시작해서 연속적인 다윗 계열 왕들의 직선적 목록으로 이어지다가(3:10-16), 다시 구획별로 된 포로기 이후 가계도(3:17-24)로 확장된다. 다른 고대 근동 계보들에서 알려진 바와 같이 단순히 남자의 이름만 열거되는 것과 함께 다양한 세부사항들이 나타난다. 이러한 사항들은 항상 저자의 강조점이 무엇인지에 대한 예를 제공한다. 때로 아내, 첩, 어머니, 자매의 이름이 포함된다(예를 들어, 1:32, 50; 2:4, 16-19). 사람들은 도시들, 성읍들, 지역들과 연관될 수 있는데, 때로는 전투에 대한 언급과 함께 나온다(예를 들어, 1:43-50; 2:22-23). 가끔 또 다른 내러티브 요소가 포함되기도 한다(예를 들어, 2:3, 7; 4:9-10). 하지만 주로 왕들의 목록인 다른 고대 근동 계보들과는 대조적으로, 역대기에 나오는 이름들은 사회 전체를 망라한다. 중요한 것은 성취가 아니라 소속이다.

계보의 전반적 구조는 의미를 전달하는 데 중요하다. 유다, 레위, 베냐민에게 초점을 맞추는 2-8장에서는 흔히 교차대구법을 인지할 수 있다. 그러면 1장에서 9장은 포로귀환자들의 삶을 열방이라는 맥락 안에 두는 바깥 틀이 된다.

A. 아담부터 에서와 이스라엘까지(1:1-54)
B. 이스라엘의 모든 지파(2:1-9:1)
 1. 이스라엘의 열두 아들 모두를 소개하며 이름을 말함(2:1-2)
  2. 유다, 다윗의 계열 포함(2:3-4:23)
   a. 유다의 후손(1부, 2:3-55)
    b. 다윗의 후손(3:1-24)
   a′. 유다의 후손(2부, 4:1-23)
   3. 시므온과 요단 동쪽 지파들, 르우벤, 갓, 므낫세 반지파(4:24-5:26)
    4. 레위(6:1-81)
     a. 레위인들과 그들의 역할(6:1-53)
     b. 그들이 거하는 곳(6:54-81)
   3′. 유다 북쪽 지파: 잇사갈, 베냐민(간략한)[28], 납달리, 므낫세, 에브라임, 아셀(7:1-40)
  2′. 베냐민, 사울의 계열 포함(8:1-40)
 1′. 결론적 요약(9:1)
C. 포로기 이후 예루살렘에 있는 온 이스라엘(9:2-34)

28 단이 포함될 수도 있는 것에 관해서는 7:12 주석 참고.

1 Chronicles
역대상
1:1-54

1 아담, 셋, 에노스, 2 게난, 마할랄렐, 야렛, 3 에녹, 므두셀라, 라멕, 4 노
아, 셈, 함과 야벳은 조상들이라

1[1] Adam, Seth, Enosh; 2 Kenan, Mahalalel, Jared; 3 Enoch, Methuselah,
Lamech; 4 Noah, Shem, Ham, and Japheth.

5 야벳의 자손은 고멜과 마곡과 마대와 야완과 두발과 메섹과 디라스
요 6 고멜의 자손은 아스그나스와 디밧과 도갈마요 7 야완의 자손은
엘리사와 다시스와 깃딤과 도다님이더라

5 The sons of Japheth: Gomer, Magog, Madai, Javan, Tubal, Meshech,
and Tiras. 6 The sons of Gomer: Ashkenaz, Riphath,[2] and Togarmah.
7 The sons of Javan: Elishah, Tarshish, Kittim, and Rodanim.

8 함의 자손은 구스와 미스라임과 붓과 가나안이요 9 구스의 자손은
스바와 하윌라와 삽다와 라아마와 삽드가요 라아마의 자손은 스바와
드단이요 10 구스가 또 니므롯을 낳았으니 세상에서 첫 영걸이며

8 The sons of Ham: Cush, Egypt, Put, and Canaan. 9 The sons of Cush:

Seba, Havilah, Sabta, Raamah, and Sabteca. The sons of Raamah:
Sheba and Dedan. 10 Cush fathered Nimrod. He was the first on earth to
be a mighty man.[3]

11 미스라임은 루딤과 아나밈과 르하빔과 납두힘과 12 바드루심과 가
슬루힘과 갑도림을 낳았으니 블레셋 종족은 가슬루힘에게서 나왔으며
11 Egypt fathered Ludim, Anamim, Lehabim, Naphtuhim, 12 Pathrusim,
Casluhim (from whom the Philistines came), and Caphtorim.

13 가나안은 맏아들 시돈과 헷을 낳고 14 또 여부스 종족과 아모리 종
족과 기르가스 종족과 15 히위 종족과 알가 종족과 신 종족과 16 아르
왓 종족과 스말 종족과 하맛 종족을 낳았더라
13 Canaan fathered Sidon his firstborn and Heth, 14 and the Jebusites,
the Amorites, the Girgashites, 15 the Hivites, the Arkites, the Sinites,
16 the Arvadites, the Zemarites, and the Hamathites.

17 셈의 자손은 엘람과 앗수르와 아르박삿과 룻과 아람과 우스와 훌
과 게델과 메섹이라 18 아르박삿은 셀라를 낳고 셀라는 에벨을 낳고
19 에벨은 두 아들을 낳아 하나의 이름을 벨렉이라 하였으니 이는 그
때에 땅이 나뉘었음이요 그의 아우의 이름은 욕단이며 20 욕단이 알모
닷과 셀렙과 하살마웻과 예라와 21 하도람과 우살과 디글라와 22 에발
과 아비마엘과 스바와 23 오빌과 하윌라와 요밥을 낳았으니 욕단의 자
손은 이상과 같으니라
17 The sons of Shem: Elam, Asshur, Arpachshad, Lud, and Aram.
And the sons of Aram:[4] Uz, Hul, Gether, and Meshech. 18 Arpachshad
fathered Shelah, and Shelah fathered Eber. 19 To Eber were born
two sons: the name of the one was Peleg[5] (for in his days the earth

was divided), and his brother's name was Joktan. 20 Joktan fathered
Almodad, Sheleph, Hazarmaveth, Jerah, 21 Hadoram, Uzal, Diklah,
22 Obal,[6] Abimael, Sheba, 23 Ophir, Havilah, and Jobab; all these were
the sons of Joktan.

24 셈, 아르박삿, 셀라, 25 에벨, 벨렉, 르우, 26 스룩, 나홀, 데라, 27 아브
람 곧 아브라함은 조상들이요
24 Shem, Arpachshad, Shelah; 25 Eber, Peleg, Reu; 26 Serug, Nahor,
Terah; 27 Abram, that is, Abraham.

28 아브라함의 자손은 이삭과 이스마엘이라 29 이스마엘의 족보는 이
러하니 그의 맏아들은 느바욧이요 다음은 게달과 앗브엘과 밉삼과
30 미스마와 두마와 맛사와 하닷과 데마와 31 여둘과 나비스와 게드마
라 이들은 이스마엘의 자손들이라 32 아브라함의 소실 그두라가 낳은
자손은 시므란과 욕산과 므단과 미디안과 이스박과 수아요 욕산의 자
손은 스바와 드단이요 33 미디안의 자손은 에바와 에벨과 하녹과 아비
다와 엘다아니 이들은 모두 그두라의 자손들이라
28 The sons of Abraham: Isaac and Ishmael. 29 These are their
genealogies: the firstborn of Ishmael, Nebaioth, and Kedar, Adbeel,
Mibsam, 30 Mishma, Dumah, Massa, Hadad, Tema, 31 Jetur, Naphish,
and Kedemah. These are the sons of Ishmael. 32 The sons of Keturah,
Abraham's concubine: she bore Zimran, Jokshan, Medan, Midian,
Ishbak, and Shuah. The sons of Jokshan: Sheba and Dedan. 33 The sons
of Midian: Ephah, Epher, Hanoch, Abida, and Eldaah. All these were
the descendants of Keturah.

34 아브라함이 이삭을 낳았으니 이삭의 아들은 에서와 이스라엘이더

라 35 에서의 아들은 엘리바스와 르우엘과 여우스와 얄람과 고라요
36 엘리바스의 아들은 데만과 오말과 스비와 가담과 그나스와 딤나와
아말렉이요 37 르우엘의 아들은 나핫과 세라와 삼마와 밋사요
34 Abraham fathered Isaac. The sons of Isaac: Esau and Israel. 35 The
sons of Esau: Eliphaz, Reuel, Jeush, Jalam, and Korah. 36 The sons of
Eliphaz: Teman, Omar, Zepho, Gatam, Kenaz, and of Timna,[7] Amalek.
37 The sons of Reuel: Nahath, Zerah, Shammah, and Mizzah.

38 세일의 아들은 로단과 소발과 시브온과 아나와 디손과 에셀과 디
산이요 39 로단의 아들은 호리와 호맘이요 로단의 누이는 딤나요 40 소
발의 아들은 알랸과 마나핫과 에발과 스비와 오남이요 시브온의 아들
은 아야와 아나요 41 아나의 아들은 디손이요 디손의 아들은 하므란과
에스반과 이드란과 그란이요 42 에셀의 아들은 빌한과 사아완과 야아
간이요 디산의 아들은 우스와 아란이더라
38 The sons of Seir: Lotan, Shobal, Zibeon, Anah, Dishon, Ezer, and
Dishan. 39 The sons of Lotan: Hori and Hemam;[8] and Lotan's sister
was Timna. 40 The sons of Shobal: Alvan,[9] Manahath, Ebal, Shepho,[10]
and Onam. The sons of Zibeon: Aiah and Anah. 41 The son[11] of Anah:
Dishon. The sons of Dishon: Hemdan,[12] Eshban, Ithran, and Cheran.
42 The sons of Ezer: Bilhan, Zaavan, and Akan.[13] The sons of Dishan:
Uz and Aran.

43 이스라엘 자손을 다스리는 왕이 있기 전에 에돔 땅을 다스린 왕은
이러하니라 브올의 아들 벨라니 그의 도성 이름은 딘하바이며 44 벨라
가 죽으매 보스라 세라의 아들 요밥이 대신하여 왕이 되고 45 요밥이
죽으매 데만 종족의 땅의 사람 후삼이 대신하여 왕이 되고 46 후삼이
죽으매 브닷의 아들 하닷이 대신하여 왕이 되었으니 하닷은 모압 들

에서 미디안을 친 자요 그 도성 이름은 아윗이며 47 하닷이 죽으매 마
스레가의 사믈라가 대신하여 왕이 되고 48 사믈라가 죽으매 강가의 르
호봇 사울이 대신하여 왕이 되고 49 사울이 죽으매 악볼의 아들 바알
하난이 대신하여 왕이 되고 50 바알하난이 죽으매 하닷이 대신하여 왕
이 되었으니 그의 도성 이름은 바이요 그의 아내의 이름은 므헤다벨
이라 메사합의 손녀요 마드렛의 딸이더라 51 하닷이 죽으니라
43 These are the kings who reigned in the land of Edom before any
king reigned over the people of Israel: Bela the son of Beor, the name
of his city being Dinhabah. 44 Bela died, and Jobab the son of Zerah of
Bozrah reigned in his place. 45 Jobab died, and Husham of the land of
the Temanites reigned in his place. 46 Husham died, and Hadad the son
of Bedad, who defeated Midian in the country of Moab, reigned in his
place, the name of his city being Avith. 47 Hadad died, and Samlah of
Masrekah reigned in his place. 48 Samlah died, and Shaul of Rehoboth
on the Euphrates[14] reigned in his place. 49 Shaul died, and Baal-hanan,
the son of Achbor, reigned in his place. 50 Baal-hanan died, and Hadad
reigned in his place, the name of his city being Pai; and his wife's name
was Mehetabel, the daughter of Matred, the daughter of Mezahab.
51 And Hadad died.

그리고 에돔의 족장은 이러하니 딤나 족장과 알랴 족장과 여뎃 족장
과 52 오홀리바마 족장과 엘라 족장과 비논 족장과 53 그나스 족장과
데만 족장과 밉살 족장과 54 막디엘 족장과 이람 족장이라 에돔의 족
장이 이러하였더라
The chiefs of Edom were: chiefs Timna, Alvah, Jetheth, 52 Oholibamah,
Elah, Pinon, 53 Kenaz, Teman, Mibzar, 54 Magdiel, and Iram; these are
the chiefs of Edom.

1 Many names in these genealogies are spelled differently in other biblical books *2* Septuagint; Hebrew *Diphath* *3* Or *He began to be a mighty man on the earth* *4* Septuagint; Hebrew lacks *And the sons of Aram* *5* *Peleg* means *division* *6* Septuagint, Syriac (compare Genesis 10:28); Hebrew *Ebal* *7* Septuagint (compare Genesis 36:12); Hebrew lacks *and of* *8* Septuagint (compare Genesis 36:22); Hebrew *Homam* *9* Septuagint (compare Genesis 36:23); Hebrew *Alian* *10* Septuagint (compare Genesis 36:23); Hebrew *Shephi* *11* Hebrew *sons* *12* Septuagint (compare Genesis 36:26); Hebrew *Hamran* *13* Septuagint (compare Genesis 36:27); Hebrew *Jaakan* *14* Hebrew *the River*

단락 개관

제롬(Jerome)은 역대기를 "모든 신적 역사의 연대기(크로니콘)"[29]이라고 말했다. 제롬이 "모든"이라는 단어를 사용한 것은 첫 장이 이스라엘을 대체로 인류라는 맥락 안에 둔다는 점에서 분명 지지받을 수 있다. 첫 단어인 "아담"은 신적-인간적 관계의 시작을 뜻하며, 이어지는 인류의 세대를 추적해 내려오면서 사람들의 다양함을 상세하게 말한다. 동시에 이 장은 셈으로부터 아브라함까지 직계혈통의 이름을 말하고, 그 후에는 비이스라엘인 가지에 해당하는 후손들의 이름을 말한다. 그리고 다시 족장 이삭과 그의 두 아들의 이름을 말하면서 분명하게 이스라엘로 돌아오고, 이스라엘의 혈통에 초점을 맞춘다. 여기에서 이스라엘 사람들의 조상인 "이스라엘"이 처음 언급된다(대상 1:34, 이 장에서 단 한 번 나옴). 이스라엘의 자손들은 특히 2:1에서 초점이 될 것이다. 그때까지 역대기 저자는 이스라엘의 형 에서의 계열과 그들이 살았던 지역 사람들에 대한 세세한 내용들을 언급한다. "아브라함"은 이 장 한가운데 구절에서, 많은 비이스라엘인들 이름에 둘러싸여 처음으로 나온다.

29 Jerome, *Preface to the Books of Samuel and Kings* (*NPNF2* 6:490)를 보라.

이런 식으로 저자는 포로생활 이후 유대인들에게 그들이 한 인류에서 나왔으며 하나님에 의해 창조되었고 다양한 모습으로 알려졌음을 상기시킨다. 그들은 아브라함과 이스라엘의 후손이다. 하지만 그들의 계속되는 이야기는 모든 사람을 위한 하나님의 목적에 대한 더 큰 묘사의 일부다.

단락 개요

I. 아담으로부터 이스라엘과 그의 후손들, 열두 지파까지(1:1-9:34)
   A. 아담으로부터 에서와 이스라엘까지(1:1-54)
      1. 아담으로부터 노아와 그의 아들들까지(1:1-4)
      2. 야벳의 자손, 함, 셈(1:5-23)
      3. 셈으로부터 아브라함까지(1:24-27)
      4. 아브라함의 자손(1:28-54)
         a. 아브라함의 자손의 이름(1:28)
         b. 이스마엘의 아들들(1:29-31)
         c. 아브라함의 소실 그두라의 자손(1:32-33)
         d. 이삭의 아들들(1:34-54)

주석

1:1-4 역대기는 창세기처럼 하나님의 백성의 현재 상황과 경험을 하나님의 피조물에 대한 하나님의 목적이라는 더 큰 드라마 안에 두는데, 그 드라마 안에는 모든 사람이 포함된다. 아담으로부터 노아와 그의 아들들까지 이르는 시작 부분 목록은 간결하며 뒤의 목록에서 나오는 것과 같은 "…의 아들"이라거나 "낳고"라는 말이 없다(참고. 창 5장). 이름들만 나오는 것은 첫 사람으로부터 홍수에 이르기까지의 사람들과 사건들을 환기시키며, 초기 독자들은 "셈, 함, 야벳"이 노아의 각 아들이었다는 것을 알 것이다.

1:5-23 창세기 10장에서처럼(창세기와 역대기에 모두 등장하는 이후의 목록들과 비슷하게), 지속되지 않는 혈통에 대한 사항이 먼저 나온다. 그래서 이스라엘의 지속되는 혈통의 조상인 노아의 아들 셈과 자손들이 다른 아들인 함과 야벳의 자손들 다음에 나온다. 히브리어로 "아들"에 해당하는 말[벤(*ben*), 대상 1:5 등]은 종종 육체적 후손(직계건 먼 친척이건)을 명시하며 또한 민족이나 지파[예를 들어, "이스라엘 자손"(ESV는 "the people", 백성), 문자적으로는 "아들들", 43절] 혹은 다른 집단 구성원들(남성과 여성)[예를 들어, 왕상 20:35의 "선지자의 무리"(ESV는 "the sons of the prophets", 선지자의 아들들), 시 149:2의 "시온의 주민"(ESV는 "children", 자녀들, 문자적으로는 아들들")]에 대해서도 사용된다. 그래서 "…의 자손"(ESV는 "son of…", …의 아들)이라는 말은 어떤 사람이 속한 곳을 묘사한다. 마찬가지로 "낳았다"[ESV는 "fathered", 아버지가 되다, 얄라드(*yalad*), 대상 1:11, 13 등]는 말은 직계 부모건 몇 대 떨어진 부모건 부모인 남자와 여자 모두에 사용되며, 그래서 이름의 기원이 된 조상에 대해 사용될 수 있다. 이름은 개인뿐 아니라 어떤 식으로든 그 사람들과 연관된 사람 및 장소들에 대해서도 사용되게 되었다(뒤의 주석을 보라).

"야벳의 자손"의 이름들(5-7절)은 유다 북동쪽과 서쪽의 넓고 다양한 지역을 포괄한다. "마대"라는 말은 다른 곳에서는 메대(Medes, 사 13:17)와 그들의 땅 메대(Media, 사 21:2)를 언급하는 말로 나온다. 그 땅은 카스피해 남쪽과 현대 이란의 일부다. 인근의 "아스그나스"는 예레미야 51:27에서 아라랏과 함께 나오며 흑해 쪽의 지역을 말한다. 서쪽으로 이동해서 "두발과 메섹"은 아나톨리아(현대의 튀르키예/터키)에 있으며, "야완"은 이오니아 헬라 섬들 및 연안지역을 가리킨다(사 66:19; 겔 27:13, 그 이름은 후에 헬라에 대해 사용된다, 단 8:21). "깃딤"(Kittim)다른 곳에서는 키프로스(Cyprus, 구브로)를 말한다(사 23:1). 반면 "도다님"(Rodanim)은 로도(Rhodes)일 것이다.[30]

"함의 자손"의 이름들(대상 1:8-16)은 일반적으로 "애굽"의 영향 하에 있었던 남쪽과 남서쪽의 사람들과 지역을 대표한다. "구스"는 수단의 지역인 반면, "붓"은 리비아다. "스바"(Seba)와 "스바"[Sheba, 시 72:10에서 연결되어 있는 (거기에서는 "스바"와 "시바"라고 나옴—옮긴이주)]는 아마 남부 아라비아일 것이며, "하윌라"(창 2:11; 25:18) 지역도 마찬가지다. "가나안"은 지중해 동쪽 연안 지역을 망라한다(참고. 창 10:15-20).

역대기 저자는 창세기 10장에서 나온 몇 개의 짧은 해설을 보존해놓았다. "니므롯"을 "세상에서 첫 영걸"(대상 1:10)이라고 묘사하는 것은 창세기 10:8과 조화된다. "영걸"에 해당하는 히브리어는 다른 곳에서는 군사적 영웅과 전사를 묘사하는 말로 사용된다(창 10:9-12에 나오는 추가 해설들은 포함되지 않는다). "블레셋 종족"의 기원에 대한 설명(대상 1:12)은 창세기 10:14에 나온 것과 똑같다. "벨렉"에 대한 논평(대상 1:19; 창 10:25에 나온 것과 같은)은 비슷하게 소리 나는 히브리어 팔라그(*palag*, '나누다')를 가지고 언어유희를 하고 있으며 아마 바벨탑 이후의 분열과 관계되어 있을 것이다(창 11:1-9).

"셈의 자손"(대상 1:17-23)은 동쪽인 메소포타미아 지역에 잘 알려진 많은 이름을 가지고 있다[예를 들어, 바벨론 동쪽의 "엘람", 앗수르(Assyria)의 "앗수르"(Asshur), 헬라어로 수리아(Syria)라고 부르는 "아람"]. "욕단"과 그의 자손들은 남아라비아에 있었다.

30 "로다님"은 창 10:4에서는 "도다님"이라고 나온다. 그것은 두 개의 유사한 히브리어 글자인 레쉬(ר)와 달렛(ד)을 혼동한 것을 나타내는 증거다.

1:24-27 이 구절들은 1-4절의 문체를 다시 사용해서, 초점을 재빨리 아브라함에게로 이동하면서 셈의 직계 후손들만 열거한다(24-27절, 참고. 보다 상세한 창 11:10-26). "아브람 곧 아브라함"이라는 간결한 말은 독자들에게 "내가 너를 여러 민족의 아버지가 되게 함이니라"(창 17:4-5)는 언약 약속과 함께 이름이 바뀐 것을 표시해준다. 역대상 1:28-54는 이 약속의 성취를 보여줄 것이다. 후에 저자는 예루살렘에 궤를 설치한 것을 묘사하면서(대상 16:16) 그리고 유다가 공격자들에게 둘러싸여 있을 때 여호사밧의 기도에서(대하 20:7) 이 언약을 상기시킬 것이다.

1:28-54 색다르게도 나이가 어린 "이삭"의 이름이 그보다 나이 많은 "이스마엘"의 이름보다 먼저 나온다(28절). 아마 이삭을 통해 언약이 계속될 것이기 때문이었을 것이다. 하지만 그다음에 나오는 구절에서는 이 장 앞부분에서 나온 관행이 계속된다. 지속되지 않는 혈통의 이름들이 먼저 나오기 때문이다(29-33절, 참고. 5-23절). 이 혈통에는 이스마엘의 열두 아들이 포함되는데(29-31절) 이들은 하나님이 이스마엘에게 복을 주시겠다고 하신 약속(창 17:20)의 성취였다. 또한 "아브라함의 소실 그두라"의 아들들도 포함되는데(대상 1:32-33)[31] 그들은 이스마엘 및 이삭과 구별되었으며 그들의 지역은 더 멀리 떨어져 있었다(참고. 창 25:6, "동방 곧 동쪽 땅"). 이 부분에 나오는 이름들 중 많은 것은 북부 시나이와 북부 아라비아의 부족들로 알려져 있다.

역대기 저자는 이삭의 계열로 넘어가면서, 아브라함이 이삭의 아버지였다고 반복한다(대상 1:34, 참고. 28절). 이렇게 해서 언약적 혈통을 강조하는 것이다. 저자는 이삭의 아들들의 이름을 말할 때 일관되게 "야곱"보다는 "이스라엘"이라는 말을 사용한다("야곱"과 "이스라엘"이 노래에서 병행해서 나오는 16:13, 17을 제외하고). 이것은 이름 배후에 있는 약속(참고. 창 32:28; 35:10)과

31 소실은 아내보다 사회적으로 지위가 낮다. 구약에서 그들은 아이를 낳는 것과 연결되어 있다.

"온 이스라엘"의 공동 혈통(참고. 서론의 '역대기 신학' 중 "온 이스라엘")을 둘 다 강조한다.

하지만 "이스라엘의 아들"(2:1)로 넘어가기 전에, 저자는 에서와 연관된 이름들의 여러 목록을 제공한다. "에서의 아들"(1:35-37), "세일의 아들"(38-42절), "에돔 땅을 다스린 왕"(43-51a절), "에돔의 족장"(51b-54절, 참고. 창 36장) 등이다. "에서"와 "에돔" 그리고 "세일" 간의 연관은 창세기에 분명히 나오는데, 거기에서 "에서"는 "에돔"이라는 이름으로 나오며 "세일 산"에 거주한다(창 36:8, 9).[32]

눈에 띄는 것은 "에서"/"에돔" 부분이 차지하는 분량이다(1장의 절반을 차지한다). 유다와 에돔 간의 반목의 역사, 특히 바벨론 사람들이 예루살렘을 약탈할 당시 에돔의 행동으로 인해 생긴 적의(예를 들어, 시 137:7; 겔 35장)에 비추어볼 때, 역대기에서 에서와 에돔에 대해 상세히 설명하는 것과 그들에 대한 적의가 보이지 않는 것은 놀랍다.

계보는 먼저 이스라엘과 에돔이 공동의 인간적 유산을 공유하고 있음을 상기시킨다. 아담으로부터 나온 것뿐 아니라 보다 가깝게는 아브라함과 이삭으로부터 나온 유산이다. 게다가 "이스라엘 자손을 다스리는 왕이 있기 전에 에돔 땅을 다스린 왕은 이러하니라"(대상 1:43)는 진술 자체는 그 이후에 에돔 왕들이 나오는 것을 허용할 수 있었던 반면, 후계자의 이름 없이 "하닷이 죽으니라"라는 말을 끼워 넣은 것(51a절, 참고. 창 36:31-39)은 저자가 일단 이스라엘이 왕을 갖게 되자 에돔 사람들의 왕권이 끝났다고 보았음을 시사한다. 실로 저자는 후에 에돔이 어떻게 "다윗의 종"(대상 18:13)이 되었는지 설명한다. 그리고 에돔이 신실하지 못한 여호람 치세 동안 "배반하여…오늘까지" 그런 것은 사실이지만(대하 21:8-10), 에돔의 반역은 오로지 이스라엘의 신실하지 못함으로 인한 것, 그렇기 때문에 이스라엘이 믿음으로 돌아올 때 끝날 것임을 암시하고 있다. 이 요소들은 이 계

32 이 부분 여러 곳에서 ESV는 현재의 히브리어 본문보다는 70인역을 따른다(참고. ESV 난외주). 이것은 보통은 역대기의 히브리어 본문이 몇몇 대단히 유사한 히브리어 글자들을 혼동한 것처럼 보이기 때문이다. 참고. 각주 30.

보의 평화주의적 어조와 함께, 청중들이 에돔이 다시 하나님과 그분의 기름부음 받은 통치자에게 충성을 바칠 때를 고대하도록 격려한다.

간단히 말해, 계보가 처음에는 셋에게 이어서 아브라함에게 그다음에 이삭에게 그리고(대상 2:1에서) 이스라엘에게 초점을 맞추면서, 온 인류에 대한 보편적 관점과 인류의 다양성 및 특이성 둘 다를 결합시킨다. 그 시점으로부터 이 책은 여호와의 언약 백성에게 초점을 맞출 것이다.

응답

오늘날 우리는 이전 세대들보다 더 세계화의 영향 및 민족적 혹은 인종적 정체성에 기초한 긴장과 충돌을 경험한다. 이민자가 늘어난다는 것은 많은 사람이 날마다 다양성을 경험하는 것을 의미한다. 우리는 이방 민족의 세상에서 하나님의 백성으로서 어떻게 살아야 하는가? 이 장은 몇 가지 지침을 제공한다. 역대상에 나오는 이름이 구체적이고 많다는 것(160개 이상)은 다양성과 특이성을 강조하지만, 모든 이름이 궁극적으로는 아담에게로 거슬러 올라간다는 사실은 그럼에도 불구하고 하나의 인류라는 점을 강조한다. 역대기 저자에게 작은 유대 공동체 주위의 나라와 백성들은 "우리"와 대조되는, 아무 특성 없는 "그들"이 아니었다. 그들은 같은 인간들이었다.

오늘날 우리는 이름의 목록을 크게 확장할 수 있다. 이방 민족들 뿐 아니라 이 땅에 사는 크고 작은 모든 종족들의 이름이다. 우리는 눈과 마음을 닫고 우리 자신이 선택한 집단 내에서 안전한 획일성을 찾든가 아니면 공통성과 함께 풍성한 다양성을 같이 경축하든가 할 수 있다. 나사렛 사람들은 전자였다. 그들은 예수께서 하나님이 이방인들에게 공급해주신 것을 상기시켰을 때 분노했다(눅 4:24-30). 하지만 하나님은 후자를 바라신다. 오순절에 하나님이 그분의 영을 부으시고 구체적으로 이름이 나오는 다양한 곳(모두 열여섯 곳)에서 온 사람들이 "우리가 다 우리의 각 언어로 하나님의 큰 일을" 들을 수 있도록 하신 것(행 2:8-11)에서 분명히 볼 수 있는 바와 같다. '신적 역사'(divine history)의 범위는 "각 나라와 족속과 백성과 방언에서 아무도 능히 셀 수 없는 큰 무리가 나와…큰 소리로 외쳐 이르되 구원하심이 보좌에 앉으신 우리 하나님과 어린 양에게 있도다"(계 7:9-10)라고 하는 것을 고대한다.

동시에 계보들은 이스라엘 사람들에게 그들이 모든 인류와 공동의 기원을 갖고 있지만, 그들의 참된 정체성은 아브라함, 이삭, 이스라엘의 자손이라는 것에서 찾아야 한다는 것을 상기시킨다. 그들은 하나님이 부르신 사람들, 각각에게 하나님이 "복을 내리[시고]" 그의 자손으로 말미암아 "땅의 모든 족속이 복을 얻을 것"이라고 약속하신 사람들이다(창 12:3; 26:3-4; 28:13-14). 이 자손들은 주위 민족들의 신들이나 길을 따르지 않고 하나님의 백성으로 삶으로써 복이 되어야 했다(창 18:17-19; 출 19:6; 신 4:6-8, 참고. 마 5:14-16). 신약에서는 새로운 차원이 나타난다. 주된 정체성은 이제 가계의 혈통이 아니라 "그리스도 안에" 있다는 것에 기초하고 있기 때문이다. 이것은 어떤 인종적 민족적 성별, 사회적 계층의 정체성도 제거하지 않지만 그 정체성을 초월하고 상대화한다(갈 3:27-29; 골 3:11). 그리스도 안에 있는 사람들이 "당신은 어디 속해 있는가?"라는 질문을 받는다면, 그들의 첫 번째 대답은 "나는 모든 족속에게 복이 되도록 부름 받은 하나님의 가족의 일원이다"라는 것이 되어야 한다.

I Chronicles

역대상

2:1-2

2장

1 이스라엘의 아들은 이러하니 르우벤과 시므온과 레위와 유다와 잇
사갈과 스불론과 2 단과 요셉과 베냐민과 납달리와 갓과 아셀이더라

1 These are the sons of Israel: Reuben, Simeon, Levi, Judah, Issachar,
Zebulun, 2 Dan, Joseph, Benjamin, Naphtali, Gad, and Asher.

단락 개요

I. 아담으로부터 이스라엘과 그의 후손들, 열두 지파까지(대상 1:1-9:34)
B. 이스라엘의 모든 지파(2:1-9:1)
1. 이스라엘의 열두 아들 모두를 소개하며 이름을 말함(2:1-2)

주석

2:1-2 아담으로부터 내려온 계열은 이제 "이스라엘"과 그의 "아들"(후손)들에게로 넘어간다. 베네 이스라엘(*bene yisrael*, '이스라엘의 아들들/자녀들')이라는 히브리어 문구는 구약에서 2,200번 넘게 나오며 보통 '이스라엘 백성' 혹은 때로는 '이스라엘 사람들'이라고 번역된다. 그 말은 공동의 조상을 끊임없이 상기시키는 말이다. 이스라엘의 열두 아들을 모두 언급하는 것 또한 유대 지방에 있던 역대기 초기 청중들에게는 이스라엘에 열두 지파가 있다는 것을 상기시킨다.[33]

여기 나오는 개별적인 "이스라엘의 아들"의 순서는 독특하다. 다른 성경 목록에서는 레아의 아들들이 먼저, 그리고 같은 순서로 나온다. 하지만 다른 아들들의 이름의 순서는 다양하다.[34] 이 경우 순서는 자녀들의 어머니에 기초해서 교차대구법을 이루는 듯하다.[35]

33 서론의 '역대기 신학' 중 "온 이스라엘"을 보라.

34 참고. 창 35:22-26; 출 1:2-5; 민 1:5-15.

35 역대기 저자가 교차대구법을 사용하는 것에 대해서는 서론의 '장르와 문학적 특징' 및 1:1-9:34 개관을 보라.

A. 레아(르우벤, 시므온, 레위, 유다, 잇사갈, 스불론)
B. 라헬의 종(단)
C. 라헬(요셉, 베냐민)
B′. 라헬의 종(납달리)
A′. 레아의 종(갓, 아셀)

라헬의 아들들이 가운데 자리하고 있는 것은 진전되는 이야기에서 그들이 적극적인 역할을 담당한다는 것을 예시한다. 저자는 후에 요셉의 "장자의 명분"에 대해 그리고 북쪽 출신 사람들(그곳에서는 요셉의 아들 에브라임 지파가 우위를 차지하고 있었다.)의 참여에 대해 말한다(대상 5:1-2, 또한 예를 들어, 9:2-3; 대하 15:9). 그리고 베냐민은 종종 군주정 내내 유력한 지파였던 유다와 함께 나온다(예를 들어, 대상 8:28, 32; 12:16; 대하 11:1; 15:2).

응답

우리는 자신이 누구인지 묘사하기 위해 다양한 단어를 사용한다. 거기에는 국적, 출생지 혹은 현재 거주 장소에서 나온 단어들이 포함된다. 역대기 저자가 '이스라엘의 자녀'(장소보다는 공동의 조상을 강조하는)라는 이름을 기반으로 이야기를 풀어가듯이, '그리스도인'이라는 말은 예수 그리스도라는 존재와의 공유된 관계를 묘사한다. 지파들로 이어지는 열두 "아들" 목록은 다양성을 인정한다. 하지만 저자는 청중들이 스스로를 근본적으로 '이스라엘의 자녀'로 볼 것을 주장한다. 이것은 현재 그리스도인들이 전 세계적으로 다양한 가운데, 우리가 그리스도를 주로 인정하는 모든 사람들과 '하나'라는 놀라운 사실을 삶으로 살아내야 한다는 것을 상기시킨다(요 17:20-23; 롬 10:9-13).

역대상 2:3-4:23 개관

유다는 이스라엘의 맏아들이 아니지만, 유다의 후손들이 제일 먼저 열거된다. 유다는 분명 포로귀환자들 가운데 주요 지파다. 게다가 역대기 저자는 유다의 가장 유명한 자손인 다윗이 람의 자손에서 분기점이 되게끔 자료를 배열한다. 다윗의 자손에 대해 말하는 부분은 두드러진다. 이것은 독자들로 하여금 내러티브가 예루살렘에서 다윗과 그의 후손들이 다스리는 것에 초점을 맞출 것에 대비하게 해준다. 먼저는 통일 왕국을(대상 11장-대하 9장) 그다음에는 유다가 지배적이었던 남왕국을(대하 10-36장) 다스리는 것이다.

유다 부분이 교차대구법적으로 배열되어 있으며 다윗의 가족이 중심에 있다는 것은 일반적으로 인정된다.

유다의 자손(1부, 대상 2:3-55)
　다윗의 자손(3:1-24)
유다의 자손(2부, 4:1-23)

동시에 보다 상세한 배열, 여전히 다윗 왕조를 우선시하는 배열은 유다의 다른 자손들에게 주의를 기울인다. 그들 역시 이스라엘의 일부이기 때문이다.

A. 유다로부터 헤스론의 아들들까지(2:3-9)
  1. 셀라(2:3)
  2. 베레스와 세라(2:4-8)
  3. 헤스론의 아들들: 여라므엘, 람, 글루배(2:9)
    B. 람의 자손, 다윗의 시대까지(2:10-17)
      C. 갈렙의 자손(2:18-24)
        D. 여라므엘의 자손(2:25-33)
        D′. 여라므엘의 자손 보충(2:34-41)
      C′. 갈렙의 자손 보충(2:42-55)
    B′. 람의 자손(계속): 다윗의 자손(3:1-24)
A′. 유다의 자손(2부, 4:1-23)
  1. 베레스(4:1-20)
  2. 셀라(4:21-23)

유다로부터 헤스론에 이르는 계열의 가지들(2:3-9; 4:1-23)이라는 바깥 틀(A, A′)에 둘러싸여서, 헤스론의 둘째 아들 람의 자손들이 우선적으로 다루어진다. 이는 다윗으로 인한 것이다. 람의 가계도는 두 부분으로 나뉜다. 첫째 부분(B)은 다윗 때에서 멈추는 반면(2:10-17), 둘째 부분(B′)은 포로기 이후 시대에 이르는 다윗의 자손들을 다시 다룬다(3:1-24). 이렇게 분리하는 것은 다윗 왕조를 강조하는 데 기여한다. 하지만 교차대구법 가운데 있는 것은 헤스론의 다른 아들들의 이름을 나타내는 부분들이다. 갈렙에 대한 두 부분[2:18-24, 42-55(C, C′)]이 맏아들 여라므엘에 대한 두 부분[2:25-33, 34-41(D, D′)]을 둘러싸고 있다. 다윗이 강조되어 있을지 모르지만, 다른 자손들도 잊히지는 않는다.

1 Chronicles
역대상
2:3-55

3 유다의 아들은 에르와 오난과 셀라니 이 세 사람은 가나안 사람 수아
의 딸이 유다에게 낳아 준 자요 유다의 맏아들 에르는 여호와 보시기
에 악하였으므로 여호와께서 죽이셨고 4 유다의 며느리 다말이 유다
에게 베레스와 세라를 낳아 주었으니 유다의 아들이 모두 다섯이더라
3 The sons of Judah: Er, Onan and Shelah; these three Bath-shua the
Canaanite bore to him. Now Er, Judah's firstborn, was evil in the sight
of the Lord, and he put him to death. 4 His daughter-in-law Tamar also
bore him Perez and Zerah. Judah had five sons in all.

5 베레스의 아들은 헤스론과 하물이요 6 세라의 아들은 시므리와 에단
과 헤만과 갈골과 다라니 모두 다섯 사람이요 7 갈미의 아들은 아갈이
니 그는 진멸시킬 물건을 범하여 이스라엘을 괴롭힌 자이며 8 에단의
아들은 아사랴더라
5 The sons of Perez: Hezron and Hamul. 6 The sons of Zerah: Zimri,
Ethan, Heman, Calcol, and Dara, five in all. 7 The son[1] of Carmi:
Achan, the troubler of Israel, who broke faith in the matter of the

devoted thing; 8 and Ethan's son was Azariah.

9 헤스론이 낳은 아들은 여라므엘과 람과 글루배라 10 람은 암미나답
을 낳고 암미나답은 나손을 낳았으니 나손은 유다 자손의 방백이며
11 나손은 살마를 낳고 살마는 보아스를 낳고 12 보아스는 오벳을 낳고
오벳은 이새를 낳고 13 이새는 맏아들 엘리압과 둘째로 아비나답과 셋
째로 시므아와 14 넷째로 느다넬과 다섯째로 랏대와 15 여섯째로 오셈
과 일곱째로 다윗을 낳았으며 16 그들의 자매는 스루야와 아비가일이
라 스루야의 아들은 아비새와 요압과 아사헬 삼형제요 17 아비가일은
아마사를 낳았으니 아마사의 아버지는 이스마엘 사람 예델이었더라
9 The sons of Hezron that were born to him: Jerahmeel, Ram, and
Chelubai. 10 Ram fathered Amminadab, and Amminadab fathered
Nahshon, prince of the sons of Judah. 11 Nahshon fathered Salmon,[2]
Salmon fathered Boaz, 12 Boaz fathered Obed, Obed fathered Jesse.
13 Jesse fathered Eliab his firstborn, Abinadab the second, Shimea the
third, 14 Nethanel the fourth, Raddai the fifth, 15 Ozem the sixth, David
the seventh. 16 And their sisters were Zeruiah and Abigail. The sons of
Zeruiah: Abishai, Joab, and Asahel, three. 17 Abigail bore Amasa, and
the father of Amasa was Jether the Ishmaelite.

18 헤스론의 아들 갈렙이 그의 아내 아수바와 여리옷에게서 아들을
낳았으니 그가 낳은 아들들은 예셀과 소밥과 아르돈이며 19 아수바가
죽은 후에 갈렙이 또 에브랏에게 장가 들었더니 에브랏이 그에게 훌
을 낳아 주었고 20 훌은 우리를 낳고 우리는 브살렐을 낳았더라
18 Caleb the son of Hezron fathered children by his wife Azubah,
and by Jerioth; and these were her sons: Jesher, Shobab, and Ardon.
19 When Azubah died, Caleb married Ephrath, who bore him Hur.

20 Hur fathered Uri, and Uri fathered Bezalel.

21 그 후에 헤스론이 육십 세에 길르앗의 아버지 마길의 딸에게 장가
들어 동침하였더니 그가 스굽을 헤스론에게 낳아 주었으며 22 스굽은
야일을 낳았고 야일은 길르앗 땅에서 스물세 성읍을 가졌더니 23 그술
과 아람이 야일의 성읍들과 그낫과 그에 딸린 성읍들 모두 육십을 그
들에게서 빼앗았으며 이들은 다 길르앗의 아버지 마길의 자손이었더
라 24 헤스론이 갈렙 에브라다에서 죽은 후에 그의 아내 아비야가 그
로 말미암아 아스훌을 낳았으니 아스훌은 드고아의 아버지더라
21 Afterward Hezron went in to the daughter of Machir the father of
Gilead, whom he married when he was sixty years old, and she bore
him Segub. 22 And Segub fathered Jair, who had twenty-three cities in
the land of Gilead. 23 But Geshur and Aram took from them Havvoth-
jair, Kenath, and its villages, sixty towns. All these were descendants
of Machir, the father of Gilead. 24 After the death of Hezron, Caleb
went in to Ephrathah,[3] the wife of Hezron his father, and she bore him
Ashhur, the father of Tekoa.

25 헤스론의 맏아들 여라므엘의 아들은 맏아들 람과 그다음 브나와
오렌과 오셈과 아히야이며 26 여라므엘이 다른 아내가 있었으니 이름
은 아다라라 그는 오남의 어머니더라 27 여라므엘의 맏아들 람의 아들
은 마아스와 야민과 에겔이요 28 오남의 아들들은 삼매와 야다요 삼매
의 아들은 나답과 아비술이며 29 아비술의 아내의 이름은 아비하일이
라 아비하일이 아반과 몰릿을 그에게 낳아 주었으며 30 나답의 아들들
은 셀렛과 압바임이라 셀렛은 아들이 없이 죽었고 31 압바임의 아들은
이시요 이시의 아들은 세산이요 세산의 아들은 알래요 32 삼매의 아우
야다의 아들들은 예델과 요나단이라 예델은 아들이 없이 죽었고 33 요

나단의 아들들은 벨렛과 사사라 여라므엘의 자손은 이러하며 34 세산
은 아들이 없고 딸뿐이라 그에게 야르하라 하는 애굽 종이 있으므로
35 세산이 딸을 그 종 야르하에게 주어 아내를 삼게 하였더니 그가 그
로 말미암아 앗대를 낳고 36 앗대는 나단을 낳고 나단은 사밧을 낳고
37 사밧은 에블랄을 낳고 에블랄은 오벳을 낳고 38 오벳은 예후를 낳고
예후는 아사랴를 낳고 39 아사랴는 헬레스를 낳고 헬레스는 엘르아사
를 낳고 40 엘르아사는 시스매를 낳고 시스매는 살룸을 낳고 41 살룸은
여가먀를 낳고 여가먀는 엘리사마를 낳았더라

25 The sons of Jerahmeel, the firstborn of Hezron: Ram, his firstborn,
Bunah, Oren, Ozem, and Ahijah. 26 Jerahmeel also had another wife,
whose name was Atarah; she was the mother of Onam. 27 The sons of
Ram, the firstborn of Jerahmeel: Maaz, Jamin, and Eker. 28 The sons of
Onam: Shammai and Jada. The sons of Shammai: Nadab and Abishur.
29 The name of Abishur's wife was Abihail, and she bore him Ahban
and Molid. 30 The sons of Nadab: Seled and Appaim; and Seled died
childless. 31 The son[4] of Appaim: Ishi. The son of Ishi: Sheshan. The
son of Sheshan: Ahlai. 32 The sons of Jada, Shammai's brother: Jether
and Jonathan; and Jether died childless. 33 The sons of Jonathan: Peleth
and Zaza. These were the descendants of Jerahmeel. 34 Now Sheshan
had no sons, only daughters, but Sheshan had an Egyptian slave whose
name was Jarha. 35 So Sheshan gave his daughter in marriage to Jarha
his slave, and she bore him Attai. 36 Attai fathered Nathan, and Nathan
fathered Zabad. 37 Zabad fathered Ephlal, and Ephlal fathered Obed.
38 Obed fathered Jehu, and Jehu fathered Azariah. 39 Azariah fathered
Helez, and Helez fathered Eleasah. 40 Eleasah fathered Sismai, and
Sismai fathered Shallum. 41 Shallum fathered Jekamiah, and Jekamiah
fathered Elishama.

42 여라므엘의 아우 갈렙의 아들 곧 맏아들은 메사이니 십의 아버지
요 그 아들은 마레사니 헤브론의 아버지이며 43 헤브론의 아들들은 고
라와 답부아와 레겜과 세마라 44 세마는 라함을 낳았으니 라함은 요르
그암의 아버지이며 레겜은 삼매를 낳았고 45 삼매의 아들은 마온이라
마온은 벧술의 아버지이며 46 갈렙의 소실 에바는 하란과 모사와 가세
스를 낳고 하란은 가세스를 낳았으며 47 야대의 아들은 레겜과 요단과
게산과 벨렛과 에바와 사압이며 48 갈렙의 소실 마아가는 세벨과 디르
하나를 낳았고 49 또 맛만나의 아버지 사압을 낳았고 또 막베나와 기
브아의 아버지 스와를 낳았으며 갈렙의 딸은 악사더라 50 갈렙의 자
손 곧 에브라다의 맏아들 훌의 아들은 이러하니 기럇여아림의 아버지
소발과 51 베들레헴의 아버지 살마와 벧가델의 아버지 하렙이라 52 기
럇여아림의 아버지 소발의 자손은 하로에와 므누홋 사람의 절반이니
53 기럇여아림 족속들은 이델 종족과 붓 종족과 수맛 종족과 미스라
종족이라 이로 말미암아 소라와 에스다올 두 종족이 나왔으며 54 살마
의 자손들은 베들레헴과 느도바 종족과 아다롯벳요압과 마나핫 종족
의 절반과 소라 종족과 55 야베스에 살던 서기관 종족 곧 디랏 종족과
시므앗 종족과 수갓 종족이니 이는 다 레갑 가문의 조상 함맛에게서
나온 겐 종족이더라

42 The sons of Caleb the brother of Jerahmeel: Mareshah[5] his firstborn,
who fathered Ziph. The son[6] of Mareshah: Hebron.[7] 43 The sons of
Hebron: Korah, Tappuah, Rekem and Shema. 44 Shema fathered
Raham, the father of Jorkeam; and Rekem fathered Shammai. 45 The
son of Shammai: Maon; and Maon fathered Beth-zur. 46 Ephah also,
Caleb's concubine, bore Haran, Moza, and Gazez; and Haran fathered
Gazez. 47 The sons of Jahdai: Regem, Jotham, Geshan, Pelet, Ephah,
and Shaaph. 48 Maacah, Caleb's concubine, bore Sheber and Tirhanah.
49 She also bore Shaaph the father of Madmannah, Sheva the father

of Machbenah and the father of Gibea; and the daughter of Caleb was
Achsah. 50 These were the descendants of Caleb. The sons[8] of Hur the
firstborn of Ephrathah: Shobal the father of Kiriath-jearim, 51 Salma, the
father of Bethlehem, and Hareph the father of Beth-gader. 52 Shobal the
father of Kiriath-jearim had other sons: Haroeh, half of the Menuhoth.
53 And the clans of Kiriath-jearim: the Ithrites, the Puthites, the
Shumathites, and the Mishraites; from these came the Zorathites and
the Eshtaolites. 54 The sons of Salma: Bethlehem, the Netophathites,
Atroth-beth-joab and half of the Manahathites, the Zorites. 55 The clans
also of the scribes who lived at Jabez: the Tirathites, the Shimeathites
and the Sucathites. These are the Kenites who came from Hammath,
the father of the house of Rechab.

1 Hebrew *sons* *2* Septuagint (compare Ruth 4:21); Hebrew *Salma* *3* Septuagint, Vulgate; Hebrew *in Caleb Ephrathah* *4* Hebrew *sons*; three times in this verse *5* Septuagint; Hebrew *Mesha* *6* Hebrew *sons* *7* Hebrew *the father of Hebron* *8* Septuagint, Vulgate; Hebrew *son*

단락 개관

유다의 자손을 상세히 말하는 구획으로 나눠진 계보는 다윗의 주요 계열뿐 아니라 많은 가지들을 제공한다. 시작 구절들은 악행과 그 결과를 상기시킨다(대상 2:3, 7). 하지만 다윗에게로 이어지는 계속되는 가계도에서는 하나님의 은혜가 나타난다.

단락 개요

I. 아담으로부터 이스라엘과 그의 후손들, 열두 지파까지(대상 1:1-9:34)

B. 이스라엘의 모든 지파(2:1-9:1)

2. 유다, 다윗의 계열 포함(2:3-4:23)

a. 유다의 자손(1부, 2:3-55)

주석

2:3 역대기 저자는 창세기 38:1-5에 나오는 세부사항들을 압축해서, 유다의 세 아들의 이름을 말하며 유다의 아내가 "가나안 사람 수아의 딸"이었다고 말한다. 역대기에는 이스라엘 사람들 가운데 있는 이방 아내/어머니 혹은 남편/아버지의 이름이 명시적인 비판 없이 나오는 곳이 서너 군데 있는데 이것이 그중 하나다(예를 들어, 대상 2:17, 34-35; 3:1, 2; 4:17; 7:14; 8:8).

창세기 38:7에서처럼, 에르가 "여호와 보시기에 악하였으므로 여호와께서 죽이셨고"라는 말에는 더 이상의 세부적 내용이 없다. 그것은 단지 왜 에르에게 자녀가 없었는지 설명할 수도 있다. 오난(그 역시 아들이 없었으며 죽임을 당했다), 유다, 다말(창세기 38장)의 야비한 이야기는 그 이름들과 다말이 유다의 "며느리"였다는 진술을 통해 암시된다. 유다의 셋째 아들 "셀라"는 다음에는 역대상 4:21-23의 보충 자료에서 그의 자손들 이름이 나올 때 언급된다. 다윗으로 이어지는 계보는 다른 아들들을 통해 이루어져야 한다.

2:4-8 "베레스와 세라"는 쌍둥이였다(창 38:27-30). 다윗에게로 이르는 계보는 베레스와 그의 아들 헤스론을 통한 것이 될 것이다(대상 2:9로부터). 하지만 완전한 계보가 되기 위해 먼저 "세라의 아들"이 나온다(6-8절, 참고. 수

7:1; 왕상 4:31).[36]

이 시점까지 역대기 저자의 모든 설명은 이전에 나온 성경 계보들에서도 볼 수 있다(대상 1:10, 19, 43; 2:3). 하지만 이제 전에는 계보들에서 언급되지 않았던 진술이 나온다. "아갈[ESV는 "Achan", 아간][37]…진멸시킬 물건을 범하여[ESV는 "break faith", 믿음을 깨뜨려] 이스라엘을 괴롭힌 자"라는 것이다. 아간의 이야기는 여호수아 7장에 나온다. 저자는 그 이야기를 요약하면서, 이 책의 주요 주제를 소개한다. "믿음을 깨는 것"(마알, 다른 곳에서는 또한 "신실하지 못한"이라고 번역됨)이라는 주제다. 저자는 이스라엘이 믿음을 깬 수많은 예들을 이야기하는데, 그것은 보통 다른 신들을 예배하는 것으로 분명하게 진술된다. 결과는 언제나 패배, 사망 혹은 포로생활로 이어지는 재앙적인 것이었다(대상 5:25; 9:1; 10:13; 대하 12:2; 26:16, 18; 28:19, 22; 29:6, 19; 30:7; 33:19; 36:14).

2:9 베레스의 아들 헤스론은 세 아들을 두었다. 2:10-3:24의 교차대구법적 배열(참고. 2:3-4:23 개관)은 다윗을 기준으로 한다. 가운데 아들 "람" 계열을 각각 다윗의 때로 끝나고 다윗의 때로 시작하는 두 부분으로 나누는 것이다(2:10-17; 3:1-24).

2:10-17 여기에 나오는 세부사항은 주로 룻기 4:19-22에 나오는 것이지만, 여기 것이 더 포괄적이다. 나손은 "방백"이라고 되어 있다. 그것은 또한 "지휘관"(민 2:3에서처럼)이라고 번역될 수도 있다. 나시(*nasi'*)라는 말은 역대기에서 종족이나 지파의 지도자를 의미하는 말로 흔하게 나온다(참고. 대상 4:38; 5:6; 7:40; 대하 1:2; 5:2).

36 첫째 아들 "시므리"는 수 7:1에는 "삽디"라고 나온다. 히브리어에서 이 이름들의 철자는 혼동하기 쉽다. 비슷한 혼란이 다른 곳에서도 나온다(참고. 대하 22:2; 36:9에서 ESV 난외주).

37 히브리어 본문에는 "아갈"이라고 나오는데 그것은 "괴롭힌 자"라고 번역된 '오켈'(*'okel*)이라는 말로 언어유희를 한 것이다. 이 언어의 유희는 수 7:24-26에서 처음 소개된다.

이새의 아들들을 열거하는 것은 사무엘이 다윗을 기름 붓는 것으로 이어지는 과정을 상기시킨다(삼상 16:1-13, 넷째부터 여섯째까지의 이름은 역대기에만 나온다).[38] 초점은 후에 왕권 계열로 바뀔 것이다. 하지만 여기에서는 더 광범위한 가족의 이름이 나오는데 거기에는 다윗의 두 자매와 그들의 아들들이 포함되며, 그들은 다윗이 흥하고 통치하는 내러티브에서 종종 등장한다(예를 들어, 스루야의 아들들인 아비새, 요압, 아사헬은 삼상 26:6; 삼하 2:12-32; 19:1-5, 21-22, 아마사는 삼하 19:13; 20:1-13). 또 다른 이방인인 아마사의 아버지 역시 포함된다.

2:18-24 "헤스론의 아들 갈렙"(9절에 나오는 "글루배"는 변형된 형태)은 역시 유다 지파인 가나안 정복 이야기에 나오는 갈렙("여분네의 아들", 4:15; 6:56; 민 13:6[39])과 구분해야 한다. 갈렙의 계열은 여기에서 "브살렐"로 끝나는데, 브살렐은 성막 건축에서 핵심 역할을 담당했으며 "하나님의 영[이]…충만하게" 되었다(출 31:1-5; 35:30-36:2). 브살렐에 대한 단 하나의 다른 언급은 역대하 1:5에 나오는 것인데, 거기에서는 "훌의 손자 우리의 아들 브살렐이 지은 놋 제단"을 언급한다. 솔로몬은 하나님이 나타나셔서 후에 그가 성전 건축에서 발휘할 지혜를 주시기 전에 그 제단에서 번제를 드렸다. 브살렐과 솔로몬의 과업, 성막과 성전은 결합되어 있으며 둘 다 하나님에게 능력을 부여받는다.

갈렙의 계열은 그의 아버지 헤스론의 다른 친척들과 섞여있다. 그것은 유다 사람들과 길르앗 사람들(북부 요단 건너편 출신) 간의 연관을 나타내 보인다. 하지만 역사적 배경은 알려져 있지 않다. "[장소명]의 아버지"라는 문구는 종종 그 장소의 핵심 인물(설립자 혹은 지도자)을 묘사하는 데 사용된다.

38 삼상 16:10-11과 17:12에서 이새는 여덟 아들이 있고 다윗이 여덟째다. 역대기 저자는 아마 일곱 명의 이름만 가지고 있었을 것이며 그들을 "맏아들", "둘째", "셋째" 등으로 열거한다. 각 아들이 순서대로 사무엘 앞에 나오는 선택 과정을 상기시키기 위해서다. 목록들에서 일곱째 이름이 중요한 것 역시 일반적이다.

39 수 14:6에서 여분네는 "그니스 사람", 즉 에서의 자손(창 36:11)이라고 나온다. 그 가족은 어떤 순간에 유다에 통합되게 되었다.

여기에서 "마길"이 "길르앗의 아버지"라고 나오는 것과 같다.

2:25-41 헤스론의 맏아들 여라므엘과 연관된 이름들은 두 집단으로 되어 있다(25-33, 34-41절). 첫 번째 집단의 특징은 시작과 끝에 "여라므엘의 아들[자손]"(25, 33절)이라는 거의 똑같은 절이 나온다는 것이다. 첫 번째 집단을 보충하는 두 번째 집단은 여러 요소를 포함한다. 34-35절 다음에 36-41절이 나오는데, 후자는 "낳고"(ESV는 "fathered", 아버지가 되고)라는 말을 반복해서 사용한다.[40] 각 이름은 유다 국경 남쪽에 살던 다윗이 습격한 사람들 가운데 있는 "여라므엘 사람"에 대한 언급(삼상 27:10; 30:29)만 제외하고 구약에서는 여기에만 나온다. 또 다시 역대기 저자는 '애굽 종 야르하'라는 이방인을 명확히 언급한다(대상 2:34).

2:42-55 18-24절을 보충하는 것은 헤스론의 아들 갈렙과 관련된 사람들과 장소들의 두 목록이다(분명한 구분은 50절 가운데 나온다). 많은 이름은 여기에만 나오지만, 42-50a절에 나오는 몇몇 이름은 "헤브론" 지역에 있는 성읍들이며, 50b-55절에 나오는 이름들은 유다 다른 곳에서도 알려져 있다(예를 들어, "기랏여아림"과 "베들레헴"). 헤브론은 주요 중심지가 되었다. 바로 거기에서 다윗은 이스라엘의 왕으로 왕위에 오른다(11:1-3).

40 "세산은 아들이 없고"(34절)라는 말은 "알래"(31절)가 딸임을 시사한다.

응답

이스라엘 자손의 이름이 나오는 시작 부분에서 나란히 두드러지게 나오는 것은 한편으로는 "악"에 대한 하나님의 심판이고, 다른 한편으로는 하나님의 놀라운 은혜다. 에르와 유다의 가증한 행동에도 불구하고, 다윗에게 그리고 이어서 예수께로 이어지는 계통은 다말과 다말의 아들 베레스를 통한 것이었다(2:3-4; 마 1:3). 악은 최종 결정권자가 아니며, 무엇보다 십자가에서 볼 수 있듯이 그 악의 한 가운데서 조차도 하나님은 선을 가져오신다(행 3:13-15; 골 2:15).

우리 역사에서 혹은 교회의 중요한 인물들의 역사에서 과거의 악행과 실패들을 말하는 경우는 흔하지 않다. 하지만 거기에는 긍정적 가치가 있을 수 있다. 유다는 귀환 포로 가운데 주요 지파였다. 이스라엘이 땅을 처음 소유하기 시작했을 때 유다 사람들이 "문제"를 일으켰음을 상기시키는 것에 포로들은 어떻게 반응했는가? 과거의 실패와 불순종을 말하는 것, 그리고 하나님이 그 상황에서 어떻게 역사하셨는지 말하는 것은 "신뢰를 깨는" 행위의 결과들 및 우리를 계속해서 인도하는 하나님의 은혜를 둘 다 묵상할 기회다.

1 Chronicles
역대상
3:1-24

1 다윗이 헤브론에서 낳은 아들들은 이러하니 맏아들은 암논이라 이
스르엘 여인 아히노암의 소생이요 둘째는 다니엘이라 갈멜 여인 아비
가일의 소생이요 2 셋째는 압살롬이라 그술 왕 달매의 딸 마아가의 아
들이요 넷째는 아도니야라 학깃의 아들이요 3 다섯째는 스바댜라 아
비달의 소생이요 여섯째는 이드르암이라 다윗의 아내 에글라의 소생
이니 4 이 여섯은 헤브론에서 낳았더라 다윗이 거기서 칠 년 육 개월
다스렸고 또 예루살렘에서 삼십삼 년 다스렸으며 5 예루살렘에서 그
가 낳은 아들들은 이러하니 시므아와 소밥과 나단과 솔로몬 네 사람
은 다 암미엘의 딸 밧수아의 소생이요 6 또 입할과 엘리사마와 엘리벨
렛과 7 노가와 네벡과 야비아와 8 엘리사마와 엘랴다와 엘리벨렛 아홉
사람은 9 다 다윗의 아들이요 그들의 누이는 다말이며 이 외에 또 소
실의 아들이 있었더라

1 These are the sons of David who were born to him in Hebron: the
firstborn, Amnon, by Ahinoam the Jezreelite; the second, Daniel,
by Abigail the Carmelite, 2 the third, Absalom, whose mother was
Maacah, the daughter of Talmai, king of Geshur; the fourth, Adonijah,

whose mother was Haggith; 3 the fifth, Shephatiah, by Abital; the sixth,
Ithream, by his wife Eglah; 4 six were born to him in Hebron, where
he reigned for seven years and six months. And he reigned thirty-three
years in Jerusalem. 5 These were born to him in Jerusalem: Shimea,
Shobab, Nathan and Solomon, four by Bath-shua, the daughter of
Ammiel; 6 then Ibhar, Elishama, Eliphelet, 7 Nogah, Nepheg, Japhia,
8 Elishama, Eliada, and Eliphelet, nine. 9 All these were David's sons,
besides the sons of the concubines, and Tamar was their sister.

10 솔로몬의 아들은 르호보암이요 그의 아들은 아비야요 그의 아들은
아사요 그의 아들은 여호사밧이요 11 그의 아들은 요람이요 그의 아들
은 아하시야요 그의 아들은 요아스요 12 그의 아들은 아마샤요 그의
아들은 아사랴요 그의 아들은 요담이요 13 그의 아들은 아하스요 그의
아들은 히스기야요 그의 아들은 므낫세요 14 그의 아들은 아몬이요 그
의 아들은 요시야이며 15 요시야의 아들들은 맏아들 요하난과 둘째 여
호야김과 셋째 시드기야와 넷째 살룸이요 16 여호야김의 아들들은 그
의 아들 여고냐, 그의 아들 시드기야요 17 사로잡혀 간 여고냐의 아들
들은 그의 아들 스알디엘과 18 말기람과 브다야와 세낫살과 여가먀와
호사마와 느다뱌요 19 브다야의 아들들은 스룹바벨과 시므이요 스룹
바벨의 아들은 므술람과 하나냐와 그의 매제 슬로밋과 20 또 하수바
와 오헬과 베레갸와 하사댜와 유삽헤셋 다섯 사람이요 21 하나냐의 아
들은 블라댜와 여사야요 또 르바야의 아들 아르난의 아들들, 오바댜
의 아들들, 스가냐의 아들들이니 22 스가냐의 아들은 스마야요 스마야
의 아들들은 핫두스와 이갈과 바리야와 느아랴와 사밧 여섯 사람이요
23 느아랴의 아들은 에료에내와 히스기야와 아스리감 세 사람이요
24 에료에내의 아들들은 호다위야와 엘리아십과 블라야와 악굽과 요
하난과 들라야와 아나니 일곱 사람이더라

3장

10 The son of Solomon was Rehoboam, Abijah his son, Asa his son,
Jehoshaphat his son, 11 Joram his son, Ahaziah his son, Joash his son,
12 Amaziah his son, Azariah his son, Jotham his son, 13 Ahaz his son,
Hezekiah his son, Manasseh his son, 14 Amon his son, Josiah his son.
15 The sons of Josiah: Johanan the firstborn, the second Jehoiakim, the
third Zedekiah, the fourth Shallum. 16 The descendants of Jehoiakim:
Jeconiah his son, Zedekiah his son; 17 and the sons of Jeconiah, the
captive: Shealtiel his son, 18 Malchiram, Pedaiah, Shenazzar, Jekamiah,
Hoshama and Nedabiah; 19 and the sons of Pedaiah: Zerubbabel
and Shimei; and the sons of Zerubbabel: Meshullam and Hananiah,
and Shelomith was their sister; 20 and Hashubah, Ohel, Berechiah,
Hasadiah, and Jushab-hesed, five. 21 The sons of Hananiah: Pelatiah
and Jeshaiah, his son[1] Rephaiah, his son Arnan, his son Obadiah, his
son Shecaniah. 22 The son[2] of Shecaniah: Shemaiah. And the sons of
Shemaiah: Hattush, Igal, Bariah, Neariah, and Shaphat, six. 23 The
sons of Neariah: Elioenai, Hizkiah, and Azrikam, three. 24 The sons of
Elioenai: Hodaviah, Eliashib, Pelaiah, Akkub, Johanan, Delaiah, and
Anani, seven.

1 Septuagint (compare Syriac, Vulgate); Hebrew *sons of*; four times in this verse
2 Hebrew *sons*

단락 개관

이 목록은 역대상 2:10-17에서 람의 자손을 묘사하면서 중단한 것을 다시 시작한다. 다윗의 후손들이 시간적으로 연속되는 별개의 세 부분에서 열거된다. 첫 번째는 다윗의 모든 아들과 한 딸의 목록으로 그들의 어머니의 이름들과 함께 나온다(3:1-9). 두 번째 부분은 솔로몬부터 시드기야에 이르는 왕들이 쭉 연속해서 나온다(10-16절). 세 번째는 더 상세하다. 거기에는 포로기 이후 세대의 목록이 나온다. 그러나 세대들의 숫자는 분명하지 않다(17-24절, 참고. 해당 주석). 그래서 이 장은 적어도 550년의 혼란스러운 역사를 망라하며 아마 역대기 저자 자신의 시대까지 계속된다. 어떤 이름도 강조되지 않으며 다윗이 통치한 수도들에 대한 세부사항(4절) 외에는 어떤 해설도 추가되어 있지 않다. 중요한 것은 다윗의 계열이 끊어지지 않고 계속된다는 것이다.

단락 개요

I. 아담으로부터 이스라엘과 그의 후손들, 열두 지파까지(대상 1:1-9:34)
  B. 이스라엘의 모든 지파(2:1-9:1)
    2. 유다, 다윗의 계열 포함(2:3-4:23)
      b. 다윗의 자손(3:1-24)

주석

3:1-4 다윗은 온 나라의 왕으로 즉위하여 예루살렘으로 이동하기(11:1-4) 전에 헤브론에서 "칠 년" 이상 유다의 왕이었다. 헤브론에서 낳은 아들들과 그들의 어머니의 이름은 사무엘하 3:2-5와 비교할 수 있다. 두 번째 아들인 "다니엘"(삼하 3:3에서는 "길르압") 혹은 마지막 두 아들에 대해서는 더 이상 알려진 바 없다.

3:5-9 예루살렘에서 낳은 아들들 목록은 더 간결하며, "밧수아"('밧세바'의 다른 형태)라는 단 한 명의 어머니 이름만 나온다. 세 개의 성경 목록(3:5-9; 14:4-7; 삼하 5:14-16)은 서로 다르다. 여기에서만 솔로몬이 밧수아의 아들 중 넷째로 나온다. 셋째 아들 "나단"은 구약 다른 어디에서도 언급되지 않는다. 그러나 누가는 솔로몬이 아니라 나단을 통해 예수의 계보를 추적하기는 한다(눅 3:31). 누가는 육체적 혈통을 따르고 있을지 모르지만, 반면 마태는 왕적 혈통을 따른다.

어떤 아들에 대해서도 아무런 설명이 나오지 않는다. 하지만 "그들의 누이는 다말이며"라는 말이 포함된 것은 청중들에게 암논, 압살롬, 다말을 포함하는 불미스러운 사건(삼하 13장)을 상기시킬 것이다. 유다의 가문에 "다말"이 포함된 것과 비슷하다(대하 2:4). '밧수아'(개역개정은 "수아의 딸")와 "다말"이라는 이름은 또한 2:3-4에도 나오는데, 그것은 유다와 다윗의 행동을 비교하고 두 경우 모두 그에 따른 결과를 시사한다. 그것은 하나님의 은혜가 계속되었다는 것이다.

3:10-16 이 왕들 목록에서는 다윗 왕의 직계 가계만 나온다(그것은 왜 아달랴에 대한 언급이 없는지 설명해준다. 참고. 대하 22:10-12). "아사랴"(대상 3:12; 왕하 15:1)는 역대하 26장에 나오는 "웃시야"다.

가족의 혈통에 대한 역대기 저자의 관심을 반영하여, 요시야의 아들들은 모두 열거되어 있으며, 통치한 순서가 아니라 태어난 순서로 나와 있다

(대상 3:15). "요하난"은 다른 곳에서는 알려진 바 없으며 아마 요시야가 죽기 전에 죽었을 것이다. 요시야의 뒤를 이은 왕은 그의 막내아들 "살룸"(왕위에 올랐을 때의 이름은 "여호아하스", 대하 36:1; 렘 22:11)이었다. 곧 "여호야김"(대하 36:4)이 살룸의 뒤를 이었다. 여호야김의 후계자는 그의 아들 "여고냐"(또한 "여호야긴"이라고 불리는, 대하 36:8-9)였으며, 그의 뒤를 이어 그의 숙부이자 요시야의 셋째 아들인 "시드기야"(대하 36:10-11)가 왕이 되었다.[41]

3:17-24 다윗 군주정의 운명에 관해, 역대기 끝부분은 느부갓네살이 "[여호야긴을] 바벨론으로 잡아가고"(대하 36:10, 참고. 왕하 25:27-30에 나오는 추가적 세부사항)라고만 말한다. 여기 그의 계보에 와서야 저자는 "사로잡혀간 여고냐"로부터 이야기를 진전시킨다. 다윗의 계열은 계속된다.

"브다야"의 아들 "스룹바벨"(대상 3:19)은 귀환 포로들의 지도자로, "유다 총독"(학 1:1)으로 임명되었으며 성전 재건에 관여했다(스 3:2; 5:2). 다른 곳에서 그는 "스알디엘의 아들"(스 3:2, 8 등, 또한 마 1:12; 눅 3:27)로 묘사된다. 아마 스알디엘은 자녀 없이 죽었을 것이며 그래서 브다야가 그의 두 과부와 수혼(신 25:5-6)의 책임을 이행했을 것이다. 다윗의 다른 후손이 총독이 되었다는 증거는 없다. 그러나 스룹바벨의 뒤를 이어 총독이 된 '엘나단의 여종, 셀로밋'이라는 이름이 새겨진 인이 발견되기는 했다.

관계 및 몇 세대인지를 분류하는 것은 복잡하다. 히브리어 본문에서의 어려움 및 70인역과의 차이점 때문이다. 주된 불확실함은 대상 3:21이다. 히브리어 본문에는 "하나냐의 아들" 다음에 네 개의 "…의 아들"이 나오는 반면 70인역에는 "하나냐의 아들들"이라는 말 다음에 '그의 아들'이라는 말이 네 번 나온다(히브리어에서 '…의 아들', '…의 아들들', '그의 아들'이라는 말은 서로

41 대하 36:10은 시드기야를 여호야긴의 '형제'라고 말한다(개역개정은 "숙부"- 옮긴이주). 이는 여호야김의 둘째 아들 시드기야(대상 3:16)가 아니라 그의 숙부, 곧 요시야의 아들(15절)이다. '형제'라고 번역된 히브리어는 보다 폭넓게 '친척, 친족'으로 번역된다(왕하 24:17은 "숙부"라는 다른 단어를 사용한다). 대상 3:15에서 시사하는 요시야의 아들들의 탄생 순서와 대하 36:2, 5, 9, 11(왕하 23:31, 36; 24:8, 18)에 나오는 나이들을 조화시키기는 어렵다. 아마 필사자가 나이를 전달하면서 오류를 범한 결과일 것이다.

한 글자 차이다). 어떤 주석들과 ESV를 포함한 역본들은 70인역 본문을 따르며 각 "그의 아들"이 하나냐의 아들이라고 이해한다(ESV 구두점에서처럼). 즉 21절은 한 세대로, 그렇게 되면 19-24절은 스룹바벨 이후의 여섯 세대를 열거하는 것이다. 히브리어로 4개의 '…의 아들들'로 각각 동시에 존재하던 하나냐의 후손들의 이름을 말한다고 보는 다른 해석들도 비슷한 기간(약 100년)을 시사한다.[42] 21절이 한 세대라는 해석은 다른 곳에서 스룹바벨보다 약 60년에서 80년 후에 스가냐의 아들 "스마야"(느 3:29)와 손자 "핫두스"(스 8:2)를 언급하는 것과 일관성을 지닌다.

많은 이름은 여기에만 나온다. 그리고 목록은 불완전하다. 예를 들어, 역대상 3:22은 스마야에게 "여섯" 아들이 있다고 말하지만 다섯 명의 이름만 나온다. 신약에서 스룹바벨 이후에 예수의 조상은 아비훗(마 1:13)과 레사(눅 3:27)라고 다르게 나오는데, 두 사람의 이름 모두 역대기에는 나오지 않는다.

눈에 띄는 것은 다윗의 가문이 계속된다는 것이다. 다윗 계열의 어떤 후사도 스룹바벨의 총독 자리를 이어받지는 않았지만, 왕조가 새롭게 되기를 바라는 소망은 다윗의 계열에 초점을 맞추고 그것을 추적하는 방식에서 나타난다. 그래서 역대상 3:17-24에서 각 세대는 앞 세대의 단 한 아들만 취한다(스룹바벨, 하나냐, 스마야, 느아랴, 에료에내). 회복에 대한 소망은 또한 스룹바벨의 아들들의 이름에서 표현된다. 므술람('갚았다, 회복되었다'), 하나냐('여호와는 자비로우시다'), 하수바('돌아보았다'), 오헬['(하나님의) 장막'], 베레갸('여호와께서 복주시다'), 하사댜('여호와는 인자하시다'), 유삽헤셋('인자하심이 돌아오기를')이라는 것이다.[43]

42 Roddy L. Braun는 이 해석을 보여주는 표를 만들었다 [*1 Chronicles*, WBC 14 (Waco, TX: Word, 1986), 52].

43 Selman, *1 Chronicles*, 101; Braun, *1 Chronicles*, 54.

응답

그리스도인들은 "다윗의 아들" 그리스도가 오신 것에서의 성취를 기뻐한다. 하지만 그리스도는 다윗의 통치보다 천년 이후에 오셨다. 역대기 저자는 그 계열 중 한 명이 언젠가 다시 왕이 되기를 소망하면서 다윗의 계속되는 혈통을 600년에 걸쳐 열거한다. 하지만 예수님이 탄생하시기까지 소란스러운 4세기가 더 지났다. 이 기간은 우리가 하나님께서 그분의 약속을 지키시는 것에 대해 장기적 관점을 갖도록, 그리고 그 왕권의 절정을 고대할 때 신실하게 참고 신뢰하도록(참고. 벧후 3:4-15) 격려한다. 우리는 "나 예수는…다윗의 뿌리요 자손이니…성령과 신부가 말씀하시기를 오라 하시는도다"(계 22:16-17)라고 말씀하시는 분을 기다린다.

1 Chronicles

역대상

4:1-23

4장

[1] 유다의 아들들은 베레스와 헤스론과 갈미와 훌과 소발이라 [2] 소발
의 아들 르아야는 야핫을 낳고 야핫은 아후매와 라핫을 낳았으니 이
는 소라 사람의 종족이며 [3] 에담 조상의 자손들은 이스르엘과 이스마
와 잇바스와 그들의 매제 하술렐보니와 [4] 그돌의 아버지 브누엘과 후
사의 아버지 에셀이니 이는 다 베들레헴의 아버지 에브라다의 맏아들
훌의 소생이며 [5] 드고아의 아버지 아스훌의 두 아내는 헬라와 나아라
라 [6] 나아라는 그에게 아훗삼과 헤벨과 데므니와 하아하스다리를 낳
아 주었으니 이는 나아라의 소생이요 [7] 헬라의 아들들은 세렛과 이소
할과 에드난이며 [8] 고스는 아눕과 소베바와 하룸의 아들 아하헬 종족
들을 낳았으며 [9] 야베스는 그의 형제보다 귀중한 자라 그의 어머니가
이름하여 이르되 야베스라 하였으니 이는 내가 수고로이 낳았다 함이
었더라 [10] 야베스가 이스라엘 하나님께 아뢰어 이르되 주께서 내게 복
을 주시려거든 나의 지역을 넓히시고 주의 손으로 나를 도우사 나로
환난을 벗어나 내게 근심이 없게 하옵소서 하였더니 하나님이 그가
구하는 것을 허락하셨더라 [11] 수하의 형 글룹이 므힐을 낳았으니 므힐
은 에스돈의 아버지요 [12] 에스돈은 베드라바와 바세아와 이르나하스

의 아버지 드힌나를 낳았으니 이는 다 레가 사람이며 13 그나스의 아
들들은 옷니엘과 스라야요 옷니엘의 아들은 하닷이며 14 므오노대는
오브라를 낳고 스라야는 요압을 낳았으니 요압은 게하라심의 조상이
라 그들은 공장이었더라 15 여분네의 아들 갈렙의 자손은 이루와 엘라
와 나암과 엘라의 자손과 그나스요 16 여할렐렐의 아들은 십과 시바와
디리아와 아사렐이요 17 에스라의 아들들은 예델과 메렛과 에벨과 얄
론이며 메렛은 미리암과 삼매와 에스드모아의 조상 이스바를 낳았으
니 18 이는 메렛이 아내로 맞은 바로의 딸 비디아의 아들들이며 또 그
의 아내 여후디야는 그돌의 조상 예렛과 소고의 조상 헤벨과 사노아
의 조상 여구디엘을 낳았으며 19 나함의 누이인 호디야의 아내의 아들
들은 가미 사람 그일라의 아버지와 마아가 사람 에스드모아며 20 시몬
의 아들들은 암논과 린나와 벤하난과 딜론이요 이시의 아들들은 소헷
과 벤소헷이더라 21 유다의 아들 셀라의 자손은 레가의 아버지 에르와
마레사의 아버지 라아다와 세마포 짜는 자의 집 곧 아스베야의 집 종
족과 22 또 요김과 고세바 사람들과 요아스와 모압을 다스리던 사랍과
야수비네헴이니 이는 다 옛 기록에 의존한 것이라 23 이 모든 사람은
토기장이가 되어 수풀과 산울 가운데에 거주하는 자로서 거기서 왕과
함께 거주하면서 왕의 일을 하였더라

1 The sons of Judah: Perez, Hezron, Carmi, Hur, and Shobal. 2 Reaiah
the son of Shobal fathered Jahath, and Jahath fathered Ahumai and
Lahad. These were the clans of the Zorathites. 3 These were the sons[1]
of Etam: Jezreel, Ishma, and Idbash; and the name of their sister
was Hazzelelponi, 4 and Penuel fathered Gedor, and Ezer fathered
Hushah. These were the sons of Hur, the firstborn of Ephrathah, the
father of Bethlehem. 5 Ashhur, the father of Tekoa, had two wives,
Helah and Naarah; 6 Naarah bore him Ahuzzam, Hepher, Temeni,
and Haahashtari. These were the sons of Naarah. 7 The sons of Helah:

Zereth, Izhar, and Ethnan. 8 Koz fathered Anub, Zobebah, and the clans of Aharhel, the son of Harum. 9 Jabez was more honorable than his brothers; and his mother called his name Jabez, saying, "Because I bore him in pain."[2] 10 Jabez called upon the God of Israel, saying, "Oh that you would bless me and enlarge my border, and that your hand might be with me, and that you would keep me from harm[3] so that it might not bring me pain!" And God granted what he asked. 11 Chelub, the brother of Shuhah, fathered Mehir, who fathered Eshton. 12 Eshton fathered Beth-rapha, Paseah, and Tehinnah, the father of Ir-nahash. These are the men of Recah. 13 The sons of Kenaz: Othniel and Seraiah; and the sons of Othniel: Hathath and Meonothai.[4] 14 Meonothai fathered Ophrah; and Seraiah fathered Joab, the father of Ge-harashim,[5] so-called because they were craftsmen. 15 The sons of Caleb the son of Jephunneh: Iru, Elah, and Naam; and the son[6] of Elah: Kenaz. 16 The sons of Jehallelel: Ziph, Ziphah, Tiria, and Asarel. 17 The sons of Ezrah: Jether, Mered, Epher, and Jalon. These are the sons of Bithiah, the daughter of Pharaoh, whom Mered married;[7] and she conceived and bore[8] Miriam, Shammai, and Ishbah, the father of Eshtemoa. 18 And his Judahite wife bore Jered the father of Gedor, Heber the father of Soco, and Jekuthiel the father of Zanoah. 19 The sons of the wife of Hodiah, the sister of Naham, were the fathers of Keilah the Garmite and Eshtemoa the Maacathite. 20 The sons of Shimon: Amnon, Rinnah, Ben-hanan, and Tilon. The sons of Ishi: Zoheth and Ben-zoheth. 21 The sons of Shelah the son of Judah: Er the father of Lecah, Laadah the father of Mareshah, and the clans of the house of linen workers at Beth-ashbea; 22 and Jokim, and the men of Cozeba, and Joash, and Saraph, who ruled in Moab and returned to Lehem[9] (now the records[10] are ancient). 23 These were the potters who were inhabitants of Netaim and Gederah. They lived there in the king's service.

1 Septuagint (compare Vulgate); Hebrew *father* *2* *Jabez* sounds like the Hebrew for *pain* *3* Or *evil* *4* Septuagint, Vulgate; Hebrew lacks *Meonothai* *5* *Ge-harashim* means *valley of craftsmen* *6* Hebrew *sons* *7* The clause *These are… married* is transposed from verse 18 *8* Hebrew lacks *and bore* *9* Vulgate (compare Septuagint); Hebrew *and Jashubi-lahem* *10* Or *matters*

단락 개요

I. 아담으로부터 이스라엘과 그의 후손들, 열두 지파까지(대상 1:1-9:34)
  B. 이스라엘의 모든 지파(2:1-9:1)
    2. 유다, 다윗의 계열 포함(2:3-4:23)
      c. 유다의 자손(2부, 4:1-23)

주석

4:1-23 역대상 2-4장의 교차대구법과 조화를 이루어, 역대기 저자는 2:3에서 소개된 주제로 돌아온다. "유다의 아들들"이라는 주제다.[44] 특히 저자는 유다의 아들들인 베레스의 자손(4:1-20)과 셀라의 자손(21-23절)을 보충

44 교차대구법에 대해서는 2:3-4:23 개관을 참고하라.

한다. 저자는 다양한 단편들을 모아 몇몇 씨족과 성읍의 이름을 말한다. 또한 몇몇 이름은 2장에 나오는 세부사항들과 조화된다. 하지만 목록에 나오는 사람 중 누구도 다른 곳에서는 알려진 바 없으며, 몇몇 이름의 경우 계보에서 유다와의 유일한 연관은 그들이 이 모음에 포함되었다는 것이다. "[개인/장소 이름]…의 아버지"(4:3, 4, 5 등 15번)라고 자주 등장하는 문구는 그 장소에 살았던 사람들을 포괄하는 것을 가리킨다. 이 장에 나오는 모든 사람은 그들의 배경과 상관없이 유다에게서 나온 종족으로 여겨져야 한다.

주목할 만한 것은 청중들이 동질감을 가질 만한 다음과 같은 장인 공동체 조합에 대한 언급으로, "이르나하스"(12절, 히. '청동의 도시'), "공장"(craftsman, 14절, "게하라심"은 '공장의 골짜기'라는 의미다), "세마포 짜는 자"(21절), "토기장이"(23절) 등이다.[45] 전에 그랬던 것처럼, 여인이 서너 명 언급되는데 거기에는 "바로의 딸 비디아"(18절, 참고. 3, 5, 9, 19절)가 포함된다. 직업에 대한 설명은 색다르다(14, 21, 23절). 그런 설명은 특정한 성읍들이 포로기 이전에 특정 장인 동업 조합의 중심지였다는 것을 시사할 것이다(연대는 기록들이 "옛" 기록이라는 것과 "왕의 일을 하였더라"는 언급으로 뒷받침된다. 22-23절). 18절에 나타난 애굽과의 연관 외에, 22절은 모압과의 관련을 가리키는데[46] 역대기 저자는 다시 한번 이방 나라들과의 긍정적인 관계를 언급한다.

"야베스"에 관한 짧은 장면이 이 부분에서 두드러진다(9-10절). 그의 이름[야베츠(*ya'bets*)]은 그의 어머니가 출산할 때 겪은 그리고 그가 거기서 보호받기를 기도하는 "수고"[오체브(*'otseb*), ESV는 "pain", 고통]라는 말을 가지고 언어유희를 한 것이다. 야베스는 자기 어머니가 그를 "이른"(called) 것에 의해 자기 미래가 결정되게 하기보다, 하나님께 "아뢰어"(called) 말했다. 그리고 하나님은 그의 기도에 응답하셨다. 야베스의 이름이 나쁜 징조로 여겨지기는커녕, 야베스는 "귀중한" 자였다. 이것은 역대기에 나오는 응답받

45 Havilah Dharamraj, "1 Chronicles," in *South Asia Bible Commentary*, ed. Brian Wintle (Grand Rapids, MI: Zondervan, 2015), 480.

46 '다스리다'라고 번역된 동사는 또한 몇몇 역본에서 나타나듯이 '결혼하는 것'에 대해서도 사용된다.

은 기도의 첫 번째 예로, 앞으로 그런 기도가 더 나올 것이다(예를 들어, 대상 5:20-22; 대하 15:1-15; 20:1-23). 그것은 또한 여호와와 그분의 백성 간의 관계를 강조하는 "이스라엘의 하나님"이라는 말이 256번 나오는 것 중 첫 번째다. 기도에 "나의 지역을 넓히시고"라는 말과 보호에 대한 요청이 포함된다는 것은 포로기 이후 공동체에게 격려가 된다. 게다가 야베스의 부모의 이름은 나오지 않으며 "그의 형제"(혹은 친족)는 명확히 규정되어 있지 않다. 그래서 야베스의 예는 한 가족으로 국한될 수 없고 모든 사람을 고무시킬 수 있다. 의미심장하게도, 유다의 계보는 아간으로 인해 유발된 "악"과 "괴롭힘"에 대한 심판을 상기시키는 말로 시작된 반면(대상 2:3, 7), 그 결론부의 중심은 하나님께 "아뢰어" 말한 자에 대한 하나님의 호의적 응답이다.

응답

"유다의 아들들"의 결론 부분은 하나님의 백성과 동일화될 준비가 된 모든 사람들에게 열려있음을 다시 한번 보여준다. 앞에서 예수 그리스도 안에서 성취될 다윗 계열에 초점을 맞춘 후에, 이름이 나오는 사람과 가족들이 대단히 다양하다는 것을 인식하는 것이 중요하다. 뒤의 장에서는 종교지도자들에게로 넘어갈 것이다. 하지만 여기서 "공장", "세마포 짜는 자", "토기장이" 등을 열거하는 것은 사회가 잘 기능할 수 있도록 하는 다양한 은사들을 상기시킨다(고전 12장).

야베스의 기도와 하나님의 응답의 밝은 빛은 어쩐지 자신의 운명을 결정하는 과거의 환경에 매여 있다고 느낄 만한 모든 사람을 격려한다. 이것은 주어진 이름 혹은 꼬리표('패배자', '약골', '범인', '국외자' 등 목록은 끝이 없다) 혹은 역기능 가정 배경 등을 포함할 수 있다. 야베스는 여호와께 의지함으로 그리스도의 지상 사역 때 치유와 해방을 위해 그리스도께 의지하는 많은 사람, 혹은 그 이래로 "누구든지 그리스도 안에 있으면 새로운 피조물이라

이전 것은 지나갔으니 보라 새 것이 되었도다"(고후 5:17)라는 사실을 체험 한 수많은 이들의 선구자가 된다.

1 Chronicles
역대상
4:24-5:26

4:24 시므온의 아들들은 느무엘과 야민과 야립과 세라와 사울이요
25 사울의 아들은 살룸이요 그의 아들은 밉삼이요 그의 아들은 미스
마요 26 미스마의 아들은 함무엘이요 그의 아들은 삭굴이요 그의 아들
은 시므이라 27 시므이에게는 아들 열여섯과 딸 여섯이 있으나 그의
형제에게는 자녀가 몇이 못되니 그들의 온 종족이 유다 자손처럼 번
성하지 못하였더라 28 시므온 자손이 거주한 곳은 브엘세바와 몰라다
와 하살수알과 29 빌하와 에셈과 돌랏과 30 브두엘과 호르마와 시글락
과 31 벧말가봇과 하살수심과 벧비리와 사아라임이니 다윗 왕 때까지
이 모든 성읍이 그들에게 속하였으며 32 그들이 사는 곳은 에담과 아
인과 림몬과 도겐과 아산 다섯 성읍이요 33 또 모든 성읍 주위에 살던
주민들의 경계가 바알까지 다다랐으니 시므온 자손의 거주지가 이러
하고 각기 계보가 있더라

4:24 The sons of Simeon: Nemuel, Jamin, Jarib, Zerah, Shaul;
25 Shallum was his son, Mibsam his son, Mishma his son. 26 The sons of
Mishma: Hammuel his son, Zaccur his son, Shimei his son. 27 Shimei
had sixteen sons and six daughters; but his brothers did not have many

children, nor did all their clan multiply like the men of Judah. 28 They
lived in Beersheba, Moladah, Hazar-shual, 29 Bilhah, Ezem, Tolad,
30 Bethuel, Hormah, Ziklag, 31 Beth-marcaboth, Hazar-susim, Beth-
biri, and Shaaraim. These were their cities until David reigned. 32 And
their villages were Etam, Ain, Rimmon, Tochen, and Ashan, five cities,
33 along with all their villages that were around these cities as far as
Baal. These were their settlements, and they kept a genealogical record.

34 또 메소밥과 야믈렉과 아마시야의 아들 요사와 35 요엘과 아시엘의
증손 스라야의 손자 요시비야의 아들 예후와 36 또 엘료에내와 야아
고바와 여소하야와 아사야와 아디엘과 여시미엘과 브나야와 37 또 스
마야의 오대 손 시므리의 현손 여다야의 증손 알론의 손자 시비의 아
들은 시사이니 38 여기 기록된 것들은 그들의 종족과 그들의 가문의
지도자들의 이름이라 그들이 매우 번성한지라 39 그들이 그들의 양
떼를 위하여 목장을 구하고자 하여 골짜기 동쪽 그돌 지경에 이르러
40 기름지고 아름다운 목장을 발견하였는데 그 땅이 넓고 안정 되고
평안하니 이는 옛적부터 거기에 거주해 온 사람은 함의 자손인 까닭
이라 41 이 명단에 기록된 사람들이 유다 왕 히스기야 때에 가서 그들
의 장막을 쳐서 무찌르고 거기에 있는 모우님 사람을 쳐서 진멸하고
대신하여 오늘까지 거기에 살고 있으니 이는 그들의 양 떼를 먹일 목
장이 거기에 있음이며 42 또 시므온 자손 중에 오백 명이 이시의 아들
블라댜와 느아랴와 르바야와 웃시엘을 두목으로 삼고 세일산으로 가
서 43 피신하여 살아남은 아말렉 사람을 치고 오늘까지 거기에 거주하
고 있더라

34 Meshobab, Jamlech, Joshah the son of Amaziah, 35 Joel, Jehu the
son of Joshibiah, son of Seraiah, son of Asiel, 36 Elioenai, Jaakobah,
Jeshohaiah, Asaiah, Adiel, Jesimiel, Benaiah, 37 Ziza the son of Shiphi,

son of Allon, son of Jedaiah, son of Shimri, son of Shemaiah—
38 these mentioned by name were princes in their clans, and their
fathers' houses increased greatly. 39 They journeyed to the entrance of
Gedor, to the east side of the valley, to seek pasture for their flocks,
40 where they found rich, good pasture, and the land was very broad,
quiet, and peaceful, for the former inhabitants there belonged to Ham.
41 These, registered by name, came in the days of Hezekiah, king of
Judah, and destroyed their tents and the Meunites who were found
there, and marked them for destruction to this day, and settled in their
place, because there was pasture there for their flocks. 42 And some of
them, five hundred men of the Simeonites, went to Mount Seir, having
as their leaders Pelatiah, Neariah, Rephaiah, and Uzziel, the sons of
Ishi. 43 And they defeated the remnant of the Amalekites who had
escaped, and they have lived there to this day.

5:1 이스라엘의 장자 르우벤의 아들들은 이러하니라 (르우벤은 장자라
도 그의 아버지의 침상을 더럽혔으므로 장자의 명분이 이스라엘의 아
들 요셉의 자손에게로 돌아가서 족보에 장자의 명분대로 기록되지 못
하였느니라 2 유다는 형제보다 뛰어나고 주권자가 유다에게서 났으나
장자의 명분은 요셉에게 있으니라) 3 이스라엘의 장자 르우벤의 아들
들은 하녹과 발루와 헤스론과 갈미요 4 요엘의 아들은 스마야요 그의
아들은 곡이요 그의 아들은 시므이요 5 그의 아들은 미가요 그의 아들
은 르아야요 그의 아들은 바알이요 6 그의 아들은 브에라이니 그는 르
우벤 자손의 지도자로서 앗수르 왕 디글랏빌레셀에게 사로잡힌 자라
7 그의 형제가 종족과 계보대로 우두머리 된 자는 여이엘과 스가랴와
8 벨라니 벨라는 아사스의 아들이요 세마의 손자요 요엘의 증손이라
그가 아로엘에 살면서 느보와 바알므온까지 다다랐고 9 또 동으로 가

서 거주하면서 유브라데강에서부터 광야 지경까지 다다랐으니 이는
길르앗 땅에서 그 가축이 번식함이라 10 사울 왕 때에 그들이 하갈 사
람과 더불어 싸워 손으로 쳐죽이고 길르앗 동쪽 온 땅에서 장막에 거
주하였더라

5:1 The sons of Reuben the firstborn of Israel (for he was the firstborn,
but because he defiled his father's couch, his birthright was given to
the sons of Joseph the son of Israel, so that he could not be enrolled
as the oldest son; 2 though Judah became strong among his brothers
and a chief came from him, yet the birthright belonged to Joseph),
3 the sons of Reuben, the firstborn of Israel: Hanoch, Pallu, Hezron,
and Carmi. 4 The sons of Joel: Shemaiah his son, Gog his son, Shimei
his son, 5 Micah his son, Reaiah his son, Baal his son, 6 Beerah his
son, whom Tiglath-pileser[1] king of Assyria carried away into exile; he
was a chief of the Reubenites. 7 And his kinsmen by their clans, when
the genealogy of their generations was recorded: the chief, Jeiel, and
Zechariah, 8 and Bela the son of Azaz, son of Shema, son of Joel, who
lived in Aroer, as far as Nebo and Baal-meon. 9 He also lived to the east
as far as the entrance of the desert this side of the Euphrates, because
their livestock had multiplied in the land of Gilead. 10 And in the days
of Saul they waged war against the Hagrites, who fell into their hand.
And they lived in their tents throughout all the region east of Gilead.

11 갓 자손은 르우벤 사람을 마주 대하여 바산 땅에 거주하면서 살르
가까지 다다랐으니 12 우두머리는 요엘이요 다음은 사밤이요 또 야내
와 바산에 산 사밧이요 13 그 조상의 가문의 형제들은 미가엘과 므술
람과 세바와 요래와 야간과 시아와 에벨 일곱 명이니 14 이는 다 아비
하일의 아들들이라 아비하일은 후리의 아들이요 야로아의 손자요 길

르앗의 증손이요 미가엘의 현손이요 여시새의 오대 손이요 야도의 육
대 손이요 부스의 칠대 손이며 15 또 구니의 손자 압디엘의 아들 아히
가 우두머리가 되었고 16 그들이 바산 길르앗과 그 마을과 사론의 모
든 들에 거주하여 그 사방 변두리에 다다랐더라 17 이상은 유다 왕 요
담 때와 이스라엘 왕 여로보암 때에 족보에 기록되었더라

11 The sons of Gad lived over against them in the land of Bashan
as far as Salecah: 12 Joel the chief, Shapham the second, Janai, and
Shaphat in Bashan. 13 And their kinsmen according to their fathers'
houses: Michael, Meshullam, Sheba, Jorai, Jacan, Zia and Eber, seven.
14 These were the sons of Abihail the son of Huri, son of Jaroah, son
of Gilead, son of Michael, son of Jeshishai, son of Jahdo, son of Buz.
15 Ahi the son of Abdiel, son of Guni, was chief in their fathers' houses,
16 and they lived in Gilead, in Bashan and in its towns, and in all the
pasturelands of Sharon to their limits. 17 All of these were recorded in
genealogies in the days of Jotham king of Judah, and in the days of
Jeroboam king of Israel.

18 르우벤 자손과 갓 사람과 므낫세 반 지파에서 나가 싸울 만한 용사
곧 능히 방패와 칼을 들며 활을 당겨 싸움에 익숙한 자는 사만 사천칠
백육십 명이라 19 그들이 하갈 사람과 여두르와 나비스와 노답과 싸우
는 중에 20 도우심을 입었으므로 하갈 사람과 그들과 함께 있는 자들
이 다 그들의 손에 패하였으니 이는 그들이 싸울 때에 하나님께 의뢰
하고 부르짖으므로 하나님이 그들에게 응답하셨음이라 21 그들이 대
적의 짐승 곧 낙타 오만 마리와 양 이십오만 마리와 나귀 이천 마리를
빼앗으며 사람 십만 명을 사로잡았고 22 죽임을 당한 자가 많았으니
이 싸움이 하나님께로 말미암았음이라 그들이 그들의 땅에 거주하여
사로잡힐 때까지 이르렀더라

18 The Reubenites, the Gadites, and the half-tribe of Manasseh had
valiant men who carried shield and sword, and drew the bow, expert in
war, 44,760, able to go to war. 19 They waged war against the Hagrites,
Jetur, Naphish, and Nodab. 20 And when they prevailed[2] over them,
the Hagrites and all who were with them were given into their hands,
for they cried out to God in the battle, and he granted their urgent plea
because they trusted in him. 21 They carried off their livestock: 50,000
of their camels, 250,000 sheep, 2,000 donkeys, and 100,000 men alive.
22 For many fell, because the war was of God. And they lived in their
place until the exile.

5장

23 므낫세 반 지파 자손들이 그 땅에 거주하면서 그들이 번성하여 바
산에서부터 바알헤르몬과 스닐과 헤르몬산까지 다다랐으며 24 그들
의 족장은 에벨과 이시와 엘리엘과 아스리엘과 예레미야와 호다위야
와 야디엘이며 다 용감하고 유명한 족장이었더라 25 그들이 그들의 조
상들의 하나님께 범죄하여 하나님이 그들 앞에서 멸하신 그 땅 백성
의 신들을 간음하듯 섬긴지라 26 그러므로 이스라엘 하나님이 앗수르
왕 불의 마음을 일으키시며 앗수르 왕 디글랏빌레셀의 마음을 일으키
시매 곧 르우벤과 갓과 므낫세 반 지파를 사로잡아 할라와 하볼과 하
라와 고산 강가에 옮긴지라 그들이 오늘까지 거기에 있으니라
23 The members of the half-tribe of Manasseh lived in the land. They
were very numerous from Bashan to Baal-hermon, Senir, and Mount
Hermon. 24 These were the heads of their fathers' houses: Epher,[3] Ishi,
Eliel, Azriel, Jeremiah, Hodaviah, and Jahdiel, mighty warriors, famous
men, heads of their fathers' houses. 25 But they broke faith with the
God of their fathers, and whored after the gods of the peoples of the
land, whom God had destroyed before them. 26 So the God of Israel

stirred up the spirit of Pul king of Assyria, the spirit of Tiglath-pileser king of Assyria, and he took them into exile, namely, the Reubenites, the Gadites, and the half-tribe of Manasseh, and brought them to Halah, Habor, Hara, and the river Gozan, to this day.

1 Hebrew *Tilgath-pilneser*; also verse 26 *2* Or *they were helped to prevail* *3* Septuagint, Vulgate; Hebrew *and Epher*

단락 개관

역대상 1-9장의 교차대구법적 구조에서, 이 부분에서 언급된 지파들은 7:1-40에 언급된 지파들과 대조를 이룬다.[47] 그것들은 함께 약속의 땅의 기업이 어느 정도인지 보여준다. 이 부분에서 지파들은 유다 남쪽(시므온), 요단 동쪽(르우벤, 갓, 므낫세 반지파)이다. 7장에 나오는 지파들은 유다 북쪽과 요단 서쪽이다.[48]

여기 나오는 각 지파에 대한 기록에는 지리적 세부사항, 정착지 이름, 지도자 및 정복에 대한 정보가 포함된다. 요단 건너편 지파들(르우벤, 갓, 므낫세 반 지파)에 대한 추가 정보는 그들이 "의뢰[할]" 때 하나님이 구해주신 것(5:19-22)과 그들이 "범죄[했을]"(ESV는 "broke faith", 믿음을 깼을) 때 그들의 포로생활로 이어진 하나님의 행동(5:25-26)을 대조시킨다.

47 참고. 1:1-9:34 개관.

48 참고. 지도, *ESV Study Bible*, 416.

단락 개요

I. 아담으로부터 이스라엘과 그의 후손들, 열두 지파까지(대상 1:1-9:34)
B. 이스라엘의 모든 지파(2:1-9:1)
3. 시므온과 요단 동쪽 지파들, 르우벤, 갓, 므낫세 반지파(4:24-5:26)

주석

4:24-43 시므온이 할당받은 곳은 유다에게 할당된 땅 한 가운데 있었다(수 19:1-9, 대상 4:28-33과 거의 같은 장소 목록). 시므온 지파의 숫자가 더 작기 때문에(27절), 다윗의 시대 무렵에는 이 장소들 대부분이 유다의 일부가 되었다(31절). "각기 계보가 있더라"(33절)는 추가 설명은 하나의 지파로서 시므온 사람들의 역사를 강조한다. 그들은 유다의 일부가 된 후에 잊혀져서는 안 된다. 다른 지파들과의 혼합도 일어났다. "밉삼"과 "미스마"(25절)는 1:29-30에서 같은 순서로 "이스마엘의 아들들"이라고 나오는데, 이는 이스마엘 종족이 시므온의 일부로 흡수되었음을 시사한다.

일부 시므온 사람들은 서쪽으로 확장해서 목초지를 찾는데 성공했다. 아마 히스기야가 블레셋 영토에 출정했을 때일 것이다(4:34-41;[49] 왕하 18:8). 또 다른 집단은 동쪽으로 에돔 지역으로 갔으며, 유다와 분리된 채 있었다

49 41절은 역대기에서 헤렘(*herem*), '진멸하다'(ESV는 "marked for destruction", 멸망시키기로 정했다)는 말이 세 번 나오는 것 중 첫 번째를 포함한다. 그것은 더 광범위한 고대 근동 관행을 말하는 것으로(대하 20:23; 32:14에서처럼), 패배한 나라들이 '승리자의 신(들)에게 바쳐지는 것'을 말한다. 거기에는 멸망하는 것이 포함된다. 관련된 명사인 "진멸시킬 물건"/'바쳐진 것'(ESV는 "devoted thing")이라는 말은 대상 2:7에 나온다.

(대상 4:42-43). 시므온 사람들은 아사 시대에 유다 및 베냐민과 "머물러 사는" 사람들 가운데 포함된다(대하 15:9). 시므온 지파가 강하지는 않았을지 모르지만 그들에게 주어진 땅을 점유하고 있었으며, 확장하면서 공급과 승리를 경험했다.

5:1-10 르우벤의 계보는 점차 커지면서 "길르앗 땅에서" 요단 동쪽 땅을 점유한 것을 상세히 말한다. 이 기록은 시작 부분에서 르우벤이 "(이스라엘의) 장자"[1a(2번), 3절]였다고 세 번 진술한다는 면에서 독특하다. 가운데 부분(1b-2절)에서 왜 그가 "장자의 명분"(1b-2절, 참고. 창 35:22; 49:3-4)을 잃어버렸는지 다루는 것이다.[50] 역대기 저자는 장자의 명분은 "요셉의 자손"에게 주어진 것임을 청중들에게 두 번 상기시키면서, 그들이 북쪽에서 부각되는 것과 후에 "온 이스라엘"의 삶에 관여하게 되는 것을 예시한다(예를 들어, 대하 15:9; 19:4). 동시에 "형제보다 뛰어나고 주권자[51]가" 난 사람은 유다였다. 장자의 명분을 양도한 일은 창세기 48장의 축복에서는 분명히 나타나지 않는다. 하지만 요셉의 아들들인 에브라임과 므낫세가 따로따로 땅을 받은 것은 일반적으로 장자에게 두 몫의 기업이 주어지는 것과 조화된다(신 21:15-17).

주전 733년 앗수르의 디글랏빌레셀 3세가 공격하여 길르앗을 정복하게 된 것에 대한 짧은 언급은 여기에서 "브에라…르우벤 자손의 지도자"가 사로잡힌 것만 언급한다(대상 5:6, 26은 십년 후에 요단 건너편 모든 지파가 사로잡혀간 것을 보여준다). 그다음에 나오는 모압 지역에서 땅을 점유한 것(8절), "가축"이 늘어나서 동쪽으로 확장한 것(9절), "사울 왕 때에" 이룬 승리(10절) 등에 대한 상세한 설명은 모두 앗수르의 침략이 있기 전에 일어난 사건들을

50 히브리어에서 1-3절은 또한 소리에 의해 밀접하게 결합되어 있다. 반복되는 "장자"[firstborn, 베코르(*bekor*)], "장자의 명분"과 "장자"[oldest son, 둘 다 베코라(*bekorah*)]가 나오는 것이다.

51 "주권자"[chief, 나기드(*nagid*)]라는 말은 다른 곳에서 다윗의 지위를 묘사하기 위해 나온다[예를 들어, 11:2; 17:7에서는 "주권자"(prince)라고 번역되어 있다]. 5:6-7에 나오는 "지도자"(chief, 우두머리)는 다른 두 단어를 번역한 것이다[나시('군주, 지도자')와 로쉬(*ro'sh*, 머리)].

언급한 것이다. 포로로 잡혀간 것을 언급한 후에 포로생활 이전의 사건들을 묘사하는 문학적 순서는 청중들이 상실로부터 땅의 정복과 성장에 나타난 하나님의 복 주심으로 주의를 돌리게 하는 효과를 지닌다.

5:11-22 "바산 땅"에 있는 갓의 영토는 르우벤의 땅 북쪽에 있었다. 공식 기록들이 다시 명시되는데, 이번에는 주전 750년 무렵의 "계보들"이다(17절). 앞에 나오는 "하갈 사람(하갈의 후손, 1:29-31, 참고. 시 83:6)과 더불어 싸워"라는 언급(10절)은 모든 요단 건너편 지파들을 포함하는 것으로 확대된다. 역대기 저자는 하나님의 백성이 "하나님께 부르짖[을]" 때 "그들이 하나님께 의뢰[했기]" 때문에 그들의 간청이 응답을 받은 첫 번째 예를 제공한다(대하 18:31; 32:19-21, 참고. ESVEC 대하 7:13-16 주석). 여기에는 하나님을 신뢰하며 소망하라는 격려가 나온다.

르우벤에 대한 부분은 긍정적으로 끝나지만, 갓에 대한 부분에서는 갑자기 바뀐다. "그들이 그들의 땅에 거주하여"라는 말에는 그들이 "사로잡힐 때까지"만 그렇게 했다는 단서가 붙는다. 바뀐 이유는 이어지는 구절들에서 찾아볼 수 있다.[52]

5:23-26 "[동쪽의] 므낫세 반지파"에 대한 구체적 세부사항은 거의 없다. "바산에서부터…헤르몬 산까지"라는 지리적 범위 다음에는 지도자들의 이름이 나오며 "용감하고 유명한 족장"이라는 칭찬의 말이 함께 나온다(23-24절).

역대기 저자는 곧 그의 청중들이 비극적 역전에 주의를 돌리게 한다. "그들이 그들의 조상 하나님께 범죄하여"(25절, ESV는 "broke faith", 믿음을 깨서). 20절의 "의뢰"는 지속되지 않았다. 아간의 행동(참고. '믿음을 깨는 것'에 대한 2:4-8 주석)은 이제 모든 요단 건너편 지파들의 행동이 되었다(5:26에 의

52 이 부분은 역대기에서 크고 종종 정확해 보이는 숫자들에 대한 첫 번째 예를 제공한다(18, 21절, 다음으로는 7:1, 4, 5, 7, 9, 11 등). 참고. 서론의 '해석상 과제'.

해 암시됨). 그들의 신실하지 못함은 비유적으로 "간음"으로 묘사된다. 하나님과의 결혼 관계에 진실하지 못했다는 것이다(또한 대하 21:11, 13; 호 1-3장). 25-26절은 북왕국 사람들이 포로로 잡혀간 것에 대한 역대기 저자의 유일한 묘사로, 요단 동쪽 지파들만 포함한다.[53] 저자는 후에 어떻게 요단강 서쪽에 살던 북쪽 지파 사람들이 계속 예루살렘과 관계를 맺는지 말할 것이다(대하 19:4; 30:1, 18; 34:9). 중대한 것으로 유다의 종말에 대한 이후 저자의 설명은 역대상 5:25-26과 매우 유사하다. 유다는 요단 건너편 지파들과 다를 바 없이 끝나버렸다(표2를 보라).

요단 건너편 지파들이 사로잡힌 것은 단지 강대국의 확장주의 정책의 불가피한 결과가 아니라 하나님이 앗수르 왕의 "마음을 일으키[셨기]" 때문이었다. 이 문구는 역대기 다른 곳에서는 이스라엘의 패배[대하 21:16, "마음을 격동시키사"(ESV는 "stirred up…the anger", 분노를 일으키사)] 혹은 회복(36:22)으로 이어지는 하나님의 행동에 대해 사용된다. 같은 문구가 다른 포로기 이후 문서에서는 이스라엘을 회복시키는 하나님의 행동에 대해 사용된다(스 1:1, 5; 학 1:14).

역대상 5:25-26	25 그들이 그들의 조상들의 하나님께 '범죄하여' 하나님이 그들 앞에서 멸하신 그 땅 백성의 신들을 간음하듯 섬긴지라 26 그러므로 '이스라엘 하나님이 앗수르왕 불의' 마음을 '일으키시며' 앗수르왕 디글랏빌레셀의 마음을 일으키시매 곧 '[그들을] 사로잡아…오늘까지 거기에 있으니라'
역대상 9:1	유다가 '범죄함으로' 말미암아 바벨론으로 '사로잡혀 갔더니'
역대하 36:14, 17a, 20	14 모든 제사장들의 우두머리들과 백성도 '크게 범죄하여 이방 모든 가증한 일을 따라서' 여호와께서 예루살렘에 거룩하게 두신 그의 전을 더럽게 하였으며… 17 하나님이 '갈대아 왕의 손에 그들을 다 넘기시매…' 20 칼에서 살아남은 자를 그가 바벨론으로 '사로잡아가매' 무리가 거기서 갈대아 왕과 그의 자손의 노예가 되어 '바사국이 통치할 때까지 이르니라'

표2. 이스라엘의 포로생활과 유다의 포로생활 간의 유사점

응답

시므온 지파는 유다에 흡수되었지만, 그 이름은 기억되었다. 시므온 지파는 그리스도의 탄생, 사역, 죽음 이야기에서 종종 등장한다(눅 2:25; 마 26:6; 27:32). 거기에는 열두 제자 중 두 명인 "베드로라 하는 시몬"[54]과 "가나나인 시몬"(ESV는 "Simon the Zealot", 열심당 시몬)이 포함된다(마 10:2, 4). 이름은 과거를 현재로 가져오는 한 방법으로, 전통의 측면들을 계속 이어간다. 어떤 집단이 더 큰 무리의 일부가 될 때(패배, 탈취, 합병, 개인으로 합치는 것 등을 통해) 더 작은 집단의 역사는 종종 잊혀지거나 최소화되며, 모두가 더 큰 집단과 같이 될 것으로 예상된다. 역대기 저자는 소수 집단의 과거를 존중하는 모범을 보여주고 있다.

요단 건너편 지파들의 대조적 역사들은 옆으로 빗나가 "그 땅 백성의 신들"을 섬기는 것에 대해 경고하면서, 현재 하나님께 신실하도록 계속 권면한다. 이것은 오늘날 다양한 세계에서 무엇을 의미할까? 예수님은 하나님을 섬기는 것을 "돈"을 섬기는 것과 대조하셨다(마 6:24). 뉴욕에서 사역한 팀 켈러(Tim Keller)는 자신의 글을 통해, "돈, 성, 권력이…가짜 신이 되려고 다투는"[55] 방식들을 탐구한다. 나치 독일의 그리스도인들에게 그 신은 민족주의적 사회주의였다. 그로 인해 "독일 그리스도인"이라는 이름으로 수많은 사람이 "영웅적 아리아족 예수"[56]를 말했다. 자신의 나라와 그 나라의 지도자들에게 최고의 충성을 바쳐야 했던 것이다. 역대기 저자가 신실함과 경고를 함께 두는 것은 우리가 과거의 승리에 감사하면서 또한 "오

53 "불"은 "디글랏빌레셀" 3세의 또 다른 이름이다. 26절에서 이 두 이름이 나오는 문구는 같은 사람을 언급한다.

54 "시몬"은 또 다른 헬라어 형태다.

55 Tim Keller, *Counterfeit Gods: The Empty Promises of Money, Sex, and Power, and the Only Hope That Matters* (New York: Dutton Adult, 2009). 인용문은 Christianity Today 53/11 (November 2009): 71에 나오는 인터뷰에서 따온 것이다.

56 Mary Craig, *Candles in the Dark: Seven Modern Martyrs* (London: Hodder & Stoughton, 1993), 31, Dietrich Bonhoeffer에 대한 장에서.

늘"(히 3:13-15) 신실하라는 명령을 들어야 한다는 것을 가리킨다. 바울은 신자들이 "두렵고 떨림으로 너희 구원을 이루라 너희 안에서 행하시는 이는 하나님이시니 자기의 기쁘신 뜻을 위하여 너희에게 소원을 두고 행하게 하시나니"(빌 2:12-13)라고 강조할 때 가볍게 그렇게 한 것이 아니었다.

1 Chronicles
역대상
6:1-81

1 레위의 아들들은 게르손과 그핫과 므라리요 2 그핫의 아들들은 아므
람과 이스할과 헤브론과 웃시엘이요 3 아므람의 자녀는 아론과 모세
와 미리암이요 아론의 자녀는 나답과 아비후와 엘르아살과 이다말이
며 4 엘르아살은 비느하스를 낳고 비느하스는 아비수아를 낳고 5 아비
수아는 북기를 낳고 북기는 웃시를 낳고 6 웃시는 스라히야를 낳고 스
라히야는 므라욧을 낳고 7 므라욧은 아마랴를 낳고 아마랴는 아히둡
을 낳고 8 아히둡은 사독을 낳고 사독은 아히마아스를 낳고 9 아히마
아스는 아사랴를 낳고 아사랴는 요하난을 낳고 10 요하난은 아사랴를
낳았으니 이 아사랴는 솔로몬이 예루살렘에 세운 성전에서 제사장의
직분을 행한 자이며 11 아사랴는 아마랴를 낳고 아마랴는 아히둡을 낳
고 12 아히둡은 사독을 낳고 사독은 살룸을 낳고 13 살룸은 힐기야를
낳고 힐기야는 아사랴를 낳고 14 아사랴는 스라야를 낳고 스라야는 여
호사닥을 낳았으며 15 여호와께서 느부갓네살의 손으로 유다와 예루
살렘 백성을 옮기실 때에 여호사닥도 가니라

1 *1* The sons of Levi: Gershon, Kohath, and Merari. 2 The sons of
Kohath: Amram, Izhar, Hebron, and Uzziel. 3 The children of Amram:

Aaron, Moses, and Miriam. The sons of Aaron: Nadab, Abihu, Eleazar,
and Ithamar. 4 Eleazar fathered Phinehas, Phinehas fathered Abishua,
5 Abishua fathered Bukki, Bukki fathered Uzzi, 6 Uzzi fathered
Zerahiah, Zerahiah fathered Meraioth, 7 Meraioth fathered Amariah,
Amariah fathered Ahitub, 8 Ahitub fathered Zadok, Zadok fathered
Ahimaaz, 9 Ahimaaz fathered Azariah, Azariah fathered Johanan,
10 and Johanan fathered Azariah (it was he who served as priest in the
house that Solomon built in Jerusalem). 11 Azariah fathered Amariah,
Amariah fathered Ahitub, 12 Ahitub fathered Zadok, Zadok fathered
Shallum, 13 Shallum fathered Hilkiah, Hilkiah fathered Azariah,
14 Azariah fathered Seraiah, Seraiah fathered Jehozadak; 15 and
Jehozadak went into exile when the Lord sent Judah and Jerusalem into
exile by the hand of Nebuchadnezzar.

16 레위의 아들들은 게르손과 그핫과 므라리이며 17 게르손의 아들들
의 이름은 이러하니 립니와 시므이요 18 그핫의 아들들은 아므람과 이
스할과 헤브론과 웃시엘이요 19 므라리의 아들들은 말리와 무시라 그
조상에 따라 레위의 종족은 이러하니 20 게르손에게서 난 자는 곧 그
의 아들 립니요 그의 아들은 야핫이요 그의 아들은 심마요 21 그의 아
들은 요아요 그의 아들은 잇도요 그의 아들은 세라요 그의 아들은 여
아드래이며 22 그핫에게서 난 자는 곧 그 아들은 암미나답이요 그의
아들은 고라요 그의 아들은 앗실이요 23 그의 아들은 엘가나요 그의
아들은 에비아삽이요 그의 아들은 앗실이요 24 그의 아들은 다핫이요
그의 아들은 우리엘이요 그의 아들은 웃시야요 그의 아들은 사울이
라 25 엘가나의 아들들은 아마새와 아히못이라 26 엘가나로 말하면 그
의 자손은 이러하니 그의 아들은 소배요 그의 아들은 나핫이요 27 그
의 아들은 엘리압이요 그의 아들은 여로함이요 그의 아들은 엘가나라

28 사무엘의 아들들은 맏아들 요엘이요 다음은 아비야라 29 므라리에
게서 난 자는 말리요 그의 아들은 립니요 그의 아들은 시므이요 그의
아들은 웃사요 30 그의 아들은 시므아요 그의 아들은 학기야요 그의
아들은 아사야더라

16[2] The sons of Levi: Gershom, Kohath, and Merari. 17 And these are
the names of the sons of Gershom: Libni and Shimei. 18 The sons of
Kohath: Amram, Izhar, Hebron and Uzziel. 19 The sons of Merari:
Mahli and Mushi. These are the clans of the Levites according to their
fathers. 20 Of Gershom: Libni his son, Jahath his son, Zimmah his son,
21 Joah his son, Iddo his son, Zerah his son, Jeatherai his son. 22 The
sons of Kohath: Amminadab his son, Korah his son, Assir his son,
23 Elkanah his son, Ebiasaph his son, Assir his son, 24 Tahath his son,
Uriel his son, Uzziah his son, and Shaul his son. 25 The sons of Elkanah:
Amasai and Ahimoth, 26 Elkanah his son, Zophai his son, Nahath his
son, 27 Eliab his son, Jeroham his son, Elkanah his son. 28 The sons of
Samuel: Joel[3] his firstborn, the second Abijah.[4] 29 The sons of Merari:
Mahli, Libni his son, Shimei his son, Uzzah his son, 30 Shimea his son,
Haggiah his son, and Asaiah his son.

31 언약궤가 평안을 얻었을 때에 다윗이 여호와의 성전에서 찬송하는
직분을 맡긴 자들은 아래와 같았더라 32 솔로몬이 예루살렘에서 여호
와의 성전을 세울 때까지 그들이 회막 앞에서 찬송하는 일을 행하되
그 계열대로 직무를 행하였더라 33 직무를 행하는 자와 그의 아들들은
이러하니 그핫의 자손 중에 헤만은 찬송하는 자라 그는 요엘의 아들
이요 요엘은 사무엘의 아들이요 34 사무엘은 엘가나의 아들이요 엘가
나는 여로함의 아들이요 여로함은 엘리엘의 아들이요 엘리엘은 도아
의 아들이요 35 도아는 숩의 아들이요 숩은 엘가나의 아들이요 엘가나

는 마핫의 아들이요 마핫은 아마새의 아들이요 36 아마새는 엘가나의
아들이요 엘가나는 요엘의 아들이요 요엘은 아사랴의 아들이요 아사
랴는 스바냐의 아들이요 37 스바냐는 다핫의 아들이요 다핫은 앗실의
아들이요 앗실은 에비아삽의 아들이요 에비아삽은 고라의 아들이요
38 고라는 이스할의 아들이요 이스할은 그핫의 아들이요 그핫은 레위
의 아들이요 레위는 이스라엘의 아들이라 39 헤만의 형제 아삽은 헤만
의 오른쪽에서 직무를 행하였으니 그는 베레갸의 아들이요 베레갸는
시므아의 아들이요 40 시므아는 미가엘의 아들이요 미가엘은 바아세
야의 아들이요 바아세야는 말기야의 아들이요 41 말기야는 에드니의
아들이요 에드니는 세라의 아들이요 세라는 아다야의 아들이요 42 아
다야는 에단의 아들이요 에단은 심마의 아들이요 심마는 시므이의 아
들이요 43 시므이는 야핫의 아들이요 야핫은 게르손의 아들이요 게르
손은 레위의 아들이며 44 그들의 형제 므라리의 자손 중 그의 왼쪽에
서 직무를 행하는 자는 에단이라 에단은 기시의 아들이요 기시는 압
디의 아들이요 압디는 말룩의 아들이요 45 말룩은 하사뱌의 아들이요
하사뱌는 아마시야의 아들이요 아마시야는 힐기야의 아들이요 46 힐
기야는 암시의 아들이요 암시는 바니의 아들이요 바니는 세멜의 아들
이요 47 세멜은 말리의 아들이요 말리는 무시의 아들이요 무시는 므라
리의 아들이요 므라리는 레위의 아들이며 48 그들의 형제 레위 사람들
은 하나님의 집 장막의 모든 일을 맡았더라

31 These are the men whom David put in charge of the service of song
in the house of the Lord after the ark rested there. 32 They ministered
with song before the tabernacle of the tent of meeting until Solomon
built the house of the Lord in Jerusalem, and they performed their
service according to their order. 33 These are the men who served and
their sons. Of the sons of the Kohathites: Heman the singer the son of
Joel, son of Samuel, 34 son of Elkanah, son of Jeroham, son of Eliel, son

of Toah, 35 son of Zuph, son of Elkanah, son of Mahath, son of Amasai,
36 son of Elkanah, son of Joel, son of Azariah, son of Zephaniah, 37 son
of Tahath, son of Assir, son of Ebiasaph, son of Korah, 38 son of Izhar,
son of Kohath, son of Levi, son of Israel; 39 and his brother Asaph, who
stood on his right hand, namely, Asaph the son of Berechiah, son of
Shimea, 40 son of Michael, son of Baaseiah, son of Malchijah, 41 son of
Ethni, son of Zerah, son of Adaiah, 42 son of Ethan, son of Zimmah, son
of Shimei, 43 son of Jahath, son of Gershom, son of Levi. 44 On the left
hand were their brothers, the sons of Merari: Ethan the son of Kishi,
son of Abdi, son of Malluch, 45 son of Hashabiah, son of Amaziah, son
of Hilkiah, 46 son of Amzi, son of Bani, son of Shemer, 47 son of Mahli,
son of Mushi, son of Merari, son of Levi. 48 And their brothers the
Levites were appointed for all the service of the tabernacle of the house
of God.

49 아론과 그의 자손들은 번제단과 향단 위에 분향하며 제사를 드리
며 지성소의 모든 일을 하여 하나님의 종 모세의 모든 명령대로 이스
라엘을 위하여 속죄하니 50 아론의 자손들은 이러하니라 그의 아들은
엘르아살이요 그의 아들은 비느하스요 그의 아들은 아비수아요 51 그
의 아들은 북기요 그의 아들은 웃시요 그의 아들은 스라히야요 52 그
의 아들은 므라욧이요 그의 아들은 아마랴요 그의 아들은 아히둡이요
53 그의 아들은 사독이요 그의 아들은 아히마아스이더라
49 But Aaron and his sons made offerings on the altar of burnt offering
and on the altar of incense for all the work of the Most Holy Place, and
to make atonement for Israel, according to all that Moses the servant
of God had commanded. 50 These are the sons of Aaron: Eleazar his
son, Phinehas his son, Abishua his son, 51 Bukki his son, Uzzi his son,

Zerahiah his son, 52 Meraioth his son, Amariah his son, Ahitub his son,
53 Zadok his son, Ahimaaz his son.

54 그들의 거주한 곳은 사방 지계 안에 있으니 그들의 마을은 아래와
같으니라 아론 자손 곧 그핫 종족이 먼저 제비 뽑았으므로 55 그들에
게 유다 땅의 헤브론과 그 사방 초원을 주었고 56 그러나 그 성의 밭과
마을은 여분네의 아들 갈렙에게 주었으며 57 아론 자손에게 도피성을
주었으니 헤브론과 립나와 그 초원과 얏딜과 에스드모아와 그 초원과
58 힐렌과 그 초원과 드빌과 그 초원과 59 아산과 그 초원과 벧세메스
와 그 초원이며 60 또 베냐민 지파 중에서는 게바와 그 초원과 알레멧
과 그 초원과 아나돗과 그 초원을 주었으니 그들의 종족이 얻은 성이
모두 열셋이었더라
54 These are their dwelling places according to their settlements within
their borders: to the sons of Aaron of the clans of Kohathites, for theirs
was the first lot, 55 to them they gave Hebron in the land of Judah and
its surrounding pasturelands, 56 but the fields of the city and its villages
they gave to Caleb the son of Jephunneh. 57 To the sons of Aaron they
gave the cities of refuge: Hebron, Libnah with its pasturelands, Jattir,
Eshtemoa with its pasturelands, 58 Hilen with its pasturelands, Debir
with its pasturelands, 59 Ashan with its pasturelands, and Beth-shemesh
with its pasturelands; 60 and from the tribe of Benjamin, Gibeon,[5] Geba
with its pasturelands, Alemeth with its pasturelands, and Anathoth with
its pasturelands. All their cities throughout their clans were thirteen.

61 그핫 자손의 남은 자에게는 절반 지파 즉 므낫세 반 지파 종족 중에
서 제비 뽑아 열 성읍을 주었고 62 게르손 자손에게는 그들의 종족대
로 잇사갈 지파와 아셀 지파와 납달리 지파와 바산에 있는 므낫세 지

파 중에서 열세 성읍을 주었고 63 므라리 자손에게는 그 종족대로 르
우벤 지파와 갓 지파와 스불론 지파 중에서 제비 뽑아 열두 성읍을 주
었더라 64 이스라엘 자손이 이 모든 성읍과 그 목초지를 레위 자손에
게 주되 65 유다 자손의 지파와 시므온 자손의 지파와 베냐민 자손의
지파 중에서 이 위에 기록한 여러 성읍을 제비 뽑아 주었더라

6장

61 To the rest of the Kohathites were given by lot out of the clan of the
tribe, out of the half-tribe, the half of Manasseh, ten cities. 62 To the
Gershomites according to their clans were allotted thirteen cities out of
the tribes of Issachar, Asher, Naphtali and Manasseh in Bashan. 63 To
the Merarites according to their clans were allotted twelve cities out
of the tribes of Reuben, Gad, and Zebulun. 64 So the people of Israel
gave the Levites the cities with their pasturelands. 65 They gave by lot
out of the tribes of Judah, Simeon, and Benjamin these cities that are
mentioned by name.

66 그핫 자손의 몇 종족은 에브라임 지파 중에서 성읍을 얻어 영토를
삼았으며 67 또 그들에게 도피성을 주었으니 에브라임산 중 세겜과 그
초원과 게셀과 그 초원과 68 욕므암과 그 초원과 벧호론과 그 초원과
69 아얄론과 그 초원과 가드림몬과 그 초원이며 70 또 그핫 자손의 남
은 종족에게는 므낫세 반 지파 중에서 아넬과 그 초원과 빌르암과 그
초원을 주었더라

66 And some of the clans of the sons of Kohath had cities of their
territory out of the tribe of Ephraim. 67 They were given the cities of
refuge: Shechem with its pasturelands in the hill country of Ephraim,
Gezer with its pasturelands, 68 Jokmeam with its pasturelands, Beth-
horon with its pasturelands, 69 Aijalon with its pasturelands, Gath-
rimmon with its pasturelands, 70 and out of the half-tribe of Manasseh,

Aner with its pasturelands, and Bileam with its pasturelands, for the
rest of the clans of the Kohathites.

71 게르손 자손에게는 므낫세 반 지파 종족 중에서 바산의 골란과 그
초원과 아스다롯과 그 초원을 주고 72 또 잇사갈 지파 중에서 게데스
와 그 초원과 다브랏과 그 초원과 73 라못과 그 초원과 아넴과 그 초원
을 주고 74 아셀 지파 중에서 마살과 그 초원과 압돈과 그 초원과 75 후
곡과 그 초원과 르홉과 그 초원을 주고 76 납달리 지파 중에서 갈릴리
의 게데스와 그 초원과 함몬과 그 초원과 기랴다임과 그 초원을 주니
라 77 므라리 자손의 남은 자에게는 스불론 지파 중에서 림모노와 그
초원과 다볼과 그 초원을 주었고 78 또 요단 건너 동쪽 곧 여리고 맞
은편 르우벤 지파 중에서 광야의 베셀과 그 초원과 야사와 그 초원과
79 그데못과 그 초원과 메바앗과 그 초원을 주었고 80 또 갓 지파 중에
서 길르앗의 라못과 그 초원과 마하나임과 그 초원과 81 헤스본과 그
초원과 야셀과 그 초원을 주었더라

71 To the Gershomites were given out of the clan of the half-tribe
of Manasseh: Golan in Bashan with its pasturelands and Ashtaroth
with its pasturelands; 72 and out of the tribe of Issachar: Kedesh with
its pasturelands, Daberath with its pasturelands, 73 Ramoth with its
pasturelands, and Anem with its pasturelands; 74 out of the tribe of
Asher: Mashal with its pasturelands, Abdon with its pasturelands,
75 Hukok with its pasturelands, and Rehob with its pasturelands; 76 and
out of the tribe of Naphtali: Kedesh in Galilee with its pasturelands,
Hammon with its pasturelands, and Kiriathaim with its pasturelands.
77 To the rest of the Merarites were allotted out of the tribe of Zebulun:
Rimmono with its pasturelands, Tabor with its pasturelands, 78 and
beyond the Jordan at Jericho, on the east side of the Jordan, out of the

tribe of Reuben: Bezer in the wilderness with its pasturelands, Jahzah with its pasturelands, 79 Kedemoth with its pasturelands, and Mephaath with its pasturelands; 80 and out of the tribe of Gad: Ramoth in Gilead with its pasturelands, Mahanaim with its pasturelands, 81 Heshbon with its pasturelands, and Jazer with its pasturelands.

1 Ch 5:27 in Hebrew *2* Ch 6:1 in Hebrew *3* Septuagint, Syriac (compare verse 33 and 1 Samuel 8:2); Hebrew lacks *Joel* *4* Hebrew *and Abijah* *5* Septuagint, Syriac (compare Joshua 21:17); Hebrew lacks *Gibeon*

단락 개관

레위가 계보 가운데 위치하는 것(참고. 대상 1:1-9:34 개관)과 그 지파에 주어지는 세부 묘사의 분량(레위 지파보다 긴 것은 유다뿐이다)은 "레위의 아들들은 게르손과 그핫과 므라리"의 중요성을 보여준다. 핵심 특징은 문학적 구조로부터 분명히 알 수 있다(뒤를 보라). 게다가 다른 지파들의 계보는 영토를 습득 혹은 상실한 것을 포함하는 역사적 설명들을 담고 있는데(예를 들어, 2:3, 7; 5:8-10), 여기서 초점은 역할 및 땅의 할당에 맞춰져 있다.

6:1-53에서 제사장과 제사라는 틀(1-15, 49-53절)은 다른 레위인들, 특히 음악을 포함하는 역할을 담당하는 레위인들이 중심 위치를 담당하는 것에 의해 보완된다. 성전에서 모세가 명한 제사장들의 제사 제도는 계속되며, 이제 다윗이 확립한 음악적 구조가 그에 더해진다. 16, 18절에서 1, 2절이 반복되는 것은 대제사장 외에 레위의 세 아들과 그핫 자손의 중요성을 강조하며, 그것은 33-48절이 다윗 시대에 노래하는 자들의 우두머리인 헤만, 아삽, 에단의 조상을 레위의 각 아들에게까지 거슬러 올라가는 것으로 강화된다. (가족 구성원들 및 다른 과업들에 대한 더욱 많은 세부사항들은 23-26장에 추가된다.)

54-81절에서 다시 한번 제사장들과 다른 레위인들이 구별된다. 다른

지파 계보들에는 땅에 대한 세부사항들이 포함되어 있었다(예를 들어, 4:32-43; 5:8-10). 여기서는 레위인들이 모든 지파의 지역 곳곳에 거주했다는 것을 상기시킨다.

단락 개요

I. 아담으로부터 이스라엘과 그의 후손들, 열두 지파까지(대상 1:1-9:34)
 B. 이스라엘의 모든 지파(2:1-9:1)
  4. 레위(6:1-81)
   a. 레위인들과 그들의 역할들(6:1-53)
    (1) 그핫 자손: 아론부터 포로시대에 이르기까지 제사장 계열(6:1-15)
     (2) 게르손 자손, 다른 그핫 자손, 므라리 자손(6:16-30)
      (3) 다윗이 합창을 맡은 몇몇 사람을 세움(6:31-32)
     (2′) 그핫 자손(헤만), 게르솜 자손(아삽), 므라리 자손(에단)의 노래하는 자들의 우두머리(6:33-48)
    (1′) 아론의 자손과 제사(6:49-53)
   b. 그들이 거주한 곳(6:54-81)
    (1) 아론 계열의 제사장: 유다, 시므온, 베냐민에 있는 그핫 성읍들(6:54-60)
     (2) 나머지 그핫 자손, 게르솜 자손, 므라리 자손(다른 지파 지역 내의 기록)
    (1′) 유다, 시므온, 베냐민에 대해 더 이야기함(6:65)
     (2′) 다른 그핫 자손(6:66-70), 게르손 자손(6:71-76), 므라리 자손(6:77-81)을 위한 장소명들

주석

6:1-15 다른 "이스라엘의 아들들"과 마찬가지로, 족장의 아들들 이름도 나온다. 유다에게는 다윗에게로 이어지는 계보에 초점을 맞추고, 이어서 포로생활에서 돌아온 지 몇 십 년 후까지 이어지는 그의 후손들이 나온다(2:1-3:24). 레위에게는 각 아들, 곧 "게르손[57]과 그핫과 므라리"의 후손들이 계속 이어지는 백성들의 삶에서 중요한 역할을 하게 된다. 먼저 "그핫"에서 "아론"으로 이어지는 계열이 나오며 그다음에 포로기까지 이어지는 대제사장들이 나온다.[58] 중요한 것은 다윗(3장)과 아론에 대해서만 이름이 군주정 시기까지 계속된다는 것이다. 왕과 제사장은 함께 나라의 상징적 중심을 제공한다.

"아론의 자녀"에 이르기까지는, "모세와 미리암"을 포함해서 각 세대 모든 구성원의 이름이 나온다(참고. 출 6:16-25). 하지만 "비느하스"부터는 직계 자손만 기록되어 세대 당 한 명의 이름만 나온다. 역대상 6:3b-4a를 듣는 사람들은 나답과 아비후가 "다른 불"(ESV는 "unauthorized fire", 공인되지 않은 불)을 드린 것으로 인해 죽은 사건(레 10:1-2; 민 3:2-4)과 비느하스가 받은 것이 "영원한 제사장 직분의 언약이라 그가 그의 하나님을 위하여 질투하여 이스라엘 자손을 속죄하였음이니라"(민 25:13)는 것을 상기할 것이다.

"엘르아살"로부터 이어지는 목록(대상 6:4-14)은 할아버지의 이름을 따서 아들의 이름을 짓는 흔한 문화적 관행(papponymy)을 보여준다. 그 목록 또한 불완전하다. 예를 들어, 엘리와 그의 자손들(삼상 2:27-36; 왕상 2:27), 여호야다(대하 22:11-24:16), 그리고 웃시야(대하 26:20)와 히스기야(대하 31:10,

57 16-71절과 15:7에 나오는 "게르손"[ESV는 "Gershom(ites)", 게르솜] 외에 역대기 다른 곳과 나머지 구약에서는 "게르손(자손)"이라는 말이 사용된다. "게르솜"은 또한 모세의 아들 이름이기도 하다(23:15; 출 2:22 등).

58 역대기에서는 다양한 용어들이 나온다. "대제사장"[chief priest, (학)코헨 하로쉬((*hak*)*kohen haro'sh*), 대하 19:11; 24:11; 26:20; 31:10; 비슷한 것으로, 대상 27:5], "대제사장"[high priest, 학코헨 학가돌(*hakkohen haggadol*), 대하 34:9] 그리고 "[하나님의 성전을] 맡은 자"(나기드, 대상 9:11; 대하 31:12, 35:8) 등이다.

13) 통치 때 있던 아사랴라는 이름의 다른 사람들이 빠져 있는 것이다. 두 가지 설명은 핵심적인 역사적 전환들이 이루어졌음을 강조한다. 하나는 "아사랴는 솔로몬이 예루살렘에 세운 성전에서 제사장의 직분을 행한 자이며"(대상 6:10, 참고. 32절)라는 언급이며[59] 다른 하나는 포로에 "유다와 예루살렘"(15절)이 포함되었다는 것이다. 역대기의 역사적 내러티브(10장부터)는 성전 건축에서 절정에 이르는 다윗과 솔로몬 이야기로 시작해서 포로로 잡혀가는 것으로 끝난다.

다윗 계열과 달리(참고. 3:17-24 주석), 제사장들은 포로귀환자 가운데 있지만(9:10-13) 역대기 저자는 포로기 이후의 대제사장 계열을 계속해서 다루지는 않는다. 저자의 가장 중요한 관심사는 대제사장의 계열 자체이기보다는 제사를 드리는 것과 예배인 듯하다. (우리는 다른 곳에서 "요사닥의 아들 예수아와 그의 형제 제사장들"에 대해 그리고 번제가 재개되는 것에 대해 읽게 된다. 스 3:1-7, 참고. 학 1:1.)

6:16-30 아론의 제사장 계열은 그것이 첫 제사장 계열이자 또한 포로기까지 계속된다는 것에 의해 탁월성을 지니고 있지만, 다른 레위 가족들이 보충적 역할을 했다는 것은 1-2절이 반복되면서 강조된다(16, 18절). 제사장 계열과 다른 사람들은 "레위의 아들들"이라는 점에서 서로 같다. 사무엘과 그의 아들들의 이름이 나오는 것(28절)과 "아사야"로 끝나는 것(30절; 15:6, 11)은 이 계열이 사울과 다윗 시대까지 계속되었다는 것을 보여준다.

1-15절이 한 계열에 초점을 맞추었던 것처럼, 16-30절에서 자손들은 각 아들의 아들들 중 한 명으로, 게르손의 아들 "립니", 그핫의 아들 "암미나답", 므라리의 아들 "말리"이다. "암미나답"(22절)이라는 이름은 예상치 못한 것이다. 가능한 설명들은 암미나답이 아론의 장인이라는 것(출 6:23), 아므람과 같은 세대라는 것 혹은 그핫의 맏아들 "아므람"과 동일인이라

59 일반적으로 이 말은 잘못된 위치에 놓여있는 것으로, 9절에 나온 아사랴를 언급하는 것으로 본다. 그 아사랴는 솔로몬의 통치가 시작될 때 대제사장이었던 사독(29:22)의 손자다.

는 것이다(그래서 다른 두 행에 나오는 럽니, 말리와 조화를 이룬다). 혹은 더 가능성 있는 것으로 "이스할"이라는 주장도 있다. 이스할은 출애굽기 6:21에서 '고라'라는 아들을 두고 있고 뒤에 사무엘의 계열에서 이름이 나오는(대상 6:33-38) 사람이다. 레위의 각 아들 2대손의 이름이 나온 후에(17-19a절), 게르손과 므라리의 7대손의 이름이 나열된다. "그핫의 아들들"에는 더 많은 이름이 나오지만, 이들도 아마 7대손일 것이다. 어떤 이름들은 함께 한 세대에 속하며(예를 들어, 출 6:24는 "앗실과 엘가나와 아비아삽"을 함께 "고라의 아들들"이라고 열거한다) 어떤 이름들이 반복되는 것은 형제들을 열거한 후 직계 가족을 다시 말한 것이다(예를 들어, 대상 6:23에서 "앗실").

"고라의 자손"의 직계 혈통은 "사울"(24절)에게서 끝나지만, 저자는 "엘가나"로부터 시작되는 방계 혈통을 추가하며(25-28절, 참고. 삼상 1:1; 8:2), 그래서 사무엘이 레위인이라는 것을 밝힌다(또한 대상 6:33). 사무엘상 1:1에서 엘가나가 에브라임 사람이라고 밝히는 것은 지파를 나타내기보다는 그저 탄생지를 말하는 것일 수 있다. 사무엘의 어머니가 성소에서 섬기도록 사무엘을 여호와께 바치는 것(삼상 1:28; 2:11)은 레위 자손에게 적합하기 때문이다. 사무엘의 손자는 음악에서 핵심 역할을 할 것이다(대상 6:33).[60]

6:31-32 모든 계보 가운데 역할들을 가장 길게 묘사한 것은 다윗이 레위인들에게 "여호와의 성전에서 찬송하는 직분"을 맡도록 임명하는 이 중심부 진술이다. 다윗이 계획하고 솔로몬이 시행한 성전 예배에는 새로운 제도가 필요했다. 역대기 저자의 청중들에게 이것은 포로기 이후의 제2성전에서도 계속되었다. 여기서 저자는 음악과 예배에 대한 자신의 큰 관심을 소개한다(참고. 서론의 '역대기 신학' 중 '성전, 레위인들, 예배'). 다른 레위인 일꾼들

60 레위의 계보들 및 비교하는 목록을 나타내는 표들에 대한 주된 논쟁들은 다음과 같은 다양한 주석들에 나온다. Braun, *1 Chronicles*, 82-95 (tables: 83, 84, 91-93); Gary N. Knoppers, *I Chronicles 1-9*, AB (New York: Doubleday, 2003), 400-430 (tables: 410, 427- 428); and Sara Japhet, *I & II Chronicles: A Commentary*, OTL (London: SCM, 1993), 143-165 (tables: 149, 154, 157).

과 역할들(48절에 암시된) 및 음악에 대한 훨씬 더 많은 것들은 23-26장에서 상세히 나올 것이다.

짧은 진술 속 내러티브에서 상세히 설명될 역사적 움직임이 포괄적으로 나와 있다. 다윗이 예루살렘에서 궤를 가져와 그것이 "평안"을 얻도록 했다는 것(참고. 15:1-16:1)과 다윗이 음악 사역을 제정했다는 것, 임시로 예루살렘에서와 기브온에 있는 "회막 앞" 두 장소에서 그렇게 했다는 것이다(참고. 16:37-42). 그러면서 궤와 "회막"을 둘 다 성전 안에 두고, "솔로몬이 예루살렘에서 여호와의 성전을 세울" 때를 준비했다(참고. 대하 5:5). 게다가 사역은 되는대로 이루어진 것이 아니라 "그 계열대로"(ESV는 "according to their order", 그들의 순서에 따라) 이루어졌다. 그 히브리어는 관습이나 규정을 나타내는 말이다. 다윗이 성전 예배를 위해 도입하는 것은 모세가 제물과 제사에 관해 전에 명령한 것들을 보충해준다(대상 6:49).

6:33-48 노래하는 자들의 우두머리 세 명이 지명된다. 그들과 "그의 아들들"은 세 개의 음악가 동업 조합을 형성한다. 이들은 레위의 세 아들 각각의 자손들이므로, 다시 한번 레위인들 전체의 대표를 보게 된다.

세 개의 계보 즉 그핫의 자손 "헤만", 게르솜의 자손 "아삽", 므라리의 자손 "에단"은 각 자손에게 레위 자손의 합법성과 권위를 부여한다. 동시에 33-47절에 나오는 계보들은 언제나 16-29절에 나오는 계보들과 쉽게 조화되지는 않는다. 각 계보에는 추가 이름들이 나오며, 어떤 사람들은 이름이 다르거나 관계가 달라진다(예를 들어, 34절에서는 "엘리엘"과 "도아"라고 나오지만 하지만 26-27절에서는 "엘리압"과 "나핫"이라고 나오는 것, 19, 29-30, 44-47에서 "무시"와 "말리"의 관계). 어쩌면 "아들"이라고 번역된 말이 또한 "자손", 그리고 보다 일반적으로는 "친척"에 대해서도 사용된다는 사실로 인한 것이며, 어떤 이름들은 아마 대체해서 사용할 수 있는 이름일 것이라고 설명할 수 있을 것이다. 하지만 확실히 설명할 수는 없다.

셋 다 궤를 예루살렘으로 가져올 때 "놋제금을 크게 치는" 일을 함께 한다(15:17, 19). 에단은 그 후 이름이 나오지 않는다. 헤만과 헤만 자손들은 아삽과 아삽 자손들과 함께 역대기 다양한 곳에서 이름이 나오지만, 여두둔이 세 번째 사람으로 나온다(예를 들어, 16:41, 42; 25:1; 대하 5:12; 35:15, 참고. 대상 25:1-31 주석). 바벨론 포로 후에는 아삽 자손이 우위를 점한 것으로 보인다[스 2:41(=느 7:44)]. 셋 다 시편 표제에 언급된다. 아삽은 시편 50편과 73-83편, 헤만은 시편 88편, 에단은 시편 89편에서다(여두둔, 시 39편; 62편; 77편).[61]

6장

다른 레위인들 역시 "일"을 맡는다(대상 6:48). 하지만 세부적인 것들은 뒤에 가서 나온다. "모든" 것이 필요하지만, 음악이 중심이다.

6:49-53 반복되는, 그러나 이제는 축소되어 나오는 아론의 대제사장 혈통은 다윗과 솔로몬 시대에 마무리된다. 그래서 "하나님의 종 모세"가 부여한 제사장의 책임이 성전에서도 계속된다는 시작 부분의 진술을 강조한다.

역대기는 아침저녁으로 "제단 위에" 드리는 "번제"(16:40; 21:26, 29; 23:13; 대하 8:12-13 등)와 "향"(대상 28:18; 대하 2:4; 13:11 등)을 자주 언급하는 반면, 웃시야 왕은 제사장의 역할을 빼앗아 자신이 "향단에 분향[하려]" 했을 때 심판을 받았다(대하 26:16, 19). 제물은 죄를 위한 것이 될 수도 있으나(대하 29:21-24), 또한 감사와 헌신, 날마다 하나님께 관대하게 드리는 것을 표현한다. 제사장의 임무는 "지성소"와 관련된 모든 것으로, "이스라엘을 위하여 속죄"한다는 구체적인 언급이 함께 나온다. 대제사장의 이 핵심 역할(레 16장)은 아무리 중요하게 생각해도 지나치지 않다. "속죄[함]"이라는 말은 역대기 다른 곳에서는 역대하 29:24에만 언급되지만, 그 가장 중대한 행사는 히스기야 치하의 성전 예배의 회복과 개혁의 일부였으며 "온 이스라엘을 위[한]" 것이었다. 그 결과는 "하나님께서 백성을 위하여 예비하셨으므로 [히스기야가] 백성과 더불어 기뻐[한]"(대하 29:36) 것이었다.

61 Louis C. Jonker discusses the history of the temple musician families in *1 & 2 Chronicles*, UBC (Grand Rapids, MI: Baker, 2013), 67-68.

6:54-81 레위인들이 할당받은 땅에 대한 이 목록은 여호수아 21:4-39에 나오는 것과 비슷한데 재배열되고 약간 요약되어 있다. 바로 앞에 나온 계보들과 마찬가지로, 역대기 저자는 모든 사람을 "레위인"에 포함시키면서도(대상 6:64, 참고. 19절) 또한 제사장들과 다른 레위인들을 더 뚜렷하게 구분한다. 여호수아서는 요약으로 시작하지만, 역대기에서는 "아론 자손"(54-60절)에게 우선순위를 두면서, 뒤이어 요약이 나온다(61-65절). 다른 그핫 자손들(66-70절), 게르손 자손들(71-76절) 므라리 자손들(77-81절)에 대한 세부 묘사를 통해 모두가 포함된다. 계보에서와 같은 순서다.

모든 지파에 레위인들을 할당한 것은 성전 일꾼들이 나라 도처에 있도록 해주며, 그래서 모든 지파가 레위인들을 부양하도록 한다. 레위인들의 존재는 성전 예배가 '온 이스라엘'을 위한 것임을 끊임없이 상기시켜준다. 그렇게 그들이 퍼져 있음으로써 또한 성전과 관련되지 않은 행정적 사법적 교육적 역할들 역시 촉진된다(예를 들어, 대하 17:7-9; 19:4-10). 놀랍게도 여호수아 21:23-24에서는 "아얄론"과 "가드림몬"(대상 6:69)이 단 지파의 성읍들 이름으로 나오지만, 단은 역대상 6:61-70에 이름이 나오지 않는다. 7:12에서도 이와 비슷하게 단이 언급되지 않는 것을 볼 수 있다(참고. 7:12 주석). 아마 사사 시대에 단 지파가 한 레위인의 지도하에 다른 우상숭배적 예배 중심지를 세웠기 때문일 것이다(삿 18장). 솔로몬의 죽음 이후 여로보암의 행동에 의해 그것이 강화된다(왕상 12:29).

저자는 후에 다윗과 솔로몬 시대에 레위인들이 사실상 온 땅 도처에 있었다는 것을 암시한다(대상 13:2; 대하 11:13-17). 하지만 여기에 나오는 세부사항들은 과거에 대한 기록 이상으로 볼 수 있다. 다른 지파 영토들의 계보에 나오는 땅에 대한 세부사항들과 함께, 여기서는 하나님이 장차 하실 수 있는 일에 대한 비전이 나온다. 그것은 그 땅이 어떻게 보여야 하는지에 대한 비전이다. 거기에서 레위인 일꾼들이 전체에 퍼져 있다(대조되는 것은 겔 48장으로, 거기에서는 환상의 성전의 거룩함을 보호하기 위해 조직적으로 배열된 새 땅에서 제사장들과 레위인들이 중심 위치에 있다). 이것은 바사의 예훗에 있는 포로기 이후 공동체에게 도처에 있는 레위인들을 부양하라는 것을 상기시키는 역할을 할 수 있다. 여호수아 21장에 나오는 많은 성읍 중 유일하게 설명이 나와 있는 것인 "도피성"(대상 6:57, 67)을 포함시킨 것은 백성들에게 복수보다는 화해를 제공하는 제도를 시행하라는 격려일 것이다.[62]

응답

역대기에서 성전과 성전 예배에 관해 나오는 모든 광대한 내용 중에서, 핵심 일꾼들에 대한 세부사항이 가장 먼저 등장한다. 그것은 제사를 드리는 제사장들과 음악을 통해 공동체의 예배를 인도하는 레위인들이다. 이는 건물에 대한 어떤 세부사항들보다 먼저 나온다. 뒤의 글에서는 주로 예루살렘과 성전 자체에 대해 다루겠지만, 여기서 우리는 온 땅 곳곳에 영적 지도자들이 있어야 한다는 것을 상기하게 된다. 게다가 연속성과 변화가 둘 다 강조되어 있는 것을 볼 수 있다. 모세가 제정한 제사장적 구조와 의식이 이제 다윗이 마련해놓은 음악적 준비로 보충되는 것이다. 둘 다 포로기 시대 이후에도 적절하다.

우리는 그리스도가 오시면서 큰 변화를 경험한다. 그리스도는 "영원히" 대제사장으로, 그분의 희생적 죽음은 "다시 속죄하는 제사가 없[다]"는 것을 의미한다(히 6:20; 10:26). 그렇지만 여전히 드려야 하는 제사가 있다. "찬송의 제사를 하나님께 드리자…선을 행함과 서로 나누어주기를 잊지 말라"(히 13:15-16)는 것이다. 그리스도와 함께 우리는 "신령한 제사를 드릴 거룩한 제사장"(벧전 2:5)이 되어야 한다. 더 이상 제사장 사역은 어느 한 사람의 계보에 의존하지 않는다. 그보다 그것은 모든 그리스도인에게 성령을 선물로 주신 것에 의지한다. "하나님께서 내게 주신 은혜…하나님의 복음의 제사장 직분을 하게 하사 이방인을 제물로 드리는 것이…받으실만하

62 Hill, *1 & 2 Chronicles*, 140-141.

게 하여 하심이라"(롬 15:15-16)는 바울의 말은 놀랍다. 찬양, 선한 행동, 자원을 나누는 것, 전도의 열매를 통해 드리는 공동 예배, 이 모든 것이 이제 세상 도처에서 하나님께 드려진다. 그리고 이런 사역의 혼합에서 역대기 저자는 공동 예배에서 하나님께 드려지는 음악이 중요한 위치를 차지한다는 사실을 강조한다.

I Chronicles

역대상

7:1-40

7장

1 잇사갈의 아들들은 돌라와 부아와 야숩과 시므론 네 사람이며 2 돌
라의 아들들은 웃시와 르바야와 여리엘과 야매와 입삼과 스므엘이니
다 그의 아버지 돌라의 집 우두머리라 대대로 용사이더니 다윗 때에
이르러는 그 수효가 이만 이천육백 명이었더라 3 웃시의 아들은 이스
라히야요 이스라히야의 아들들은 미가엘과 오바댜와 요엘과 잇시야
다섯 사람이 모두 우두머리며 4 그들과 함께 있는 자는 그 계보와 종
족대로 능히 출전할 만한 군대가 삼만 육천 명이니 이는 그 처자가 많
기 때문이며 5 그의 형제 잇사갈의 모든 종족은 다 용감한 장사라 그
전체를 계수하면 팔만 칠천 명이었더라

1 The sons[1] of Issachar: Tola, Puah, Jashub, and Shimron, four. 2 The
sons of Tola: Uzzi, Rephaiah, Jeriel, Jahmai, Ibsam, and Shemuel,
heads of their fathers' houses, namely of Tola, mighty warriors of their
generations, their number in the days of David being 22,600. 3 The son[2]
of Uzzi: Izrahiah. And the sons of Izrahiah: Michael, Obadiah, Joel,
and Isshiah, all five of them were chief men. 4 And along with them,
by their generations, according to their fathers' houses, were units of

the army for war, 36,000, for they had many wives and sons. 5 Their
kinsmen belonging to all the clans of Issachar were in all 87,000 mighty
warriors, enrolled by genealogy.

6 베냐민의 아들들은 벨라와 베겔과 여디아엘 세 사람이며 7 벨라의
아들들은 에스본과 우시와 웃시엘과 여리못과 이리 다섯 사람이니 다
그 집의 우두머리요 큰 용사라 그 계보대로 계수하면 이만 이천삼십
사 명이며 8 베겔의 아들들은 스미라와 요아스와 엘리에셀과 엘료에
내와 오므리와 여레못과 아비야와 아나돗과 알레멧이니 베겔의 아들
들은 모두 이러하며 9 그들은 다 그 집의 우두머리요 용감한 장사라
그 자손을 계보에 의해 계수하면 이만 이백 명이며 10 여디아엘의 아
들은 빌한이요 빌한의 아들들은 여우스와 베냐민과 에훗과 그나아나
와 세단과 다시스와 아히사할이니 11 이 여디아엘의 아들들은 모두 그
집의 우두머리요 큰 용사라 그들의 자손 중에 능히 출전할 만한 자가
만 칠천이백 명이며 12 일의 아들은 숩빔과 훕빔이요 아헬의 아들은
후심이더라

6 The sons of Benjamin: Bela, Becher, and Jediael, three. 7 The sons
of Bela: Ezbon, Uzzi, Uzziel, Jerimoth, and Iri, five, heads of fathers'
houses, mighty warriors. And their enrollment by genealogies was
22,034. 8 The sons of Becher: Zemirah, Joash, Eliezer, Elioenai, Omri,
Jeremoth, Abijah, Anathoth, and Alemeth. All these were the sons
of Becher. 9 And their enrollment by genealogies, according to their
generations, as heads of their fathers' houses, mighty warriors, was
20,200. 10 The son of Jediael: Bilhan. And the sons of Bilhan: Jeush,
Benjamin, Ehud, Chenaanah, Zethan, Tarshish, and Ahishahar. 11 All
these were the sons of Jediael according to the heads of their fathers'
houses, mighty warriors, 17,200, able to go to war. 12 And Shuppim and

Huppim were the sons of Ir, Hushim the son of Aher.

13 납달리의 아들들은 야시엘과 구니와 예셀과 살룸이니 이는 빌하의
손자더라

13 The sons of Naphtali: Jahziel, Guni, Jezer and Shallum, the
descendants of Bilhah.

14 므낫세의 아들들은 그의 아내가 낳아 준 아스리엘과 그의 소실 아
람 여인이 낳아 준 길르앗의 아버지 마길이니 15 마길은 훕빔과 숩빔
의 누이 마아가라 하는 이에게 장가들었더라 므낫세의 둘째 아들의
이름은 슬로브핫이니 슬로브핫은 딸들만 낳았으며 16 마길의 아내 마
아가는 아들을 낳아 그의 이름을 베레스라 하였으며 그의 아우의 이
름은 세레스이며 세레스의 아들들은 울람과 라겜이요 17 울람의 아들
들은 브단이니 이는 다 길르앗의 자손이라 길르앗은 마길의 아들이요
므낫세의 손자이며 18 그의 누이 함몰레겟은 이스홋과 아비에셀과 말
라를 낳았고 19 스미다의 아들들은 아히안과 세겜과 릭히와 아니암이
더라

14 The sons of Manasseh: Asriel, whom his Aramean concubine bore;
she bore Machir the father of Gilead. 15 And Machir took a wife for
Huppim and for Shuppim. The name of his sister was Maacah. And the
name of the second was Zelophehad, and Zelophehad had daughters.
16 And Maacah the wife of Machir bore a son, and she called his
name Peresh; and the name of his brother was Sheresh; and his sons
were Ulam and Rakem. 17 The son of Ulam: Bedan. These were the
sons of Gilead the son of Machir, son of Manasseh. 18 And his sister
Hammolecheth bore Ishhod, Abiezer, and Mahlah. 19 The sons of
Shemida were Ahian, Shechem, Likhi, and Aniam.

20 에브라임의 아들은 수델라요 그의 아들은 베렛이요 그의 아들은
다핫이요 그의 아들은 엘르아다요 그의 아들은 다핫이요 21 그의 아들
은 사밧이요 그의 아들은 수델라며 그가 또 에셀과 엘르앗을 낳았으
나 그들이 가드 원주민에게 죽임을 당하였으니 이는 그들이 내려가서
가드 사람의 짐승을 빼앗고자 하였음이라 22 그의 아버지 에브라임이
여러 날 슬퍼하므로 그의 형제가 가서 위로하였더라 23 그리고 에브
라임이 그의 아내와 동침하매 임신하여 아들을 낳으니 그 집이 재앙
을 받았으므로 그의 이름을 브리아라 하였더라 24 에브라임의 딸은 세
에라이니 그가 아래 윗 성 벧호론과 우센세에라를 건설하였더라 25 브
리아의 아들들은 레바와 레셉이요 레셉의 아들은 델라요 그의 아들은
다한이요 26 그의 아들은 라단이요 그의 아들은 암미훗이요 그의 아들
은 엘리사마요 27 그의 아들은 눈이요 그의 아들은 여호수아더라 28 에
브라임 자손의 토지와 거주지는 벧엘과 그 주변 마을이요 동쪽으로는
나아란이요 서쪽에는 게셀과 그 주변 마을이며 또 세겜과 그 주변 마
을이니 아사와 그 주변 마을까지이며 29 또 므낫세 자손의 지계에 가
까운 벧스안과 그 주변 마을과 다아낙과 그 주변 마을과 므깃도와 그
주변 마을과 돌과 그 주변 마을이라 이스라엘의 아들 요셉의 자손이
이 여러 곳에 거하였더라

20 The sons of Ephraim: Shuthelah, and Bered his son, Tahath his son,
Eleadah his son, Tahath his son, 21 Zabad his son, Shuthelah his son,
and Ezer and Elead, whom the men of Gath who were born in the land
killed, because they came down to raid their livestock. 22 And Ephraim
their father mourned many days, and his brothers came to comfort
him. 23 And Ephraim went in to his wife, and she conceived and bore a
son. And he called his name Beriah, because disaster had befallen his
house.[3] 24 His daughter was Sheerah, who built both Lower and Upper
Beth-horon, and Uzzen-sheerah. 25 Rephah was his son, Resheph his

son, Telah his son, Tahan his son, 26 Ladan his son, Ammihud his son,
Elishama his son, 27 Nun[4] his son, Joshua his son. 28 Their possessions
and settlements were Bethel and its towns, and to the east Naaran, and
to the west Gezer and its towns, Shechem and its towns, and Ayyah
and its towns; 29 also in possession of the Manassites, Beth-shean and
its towns, Taanach and its towns, Megiddo and its towns, Dor and its
towns. In these lived the sons of Joseph the son of Israel.

30 아셀의 아들들은 임나와 이스와와 이스위와 브리아요 그들의 매제
는 세라이며 31 브리아의 아들들은 헤벨과 말기엘이니 말기엘은 비르
사잇의 아버지이며 32 헤벨은 야블렛과 소멜과 호담과 그들의 매제 수
아를 낳았으며 33 야블렛의 아들들은 바삭과 빔할과 아스왓이니 야블
렛의 아들은 이러하며 34 소멜의 아들들은 아히와 로가와 호바와 아람
이요 35 그의 아우 헬렘의 아들들은 소바와 임나와 셀레스와 아말이요
36 소바의 아들들은 수아와 하르네벨과 수알과 베리와 이므라와 37 베
셀과 홋과 사마와 실사와 이드란과 브에라요 38 예델의 아들들은 여분
네와 비스바와 아라요 39 울라의 아들들은 아라와 한니엘과 리시아이
니 40 이는 다 아셀의 자손으로 우두머리요 정선된 용감한 장사요 방
백의 우두머리라 출전할 만한 자를 그들의 계보대로 계수하면 이만
육천 명이었더라

30 The sons of Asher: Imnah, Ishvah, Ishvi, Beriah, and their sister
Serah. 31 The sons of Beriah: Heber, and Malchiel, who fathered
Birzaith. 32 Heber fathered Japhlet, Shomer, Hotham, and their sister
Shua. 33 The sons of Japhlet: Pasach, Bimhal, and Ashvath. These
are the sons of Japhlet. 34 The sons of Shemer his brother: Rohgah,
Jehubbah, and Aram. 35 The sons of Helem his brother: Zophah, Imna,
Shelesh, and Amal. 36 The sons of Zophah: Suah, Harnepher, Shual,

Beri, Imrah. 37 Bezer, Hod, Shamma, Shilshah, Ithran, and Beera.
38 The sons of Jether: Jephunneh, Pispa, and Ara. 39 The sons of Ulla:
Arah, Hanniel, and Rizia. 40 All of these were men of Asher, heads of
fathers' houses, approved, mighty warriors, chiefs of the princes. Their
number enrolled by genealogies, for service in war, was 26,000 men.

1 Syriac (compare Vulgate); Hebrew *And to the sons* *2* Hebrew *sons*; also verses 10, 12, 17 *3* *Beriah* sounds like the Hebrew for *disaster* *4* Hebrew *Non*

단락 개관

역대기의 교차대구법적 배열에서 레위 지파를 둘러싸고 있는 두 번째 지파 집단은 유다 북쪽 지파와 요단 서쪽 지파들이다. 가장 북쪽에 있는 세 지파(잇사갈, 납달리, 아셀)는 단 하나의 묶음이기보다는 주요 지파들(베냐민, 에브라임, 므낫세) 사이에 끼어 있으면서, 모든 지파를 하나의 전체로 결합시키는 효과를 지닌다. 요단 건너편 지파들과는 달리, 그들이 앗수르인들에게 포로로 잡혀갔다는 언급은 없으며(참고. 대상 5:22, 26) 그래서 신실한 북쪽 출신 이스라엘인들이 후에 언급될 것을 미리 예시한다(대하 30:1, 18; 34:9). 에브라임과 므낫세에 대한 기록들만 지리적 정보를 포함한다(대상 7:28-29).

북쪽 지파인 스불론은 포함되지 않지만, 스불론은 레위인들의 성읍들에서 언급되었으며(6:63, 77) 뒤의 내러티브에서 나올 것이다(예를 들어, 12:33, 40; 27:19). 단 지파는 나오지 않는 또 하나의 주목할 만한 지파다(참고. 7:12 주석). 이것은 의도적일 것이다. 단 지파는 다른 우상숭배적 예배를 드리기 때문이다(삿 18장, 참고. 대상 6:54-81 주석). 하지만 단 지파는 다윗에게 충성하는 부대에 포함된다(12:35; 27:22). 그렇지 않으면, 아마 스불론과 단 두 지파 모두 앗수르의 침략으로 인해 정보가 없어서(참고. 납달리의 목록이 짧은 것. 7:13) 혹은 필사자의 오류로 인해 빠져있을 것이다.

이 장 내내 내용이 긍정적으로 제시된다. 잇사갈, 납달리, 아셀 지파의 이름은 포로귀환 후 "예루살렘에 거주한"(9:3) 사람들 가운데 나오지 않는다. 하지만 그들은 "이스라엘의 아들"의 계보에 포함된다. 세부사항들의 범위는 한정되어 있지만(예를 들어, 여호수아까지, 7:27, 혹은 대부분의 북부 지파들에게는 다윗 때까지, 7:2), 이전에 이 지파들 사이에 레위인들이 할당되던 범위와 마찬가지로(6:61-81), 모두를 포괄하는 이스라엘에 대한 전반적 비전은 계속된다.

단락 개요

I. 아담으로부터 이스라엘과 그의 후손들, 열두 지파까지(대상 1:1-9:34)
  B. 이스라엘의 모든 지파(2:1-9:1)
    3′. 유다 북쪽 지파들: 잇사갈, 베냐민(간략한),[63] 납달리, 므낫세, 에브라임, 아셀(7:1-40)
      a. 잇사갈의 자손(7:1-5)
      b. 베냐민의 자손(7:6-12)
      c. 납달리의 자손(7:13)
      d. 므낫세의 자손(7:14-19)
      e. 에브라임의 자손(7:20-29)
      f. 아셀의 자손(7:30-40)

63 단이 포함되었을 수 있다는 것에 대해서는 7:12 주석 참고.

주석

7:1-5 잇사갈의 계보(1-5절)는 베냐민(7:6-12)의 계보와 아셀(7:30-40)의 계보처럼, "다윗 때에" 군사적 인구조사에 기초해서 나온다(참고. 12:32). 세 족보 각각에는 숫자들 및 "용사", '아버지의 집에 따라', '계보대로'라는 문구가 나온다. "삼만 육천"은 이 장에 나오는 모든 종족 중 가장 큰 숫자로, "웃시의 아들"이 "처자가 많[다]"라는 해설로 이어진다.

7:6-11 "베냐민"에 대한 첫 번째 부분은 또 다시 군사적 인구조사로부터 나온 정보로, 포괄적인 두 번째 부분인 8장에서 나온 것과 인물 및 내용 면에서 매우 다르다. 베냐민은 유다와 에브라임(유력한 북부 지파) 사이에 전략적으로 위치한 핵심 지파다. 첫 번째 왕 사울은 베냐민 지파 사람이었다(8:33). 그래서 다윗이 헤브론에서 자신에게 온 사람들을 계수할 때, 몇몇 베냐민 지파 사람들은 북쪽에서 온 많은 사람들이 그랬던 것처럼 "아직도 사울의 집을 따[랐다]"(12:29). 하지만 다른 사람들은 재빨리 다윗에게 합류했다(12:2).

군사적 인구조사는 정식 계보 기록은 아니고 특정한 때 "집"(ESV는 "fathers' houses", 아버지의 집)에 대한 기록이다. 그 목록이 다윗이 헤브론에서 계수한 것과 관련되어 있다면, 여기 포함된 것은 다윗에게 충성한 가족들을 인정하며, 첫째 아들 "벨라" 외에는 8장에서, 혹은 창세기 46:21과 민수기 26:38-40에서 나온 사람들의 이름이 나오지 않은 것을 설명해줄 것이다.[64] 사울은 여기에서는 언급되지 않으나, 그의 계보는 8장의 주요 부분이다.

7:12 단이 계보에서 빠진 것에 대해서는 앞에서 언급되었다. (a) 이 구

64 Selman, *1 Chronicles*, 114-115.

절이 베냐민 끝에 부가적 언급으로 나오고(참고. 5, 11, 40절), (b) 창세기 46:23에 나오는 "후심"이 단의 아들 이름이며, (c) "빌하"(대상 7:13)가 단과 납달리의 어머니였다는 것을 주목하면서, 일부 주석가들은 "일의 아들"을 "단의 아들"이라고 수정할 것을 제안한다. 하지만 전체 구절을 베냐민 지파의 다른 종족들을 인정하는 한 방식으로 볼 수도 있다(다른 곳에서는 알려져 있지 않은 "일"은 7절에 나오는 "이리"의 변형일 것이다).

7:13 납달리의 자손에 대한 정보는 창세기 46:24 혹은 민수기 26:48-49("실렘"과 "살룸"은 변형된 철자다)에 나오는 것보다 많지 않다. 단과 납달리는 둘 다 히스기야의 개혁 때 반응을 보인 지파들에 나오지 않는다(대하 30:11, 18).

7:14-19 요단 서쪽 지파인 므낫세의 계보는 에브라임의 계보(20-29절)와 마찬가지로 더 종잡을 수 없다. 요단 건너편 반지파에 대한 사항들(5:23-26)은 일곱 명의 "그들의 족장"(5:24) 이름, 그들의 지리적 범위, 그들이 후에 포로로 잡혀간 것에 국한되었었다. 이와 대조적으로, 그 지파의 땅은 에브라임 지파에 대한 내용 끝부분까지 상세히 나오지 않지만, 우리는 여기에서 "요셉의 자손"을 한데 결합시키는 많은 이름과 관계를 보게 된다(7:29).

역대기 다른 곳에서처럼(참고. 서론의 '역대기 신학' 중 "온 이스라엘"), 이방인들을 포함한 특정한 여인들이 백성의 일부로 언급된다. "그의 소실 아람 여인"(14절), "마아가"와 슬로브핫의 딸들(15절, 참고. 민 27:1-11), "함몰레겟"(대상 7:18, 길르앗의 누이?) 등이다. 하지만 관계들은 종종 분명하지 않고 얽혀 있다. 예를 들어, "아스리엘"은 "므낫세"의 아들이다(14절). 하지만 민수기 26:29-31에서 그는 므낫세의 아들인 "길르앗"의 아들이다. "훕빔"과 "숩빔"(대상 7:15)은 베냐민 지파의 일부였다(12절). "마아가"는 마길의 "누이"(15절)[65]이며 그의 "아내"(16절)라고 나온다. "아람"에 대한 명시적 언급(14절), 그리고 아마도 아람이 "마아가"와 연관된 것(3:2; 19:7)은 저자가 이스라엘과 동화된 이방 사람들을 계속 포함시키는 것을 보여준다. 므낫세는 북동쪽에 위치하여 아람 사람들의 영토와 경계선을 맞대고 있어서 이방인들과 쉽게 섞이게 되었다.

7:20-27 "여호수아"로 이어지는 에브라임의 계보는 두 부분으로 되어 있는데(20-21a, 25-27절), 그 부분들은 역사적 기록에 의해 구별된다. "에셀과 엘르앗"이 죽임을 당한 것 및 그 여파에 대한 이야기(21b-23절)는 야베스의 이야기(4:9-10)와 비교할 수 있을 것이다. 거기에서도 아이가 부정적 이름을 받고 고통스러운 과거를 말하는 것["브리아"는 '재앙과 함께'라는 의미의 베라아(*bera'ah*)와 비슷한 소리가 난다]이 새로운 시작의 표시라는 점에서 그렇다. 그는 하나님의 복의 표시인 성읍을 "건설"한 딸을 두며(참고. 대하 26:5-7) 에브라임의 계열은 "여호수아"(여호와께서 구원하신다)에게까지 이른다. 이것은 역대기에서 여호수아에 대한 유일한 언급으로, 그것은 가나안 정복 및 그 다음 구절들에 나오는 땅의 소유를 상기시켜주는 것으로 아직 포로 생활의 "재앙"에서 회복하고 있는 공동체에게 또 다른 소망의 말이다.

하지만 몇몇 관계들과 연대는 확실하지 않다. 예를 들어, 처음 세 "아들"은 형제들일 것이다(참고. 대상 3:21).[66] 21b-24절에 나오는 사항들은 (1) 족장시대를 가리킨다. 에브라임이 아직 살아있기 때문이다. 이는 출애굽 전에 가족 일부가 에브라임의 출생지인 애굽으로 이사했다는 것을 암시한다(그렇다면 에브라임의 "형제[들]"은 친족을 말할 것이다. 에브라임과 같은 부모에서 나온 자식은 므낫세 뿐이기 문이다). 아니면 그것은 (2) 정복 시대 이후를 가리킨다. 그것이 에브라임과 베냐민 경계선상에 "벧호론[들]"이라는 거주지가 있는 것과 조화된다(참고. 수 18:13-14). 이 경우 그것은 또 다른, 이후의 "에브라임"을 의미한다. 저자가 여자를 포함시킨 또 다른 경우는 세 개의 성을 "건설"

65 '형제/자매'를 의미하는 히브리어 단어는 '남성/여성 친족'을 말할 수도 있다.

66 민 26:35는 "베겔"과 "다한"을 "수델라"의 형제라고 말한다. 아마 그것은 역대기 저자가 말하는 "베렛"과 "다핫"의 다른 이름일 것이다.

한 "세에라"다.

7:28-29 므낫세와 에브라임을 위한 땅에 대한 사항들은 함께 나온다. "이스라엘의 아들 요셉의 자손"이라는 마지막 말은 그들이 형제들일 뿐 아니라 또한 더 큰 "이스라엘"의 일부임을 상기시킨다. 땅에 대한 세부사항이 결합되어 있는 것은 또한 장소들을 선택하는 것에도 반영되어 있다(참고. 수 16-17장). 그 장소들은 남쪽에 "벧엘", 다음으로 "동쪽"과 "서쪽" 그리고 결합된 지역 가운데 있는 "세겜"[또한 므낫세와도 연관된, 대상 7:19, "아사"(*Ayyah*)는 어딘지 알 수 없다], 다음에 북쪽으로 이동해서 므낫세 성읍들, 경계선들을 망라한다.

7장

7:30-40 아셀 지파의 대한 시작 부분의 이름들("아셀의 아들들…말기엘")은 창세기 46:17에 나오는 목록을 따른다. 그 이후의 자손은 헤벨의 가족으로 국한되며(대상 7:32-39)[67] "우두머리", "출전할만한 자를 계보대로"(40절) 계수한 군사적 인구조사와 관련되어 있다.

67 38-39절에 나오는 이름들을 앞 구절들과 관련시키기 위해 다양한 가능성들이 제기되었다. "예델"(38절)은 "이드란"(37절)의 이문일 수 있고 "울라"(39절)는 "수아"(32절), "수알"(36절), 혹은 "아말"(35절)의 이문일 수 있다는 것이다.

응답

여러 번 붓을 놀려 큰 그림을 그리는 화가처럼, 역대기 저자는 과거로부터 나온 사소한 세부 묘사들을 사용해서, 하나님의 백성 및 그분의 백성을 위한 하나님의 계획은 현재의 경험이 시사하는 것보다 광범위하다는 것을 계속해서 상기시킨다. 에브라임의 아들 브리아의 이름을 짓는 것을 중심으로 한 짧은 이야기(7:21b-24)는 재앙이 미래를 완전히 결정짓는 것이 아니라는 한 예다. 패배와 죽음 이후에 승리와 새로운 생명이 온다. 그것은 "여호수아"[68]라는 이름을 부여받은 그리스도의 십자가 처형과 부활에서 가장 위대하게 볼 수 있다.

예수님은 다윗 계열, 유다 지파의 계열이지만(마 1장), 북부 지파들이 있던 지역에서 사역을 시작하시고 대부분의 사역을 행하신다. 마태는 이사야 9:1을 인용하면서, "스불론 땅과 납달리 땅"(마 4:15)에 대해 말하며, 예수님은 므낫세가 할당받은 지역인 야곱의 우물에서 한 여자와 말씀하시면서 제자들을 놀라게 하신다(요 4:1-42). 심지어 예수님이 탄생하신 직후에, 아기 예수를 보는 것에 감사하고 "예루살렘의 속량을 바라는 모든 사람에게 그에 대하여" 말하는 사람은 "아셀 지파" 출신의 여선지자인 나이든 '안나'다(눅 2:36-38). 놀랍게도, 베드로가 "주는 그리스도시요 살아계신 하나님의 아들이시니이다"라는 고백을 하는 것은 단의 북쪽 지역이다(마 16:13-16, 단의 옛 성읍은 가이사랴 빌립보라는 그리스-로마의 도시에서 서쪽으로 6.4킬로미터 정도 떨어진 곳에 있다). 하나님은 유대와 예루살렘 뿐 아니라 놀라운 장소들에서 역사하신다.

68 "예수"는 히브리어 예호슈아(*Yehoshua'*)의 헬라어 형태를 영어로 음역한 것이며, 그 히브리어 자체는 영어로 조슈아(Joshua)가 되었다.

I Chronicles

역대상

8:1-40

8장

[1] 베냐민이 낳은 자는 맏아들 벨라와 둘째 아스벨과 셋째 아하라와
[2] 넷째 노하와 다섯째 라바이며 [3] 벨라에게 아들들이 있으니 곧 앗달
과 게라와 아비훗과 [4] 아비수아와 나아만과 아호아와 [5] 게라와 스부
반과 후람이라 [6] 에훗의 아들들은 이러하니라 그들은 게바 주민의 우
두머리로서, 사로잡혀 마나핫으로 갔으니 [7] 곧 나아만과 아히야와 게
라이며 게라는 또 웃사와 아히훗을 낳았으며 [8] 사하라임은 두 아내 후
심과 바아라를 내 보낸 후에 모압 땅에서 자녀를 낳았으니 [9] 그의 아
내 호데스에게서 낳은 자는 요밥과 시비아와 메사와 말감과 [10] 여우스
와 사가와 미르마이니 이 아들들은 우두머리이며 [11] 또 그의 아내 후
심에게서 아비둡과 엘바알을 낳았으며 [12] 엘바알의 아들들은 에벨과
미삼과 세멧이니 그는 오노와 롯과 그 주변 마을들을 세웠고 [13] 또 브
리아와 세마이니 그들은 아얄론 주민의 우두머리가 되어 그들이 가드
주민을 쫓아냈더라 [14] 아히요와 사삭과 여레못과 [15] 스바댜와 아랏과
에델과 [16] 미가엘과 이스바와 요하는 다 브리아의 아들들이요 [17] 스바
댜와 므술람과 히스기와 헤벨과 [18] 이스므래와 이슬리아와 요밥은 다
엘바알의 아들들이요 [19] 야김과 시그리와 삽디와 [20] 엘리에내와 실르

대와 엘리엘과 21 아다야와 브라야와 시므랏은 다 시므이의 아들들이
요 22 이스반과 에벨과 엘리엘과 23 압돈과 시그리와 하난과 24 하나냐
와 엘람과 안도디야와 25 이브드야와 브누엘은 다 사삭의 아들들이요
26 삼스래와 스하랴와 아달랴와 27 야아레시야와 엘리야와 시그리는
다 여로함의 아들들이니 28 그들은 다 가문의 우두머리이며 그들의 족
보의 우두머리로서 예루살렘에 거주하였더라

1 Benjamin fathered Bela his firstborn, Ashbel the second, Aharah the
third, 2 Nohah the fourth, and Rapha the fifth. 3 And Bela had sons:
Addar, Gera, Abihud, 4 Abishua, Naaman, Ahoah, 5 Gera, Shephuphan,
and Huram. 6 These are the sons of Ehud (they were heads of fathers'
houses of the inhabitants of Geba, and they were carried into exile
to Manahath): 7 Naaman,[1] Ahijah, and Gera, that is, Heglam, who
fathered[2] Uzza and Ahihud. 8 And Shaharaim fathered sons in the
country of Moab after he had sent away Hushim and Baara his wives.
9 He fathered sons by Hodesh his wife: Jobab, Zibia, Mesha, Malcam,
10 Jeuz, Sachia, and Mirmah. These were his sons, heads of fathers'
houses. 11 He also fathered sons by Hushim: Abitub and Elpaal. 12 The
sons of Elpaal: Eber, Misham, and Shemed, who built Ono and Lod
with its towns, 13 and Beriah and Shema (they were heads of fathers'
houses of the inhabitants of Aijalon, who caused the inhabitants of
Gath to flee); 14 and Ahio, Shashak, and Jeremoth. 15 Zebadiah, Arad,
Eder, 16 Michael, Ishpah, and Joha were sons of Beriah. 17 Zebadiah,
Meshullam, Hizki, Heber, 18 Ishmerai, Izliah, and Jobab were the sons
of Elpaal. 19 Jakim, Zichri, Zabdi, 20 Elienai, Zillethai, Eliel, 21 Adaiah,
Beraiah, and Shimrath were the sons of Shimei. 22 Ishpan, Eber, Eliel,
23 Abdon, Zichri, Hanan, 24 Hananiah, Elam, Anthothijah, 25 Iphdeiah,
and Penuel were the sons of Shashak. 26 Shamsherai, Shehariah,

Athaliah, 27 Jaareshiah, Elijah, and Zichri were the sons of Jeroham.
28 These were the heads of fathers' houses, according to their
generations, chief men. These lived in Jerusalem.

29 기브온의 조상 여이엘은 기브온에 거주하였으니 그 아내의 이름
은 마아가며 30 장자는 압돈이요 다음은 술과 기스와 바알과 나답과
31 그돌과 아히오와 세겔이며 32 미글롯은 시므아를 낳았으며 그들은
친족들과 더불어 마주하고 예루살렘에 거주하였더라 33 넬은 기스를
낳고 기스는 사울을 낳고 사울은 요나단과 말기수아와 아비나답과 에
스바알을 낳았으며 34 요나단의 아들은 므립바알이라 므립바알은 미
가를 낳았고 35 미가의 아들들은 비돈과 멜렉과 다레아와 아하스이며
36 아하스는 여호앗다를 낳고 여호앗다는 알레멧과 아스마웻과 시므
리를 낳고 시므리는 모사를 낳고 37 모사는 비느아를 낳았으며 비느
아의 아들은 라바요 그의 아들은 엘르아사요 그의 아들은 아셀이며
38 아셀에게 여섯 아들이 있어 그들의 이름은 이러하니 아스리감과
보그루와 이스마엘과 스아랴와 오바댜와 하난이라 아셀의 모든 아들
이 이러하며 39 그의 아우 에섹의 아들은 이러하니 그의 맏아들은 울
람이요 둘째는 여우스요 셋째는 엘리벨렛이며 40 울람의 아들은 다 용
감한 장사요 활을 잘 쏘는 자라 아들과 손자가 많아 모두 백오십 명이
었더라 베냐민의 자손들은 이러하였더라

29 Jeiel[3] the father of Gibeon lived in Gibeon, and the name of his
wife was Maacah. 30 His firstborn son: Abdon, then Zur, Kish, Baal,
Nadab, 31 Gedor, Ahio, Zecher, 32 and Mikloth (he fathered Shimeah).
Now these also lived opposite their kinsmen in Jerusalem, with their
kinsmen. 33 Ner was the father of Kish, Kish of Saul, Saul of Jonathan,
Malchi-shua, Abinadab and Eshbaal; 34 and the son of Jonathan was
Merib-baal; and Merib-baal was the father of Micah. 35 The sons of

8장

Micah: Pithon, Melech, Tarea, and Ahaz. 36 Ahaz fathered Jehoaddah,
and Jehoaddah fathered Alemeth, Azmaveth, and Zimri. Zimri fathered
Moza. 37 Moza fathered Binea; Raphah was his son, Eleasah his son,
Azel his son. 38 Azel had six sons, and these are their names: Azrikam,
Bocheru, Ishmael, Sheariah, Obadiah, and Hanan. All these were the
sons of Azel. 39 The sons of Eshek his brother: Ulam his firstborn, Jeush
the second, and Eliphelet the third. 40 The sons of Ulam were men who
were mighty warriors, bowmen, having many sons and grandsons, 150.
All these were Benjaminites.

1 Hebrew *and Naaman* *2* Or *Gera; he carried them into exile and fathered* *3* Compare 9:35; Hebrew lacks *Jeiel*

단락 개관

베냐민은 "이스라엘의 아들"의 계보들이 교차대구법적으로 배열된 것에서 제일 바깥 위치에 있는 것과 주어진 세부사항의 분량으로 인해 부각된다(참고. 대상 1:1-9:34 개관). 베냐민 지파의 중요성은 첫 번째 왕 사울의 지파로서나, 이어지는 내러티브의 주된 참여자로서 유다 지파와 결합해서 나오는 것에서나(예를 들어, 12:16; 대하 11:1, 3, 10, 12, 23) 보장된다. 게다가 포로생활 후에 바사의 예훗 지방은 여호수아 15장과 18장에서 예루살렘을 중심으로 유다와 베냐민에게 원래 할당된 지역들의 일부를 포함했다.

앞에 나왔던 베냐민 지파의 짧은 목록, 곧 군사적 인구조사에 기초하고 있으며 땅을 점유한 것에 대한 언급은 없는 목록(대상 7:6-12)과는 대조적으로, 이 목록에는 네 배가 넘는 이름들과 장소들이 나오며(8:6, 8, 12, 13, 28, 29, 32) 40절에만 군사적 인구조사에 대한 세부적 설명이 포함된다. 다른 지파들의 경우처럼, 첫 세대의 이름이 나오고, 이어서 한 아들에 초점을 맞추며(1-5절) 다음에는 특정 성읍과 연관된 다양한 일가들의 모음(6-28절)이 나온다. 결론 부분(29-40절)에서는 사울이 중심에 있고 네 세대의 조상과 열두 세대의 자손이 나온다. 전반부와 후반부를 연결해주는 것은 "예루살렘에 거주한" 많은 사람에 대한 언급이다(28, 32절).

단락 개요

I. 아담으로부터 이스라엘과 그의 후손들, 열두 지파까지(대상 1:1-9:34)
 B. 이스라엘의 모든 지파(2:1-9:1)
  2′. 베냐민, 사울의 계열 포함(8:1-40)

주석

8:1-5 포괄적 세부사항을 제공하기 위해 역대기 저자는 포로기 이후 시대에 바로 입수할 수 있던 자료에서 나온 목록들을 통합시키면서, 내용이 서로 일치하지 않는 부분을 그대로 놔둔다. 그래서 8:1-5, 7:6-7, 창세기 46:21, 민수기 26:38-41 사이에 이름들과 관계들에서는 서로 다른 점들이 발견된다.[69] 연이어 나오는 이름들이 형제들인지, 자손인지, 다른 친척인지 혹은 다른 식으로 연관된 사람들인지는 언제나 분명하지 않다.

69 예를 들어, 베냐민의 아들들과 벨라의 아들들 이름의 모든 목록에서는 "벨라"라는 이름만 공통적으로 나온다. 게라(대상 8:3)는 여기에서 벨라의 아들이지만 창세기에서는 베냐민의 아들이며, 반면 5절에서 게라가 반복되는 것은 설명되지 않는다.

"아들들"이라고 묶는 것은 시간이 흐르면서 육체적 자손 뿐 아니라 공동 거주지를 통해 씨족 관계에 변화가 있었음을 반영할 수 있다(참고. 대상 1:5-23). 관계들이 어떻게 생겨나는가에 상관없이 다양성은 포용된다. 모두가 베냐민에 속하는 것이다.

8:6-7 베냐민 지파의 땅 점유에 관해 첫 번째로 나오는 말은 "에훗[*'ekhud*]의 아들들"에 대한 것이다. 그들의 이동은 사사기 20장에 나온 것과 같은 충돌, 혹은 보다 국소적인 충돌 때문이었을 것이다. 예루살렘에서 북북동쪽으로 9.7킬로미터 떨어진 "게바"는 베냐민 지파 안에 있는 레위 성읍 중 하나의 이름이다(대상 6:60, 그곳은 또한 블레셋 수비대가 있는 장소였다, 삼상 13:3). 반면 "마나핫"은 아마 유다에 있는 것으로 예루살렘 남서쪽으로 4.8킬로미터 떨어진 곳에 있었다(참고. 대상 2:52, 54). 그러나 에돔일 가능성도 있다(1:40).

"에훗"이라는 이름은 초기 사사인 "베냐민 사람 게라의 아들 에훗"(삿 3:15)의 이름과 비슷하다.[70] 주석가들은 종종 1-7절을 연속적인 것으로 만들기 위해서는 앞에 나오는 벨라의 아들들 목록에서 "게라와 아비훗"(대상 8:3)을 '에훗의 아비 게라'[아비 에후드(*'abi 'ehud*)]로 수정해야 한다고 제안한다.

8:8-28 다른 곳에는 나오지 않는 "사하라임"과 이름이 거명되는 그의 아내들의 자손으로 다양한 씨족들이 연관되어 있다. 그들은 지리적으로 넓게 퍼져 있으며, 본문에서는 "우두머리"(heads of fathers' houses, 10, 13, 28절)라는 말로 구분된다. 그들이 퍼져 있는 지역의 범위는 사해 동쪽의 "모압"(8절)으로부터 욥바 인근의 연안 평야에 있는 "오노와 롯"(12절; 스 2:33; 느 11:35)에 이르렀다. "아얄론"(대상 8:13)은 예루살렘에서 북북서쪽으로 19킬로미터쯤 떨어져있는 전략적 성읍으로(참고. 삼상 14:31), 역대상 6:69에서는 에

70 포로기 후에 사용된 사본에서, 두 개의 히브리어 철자인 헤트(ח)와 헤(ה)는 쉽게 혼동된다.

브라임 안에 있는 레위인들의 성읍으로 나온다(그곳은 원래 에브라임 지파가 북쪽으로 이동하기 전에 단에게 할당된 것이었다. 수 21:23-24).

"예루살렘에 거주[한]"(대상 8:28) 사람들 사십 명 이상의 이름이 나오는 목록에는 더 많은 수의 사람들이 나온다. 여기에서는 청중들에게 예루살렘에는 다윗의 자손들과 함께(3:4, 5) 상당수의 베냐민 지파 인구와 성전에서 섬기는 제사장들과 레위인들(6:10, 32)이 있었다는 사실을 놀랍게 상기시켜준다.

8:29-40 아무런 묘사도 나오지 않지만, "사울"(33절)은 이 부분의 초점으로, 아마 네 세대의 조상과 열두 세대의 자손이 열거되어 있을 것이다. 약간의 차이는 있지만, 29-38절은 9:35-44에 반복되어 있다. 군주정 시대 다윗의 자손 목록은 직계 후계자인 왕들을 나열하지만(3:10-16) 여기에서는 서너 명의 형제 이름이 네 번 나온다(8:35, 36b, 38, 39). 초점은 사울의 후계자라고 주장할만한 사람들이 아니라, 아마 후기 군주정 시대까지 계속 이스라엘의 삶의 필수적 일부가 된 씨족들 전체의 목록에 맞춰져 있다. 분명한 것은 요나단의 아들 "므립바알"(34절)로부터 연속성을 보인다는 것이다.

조상들은 베냐민으로 거슬러 올라가는 것이 아니라 예루살렘에서 9.7 킬로미터 떨어진 "기브온" 출신의 한 집단으로 거슬러 올라간다.[71] "예루살렘에 거주하였더라"(28절 끝)라는 말 바로 다음에 "기브온에 거주하였으니"(29절의 첫 단어들)라는 말이 나오는 히브리어의 단어 순서는 그 두 장소 및 그 장소들이 어떻게 관련되어 있는가 하는 것에 주의를 집중시킨다. 기브온은 옛 가나안 성읍(수 9장)이었으며, 역대기에 언급되지 않은 곳으로, 사울의 죽음 이후 사울의 군사령관 아브넬의 휘하에 있던 군대와 다윗의 사령관 요압의 휘하에 있던 군대가 전투를 하던 장소다(삼하 2:12-32). 또한 저자는 연합시키는 것에 대해 언급한다. 그는 이미 기브온을 레위인들의

71 9:35에 기초해서, 8:29에서 다른 곳에서는 이름이 나오지 않은 "기브온의 조상" "여이엘"이 흔히 삽입된다. 이 사람은 삼상 9:1; 14:51에 나오는 "아비엘"과 같은 사람이다.

성읍으로 포함시켰으며(대상 6:60) 후에 기브온이 어떻게 솔로몬 치세까지 성막과 번제 장소였는지 말할 것이다(16:39; 대하 1:3-6). 저자는 이어서 "예루살렘에 거주[한]"(대상 8:32) "친족들"의 광범위한 집단을 말한다. 예배가 두 곳으로 나뉘었다가(16:37-42) 예루살렘에서 하나가 된 것(6:32; 대하 5:5)과 마찬가지다.

"기스"는 분명 사울의 아버지지만, 다른 곳에서 기스와 "넬"은 아들과 아버지가 아니라 형제다(대상 9:36;[72] 삼상 14:50-51, 참고. 삼상 9:1). 계보에서 흔히 그렇듯이, 정확한 생물학적 관계보다 사회적 관계가 기록되어 있을 가능성이 있다.

"에스바알"('바알의 남자', 대상 8:33)과 "므립바알"('바알이 다투다', 34절)이라는 이름은 사무엘서에서 "이스보셋"[삼하 2:8, 등. 참고. 삼상 14:49에서는 "이스위", "여호와(Yahweh)의 아들"]과 "므비보셋"(삼하 4:4 등)으로 나온다. 히브리어 보셋(*boshet*, '수치')으로 바꿔서 "바알"을 포함하는 이스라엘 이름들이 지닌 혼합주의적 함축들을 거부하는 것이다.[73] 포로시대 이후에는 가나안 종교가 더 이상 생생한 쟁점이 되지 않으므로(역대기에서 바알신에 대한 유일한 언급은 대하 23:17 뿐이다), 역대기 저자는 이름들을 쉽게 접할 수 있는 공식 기록에 나오는 그대로 기록하기로 한 듯하다.

72 "나답"의 처음 두 히브리어 글자는 "넬"처럼 보이며, 아마 필사자가 8:30에서 무심코 "넬"을 빼놓았을 수 있다.

73 바알(주, 주인, 소유권자, 남편)이라는 말은 보통 가족과 공동체라는 배경에서 사용되며 한 번은 여호와를 의미하는 호칭으로 사용되었던 듯하다(호 2:16에서처럼). 하지만 사사기와 열왕기 둘 다에서 종종 묘사되었듯이, 가나안 종교에서 바알이라는 말이 가장 두드러진 신과, 장소의 신 둘 다에 대해 사용된 것(그래서 예를 들면 삿 2:11에 "바알들"이라는 말이 나온다)은 쉽게 혼합주의로 이어졌다. 이와 비슷하게 이름이 바뀌는 것은 다윗의 한 아들의 경우에도 분명히 나타나는데, 그는 대상 3:8(=삼하 5:16)에서는 "엘랴다"로 그리고 대상 14:7에서는 "브엘랴다"로 나온다.

응답

베냐민 지파 이야기는 하나님의 은혜 및 하나님의 백성의 신실함과 긍휼로 어떻게 재앙과 분열을 극복할 수 있는가에 대한 한 예다. "사울"이라는 이름은 실패와 적의에 대한 경험을 상기시킬 수 있지만, "요나단"을 포함시킨 것은 "모든 베냐민 사람들이 사울과 같지는 않다"는 것을 생각나게 하며, 그의 아들 "므립바알"은 다윗의 충성과 긍휼을 상기시킨다. 다윗의 행동, 그리고 이후 유다와 베냐민 간의 계속되는 협조적 관계는 예수 그리스도의 긍휼과 그분의 교회 안에서 장벽이 허물어지는 것을 드러낸다. 과거를 기억할 때 언제나 "우리는 무엇을 잊지 않을 것인가?"라는 질문을 할 것이다. 여기서는 행해진 잘못보다 용서하는 긍휼의 행동을 기억하는 것에 대한 예가 나온다. 그리스도는 "우리가 우리에게 죄 지은 자를 사하여 준 것 같이 우리 죄를 사하여 주시옵고"(마 6:12)라며 기도하라고 가르치셨다. 또한 바울은 "삼가 누가 누구에게든지 악으로 악을 갚지 말게 하고 서로 대하든지 모든 사람을 대하든지 항상 선을 따르라"(살전 5:15)라고 권고한다.

1 Chronicles
역대상
9:1

1 온 이스라엘이 그 계보대로 계수되어 그들은 이스라엘 왕조실록에
기록되니라 유다가 범죄함으로 말미암아 바벨론으로 사로잡혀 갔더니
1 So all Israel was recorded in genealogies, and these are written in the
Book of the Kings of Israel. And Judah was taken into exile in Babylon
because of their breach of faith.

단락 개요

I. 아담으로부터 이스라엘과 그의 후손들, 열두 지파까지(대상 1:1-9:34)
B. 이스라엘의 모든 지파(2:1-9:1)
1′. 결론적 요약(9:1)

주석

9:1 이 한 구절은 대조적인 두 진술을 담고 있다. 첫째는 청중들 앞에 "온 이스라엘", 온 나라 도처에 퍼져있는 모든 지파를 제시한 그림이다. 그 범위는 그들이 현재 경험하는 것보다 사람이나 장소 면에서 더 광범위하다. 이어서 나오는 포로귀환자들을 묘사하는 본문에는 몇몇 지파만 포함될 것이며(대상 9:3) 그들이 점유한 땅은 예루살렘 가운데 있고 레위인들이 성전에서 섬기지만, 그 땅은 작다. 계보들은 과거로부터 미래를 상상하는 묘사를 사용한다.

두 번째 진술은 잘못된 것을 요약한다. "이스라엘의 아들들"의 계보는 유다로 시작했으며, 곧 아간이 "범하여"(ESV는 "broke faith", 믿음을 깨서) 생겨난 "괴롭[힘]"을 상기시킨다(2:7). 요단 건너편 지파들이 어떻게 "믿음을 깼[는지]", 그리고 그 결과 앗수르에게 포로로 잡혀갔는지에 대한 세세한 이야기가 더 나왔다(5:25-26). 이제 계보들은 다시 유다에 초점을 맞추면서 마무리된다. 이번에는 온 지파가 "범죄함으로 말미암아[ESV는 "breach the faith", 믿음을 배반해서]…사로잡혀갔[다]". '믿음을 깨뜨리는 것', 곧 하나님만을 예배하지 않고 하나님과 그분의 길을 떠남으로 하나님께 불충하여 멀어지는 것에는 그에 대한 결과들이 따른다.[74] 여기 나오는 간결한 진술은 유다가 "크게 범죄"(대하 36:14, ESV는 "exceedingly unfaithful", 극도로 불신실)한 것에 하나님이 보이신 반응에 대해 역대기 끝부분에 상세히 묘사될 내용을 예시한다.

응답

우리의 과거에서 나온 세부사항, 곧 우리가 어디 출신이고(장소) 누구에게서 나는가 하는 것(생물학적 혈통) 및 그와 관련된 경험은 있을 수 있는 미래를 상상해서 태도와 결정, 행동을 형성하기 위한 자료를 제공한다. "온 이스라엘"에 대한 저자의 상세한 설명은 왜 현재의 상황이 결핍된 것인지를 포함하며, 그의 청중들이 하나님을 신실하게 예배하는 백성으로서 무엇이 될 수 있었는가 하는 것을 묘사해준다.

우리는 이제 그리스도까지 이야기가 계속되며 이천 년간 교회가 성장하는 것을 경험했다. 교회는 이스라엘처럼 다양한 가운데, 신실하기도 했고 신실하지 못하기도 했다. 우리 역시 인간 행동의 결과들 및 하나님의 계속적인 은혜와 공급을 경험했다. 이것이 우리를 형성했으며 미래를 상상하기 위한 이미지와 언어를 제공하는 우리의 과거다. 오늘날 우리를 인도하는 비전은 역대기 저자가 말하는 "온 이스라엘"이 요한계시록에 나오는 이중적 묘사 곧 모든 지파(유다가 처음에 베냐민이 마지막에 열거되는)에서 나온 "십사만 사천"과 "각 나라와 족속과 백성과 방언에서…큰 무리가 나와"(계 7:4-9)라는 묘사에서 풍성하게 확장되는 것이다.

74 '믿음을 깨뜨리는 것'에 대한 역대기 저자의 반복되는 언급에 대해서는 2:4-8 주석을 참고하라.

I Chronicles
역대상
9:2-34

2 그들의 땅 안에 있는 성읍에 처음으로 거주한 이스라엘 사람들은 제
사장들과 레위 사람들과 느디님 사람들이라 3 유다 자손과 베냐민 자
손과 에브라임과 므낫세 자손 중에서 예루살렘에 거주한 자는 4 유다
의 아들 베레스 자손 중에 우대이니 그는 암미훗의 아들이요 오므리
의 손자요 이므리의 증손이요 바니의 현손이며 5 실로 사람 중에서는
맏아들 아사야와 그의 아들들이요 6 세라 자손 중에서는 여우엘과 그
형제 육백구십 명이요 7 베냐민 자손 중에서는 핫스누아의 증손 호다
위아의 손자 므술람의 아들 살루요 8 여로함의 아들 이브느야와 미그
리의 손자 웃시의 아들 엘라요 이브니야의 증손 르우엘의 손자 스바
댜의 아들 무술람이요 9 또 그의 형제들이라 그들의 계보대로 계수하
면 구백오십육 명이니 다 종족의 가문의 우두머리들이더라

2 Now the first to dwell again in their possessions in their cities were
Israel, the priests, the Levites, and the temple servants. 3 And some
of the people of Judah, Benjamin, Ephraim, and Manasseh lived in
Jerusalem: 4 Uthai the son of Ammihud, son of Omri, son of Imri,
son of Bani, from the sons of Perez the son of Judah. 5 And of the

Shilonites: Asaiah the firstborn, and his sons. 6 Of the sons of Zerah:
Jeuel and their kinsmen, 690. 7 Of the Benjaminites: Sallu the son of
Meshullam, son of Hodaviah, son of Hassenuah, 8 Ibneiah the son
of Jeroham, Elah the son of Uzzi, son of Michri, and Meshullam the
son of Shephatiah, son of Reuel, son of Ibnijah; 9 and their kinsmen
according to their generations, 956. All these were heads of fathers'
houses according to their fathers' houses.

10 제사장 중에서는 여다야와 여호야립과 야긴과 11 하나님의 성전을
맡은 자 아사랴이니 그는 힐기야의 아들이요 므술람의 손자요 사독의
증손이요 므라욧의 현손이요 아히둡의 오대손이며 12 또 아다야이니
그는 여로함의 아들이요 바스훌의 손자요 말기야의 증손이며 또 마아
새니 그는 아디엘의 아들이요 야세라의 손자요 므술람의 증손이요 므
실레밋의 현손이요 임멜의 오대손이며 13 또 그의 형제들이니 종족의
가문의 우두머리라 하나님의 성전의 임무를 수행할 힘 있는 자는 모
두 천칠백육십 명이더라
10 Of the priests: Jedaiah, Jehoiarib, Jachin, 11 and Azariah the son
of Hilkiah, son of Meshullam, son of Zadok, son of Meraioth, son of
Ahitub, the chief officer of the house of God; 12 and Adaiah the son
of Jeroham, son of Pashhur, son of Malchijah, and Maasai the son of
Adiel, son of Jahzerah, son of Meshullam, son of Meshillemith, son of
Immer; 13 besides their kinsmen, heads of their fathers' houses, 1,760,
mighty men for the work of the service of the house of God.

14 레위 사람 중에서는 므라리 자손 스마야이니 그는 핫숩의 아들이
요 아스리감의 손자요 하사뱌의 증손이며 15 또 박박갈과 헤레스와 갈
랄과 맛다냐이니 그는 미가의 아들이요 시그리의 손자요 아삽의 증손

이며 16 또 오바댜이니 그는 스마야의 아들이요 갈랄의 손자요 여두
둔의 증손이며 또 베레갸이니 그는 아사의 아들이요 엘가나의 손자라
느도바 사람의 마을에 거주하였더라
14 Of the Levites: Shemaiah the son of Hasshub, son of Azrikam,
son of Hashabiah, of the sons of Merari; 15 and Bakbakkar, Heresh,
Galal and Mattaniah the son of Mica, son of Zichri, son of Asaph;
16 and Obadiah the son of Shemaiah, son of Galal, son of Jeduthun, and
Berechiah the son of Asa, son of Elkanah, who lived in the villages of
the Netophathites.

17 문지기는 살룸과 악굽과 달몬과 아히만과 그의 형제들이니 살룸은
그 우두머리라 18 이 사람들은 전에 왕의 문 동쪽 곧 레위 자손의 진
영의 문지기이며 19 고라의 증손 에비아삽의 손자 고레의 아들 살룸
과 그의 종족 형제 곧 고라의 자손이 수종 드는 일을 맡아 성막 문들
을 지켰으니 그들의 조상들도 여호와의 진영을 맡고 출입문을 지켰으
며 20 여호와께서 함께하신 엘르아살의 아들 비느하스가 옛적에 그의
무리를 거느렸고 21 므셀레먀의 아들 스가랴는 회막 문지기가 되었더
라 22 택함을 입어 문지기 된 자가 모두 이백열두 명이니 이는 그들의
마을에서 그들의 계보대로 계수된 자요 다윗과 선견자 사무엘이 전에
세워서 이 직분을 맡긴 자라 23 그들과 그들의 자손이 그 순차를 좇아
여호와의 성전 곧 성막 문을 지켰는데 24 이 문지기가 동, 서, 남, 북 사
방에 섰고 25 그들의 마을에 있는 형제들은 이레마다 와서 그들과 함
께 있으니 26 이는 문지기의 우두머리 된 레위 사람 넷이 중요한 직분
을 맡아 하나님의 성전 모든 방과 곳간을 지켰음이라 27 그들은 하나
님의 성전을 맡은 직분이 있으므로 성전 주위에서 밤을 지내며 아침
마다 문을 여는 책임이 그들에게 있었더라
17 The gatekeepers were Shallum, Akkub, Talmon, Ahiman, and their

9장

kinsmen (Shallum was the chief); 18 until then they were in the king's
gate on the east side as the gatekeepers of the camps of the Levites.
19 Shallum the son of Kore, son of Ebiasaph, son of Korah, and his
kinsmen of his fathers' house, the Korahites, were in charge of the
work of the service, keepers of the thresholds of the tent, as their fathers
had been in charge of the camp of the Lord, keepers of the entrance.
20 And Phinehas the son of Eleazar was the chief officer over them in
time past; the Lord was with him. 21 Zechariah the son of Meshelemiah
was gatekeeper at the entrance of the tent of meeting. 22 All these, who
were chosen as gatekeepers at the thresholds, were 212. They were
enrolled by genealogies in their villages. David and Samuel the seer
established them in their office of trust. 23 So they and their sons were
in charge of the gates of the house of the Lord, that is, the house of the
tent, as guards. 24 The gatekeepers were on the four sides, east, west,
north, and south. 25 And their kinsmen who were in their villages were
obligated to come in every seven days, in turn, to be with these, 26 for
the four chief gatekeepers, who were Levites, were entrusted to be over
the chambers and the treasures of the house of God. 27 And they lodged
around the house of God, for on them lay the duty of watching, and
they had charge of opening it every morning.

28 그중에 어떤 자는 섬기는 데 쓰는 기구를 맡아서 그 수효대로 들여
가고 수효대로 내오며 29 또 어떤 자는 성소의 기구와 모든 그릇과 고
운 가루와 포도주와 기름과 유향과 향품을 맡았으며 30 또 제사장의
아들 중의 어떤 자는 향품으로 향기름을 만들었으며 31 고라 자손 살
룸의 맏아들 맛디댜라 하는 레위 사람은 전병을 굽는 일을 맡았으며
32 또 그의 형제 그핫 자손 중에 어떤 자는 진설하는 떡을 맡아 안식일

마다 준비하였더라
28 Some of them had charge of the utensils of service, for they were
required to count them when they were brought in and taken out.
29 Others of them were appointed over the furniture and over all the
holy utensils, also over the fine flour, the wine, the oil, the incense, and
the spices. 30 Others, of the sons of the priests, prepared the mixing
of the spices, 31 and Mattithiah, one of the Levites, the firstborn of
Shallum the Korahite, was entrusted with making the flat cakes. 32 Also
some of their kinsmen of the Kohathites had charge of the showbread,
to prepare it every Sabbath.

33 또 찬송하는 자가 있으니 곧 레위 우두머리라 그들은 골방에 거주
하면서 주야로 자기 직분에 전념하므로 다른 일은 하지 아니하였더라
34 그들은 다 레위 가문의 우두머리이며 그들의 족보의 우두머리로서
예루살렘에 거주하였더라
33 Now these, the singers, the heads of fathers' houses of the Levites,
were in the chambers of the temple free from other service, for they
were on duty day and night. 34 These were heads of fathers' houses
of the Levites, according to their generations, leaders. These lived in
Jerusalem.

9장

단락 개관

역대기는 바벨론에서 끝나는 것이 아니라(열왕기와 달리, 참고. 왕하 25:27-30), "너희 중에 그의 백성된 자는 다" 예루살렘으로 "올라갈지어다"(대하 36:23)라는 고레스의 선포로 끝난다. "이스라엘의 아들들" 이야기는 유다가 사로잡혀가는 것(대상 9:1)으로 끝나는 것이 아니라 역대기 저자가 "그들의 땅 안에…처음으로 거주한"(2절) 그리고 "예루살렘에 거주한"(3, 34절) 사람들의 이름을 말하면서 계속된다.

그들의 "성읍"(2절)에 있는 포로귀환자들에 관한 일반적 진술이 나온 후에, 역대기 저자는 "예루살렘에 거주한"(3절) 사람들에게로 주의를 돌리며, 유다(4-6절) 및 베냐민(7-9절) 사람들의 짧은 목록을 말한다. 그다음에 "천칠백육십 명" 중 여섯 명의 제사장 이름이 나오는데, 세 명은 조상의 이름과 함께 나온다(10-13절). 더 광범위한 것은 레위인 및 그들이 맡은 다양한 책임들의 목록이다(14-34절). 세부사항의 수준이 점차 더 증가하는 것은 마치 크레센도처럼 '주야로 자기 직분에 전념하는 찬송하는 자'(33절)라는 말에서 절정에 이른다.

2-17절은 세부사항 면에서 느헤미야 11:3-19와 유사하다. 그러나 차이점들이 있는 것으로 보아 각 본문은 입수할 수 있는 별개의 자료에 기초하고 있을 것이다. 여기에서 차이점들은 저자의 관점을 강조한다. 몇몇 이름이 다른 것은 필사자가 전달하는 과정에서 나온 것이며[75] 상세히 비교 분석을 해보면 이름들이 느헤미야 시대 혹은 이후의 시대 곧 역대기 저자의 시대와 관련되었음을 가리킨다.[76] 포로로 잡히고 한 세기 이상 후에 저자는 청중들에게 "처음으로 거주한 사람들"(대상 9:2, ESV는 "first to dwell again", 다시 처음으로 거주한 사람들)이 바로 확장되는 "이스라엘"의 새로운 시작이라는 것

75 히브리어로 된 마소라 사본과 헬라어로 된 70인역에서 대상 9:4-17과 느 11:4-19 둘 다에 나오는 이름들을 비교하는 표에 대해서는 Jacob M. Myers, *I Chronicles*, AB (Garden City, NY: Doubleday, 1965), 68-71을 보라.

76 Selman, *1 Chronicles*, 123-125를 보라.

을 상기시킨다. 저자는 성전에서 여호와를 예배하는 것을 중심으로 하는 계속해서 작동하는 공동체에 대한 비전을 제시한다.

단락 개요

I. 아담부터 이스라엘과 그의 후손들, 열두 지파까지(대상 1:1-9:34)…

C. 포로기 이후 예루살렘에 있는 온 이스라엘(9:2-34)

주석

9:2-9 재정착이 시작될 때부터 사람들은 단지 "유다"(1b절)가 아니라 "이스라엘"(2절), 곧 하나님의 백성 전체를 구성했다. 초점은 "예루살렘에 거주한"(3, 34절) 사람들이 되겠지만, 저자는 먼저 "그들의 땅[77] 안에 있는 성읍"에 대해 광범위하게 묘사한다. "범죄함"은 포로생활로 이어졌다(1절, 또한 5:25-26). 하지만 이제 하나님은 그들이 다시 그 땅을 점유하기 시작할 수 있게 하신다.

그 땅에서 계속 살아가는 것은 성전 및 제사, 예배와 분리시켜 생각할 수 없다. 그래서 "제사장"과 "레위 사람들" 및 "느디님 사람들"(9:2b, ESV는 "temple servant", 성전 종들)에 대한 언급이 나온다. 성전 종들은 에스라와 느헤미야에서 자주 언급되는 성전 직원들이다(예를 들어, 스 2:43, 58, 70; 느 3:26; 10:28). 성전 종들의 의무는 아마 천한 일이겠지만 그들의 역할은 긍정적으

77 그 히브리어는 토지 형태의 재산(예를 들어, 창 47:11)에 대해 사용되며, 전에 대상 7:28에서 레위인들의 "토지"(ESV는 "possessions", 소유)에 대해 사용된 바 있다(참고. 레 14:34; 25:10).

로 표현된다.

느헤미야 11:4와 비교할 때 두드러지는 것은 "예루살렘에 거주한" 사람들 중에 에브라임과 므낫세의 이름을 명확히 말하는 것이다(대상 9:3). 이는 저자의 포괄성 및 넓은 시야를 나타내는 또 하나의 예다. 그러나 저자는 추가 세부사항을 말하지는 않는다. 역대기는 노래하는 역할을 많이 포함시키는데 아삽 가족이 두드러진다(9:15; 6:39; 16:5 등). 그래서 저자가 독특하게도 요셉 지파를 포로귀환자 가운데 포함시키는 것은 "에브라임과 므낫세와 베냐민"의 회복을 구하는 시편 80편의 탄원("예루살렘이 돌무더기"가 된 것에 대한 시편 79편의 애도 후에 나오는 것, 둘 다 '아삽의' 시다. 참고. 렘 31:1-17의 약속들)이 응답되기 시작한 것으로 볼 수 있을 것이다.

이어서 나오는 것은 유다와 관련해서 그의 세 아들 "베레스"(대상 9:4), "셀라"("실로 사람", 5절, 참고. 2:3; 4:21), "세라"(9:6) 그리고 베냐민과 관련해서 선택된 씨족들(7-9a절)에 대한 짧은 언급이다.[78] "육백구십 명"(6절)과 "구백오십육 명"(9절)이라는 숫자는 느헤미야 11:6, 8에 나오는 베레스의 자손만 "사백육십팔 명"이라는 말과 베냐민의 자손 "구백이십팔 명"이라는 말에 비교할 수 있을 것이다. 이는 느헤미야 시대에 약간의 인구 증가가 있었음을 시사한다.

9:10-13 여섯 명[79]의 널리 알려진 제사장 이름만 나오며, 뒤의 세 사람만 명확한 조상이 나온다. "아사랴"의 간결한 계보에는 그와 동명이인인 사람을 포함해서(참고. 6:1-15 주석) 알려진 대제사장들이 포함된다. 다른 사람들이나 그들의 선조들에 대해서는 달리 알려진 바가 전혀 없지만, 그 이름은 다른 곳에 언급된 제사장들 사이에서 나온다(예를 들어, 24:7, 17).

78 베냐민 계보들에도 나오는 유일한 이름들은 "여로함"(대상 8:27)과 "우시"(7:7)이다.

79 "여다야와 여호야립"에 대해서 느 11:10에는 "요야립의 아들의 여다야"라고 되어 있다.

"천칠백육십 명" 제사장[80] 모두의 임무는 "하나님의 성전의 임무"라고 묘사되는데 그것은 다른 곳에서 레위인들에게(9:19; 민 3:7; 18:6) 그리고 또한 제사장들과 레위인들이 함께 하는 것에 대해서도(대상 28:13, 참고. 9:29-30) 사용된 문구다. 느헤미야 11:12는 "전에서 일하는" 제사장들 내의 한 집단을 구별하는 반면, 역대기 저자가 그 문구를 끝에 놓은 것이나 그가 사용하는 용어는 모두 협력해서 "섬김"에 관여하는 것을 나타낸다.

9:14-16 세 레위 가족 이름이 대표적으로 나온다. "스마야"는 므라리 자손이고 "맛다냐"는 게르손의 자손 '아삽의 아들'(개역개정은 "아삽의 증손"-옮긴이주)이고(6:39-43) "엘가나"의 자손 "베레갸"는 아마 그핫 자손일 것이다(6:22-27). "여두둔의 아들들"(개역개정에는 "증손"-옮긴이주)은 후에 다윗이 임명한 음악가들 중에 나온다(25:1). "느도바 사람의 마을"은 베들레헴 인근이며(2:54) 다른 곳에서는 "노래하는 자들"(느 12:28, ESV는 "sons of singers", 노래하는 자들의 아들들)의 고향이다.

9:17-27 "문지기"에 대한 긴 기록은 지금까지 나온 포로귀환자들의 범주와 연관된 최소한의 이름 및 설명들 그리고 느헤미야 12:25의 간결함과 뚜렷한 대조를 이룬다. 그들의 레위인으로서의 지위와 역할은 오래 계속되는 필수적인 것으로 강조된다.

후에 문지기들은 궤와 연관해서 언급될 것이며(대상 15:18, 23-24) 성전에서 역할을 부여받을 것이고(23:5; 26:1, 12) 언제나 음악과들과 나란히 언급될 것이다. 다윗이 새롭게 기능을 정해준 노래하는 자들(6:31)과는 달리, "문지기"들은 "여호와의 진영"인 성막에 기원을 두고 있었으며 대제사장 "엘르아살의 아들 비느하스"의 감독을 받았다(9:19-21, 참고. 6:3-4; 민 3:32).

80 유다 사람들과 베냐민 사람들에 대해서는 숫자가 느 11:12-14에 나오는 천백구십이(팔백이십이+이백사십이+백이십팔)명보다 더 많다. 비슷하게 숫자가 늘어난 것은 "문지기"에 대해서도 볼 수 있다. 백칠십이 명(느 11:19)에서 사십 명 늘어난 이백열두 명(대상 9:22)이다.

게다가 성막이 성전으로 바뀔 때 그들에게 "직분"을 준 사람은 "다윗과 사무엘"(그 자신이 레위인인, 대상 6:33) 둘 다였다(9:22-23, 26). 그들의 과업은 밤낮으로 성전의 안전과 신성함을 확실히 지키는 것이었고 이는 대단히 중요한 일이었다(9:27, 참고. 민 1:53; 18:2-4).

9:28-32 임무는 분담해서 수행했다. 성문뿐 아니라 이동할 수 있는 자료들, "섬기는데 쓰는 기구"와 제사 의식을 위한 물품들을 잘 감시하는 일은 반드시 필요했다. "제사장의 아들"이 "향품으로 향기름을 만[드는]", "전병을 굽는"(참고. 레 2:5; 6:21), "진설하는 떡"을 준비하는(참고. 민 4:7) 권리를 확보하는 것은 중요했다.

9:33 "문지기"의 의무기한과 근무당번표는 명시된 바 있다(25-27절). 하지만 찬송하는 자들은 별도의 집단이었다는 것을 분명히 할 필요가 있다. 그들의 일은 너무나 중요해서 그들은 "주야로" 진행되는 음악 활동 외의 다른 모든 의무로부터 면제되었다.

9:34 이 구절은 두 부분으로 되어 있다. 첫 문장은 레위인들에 대한 부분(14-33절)을 마무리하는 반면 "예루살렘에 거주하였더라"라는 결론부의 말은 3-34절을 묶어준다.[81] 계보들은 성전 주위에 있는 사람들과 성전에서 섬기는 사람들로 끝난다.

81 Japhet은 "3절과 34절 둘 다에서 예루살렘에 대한 언급의 멋진 교차대구법적 구조"를 "예술적 필치"(*I & II Chronicles*, 218)라고 말한다.

응답

계보들은 "아담"(1:1)으로 시작해서 "예루살렘에"(9:34) 있는 사람들로 끝난다. 긴 출연진 목록은 역대기 저자의 시대까지 계속되는 드라마에서 역할을 담당했던 많은 사람들을 상기시킨다. 그 드라마는 하나님이 "천지"(창 1:1)를 창조하신 것으로부터 시작되어 "새 하늘과 새 땅", "거룩한 성 새 예루살렘", "신부 곧 어린양의 아내"인 하나님의 백성(계 21:1-2, 9)에서 절정에 이를 것이다. 그곳에서 하나님의 "종들이 그를 섬[길]"(계 22:3) 것이다.

이 목록은 성경의 일부로서, 과거의 사람들을 기억하는 것이 무슨 의미인지 성찰해보도록 격려한다. 이스라엘 백성들에게 육체적 자손과 언약적 관계는 하나로 결합되어 있었다. 우리 그리스도인들은 부모와 이전 세대들을 기억하고 존중하는 것이 옳다. 또한 영적 선조들의 이름을 기억하고 그들을 이야기하고 기억하는 것 역시 가치 있는 일이다. 히브리서 12:1에 나오는 '구름같이 둘러싼 증인들'은 이제 크게 확장되었다. 저자는 전 세계적으로('이스라엘의 열두 아들') 그리고 각 지역별로(내가 속한 '아들들') 기억하기를 권한다.

저자는 수많은 사람들의 이름을 말하고 각 사람이 기억된다. 절정은 지도자들의 목록으로, 그것은 개별적으로 계수된 다른 사람들을 가리키는 구체적인 큰 숫자와 함께 나온다. "어린양의 생명책에 기록된" "만국" 사람들의 숫자는 얼마나 더 클 것인가(계 21:24-27)!

마지막 목록은 계속 이어지는 이야기가 다양한 역할에서 함께 사역할 것을 요구한다는 점을 청중들에게 상기시킨다. 그리스도의 역사와 성령의 강림으로, "섬기는" 권위와 임무는 더 이상 육체적 혈통에 기초하지 않으며, 그리스도께 오는 것과 "신령한 집으로 세워지고…거룩한 제사장이 [되는]"(벧전 2:5) 것에서 나온다. "봉사의 일"은 "그리스도의 몸" 안에서 협동하여 역사하는 다양한 은사들을 요구한다(엡 4:7-16).

우리 역시 "범죄함"(대상 2:7; 5:25; 9:1, ESV는 "breaking faith", 믿음을 깨는 것)이 초래한 결과들로부터 배워야 하며 그래서 "섬김"에 신실해야 한다(9:13,

19, 28, 33). 저자는 분명 "우리에게 구름같이 둘러싼 허다한 증인들이 있으니…인내로써 우리 앞에 당한 경주를 하며"라는 히브리서의 말을 강조할 것이다. 우리는 "믿음의 주요 또 온전하게 하시는 이인 예수를 바라보[면서]"(히 12:1-2) 저자가 얼핏 보았을 뿐인 확신을 가지고 계속 나아갈 수 있다.[82] 저자는 다윗이 성전에서 하나님께 드리는 찬양의 노래를 제정한 것에 대해 말한다. 우리는 다윗의 아들이신 예수께 우리의 찬송을 부른다. 그분은 "그 앞에 있는 기쁨을 위하여 십자가를 참으사 부끄러움을 개의치 아니하시더니 하나님 보좌 우편에 앉으셨[다]"(히 12:2, 참고. 계 5:1-14).

82 참고. 서론의 '역대기 신학' 중 '다윗, 하나님의 나라, 하나님의 집'.

역대상 9:35-역대하 9:31 개관

단일 군주정이 중요하다는 것은 의심의 여지가 없다. 사울, 다윗, 솔로몬의 통치는 계보들에 이어서 나오는 내러티브의 절반 이상을 차지한다. 이 시기는 이어지는 400년을 평가하는 데 사용되는 판단기준을 제공한다. 이야기 내내 다윗은 중추적 역할을 하여, 궤와 성전 그리고 관련된 예배 조직과 관련해서 대부분의 내용(60퍼센트 정도)을 차지한다.

군주정 이야기의 시작은 역대기 저자에게 다윗의 통치가 중요하다는 것을 강조한다. 사울의 통치 시기에 대해 나오는 것이라고는 사울의 가계와 사울의 죽음 및 왜 "여호와께서…그 나라를 이새의 아들 다윗에게 넘겨주셨[는가]" 하는 것뿐이다(대상 9:35-10:14, 사무엘상에 나오는 24개의 장과 비교해보라). 나라를 '넘겨주신'(turn) 여호와의 행동을 나타내는 것과 동일한 말이 솔로몬의 죽음 후에 다시 나온다. 그것은 르호보암이 남쪽 지파들과 남겨졌을 때다(대하 10:15, "이 일"은 "a turn of affairs"라고 되어 있다—옮긴이주). 그래서 중대한 변화들이 다윗의 통치와 솔로몬의 통치 앞뒤로 나온다.

다윗 통치에 대한 이야기(대상 11-29장)에서는 다윗의 정치적 · 군사적 성공에 대한 세부묘사가 궤 및 성전과 관련된 다윗의 행동 및 계획들과 얽혀 있다. 자료의 거의 절반은 사무엘하 5장-열왕기상 2장과 비슷한 내용을 담고 있는 반면, 역대기에만 있는 것은 다윗이 성전을 위해 준비한 것, 레위인들 조직, 예배 등이다. 다른 한편, 역대기는 다윗이 온 이스라엘과 유다의 왕이 되는 것으로 이어지는 칠 년간의 투쟁(삼하 1-4장)도, 이후의 내적 충돌과 도덕적 실패들(삼하 11:2-12:25; 13:1-21:14)도 묘사하지 않는다. 자료의 재배열 또한 강조점의 차이를 보여준다(예를 들어, 대상 11-15장은 삼하 5:1-10; 23:8-39; 6:1-11; 5:11-25; 6:12-19와 순서가 유사하다. 참고. 대상 11:1-29:30 개관).

솔로몬의 통치에 대한 서술은 다윗의 통치에 대한 서술과 긴밀하게 연결되어 있다. 다윗은 솔로몬에게 성전과 그 설비들에 관해 길게 부탁한다(대상 22:6-16; 28:9-21). 다윗 자신은 성전을 건축할 수 없었지만(22:8-10), 역대기 저자는 다윗이 모든 준비(계획과 인력)를 하고 많은 자원을 마련해놓았다고 말한다. 솔로몬의 성전 봉헌 기도(대하 6:1-42)에는 열왕기상 8:12-53에도 나오는 다윗에 대한 많은 언급이 포함된다. 여기에 역대하 1-9장은 다윗이 명령한 것 혹은 마련한 것에 대해 거기에만 나오는 몇 가지 언급을 추가한다[대하 1:4, 9; 2:3, 7, 14, 17; 3:1(2번); 6:42; 7:6; 8:11, 14]. 솔로몬은 성전을 건축하면서 다윗이 마련하고 준비한 것을 충실히 이행하고 있었다.

통일 군주정의 내러티브는 예루살렘에서 민족의 삶과 예배의 다양한 요소들을 결합시킨다. 사울의 가족은 성막이 있는 주요 예배 중심지(16:39-40)였던 기브온(대상 9:35)과 연관되어 있다. 하지만 다윗은 예루살렘을 정치적 중심으로 만듦으로써 예루살렘으로 이동하기 시작한다(11:4-9). 예루살렘에는 사울의 몇몇 친척들도 자리를 잡는다(9:38). 하지만 궤는 처음에 성막에 있지 않고 기럇여아림에 방치되어 있었다. 그래서 다윗은 궤를 예루살렘으로 가져온다(13장; 15-16장). 마지막으로, 솔로몬 치하에 성전이 건축되어 궤와 성막을 둘 다 성전 안에 둔다(대하 5장, 참고. 1:3-6). 내러티브는 사울이 블레셋에게 패하는 것으로 시작된다(대상 10장). 하지만 예루살렘에서의 통일(그것은 왕의 후원을 받는 성전에서 절정에 이른다)은 다윗의 군사적 승리에 의해 가능하게 된다(대상 11:4-9; 14:8-17; 18:1-20:8; 참고. 22:7-10). 다윗은 그의 생애가 끝날 무렵 "이스라엘 하나님 여호와께서 평강을 그의 백성에게 주시고 예루살렘에 영원히 거하시나니"(23:25)라고 말할 수 있었다.

고대 근동에서 왕은 많은 책임을 지니고 있었다. 통치자는 국가의 정치적 군사적 지도자였을 뿐 아니라, 국가신의 신전 후원자로서 책임을 지고 있었다. 그래서 신전을 건축하고 유지하며 자원을 공급하는 일을 책임졌다. 다윗은 이 모든 역할들을 성공적으로 성취하는데, 가장 중요한 것은 성전, 성전 일꾼, 성전 의식을 준비해놓았다는 것이다. 포로기 이후 시대에는 정치적 · 군사적 지도력을 제시하는 다윗 계열의 왕은 없지만, 다윗 자신이 "여호와의 손"(대상 28:19)으로부터 받은 것에 따라, 다윗의 권위를 가지고 지속적인 성전 예배가 이루어졌다.

I Chronicles
역대상
9:35-10:14

9:35 기브온의 조상 여이엘은 기브온에 거주하였으니 그의 아내의 이
름은 마아가라 36 그의 맏아들은 압돈이요 다음은 술과 기스와 바알과
넬과 나답과 37 그돌과 아히오와 스가랴와 미글롯이며 38 미글롯은 시
므암을 낳았으니 그들은 그들의 친족들과 더불어 마주하고 예루살렘
에 거주하였더라 39 넬은 기스를 낳고 기스는 사울을 낳고 사울은 요
나단과 말기수아와 아비나답과 에스바알을 낳았으며 40 요나단의 아
들은 므립바알이라 므립바알은 미가를 낳았고 41 미가의 아들들은 비
돈과 멜렉과 다레아와 아하스이며 42 아하스는 야라를 낳고 야라는 알
레멧과 아스마웻과 시므리를 낳고 시므리는 모사를 낳고 43 모사는 비
느아를 낳았으며 비느아의 아들은 르바야요 그의 아들은 엘르아사요
그의 아들은 아셀이며 44 아셀이 여섯 아들이 있으니 그들의 이름은
아스리감과 보그루와 이스마엘과 스아랴와 오바댜와 하난이라 아셀
의 아들들이 이러하였더라

9:35 In Gibeon lived the father of Gibeon, Jeiel, and the name of his wife
was Maacah, 36 and his firstborn son Abdon, then Zur, Kish, Baal, Ner,
Nadab, 37 Gedor, Ahio, Zechariah, and Mikloth; 38 and Mikloth was

the father of Shimeam; and these also lived opposite their kinsmen in
Jerusalem, with their kinsmen. 39 Ner fathered Kish, Kish fathered Saul,
Saul fathered Jonathan, Malchi-shua, Abinadab, and Eshbaal. 40 And
the son of Jonathan was Merib-baal, and Merib-baal fathered Micah.
41 The sons of Micah: Pithon, Melech, Tahrea, and Ahaz.[1] 42 And Ahaz
fathered Jarah, and Jarah fathered Alemeth, Azmaveth, and Zimri.
And Zimri fathered Moza. 43 Moza fathered Binea, and Rephaiah was
his son, Eleasah his son, Azel his son. 44 Azel had six sons and these
are their names: Azrikam, Bocheru, Ishmael, Sheariah, Obadiah, and
Hanan; these were the sons of Azel.

10장

10:1 블레셋 사람들과 이스라엘이 싸우더니 이스라엘 사람들이 블레셋
사람들 앞에서 도망하다가 길보아산에서 죽임을 당하여 엎드러지니
라 2 블레셋 사람들이 사울과 그 아들들을 추격하여 블레셋 사람들이
사울의 아들 요나단과 아비나답과 말기수아를 죽이고 3 사울을 맹렬
히 치며 활 쏘는 자가 사울에게 따라 미치매 사울이 그 쏘는 자로 말
미암아 심히 다급하여 4 사울이 자기의 무기를 가진 자에게 이르되 너
는 칼을 빼어 그것으로 나를 찌르라 할례 받지 못한 자들이 와서 나를
욕되게 할까 두려워하노라 그러나 그의 무기를 가진 자가 심히 두려
워하여 행하기를 원하지 아니하매 사울이 자기 칼을 뽑아서 그 위에
엎드러지니 5 무기 가진 자가 사울이 죽는 것을 보고 자기도 칼에 엎
드러져 죽으니라 6 이와 같이 사울과 그의 세 아들과 그 온 집안이 함
께 죽으니라 7 골짜기에 있는 모든 이스라엘 사람이 그들의 도망한 것
과 사울과 그의 아들들이 다 죽은 것을 보고 그 성읍들을 버리고 도망
하매 블레셋 사람들이 와서 거기에 거주하니라
10:1 Now the Philistines fought against Israel, and the men of Israel
fled before the Philistines and fell slain on Mount Gilboa. 2 And the

Philistines overtook Saul and his sons, and the Philistines struck down
Jonathan and Abinadab and Malchi-shua, the sons of Saul. 3 The battle
pressed hard against Saul, and the archers found him, and he was
wounded by the archers. 4 Then Saul said to his armor-bearer, "Draw
your sword and thrust me through with it, lest these uncircumcised
come and mistreat me." But his armor-bearer would not, for he feared
greatly. Therefore Saul took his own sword and fell upon it. 5 And
when his armor-bearer saw that Saul was dead, he also fell upon his
sword and died. 6 Thus Saul died; he and his three sons and all his
house died together. 7 And when all the men of Israel who were in the
valley saw that the army[2] had fled and that Saul and his sons were dead,
they abandoned their cities and fled, and the Philistines came and lived
in them.

8 이튿날에 블레셋 사람들이 와서 죽임을 당한 자의 옷을 벗기다가 사
울과 그의 아들들이 길보아산에 엎드러졌음을 보고 9 곧 사울의 옷을
벗기고 그의 머리와 갑옷을 가져다가 사람을 블레셋 땅 사방에 보내
모든 이방 신전과 그 백성에게 소식을 전하고 10 사울의 갑옷을 그들
의 신전에 두고 그의 머리를 다곤의 신전에 단지라 11 길르앗야베스
모든 사람이 블레셋 사람들이 사울에게 행한 모든 일을 듣고 12 용사
들이 다 일어나서 사울의 시체와 그의 아들들의 시체를 거두어 야베
스로 가져다가 그곳 상수리나무 아래에 그 해골을 장사하고 칠 일간
금식하였더라

8 The next day, when the Philistines came to strip the slain, they found
Saul and his sons fallen on Mount Gilboa. 9 And they stripped him and
took his head and his armor, and sent messengers throughout the land
of the Philistines to carry the good news to their idols and to the people.

10 And they put his armor in the temple of their gods and fastened his head in the temple of Dagon. 11 But when all Jabesh-gilead heard all that the Philistines had done to Saul, 12 all the valiant men arose and took away the body of Saul and the bodies of his sons, and brought them to Jabesh. And they buried their bones under the oak in Jabesh and fasted seven days.

13 사울이 죽은 것은 여호와께 범죄하였기 때문이라 그가 여호와의
말씀을 지키지 아니하고 또 신접한 자에게 가르치기를 청하고 14 여호
와께 묻지 아니하였으므로 여호와께서 그를 죽이시고 그 나라를 이새
의 아들 다윗에게 넘겨 주셨더라

13 So Saul died for his breach of faith. He broke faith with the Lord in
that he did not keep the command of the Lord, and also consulted a
medium, seeking guidance. 14 He did not seek guidance from the Lord.
Therefore the Lord put him to death and turned the kingdom over to
David the son of Jesse.

1 Compare 8:35; Hebrew lacks *and Ahaz* *2* Hebrew *they*

단락 개관

역대기 저자는 이스라엘의 첫 번째 왕 사울의 통치는 간략하게 언급하고 넘어간다. 앞에 나오는 계보와 관련된 사항들을 반복한 후에는(대상 9:35-44는 8:29-38과 조화된다) 사울의 죽음 이야기만 나온다(10:1-12, 이는 삼상 31:1-13과 대응된다). 그 이유는 결론적 요약에서 볼 수 있다(대상 10:13-14). "범죄"(ESV는 "breach of faith", 믿음을 깨는 것)는 패배와 죽음으로 이끌었으나

하나님은 계속해서 다윗이라는 왕을 공급해주셨다는 것이다. 사울의 실패는 그 후에 나오는 다윗의 신실함과 관련된 성공에 대한 내러티브를 부각시키는 역할을 한다.

단락 개요

II. 다윗과 솔로몬의 통일 왕국—예루살렘, 궤, 성전(대상 9:35-대하 9:31)

A. 사울, 다윗에 대한 서막: 그의 계보와 죽음(대상 9:35-10:14)

1. 사울의 계보 반복(9:35-44)
2. 사울의 죽음(10:1-12)
3. 결론적 요약(10:13-14)

주석

9:35-44[83] 저자는 사울과 그의 마지막 전투 전에 일어난 사건들 중에서 사울의 가족과 기브온과의 연관에 대해서만 언급한다. "예루살렘에"(9:34의 마지막 말)라는 말과 대조적으로, 이야기는 "기브온에[서]"(35절의 히브리어 본문의 첫 단어) 시작된다. 기브온은 예루살렘 북서쪽으로 9.7킬로미터 떨어진 주요 성읍으로, 그곳의 특징은 역대기에서 예루살렘에 성전을 봉헌하기까지 성막과 번제단이 있던 장소였다는 것이다(16:39; 대하 1:3-6). 기브온과 사울로 이야기를 시작하는 것은 장차 다윗의 지도하에 국가의 통치와

83 몇몇 이름의 변형들이 존재한다. 어떤 것은 같은 이름에 대한 분명하게 다른 형태들로, 8장에는 더 짧은 형태로 나온다(예를 들어, "세겔/스가랴", "시므아/시므암").

예배의 중심인 예루살렘으로 이동할 것을 준비해주는데, 그것은 "예루살렘에" 살게 된 사울의 친족들에 대한 언급에서 예시된다(대상 9:38).

10:1-12 사울의 패배와 죽음은 수치스러운 것이었으며, 다윗이 왕이 되는 것으로 이어졌다. 요약 진술이 그 장면을 묘사한다. "블레셋 사람들"[84]이 북쪽에서(길보아산은 에스드렐론 평야 남동쪽 끝머리에 있는 산맥이다) 이스라엘을 패주시켰다는 것이다. 사울의 세 아들은 죽임을 당했으며, 부상당한 사울은 자살했다(1-4절).

본문은 사울이 '죽은/죽었다'(5-7절에 네 번)는 것을 강조하며, 특히 "사울과 그의 세 아들과 그 온 집안이 함께 죽으니라"(6절)라고 강조한다. 역대기 저자의 "그 온 집안"(삼상 31:6의 "무기를 든 자와 그의 모든 사람")이라는 말은 왕조의 연속은 없었다는 것을 강조하면서, 그 후에 "사울의 집과 다윗의 집 사이에 전쟁이 오래매" 사울의 남은 아들 에스바알/이스보셋이 죽었다는 것(삼하 3:1; 4:5-12)을 사소한 일로 조용히 넘어가버린다. 그럼에도 불구하고 앞에 나오는 계보는 요나단의 아들 므립바알(므비보셋)을 통해 예루살렘에 일부 자손이 계속 있었다는 것을 보여준다. 하지만 므비보셋은 왕위 계승자로 여겨지지 않았다(삼하 21:7).

저자는 "다곤의 신전에 [매]단" 사울의 "머리"가 처한 운명에 관심을 가진다(대상 10:10, 참고. 삼상 31:10, "시체"와 "벧산 성벽"). 이것은 (1) 블레셋이 전에 궤를 사로잡아 다곤에 신전에 두어 다곤의 머리와 손이 끊어져 넘어진 것(삼상 5:1-4)과 (2) 다윗이 블레셋 사람 골리앗의 머리를 베어 그것을 예루살렘에 가져간 것(삼상 17:51, 54)을 대조적으로 암시하는 것으로 해석할 수 있다.[85]

84 성경은 주전 12세기 동부 지중해 연안을 침략한 다양한 해양민족을 언급하기 위해 "블레셋 사람들"이라는 용어를 사용한다. 그들 중 일부는 예루살렘 서쪽 남부 연안 평야에 큰 성읍들을 세웠다.

85 H. G. M. Williamson, *1 and 2 Chronicles*, NCBC (Grand Rapids, MI: Eerdmans, 1982), 93-94.

10:13-14 개인과 공동의 "범죄"가 이스라엘의 지파 계보들의 앞뒤 틀을 형성한 것처럼[2:7의 아간(유다 사람), 9:1의 유다], 군주정 시기 내러티브는 첫 번째 왕의 "범죄"(10:13)로 시작되며, 왕과 제사장들과 백성이 "크게 범죄"(대하 36:14)하는 것으로 끝날 것이다.[86]

사울이 "여호와의 말씀을 지키지" 아니한 것은 그가 초기에 불순종한 행동을 한 것을 암시할 것이다. 그것은 여호와께서 왕권을 다윗에게 넘기신 것과 명백히 연관되어 있다(삼상 13:1-14; 15:1-35). 또 다른 명확한 실패는 사울이 엔돌의 "신접한 자"와 상의한 것이다(삼상 28장). 여기 나온 말은 사무엘상 28:6("사울이 여호와께 묻자오되 여호와께서…그에게 대답하지 아니하시므로")과 충돌하는 것처럼 보이지만, 사울이 "여호와께 묻지" 않았다는 것은 그의 특징적 행동을 나타내는 표현이다. 사무엘이 그다음에 한 말은 사울의 불순종과 여호와께서 사전에 나라를 옮기신 것(삼상 28:16-19)을 강조한다.

'묻다'[다라쉬(*darash*), ESV는 "seek guidance", 인도를 구하다]라는 말은 역대기의 핵심 단어로, 종교적 맥락에서 거의 40회에 걸쳐 나온다. 종종 그 말은 특정한 문제에서의 인도('묻다')를 말하지만, 보다 일반적으로는 하나님께 전심으로 헌신하는 것을 표현한다('구하다', 예를 들어, 대상 16:11). 주목할 점은 역대기에서 그 말이 나오는 경우는 다윗이 궤를 다시 가져오기 위해 행동을 요구할 때 다윗이 "사울 때에는 우리가 궤 앞에서 묻지 아니하였느니라"(13:3)라고 한 말이다. 후에 다윗은 솔로몬에게 "너희는 마음과 뜻을 바쳐서 너희 하나님 여호와를 구하라"(22:19)라고 권고한다. 사울이 '구하지 않은 것'은 왕권의 상실과 죽음으로 이어진다. 다윗이 '구한 것'은 성공으로 이어진다.

사울은 "자기 칼"에 엎드러졌을지 모르지만(10:4) 저자는 궁극적으로 이것이 여호와의 심판이었다고 단언한다. 게다가 다윗이 "나라"를 사울에게서 취한 것이 아니라 여호와께서 다윗에게 "[그것을] 넘겨주셨[다]". 그것은

86 히브리어 마알, "범죄함"(ESV는 "breaking faith", 믿음을 깨뜨림)에 대한 논의로는 2:4-8 주석 참고.

하나님의 “나라”이며(17:14)이며 하나님이 통치자를 정하신다. 포로시대 이후의 청중들은 또한 나라의 ‘신실하지 못함’ 즉, “여호와의 말씀을 지키지” 아니하고 여호와께 “묻지” 아니한 것이 어떻게 다윗 군주정의 종말로 이어졌는지 알고 있다. 하지만 사울의 죽음은 여호와의 최종 판결이 아니었다. 그래서 아마 여호와는 다시 나라를 또 다른 “다윗”에게 넘겨주실 것이다.

응답

사울의 죽음은, 타고난 재능과 카리스마와 가능성을 갖고 있지만(예를 들어 삼상 9:15-17; 10:23-24) 그것이 하나님을 향한 꾸준한 헌신으로 뒷받침되지 않은 결과 실패하는 지도력의 비극적인 예다. 꾸준한 헌신은 하나님의 명령에 순종하고 그분의 인도를 겸손히 구하는 것이다. 하지만 사울은 하나님을 신뢰하지 않고 블레셋 사람들이 무슨 일을 행할지 모른다는 두려움에 사로잡혀 살아간다(예를 들어, 삼상 13:4-14; 15:24; 17:11; 28:5).

사울, 그리고 궁극적으로 다윗 계열의 왕들은 “범죄[한](ESV는 “unfaithful”, 신실하지 못한) 것으로 입증되었다. 이와 대조적으로 오늘날 우리는 “그 조상 다윗의 왕위를”(눅 1:32) 받은 그리스도 예수 안에서 기뻐할 수 있다. 그분은 “죽기까지 복종하셨으니 곧 십자가에 죽으[셨다]”(빌 2:8). 심지어 “우리는 미쁨이 없을지라도 주는 항상 미쁘시[다]”(딤후 2:13). 반대에 직면한 그리스도인들, “의를 위하여 고난을 받[는]” 사람들에게 베드로는 너희는 “복 있는 자”(참고. 마 5:10)가 될 것이라고 약속할 뿐 아니라 “그들이 두려워하는 것을 두려워하지 말며 근심하지 말고 너희 마음에 그리스도를 주로 삼아 거룩하게 하[라]”(벧전 3:14-15; 사 8:12-13, 70인역을 인용함)라고 말한다. 사울은 그의 통치 중 많은 기간 동안 블레셋을 두려워했다. 이와 대조적으로 우리는 “백마”를 탄 “충신과 진실”이라는 분에게 인도함을 받음으로 악의 세력들을 최종적으로 정복할 때를 고대한다(계 19:11).

역대상 11:1-29:30 개관

예루살렘으로 이동함

다윗의 통치 이야기는 중대한 발전들을 말해준다. 이미 살펴본 것[87]은 예루살렘으로 중앙집권적으로 이동했다는 것이다. 처음에 사울의 가족은 기브온 출신이었다. 그곳은 또한 성막과 번제단이 있는 곳이었다(대상 9:35; 16:39-40; 21:29). 다윗은 헤브론에서 왕위에 올랐다(11:1-3). 궤는 기럇여아림에 있었다(13:5). 하지만 다윗의 통치가 끝날 무렵에는 왕과 궤가 예루살렘에 있으며 성전을 위한 준비가 되어 있었다.

다윗의 통치는 영향력과 환호가 점점 커졌다. 여호와께서 그렇게 되게 하신 것이다. "여호와께서…그 나라를 다윗에게 넘겨주[신]"(10:14) 후에, 헤브론에서 "온 이스라엘"이 다윗을 "왕으로 삼았으니 이는 여호와께서 이르신 말씀대로" 하신 것이었다고 나온다(11:1-3, 10; 12:38). 두로의 히람이 예루살렘에 있는 다윗에게 사신들과 건축 자재를 보낸 후에, "다윗이

87 참고. 대상 9:35-대하 9:31 개관.

여호와께서 자신을 이스라엘의 왕으로 삼으신 줄을 깨달았으니…그의 나라가 높이 들림을 받았음을 앎이었[다]"(14:2). 더구나 블레셋을 물리친 후에 "다윗의 명성이 온 세상에 퍼졌고 여호와께서 모든 이방 민족으로 그를 두려워하게 하셨[다]"(14:17). 이렇게 환호가 확장되는 것은 다윗만 위한 것이 아니다. 그것은 "그의 백성 이스라엘을 위[한]"(14:2) 것이다. "만민 중에 알[려야]"(16:8, 참고, 14:16-17) 하는 것은 여호와가 행하신 일이다. 그리고 다윗이 솔로몬에게 건축하도록 준비시키는 여호와의 성전은 "극히 웅장하여 만국에 명성과 영광이 있게"(22:5) 해야 한다. 역대상의 마지막 말인 다윗 통치의 요약은 연못에 돌을 던질 때 생기는 잔물결처럼, "그와 이스라엘과 온 세상 모든 나라의 지난 날의 역사"(29:30)를 포함한다.

다윗이 왕위에 있는 동안 성장에 수반되는 것은 군사적 승리, 패배에서 "평안"으로의 이동에 대한 세부적 묘사다. 사울의 죽음은 그가 혼자 있는 상황에서, "이스라엘 사람들"은 도망하고 블레셋 사람들은 승리를 거두면서 이스라엘 성읍들을 소유하는 것과 함께 이루어졌다(10:1, 7). 이에 반해 다윗 이야기 초기에 우리는 온 지역에서 온 "다윗에게 있는 용사[들]"에 대한 내용(11:10-12:39a) 및 다윗이 블레셋 사람들을 물리친 세세한 이야기(14:8-17)를 읽게 된다. 다윗의 "집"과 여호와의 "집"에 관해 여호와께서 다윗에게 하신 약속에는 이스라엘을 위한 평화가 포함된다. "네 모든 대적으로 네게 복종하게 하[실]" 것이기 때문이다(17:10-12). 이 약속에 바로 이어서 성취되기 시작하는 내용이 나온다. 다윗이 서너 주위 종족들을 물리치는 이야기다(18:1-20:8). 그 결과 솔로몬 시대에 "평안"이 있는 성전을 건축할 수 있게 된다(22:8-10, 참고, 28:3).

해석의 지침이 되는 문학적 특징들

핵심적인 문학적 표시는 다윗이 기도로 온 회중을 인도하는 두 부분으로, 예루살렘에 궤를 설치할 때 부른 찬양의 시편(16:8-36)과 성전 및 솔로몬의 통치를 위한 준비를 한 후에 다윗이 한 기도(29:10-22)다.[88] 둘 다 역대기에만 나오며 다윗 이야기를 11-16장과 17-29장으로 둘로 나누는 역할을 한다. (유일하게 기록된 다윗의 다른 기도는 나단을 통해 여호와께서 하신 약속들 다음에 나오는 개인적 기도인 17:26-27로, 이것은 삼하 7:18-29와 조화를 이룬다.) 각 문구는 다윗을 향한 여호와의 호의적 주도권, 다윗의 적극적인 신실함(궤와 성전 각각에 관해), 하나님이 다윗으로 군사적 승리를 거둘 수 있게 하사 평안 가운데 사는 백성이 공동으로 하나님을 기쁘게 예배하게 하는 것 등이 포함된다. 정치 및 군사적 지도력은 개인의 지위를 높이기 위해서 사용되는 것도, 그 자체가 목적도 아니고, 평안을 가져오고 모든 나라가 인정하는 하나님에 대한 공동의 찬양을 촉진시키기 위한 것이다.

이름을 열거하는 것은 계보들로 끝나지 않았다! 다윗 통치 이야기의 절반 이상의 구절들은 목록들이다. 그 목록들은 다윗의 "용사[들]"(대상 11:10-12:40), 예루살렘에서 태어난 자녀들(14:3-7), 궤를 예루살렘으로 가져오는 일에 관여된 레위인들(15:4-24), 궤와 함께 혹은 기브온에 남은 사람들(16:37-42), 굴복한 왕들과 백성(18:1-13), 다윗의 행정가들(18:14-17), 레위인, 제사장, 음악가, 문지기, 곳간 맡은 자들, 다른 성전 관리들 조직(23:1-26:28), 그 땅 다른 곳에 있는 레위인 관리들(26:29-32), 온 나라가 성전을 위해 준비하게 하는 다른 지도자들(27:1-34), 성전을 위해 제공된 자원들(29:1-9) 등이다. 이런 것들을 합쳐보면, 역대기 저자가 광범위한 수많은 개인들이 각각 자신들의 역할을 담당하는 생생한 모습을 묘사했다는 것을 볼 수 있다. 연합 군주정 이야기는 다윗과 솔로몬을 중심으로 하고 있을지 모르지만, 거기에는 이런 사람들이 포함된다. "온 이스라엘"은 단지 익명으로 무리지어 모인 군중이 아니라, 성전 예배 및 공동체의 평안과 안녕을 위해 필요한 모든 책임을 맡은, 이름이 나오는 수많은 개인들이다. 이것은 포로기 이후 공동체에 중요한 의미가 있다. 그들에게는 다윗 계열의 왕은 없을지 모르지만 백성과 성전은 계속된다.

88 Williamson은 *1 and 2 Chronicles*, 185-186에서 그 둘 간의 몇 가지 유사점을 묘사한다.

해석의 지침이 되는 다른 문학적 특징들은 상세한 주석을 하는 도중에 논의할 것이다. 예를 들어, 11-12장과 16장에 나오는 교차대구법적 구조 등이다. 주석가들 사이에서는 세부적인 사항들에서 합의된 점들도 있고 서로 상이한 점들도 있다.[89]

89 주요 주석들 외에도 Leslie C. Allen, "Kerygmatic Units in 1 & 2 Chronicles," *JSOT* 41 (1988): 21-36; John W. Wright, "The Founding Father: The Structure of the Chronicler's David Narrative," *JBL* 117/1 (1998): 45-59; Berger, "Chiasm and Meaning in 1 Chronicles" 등을 언급할 수 있을 것이다.

역대상 11:1-16:43 개관

다윗 이야기의 두 가지 주요 단계 중 첫 번째는 "온 이스라엘"이 다윗을 헤브론에서 왕으로 삼는 것으로 시작해서, 궤가 마침내 예루살렘에게 자리를 잡으면서 그와 관련된 계속되는 예배와 함께 다윗이 공동 찬양을 인도하는 것에서 절정에 이른다. 그 사이에 나오는 것은 이스라엘 전역에서 찾아 온, 다윗을 후원하는 많은 "용사[들]" 및 블레셋에 대한 다윗의 승리들에 대한 이야기다.

하나님의 호의적 주도권과 다윗의 신실함 그리고 군사적 성공이라는 유형(대상 17-29장에서 반복될)은 평안을 누리는 백성이 예배하도록 이끌려는 것으로, 11-16장의 첫 번째 문구에서 역대기 저자가 사무엘하와 비교해서 자료를 재배열하는 것으로 인해 강화된다(표3을 보라). 두 주요 재배치(표에서 이탤릭체로 나오는)는 (1) 다윗이 왕이 되는 것에서 "용사[들]"이었던 사람들의 폭넓은 지지를 받았다는 것과 (2) 두로의 인정, 다윗의 가족이 늘어나는 것, 블레셋 사람들의 패배(모두 하나님의 복의 표시들)가 다윗이 궤를 기럇여아림으로부터 가져오려는 것에 이어서 일어난다는 것을 강조하는 역할을 한다. 다윗이 왕이 되는 것은 비판받을만한 일이 없으며(다윗의 유일한 전투들은 비이스라엘 사람들을 상대로 한 것이다), 궤를 예루살렘으로 가져오고자 하는 다윗의 행동은 암암리에 하나님의 칭찬을 받는다.

	역대상	사무엘하
다윗이 헤브론에서 온 이스라엘 왕으로 기름부음 받음	11:1-3	5:1-3
다윗이 예루살렘을 점령함	11:4-9	5:6-10
다윗의 "용사[들]"	11:10-47	*23:8-39*
다윗의 또 다른 "용사[들]"	12:1-40	-
궤를 기럇여아림에서 가져옴	13:1-14	6:1-11
다윗과 두로의 히람, 다윗의 예루살렘인 아내와 자녀들, 블레셋 사람들을 물리침	14:1-17	*5:11-25*
궤를 예루살렘으로 가져옴	15:1-16:3	6:12-19a
다윗이 예루살렘에서 예배를 제정함	16:4-42	-
백성들과 다윗이 그들의 "집"으로 돌아감	16:43	6:19b-20a

표3. 역대상 11-16장과 사무엘하 비교

1 Chronicles

역대상

11:1-12:40

11:1 온 이스라엘이 헤브론에 모여 다윗을 보고 이르되 우리는 왕의 가
까운 혈족이니이다 2 전에 곧 사울이 왕이 되었을 때에도 이스라엘을
거느리고 출입하게 한 자가 왕이시었고 왕의 하나님 여호와께서도 왕
에게 말씀하시기를 네가 내 백성 이스라엘의 목자가 되며 내 백성 이
스라엘의 주권자가 되리라 하셨나이다 하니라 3 이에 이스라엘의 모
든 장로가 헤브론에 있는 왕에게로 나아가니 헤브론에서 다윗이 그들
과 여호와 앞에 언약을 맺으매 그들이 다윗에게 기름을 부어 이스라
엘의 왕으로 삼으니 여호와께서 사무엘을 통하여 전하신 말씀대로 되
었더라

11:1 Then all Israel gathered together to David at Hebron and said,
"Behold, we are your bone and flesh. 2 In times past, even when Saul
was king, it was you who led out and brought in Israel. And the Lord
your God said to you, 'You shall be shepherd of my people Israel, and
you shall be prince over my people Israel.'" 3 So all the elders of Israel
came to the king at Hebron, and David made a covenant with them at
Hebron before the Lord. And they anointed David king over Israel,

according to the word of the Lord by Samuel.

4 다윗이 온 이스라엘과 더불어 예루살렘 곧 여부스에 이르니 여부스
땅의 주민들이 거기에 거주하였더라 5 여부스 원주민이 다윗에게 이
르기를 네가 이리로 들어오지 못하리라 하나 다윗이 시온산성을 빼앗
았으니 이는 다윗 성이더라 6 다윗이 이르되 먼저 여부스 사람을 치는
자는 우두머리와 지휘관으로 삼으리라 하였더니 스루야의 아들 요압
이 먼저 올라갔으므로 우두머리가 되었고 7 다윗이 그 산성에 살았으
므로 무리가 다윗 성이라 불렀으며 8 다윗이 밀로에서부터 두루 성을
쌓았고 그 성의 나머지는 요압이 중수하였더라 9 만군의 여호와께서
함께 계시니 다윗이 점점 강성하여 가니라

4 And David and all Israel went to Jerusalem, that is, Jebus, where the
Jebusites were, the inhabitants of the land. 5 The inhabitants of Jebus
said to David, "You will not come in here." Nevertheless, David took
the stronghold of Zion, that is, the city of David. 6 David said, "Whoever
strikes the Jebusites first shall be chief and commander." And Joab the
son of Zeruiah went up first, so he became chief. 7 And David lived in
the stronghold; therefore it was called the city of David. 8 And he built
the city all around from the Millo in complete circuit, and Joab repaired
the rest of the city. 9 And David became greater and greater, for the
Lord of hosts was with him.

10 다윗에게 있는 용사의 우두머리는 이러하니라 이 사람들이 온 이
스라엘과 더불어 다윗을 힘껏 도와 나라를 얻게 하고 그를 세워 왕으
로 삼았으니 이는 여호와께서 이스라엘에 대하여 이르신 말씀대로 함
이었더라 11 다윗에게 있는 용사의 수효가 이러하니라 학몬 사람의 아
들 야소브암은 삼십 명의 우두머리라 그가 창을 들어 한꺼번에 삼백

명을 죽였고

10 Now these are the chiefs of David's mighty men, who gave him
strong support in his kingdom, together with all Israel, to make him
king, according to the word of the Lord concerning Israel. 11 This is an
account of David's mighty men: Jashobeam, a Hachmonite, was chief
of the three.[1] He wielded his spear against 300 whom he killed at one
time.

12 그다음은 아호아 사람 도도의 아들 엘르아살이니 세 용사 중 하나
이라 13 그가 바스담밈에서 다윗과 함께 있었더니 블레셋 사람들이 그
곳에 모여와서 치니 거기에 보리가 많이 난 밭이 있더라 백성들이 블
레셋 사람들 앞에서 도망하되 14 그가 그 밭 가운데에 서서 그 밭을 보
호하여 블레셋 사람들을 죽였으니 여호와께서 큰 구원으로 구원하심
이었더라

12 And next to him among the three mighty men was Eleazar the son
of Dodo, the Ahohite. 13 He was with David at Pas-dammim when the
Philistines were gathered there for battle. There was a plot of ground
full of barley, and the men fled from the Philistines. 14 But he took his[2]
stand in the midst of the plot and defended it and killed the Philistines.
And the Lord saved them by a great victory.

15 삼십 우두머리 중 세 사람이 바위로 내려가서 아둘람 굴 다윗에게
이를 때에 블레셋 군대가 르바임 골짜기에 진 쳤더라 16 그때에 다윗
은 산성에 있고 블레셋 사람들의 진영은 베들레헴에 있는지라 17 다윗
이 갈망하여 이르되 베들레헴 성문 곁 우물 물을 누가 내게 마시게 할
꼬 하매 18 이 세 사람이 블레셋 사람들의 군대를 돌파하고 지나가서
베들레헴 성문 곁 우물 물을 길어가지고 다윗에게로 왔으나 다윗이

마시기를 기뻐하지 아니하고 그 물을 여호와께 부어드리고 19 이르되
내 하나님이여 내가 결단코 이런 일을 하지 아니하리이다 생명을 돌
아보지 아니하고 갔던 이 사람들의 피를 어찌 마시리이까 하고 그들
이 자기 생명도 돌보지 아니하고 이것을 가져왔으므로 그것을 마시기
를 원하지 아니하니라 세 용사가 이런 일을 행하였더라

15 Three of the thirty chief men went down to the rock to David at
the cave of Adullam, when the army of Philistines was encamped in
the Valley of Rephaim. 16 David was then in the stronghold, and the
garrison of the Philistines was then at Bethlehem. 17 And David said
longingly, "Oh that someone would give me water to drink from the
well of Bethlehem that is by the gate!" 18 Then the three mighty men
broke through the camp of the Philistines and drew water out of the
well of Bethlehem that was by the gate and took it and brought it to
David. But David would not drink it. He poured it out to the Lord
19 and said, "Far be it from me before my God that I should do this.
Shall I drink the lifeblood of these men? For at the risk of their lives
they brought it." Therefore he would not drink it. These things did the
three mighty men.

20 요압의 아우 아비새는 그 세 명 중 우두머리라 그가 창을 휘둘러 삼
백 명을 죽이고 그 세 명 가운데에 이름을 얻었으니 21 그는 둘째 세
명 가운데에 가장 뛰어나 그들의 우두머리가 되었으나 첫째 세 명에
게는 미치지 못하니라

20 Now Abishai, the brother of Joab, was chief of the thirty.[3] And he
wielded his spear against 300 men and killed them and won a name
beside the three. 21 He was the most renowned[4] of the thirty[5] and
became their commander, but he did not attain to the three.

11장

22 갑스엘 용사의 손자 여호야다의 아들 브나야는 용감한 사람이라
그가 모압 아리엘의 아들 둘을 죽였고 또 눈 올 때에 함정에 내려가서
사자 한 마리를 죽였으며 23 또 키가 큰 애굽 사람을 죽였는데 그 사람
의 키가 다섯 [1)]규빗이요 그 손에 든 창이 베틀채 같으나 그가 막대기
를 가지고 내려가서 그 애굽 사람의 손에서 창을 빼앗아 그 창으로 죽
였더라 24 여호야다의 아들 브나야가 이런 일을 행하였으므로 세 용사
중에 이름을 얻고 25 삼십 명 중에서는 뛰어나나 첫째 세 사람에게는
미치지 못하니라 다윗이 그를 세워 시위대장을 삼았더라

22 And Benaiah the son of Jehoiada was a valiant man[6] of Kabzeel, a
doer of great deeds. He struck down two heroes of Moab. He also went
down and struck down a lion in a pit on a day when snow had fallen.
23 And he struck down an Egyptian, a man of great stature, five cubits[7]
tall. The Egyptian had in his hand a spear like a weaver's beam, but
Benaiah went down to him with a staff and snatched the spear out of the
Egyptian's hand and killed him with his own spear. 24 These things did
Benaiah the son of Jehoiada and won a name beside the three mighty
men. 25 He was renowned among the thirty, but he did not attain to the
three. And David set him over his bodyguard.

26 또 군사 중의 큰 용사는 요압의 아우 아사헬과 베들레헴 사람 도도
의 아들 엘하난과 27 하롤 사람 삼훗과 블론 사람 헬레스와 28 드고아
사람 익게스의 아들 이라와 아나돗 사람 아비에셀과 29 후사 사람 십
브개와 아호아 사람 일래와 30 느도바 사람 마하래와 느도바 사람 바
아나의 아들 헬렛과 31 베냐민 자손에 속한 기브아 사람 리배의 아들
이대와 비라돈 사람 브나야와 32 가아스 시냇가에 사는 후래와 아르
바 사람 아비엘과 33 바하룸 사람 아스마웻과 사알본 사람 엘리아바와
34 기손 사람 하셈의 아들들과 하랄 사람 사게의 아들 요나단과 35 하

랄 사람 사갈의 아들 아히암과 울의 아들 엘리발과 36 므게랏 사람 헤
벨과 블론 사람 아히야와 37 갈멜 사람 헤스로와 에스배의 아들 나아
래와 38 나단의 아우 요엘과 하그리의 아들 밉할과 39 암몬 사람 셀렉
과 스루야의 아들 요압의 무기 잡은 자 베롯 사람 나하래와 40 이델
사람 이라와 이델 사람 가렙과 41 헷 사람 우리아와 알래의 아들 사
밧과 42 르우벤 자손 시사의 아들 곧 르우벤 자손의 우두머리 아디나
와 그 추종자 삼십 명과 43 마아가의 아들 하난과 미텐 사람 요사밧과
44 아스드랏 사람 웃시야와 아로엘 사람 호담의 아들 사마와 여이엘과
45 시므리의 아들 여디아엘과 그의 아우 디스 사람 요하와 46 마하위
사람 엘리엘과 엘라암의 아들 여리배와 요사위야와 모압 사람 이드마
와 47 엘리엘과 오벳과 므소바 사람 야아시엘이더라

26 The mighty men were Asahel the brother of Joab, Elhanan the son
of Dodo of Bethlehem, 27 Shammoth of Harod,[8] Helez the Pelonite,
28 Ira the son of Ikkesh of Tekoa, Abiezer of Anathoth, 29 Sibbecai the
Hushathite, Ilai the Ahohite, 30 Maharai of Netophah, Heled the son of
Baanah of Netophah, 31 Ithai the son of Ribai of Gibeah of the people
of Benjamin, Benaiah of Pirathon, 32 Hurai of the brooks of Gaash,
Abiel the Arbathite, 33 Azmaveth of Baharum, Eliahba the Shaalbonite,
34 Hashem[9] the Gizonite, Jonathan the son of Shagee the Hararite,
35 Ahiam the son of Sachar the Hararite, Eliphal the son of Ur,
36 Hepher the Mecherathite, Ahijah the Pelonite, 37 Hezro of Carmel,
Naarai the son of Ezbai, 38 Joel the brother of Nathan, Mibhar the son of
Hagri, 39 Zelek the Ammonite, Naharai of Beeroth, the armor-bearer of
Joab the son of Zeruiah, 40 Ira the Ithrite, Gareb the Ithrite, 41 Uriah the
Hittite, Zabad the son of Ahlai, 42 Adina the son of Shiza the Reubenite,
a leader of the Reubenites, and thirty with him, 43 Hanan the son of
Maacah, and Joshaphat the Mithnite, 44 Uzzia the Ashterathite, Shama

and Jeiel the sons of Hotham the Aroerite, 45 Jediael the son of Shimri,
and Joha his brother, the Tizite, 46 Eliel the Mahavite, and Jeribai, and
Joshaviah, the sons of Elnaam, and Ithmah the Moabite, 47 Eliel, and
Obed, and Jaasiel the Mezobaite.

12:1 다윗이 기스의 아들 사울로 말미암아 시글락에 숨어 있을 때에 그
에게 와서 싸움을 도운 용사 중에 든 자가 있었으니 2 그들은 활을 가
지며 좌우 손을 놀려 물매도 던지며 화살도 쏘는 자요 베냐민 지파 사
울의 동족인데 그 이름은 이러하니라 3 그 우두머리는 아히에셀이요
다음은 요아스이니 기브아 사람 스마아의 두 아들이요 또 아스마웻의
아들 여시엘과 벨렛과 또 브라가와 아나돗 사람 예후와 4 기브온 사람
곧 삼십 명 중에 용사요 삼십 명의 우두머리가 된 이스마야이며 또 예
레미야와 야하시엘과 요하난과 그데라 사람 요사밧과 5 엘루새와 여
리못과 브아랴와 스마랴와 하룹 사람 스바댜와 6 고라 사람들 엘가나
와 잇시야와 아사렐과 요에셀과 야소브암이며 7 그돌 사람 여로함의
아들 요엘라와 스바댜더라

12:1 Now these are the men who came to David at Ziklag, while he could
not move about freely because of Saul the son of Kish. And they were
among the mighty men who helped him in war. 2 They were bowmen
and could shoot arrows and sling stones with either the right or the left
hand; they were Benjaminites, Saul's kinsmen. 3 The chief was Ahiezer,
then Joash, both sons of Shemaah of Gibeah; also Jeziel and Pelet, the
sons of Azmaveth; Beracah, Jehu of Anathoth, 4 Ishmaiah of Gibeon, a
mighty man among the thirty and a leader over the thirty; Jeremiah,[10]
Jahaziel, Johanan, Jozabad of Gederah, 5 Eluzai,[11] Jerimoth, Bealiah,
Shemariah, Shephatiah the Haruphite; 6 Elkanah, Isshiah, Azarel,
Joezer, and Jashobeam, the Korahites; 7 And Joelah and Zebadiah, the

sons of Jeroham of Gedor.

8 갓 사람 중에서 광야에 있는 요새에 이르러 다윗에게 돌아온 자가
있었으니 다 용사요 싸움에 익숙하여 방패와 창을 능히 쓰는 자라 그
의 얼굴은 사자 같고 빠르기는 산의 사슴 같으니 9 그 우두머리는 에
셀이요 둘째는 오바댜요 셋째는 엘리압이요 10 넷째는 미스만나요 다
섯째는 예레미야요 11 여섯째는 앗대요 일곱째는 엘리엘이요 12 여덟
째는 요하난이요 아홉째는 엘사밧이요 13 열째는 예레미야요 열한째
는 막반내라 14 이 갓 자손이 군대 지휘관이 [2)]되어 그 작은 자는 백부
장이요, 그 큰 자는 천부장이더니 15 정월에 요단강 물이 모든 언덕에
넘칠 때에 이 무리가 강물을 건너서 골짜기에 있는 모든 자에게 동서
로 도망하게 하였더라

8 From the Gadites there went over to David at the stronghold in the
wilderness mighty and experienced warriors, expert with shield and
spear, whose faces were like the faces of lions and who were swift as
gazelles upon the mountains: 9 Ezer the chief, Obadiah second, Eliab
third, 10 Mishmannah fourth, Jeremiah fifth, 11 Attai sixth, Eliel seventh,
12 Johanan eighth, Elzabad ninth, 13 Jeremiah tenth, Machbannai
eleventh. 14 These Gadites were officers of the army; the least was
a match for a hundred men and the greatest for a thousand. 15 These
are the men who crossed the Jordan in the first month, when it was
overflowing all its banks, and put to flight all those in the valleys, to the
east and to the west.

16 베냐민과 유다 자손 중에서 요새에 이르러 다윗에게 나오매 17 다윗
이 나가서 맞아 그들에게 말하여 이르되 만일 너희가 평화로이 내게
와서 나를 돕고자 하면 내 마음이 너희 마음과 하나가 되려니와 만일

너희가 나를 속여 내 대적에게 넘기고자 하면 내 손에 불의함이 없으
니 우리 조상들의 하나님이 감찰하시고 책망하시기를 원하노라 하매
18 그때에 성령이 삼십 명의 우두머리 아마새를 감싸시니 이르되

다윗이여 우리가 당신에게 속하겠고 이새의 아들이여 우리가 당신과 함께 있으리니 원하건대 평안하소서 당신도 평안하고 당신을 돕는 자에게도 평안이 있을지니 이는 당신의 하나님이 당신을 도우심이니이다

한지라 다윗이 그들을 받아들여 군대 지휘관을 삼았더라

16 And some of the men of Benjamin and Judah came to the stronghold
to David. 17 David went out to meet them and said to them, "If you
have come to me in friendship to help me, my heart will be joined to you; but if to betray me to my adversaries, although there is no wrong in my hands, then may the God of our fathers see and rebuke you."
18 Then the Spirit clothed Amasai, chief of the thirty, and he said,

"We are yours, O David,
  and with you, O son of Jesse!
Peace, peace to you,
  and peace to your helpers!
  For your God helps you."

Then David received them and made them officers of his troops.

19 다윗이 전에 블레셋 사람들과 함께 가서 사울을 치려 할 때에 므낫
세 지파에서 두어 사람이 다윗에게 돌아왔으나 다윗 등이 블레셋 사람들을 돕지 못하였음은 블레셋 사람들의 방백이 서로 의논하고 보내며 이르기를 그가 그의 왕 사울에게로 돌아가리니 우리 머리가 위태
할까 하노라 함이라 20 다윗이 시글락으로 갈 때에 므낫세 지파에서
그에게로 돌아온 자는 아드나와 요사밧과 여디아엘과 미가엘과 요사

밧과 엘리후와 실르대이니 다 므낫세의 천부장이라 21 이 무리가 다윗
을 도와 도둑 떼를 쳤으니 그들은 다 큰 용사요 군대 지휘관이 됨이었
더라 22 그때에 사람이 날마다 다윗에게로 돌아와서 돕고자 하매 큰
군대를 이루어 하나님의 군대와 같았더라
19 Some of the men of Manasseh deserted to David when he came with
the Philistines for the battle against Saul. (Yet he did not help them, for
the rulers of the Philistines took counsel and sent him away, saying,
"At peril to our heads he will desert to his master Saul.") 20 As he went
to Ziklag, these men of Manasseh deserted to him: Adnah, Jozabad,
Jediael, Michael, Jozabad, Elihu, and Zillethai, chiefs of thousands in
Manasseh. 21 They helped David against the band of raiders, for they
were all mighty men of valor and were commanders in the army. 22 For
from day to day men came to David to help him, until there was a great
army, like an army of God.

23 싸움을 준비한 군대 지휘관들이 헤브론에 이르러 다윗에게로 나아
와서 여호와의 말씀대로 사울의 나라를 그에게 돌리고자 하였으니 그
수효가 이러하였더라 24 유다 자손 중에서 방패와 창을 들고 싸움을
준비한 자가 육천팔백 명이요 25 시므온 자손 중에서 싸움하는 큰 용
사가 칠천백 명이요 26 레위 자손 중에서 사천육백 명이요 27 아론의
집 우두머리 여호야다와 그와 함께 있는 자가 삼천칠백 명이요 28 또
젊은 용사 사독과 그의 가문의 지휘관이 이십이 명이요 29 베냐민 자
손 곧 사울의 동족은 아직도 태반이나 사울의 집을 따르나 그중에서
나온 자가 삼천 명이요 30 에브라임 자손 중에서 가족으로서 유명한
큰 용사가 이만 팔백 명이요 31 므낫세 반 지파 중에 이름이 기록된 자
로서 와서 다윗을 세워 왕으로 삼으려 하는 자가 만 팔천 명이요 32 잇
사갈 자손 중에서 시세를 알고 이스라엘이 마땅히 행할 것을 아는 우

두머리가 이백 명이니 그들은 그 모든 형제를 통솔하는 자이며 33 스
불론 중에서 모든 무기를 가지고 전열을 갖추고 두 마음을 품지 아니
하고 능히 진영에 나아가서 싸움을 잘하는 자가 오만 명이요 34 납달
리 중에서 지휘관 천 명과 방패와 창을 가지고 따르는 자가 삼만 칠천
명이요 35 단 자손 중에서 싸움을 잘하는 자가 이만 팔천육백 명이요
36 아셀 중에서 능히 진영에 나가서 싸움을 잘하는 자가 사만 명이요
37 요단 저편 르우벤 자손과 갓 자손과 므낫세 반 지파 중에서 모든 무
기를 가지고 능히 싸우는 자가 십이만 명이었더라

23 These are the numbers of the divisions of the armed troops who
came to David in Hebron to turn the kingdom of Saul over to him,
according to the word of the Lord. 24 The men of Judah bearing shield
and spear were 6,800 armed troops. 25 Of the Simeonites, mighty men
of valor for war, 7,100. 26 Of the Levites 4,600. 27 The prince Jehoiada,
of the house of Aaron, and with him 3,700. 28 Zadok, a young man
mighty in valor, and twenty-two commanders from his own fathers'
house. 29 Of the Benjaminites, the kinsmen of Saul, 3,000, of whom
the majority had to that point kept their allegiance to the house of Saul.
30 Of the Ephraimites 20,800, mighty men of valor, famous men in
their fathers' houses. 31 Of the half-tribe of Manasseh 18,000, who were
expressly named to come and make David king. 32 Of Issachar, men
who had understanding of the times, to know what Israel ought to do,
200 chiefs, and all their kinsmen under their command. 33 Of Zebulun
50,000 seasoned troops, equipped for battle with all the weapons of
war, to help David[12] with singleness of purpose. 34 Of Naphtali 1,000
commanders with whom were 37,000 men armed with shield and spear.
35 Of the Danites 28,600 men equipped for battle. 36 Of Asher 40,000
seasoned troops ready for battle. 37 Of the Reubenites and Gadites and

the half-tribe of Manasseh from beyond the Jordan, 120,000 men armed with all the weapons of war.

38 이 모든 군사가 전열을 갖추고 다 성심으로 헤브론에 이르러 다윗
을 온 이스라엘 왕으로 삼고자 하고 또 이스라엘의 남은 자도 다 한
마음으로 다윗을 왕으로 삼고자 하여 39 무리가 거기서 다윗과 함께
사흘을 지내며 먹고 마셨으니 이는 그들의 형제가 이미 식물을 준비
하였음이며 40 또 그들의 근처에 있는 자로부터 잇사갈과 스불론과 납
달리까지도 나귀와 낙타와 노새와 소에다 음식을 많이 실어왔으니 곧
밀가루 과자와 무화과 과자와 건포도와 포도주와 기름이요 소와 양도
많이 가져왔으니 이는 이스라엘 가운데에 기쁨이 있음이었더라
38 All these, men of war, arrayed in battle order, came to Hebron with
a whole heart to make David king over all Israel. Likewise, all the rest
of Israel were of a single mind to make David king. 39 And they were
there with David for three days, eating and drinking, for their brothers
had made preparation for them. 40 And also their relatives, from as far
as Issachar and Zebulun and Naphtali, came bringing food on donkeys
and on camels and on mules and on oxen, abundant provisions of flour,
cakes of figs, clusters of raisins, and wine and oil, oxen and sheep, for
there was joy in Israel.

1) 히, 암마 2) 되니 그 작은 자는 일당 백이요 큰 자는 일당 천이라

1 Compare 2 Samuel 23:8; Hebrew *thirty, or captains* *2* Compare 2 Samuel 23:12; Hebrew *they...their* *3* Syriac; Hebrew *three* *4* Compare 2 Samuel 23:19; Hebrew *more renowned among the two* *5* Syriac; Hebrew *three* *6* Syriac; Hebrew *the son of a valiant man* *7* A *cubit* was about 18 inches or 45 centimeters *8* Compare 2 Samuel 23:25; Hebrew *the Harorite* *9* Compare Septuagint and 2 Samuel 23:32; Hebrew *the sons of Hashem* *10* Hebrew verse 5 *11* Hebrew verse 6 *12* Septuagint; Hebrew lacks *David*

12장

단락 개관

기술적인 교차대구법적 배열로 역대기 저자는 다윗이 어떻게 "온 이스라엘"에 의해(대상 11:1; 12:38) "여호와[의] 말씀대로"(11:2-3, 10; 12:23) 모든 지파의 열성적 지지를 받아 왕으로 선포되었는지 기록한다. "용사"에 대한 세부사항들은 확장되는 원을 제공하는 방식으로 배열되어 있다. 가운데 핵심은 다윗이 "광야에 있는 요새"(12:8, 16)에 있던 시절 사람들로 구성된다. 그들을 둘러싸고 있는 안쪽 원은 후에 사울 통치가 막바지에 이르렀을 때 시글락에서 다윗에게 합류한 사람들이다(12:1, 20). 바깥 원은 대관식 때 다윗을 지지한 사람들, 즉 "다윗에게 있는 용사의 우두머리"와 각 지파에서 나온 "싸움을 준비한 군대 지휘관들"이다.

단락 개요

II. 다윗과 솔로몬의 통일 왕국—예루살렘, 궤, 성전(대상 9:35-대하 9:31)
    B. 다윗, 예루살렘에서 왕이 됨: 승리와 성전 준비(11:1-29:30)
        1. 다윗이 왕위에 오름: 군사적 성공과 궤를 예루살렘으로 가져옴(11:1-16:43)
            a. 다윗이 헤브론에서 왕위에 오름, 예루살렘을 점령함: 그의 충성된 용사들(11:1-12:40)
                (1) 다윗이 "여호와께서 이르신 말씀대로" 예루살렘을 수도로 하고 온 이스라엘에 의해 헤브론에서 왕위에 오름(11:1-9)
                (2) "여호와께서 이르신 말씀대로" 대관식 때 개별적 지지자들(11:10-47)

(3) 시글락에 있던 지지자들: 베냐민 지파(12:1-7)

(4) 요새에 있던 지지자들: 갓 지파(12:8-15)

(4′) 요새에 있던 지지자들: 베냐민과 유다(12:16-18)

(3′) 시글락에 있던 지지자들: 므낫세(12:19-22)

(2′) "여호와께서 이르신 말씀대로" 대관식에 있던 집단 지지자들(12:23-37)

(1′) 온 이스라엘에 의한 다윗의 대관식(12:38-40)[90]

11장

주석

11:1-3 이 짧은 단락에는 "온 이스라엘", "다윗", "여호와" 등이 뒤얽혀 있다. 각각에 대해 나오는 말은 이어지는 군주정 이야기의 주제들을 예고한다.

"온 이스라엘"이라는 문구는 전에 온 "이스라엘의 아들"의 계보들(9:1, 참고. 2:1) 결론부에서 사용되었다. 그 말은 이제 다윗의 통치를 소개한다. 그럼으로써 역대기에서 사람들이 가장 처음으로 하는 행동과 말은 연합의 장면이다. "헤브론"(예루살렘 남쪽으로 40킬로미터)은 아브라함 때부터 이스라엘과 연관을 갖고 있었으며(창 13:18) 유다의 주요 중심지였다(수 15:54; 20:7). 칠 년 전 다윗은 그곳에서 유다 왕으로 기름 부음 받은 바 있다(삼하 2:1-4). 하지만 그것은 역대기 저자의 메시지에 적절하지 않다. 저자가 묘사하는 장면은 사무엘하 5:1-5의 대응구절과 거의 똑같다. 하지만 거기에

90 H. G. M. Williamson, "'We Are Yours, O David': The Setting and Purpose of 1 Chronicles 12:1-23," *OtSt* 21 (1981): 164-176, 간략하게는 *1 and 2 Chronicles*, 96-97, 105-106에 나옴.

서 "이스라엘"은 북부 지파들의 이름이다.[91] 그들은 원래 사울의 아들 이스보셋을 지지했으나(삼하 2:8-10) 지금은 다윗이 그들에게도 왕이 되도록 기름 붓기 위해 헤브론으로 온다. 저자에게 "이스라엘"은 온 백성의 이름이다. 그들의 행동과 말은 이제 가까운 친족, 곧 "혈족"인 모든 지파의 행동과 말이다(참고. 대상 12:23-36에 나오는 목록). 과거의 분열이 아니라 다윗에 대한 연합된 충성이 미래의 행동을 인도해야 한다. (헤브론 시절은 3:4에서 다윗의 자녀들을 열거할 때와 29:27의 결론적 요약에서만 언급된다.)

"모여"(참고. "나아와", 삼하 5:1)라는 말은 연합과 공동체 참여라는 핵심 주제를 소개한다. 저자는 광범위한 사람들을 대표하는 모임의 역할을 종종 가리키기 때문이다[카바츠(*qabats*)가 나오는 다른 경우들에도 역시 '모인/모였다'로 번역된다. 대하 15:9, 10; 20:4; 23:2; 24:5; 25:5; 32:4, 6]. 이와 관련된 것은 다른 곳에서 카할("회중", 예를 들어, 대상 13:2, 참고. 서론의 '역대기 신학' 중 "온 이스라엘")이라는 명사가 사용된 경우다. 이 본문들은 과거에 함께 행한 일을 상기시킴으로 청중들을 격려한다. 그들은 여전히 '함께 모일' 수 있다.

하나님이 주신 다윗의 역할은 "목자", "주권자"라고 묘사되며, 그것은 나단이 후에 말한 신탁에서 반복될 것이다. 그 신탁에서 여호와는 그분이 "내 백성을 먹이라고 명령한" 이전 사사들을 묘사하시며, 그분이 어떻게 다윗을 "양 떼를 따라다니던 데에서 데려다가 내 백성 이스라엘의 주권자로 삼[으셨는지]" 말한다(17:6-7, 삼하 7:7-8의 병행구절). "목자"의 비유는 고대 근동 통치자들에 대해 흔히 사용되었다(예를 들어, 옛 바벨론 왕 함무라비 법전에서, 주전 약 1,800년). 그것은 정의를 확보하고 약한 자를 보살핌으로 모든 백성의 복지를 증진할 책임을 포괄하며, 또한 전쟁에서 이끄는 것을 포함한다(여기에서는 사울의 통치 때 "이스라엘을 거느리고 출입하게" 한 자가 다윗이라고 한 백성의 환호에서 볼 수 있다. 참고. 시 72:1-4). 이 중대한 때에 "왕"이라는 말보다 "주권자"(나기드, '지도자, 통치자')라는 말을 사용하는 것은 "왕"이 일반적으

91 사무엘하-열왕기하에서 "이스라엘"이라는 말은 보통 북왕국을 말한다(예를 들어, 삼하 5:5, "온 이스라엘과 유다").

로 절대 권력을 가지고 있었던 주위 나라들과는 달리, 이스라엘에서는 왕이 신적 왕이신 여호와께 책임을 져야 했으며 자율적으로 행동할 수 없었다는 것을 상기시킨다.[92] 사울은 바로 그 점에서 실패했다(삼상 13:14; 15:28). "목자"에 대한 하나님의 약속과 대조적으로, 대부분의 후대 왕들 및 다른 지도자들이 선한 "목자"가 되는 일에 실패했다는 것은 예레미야 23:1-6, 에스겔 34장, 스가랴 10:3, 11:4-17 등과 같은 본문에서 생생하게 묘사되어 있다. 하나님은 "한 목자를 그들 위해 세[우리니]…내 종 다윗이라", 그가 돌볼 것(겔 34:23, 참고. 렘 23:5)이라고 말씀하셨다.

11장

이 몇 구절 내내, 다윗에게 하신 말씀에서나 다윗이 "여호와 앞에" 맺은 언약에서나 여호와의 주도권과 인간의 책임이 분명하게 나타난다. 후에 역대기 저자는 거의 지나가는 말로 전에 있었던 사울의 반대를 언급하겠지만(대상 12:1, 16-19) 다윗과 그의 사람들이 비이스라엘 사람들을 상대로 싸운 것에 대해 더 많이 말한다(11:13-17, 22-23; 12:21). 다윗이 왕이 된 것은 다윗이 주도한 것도, 그가 사울에 대해 음모를 꾸미거나 사울을 이기고 승리한 것에 기인한 것도 아니다. 그것은 오래 전 사무엘이 사울에게 한 말, 곧 여호와께서 다른 사람을 찾으셨으며 "여호와께서 왕에게 명령하신 바를 왕이 지키지 아니하였으므로…여호와께서 그를 그의 백성의 지도자로 삼으셨느니라"(삼상 13:14, 사무엘이 다윗에게 기름을 부을 때는 기록된 말이 없다, 삼상 16:13)는 말이 성취된 것이다. "주권자"는 그를 임명한 여호와께 순종해야 한다.

저자는 왕권이 "여호와께서 사무엘을 통하여 전하신 말씀대로" 되었다고 말하면서 선지자들이 "여호와의 말씀"을 말하는 많은 경우(예를 들어, 대상 17:3; 22:8; 대하 6:17; 10:15; 11:2; 12:7, 18:18; 30:12) 중 첫 번째 것을 기록한다. 그것은 그의 글 끝까지 이어진다. 백성들이 나라로 돌아와 성전을 재

92 J. Gordon McConville, *God and Earthly Power: An Old Testament Political Theology, Genesis-Kings* (London: T&T Clark, 2006), 137. 히브리어 '나기드'는 또한 다른 핵심 '지도자들'을 지칭하기도 한다(9:11, 20; 12:27; 13:1; 26:24; 27:4, 16 등).

건하는 것 역시 "여호와께서…하신 말씀"의 성취라고 말하기 때문이다(대하 36:21, 22). 다윗을 일으키신 하나님은 계속해서 그분의 백성들의 삶에서 활발히 활동하신다.

11:4-9 이야기는 곧바로 다윗이 왕으로서 행한 첫 번째 행동으로 넘어간다. 예루살렘이 어떻게 통치의 정치적 중심인 "다윗 성"(5, 7절)이 되었는가 하는 것이다. 또한 다른 사람들이 참여했다는 사실이 다시 한번 명백해진다. 다윗은 여부스의 요새를 점령하면서 "온 이스라엘"과 더불어 갔다(4절, 삼하 5:6에 나오는 "그의 부하들"과 대조해보라). "요압"은 "우두머리와 지휘관"으로 등장하는데 그는 다윗과 함께 성읍을 건설한 중요한 지도자였다(대상 11:6, 8b, 사무엘하에는 나오지 않는다). 그리고 "다윗 성"이라는 이름을 붙인 것은 더 이상 다윗의 행동이 아니다(대상 11:7의 "무리가 불렀으며", 삼하 5:9의 "다윗이…이름하고"). 다시 한번 하나님의 행동이 분명히 나타난다. "만군의 여호와께서 함께 계시니" 다윗은 점점 더 성공했다.

다윗은 예루살렘으로 옮기면서 이스라엘 사람들이 아직 거주하고 있지는 않았지만(수 15:63; 삿 1:21) 북부 지파와 남부 지파 사이에 전략적으로 자리하고 있던 성읍에 수도를 세웠다. 그곳은 삼면이 깊은 골짜기로 되어 있었기 때문에 쉽게 방어할 수 있었으며, 확실한 식수 공급을 자랑했다. 그 때문에 여부스 사람들이 여전히 그곳에 있는 것이었다. 저자는 여부스 사람들의 반대와 다윗의 성공을 세부사항 없이 설명한다. 더 흥미로운 것은 "먼저"가 되고 "우두머리", 다윗의 군 사령관이 되는 요압의 역할이다. 저자는 요압이 아브넬을 암살한 것(삼하 3:22-39; 왕상 2:5-6)을 빼버리고, 일관되게 요압을 긍정적으로 다룬다. 특히 뒤에 나오는 인구조사 사건에서 그렇게 한다(대상 21:2-6). 또한 성을 건설하는 것에 대해 더 많은 세부사항들이 나온다. "밀로"는 아마 현재 발굴지에서 볼 수 있는 큰 디딤돌 구조물일 것이다.[93] 게다가 그 성읍이 다윗 성이라는 이름을 부여받는 것은 다윗이 여부스 사람들을 물리쳤기 때문만이 아니라 다윗이 거기 "살았[기]" 때문이다(대상 11:7, 역대기 저자는 "그러므로"라는 말을 덧붙인다). 그렇게 이름을 지은 것과 성을 쌓고 중수한 일은 후에 포로생활에서 돌아온 다양한 지파 출신 이면서 마찬가지로 "예루살렘에 거주한"(9:3) 사람들에게 다시 한번 다윗 계열의 왕이 거기에서 통치하리라는 소망을 고무적으로 상기시킬 것이다.

11:10-47 하나님의 행동과 인간의 행동이 계속해서 뒤얽힌다. 여호와께서 "그 나라를 다윗에게 넘겨주[신]"(10:14) 다음에 "온 이스라엘"이 "여호와께서 전하신 말씀대로" 다윗을 왕으로 만드는 이야기가 나오는 것과 마찬가지로(11:1-3), "만군의 여호와께서 함께 계시니 다윗이 점점 강성하여 가니라"(9절)라는 진술 다음에는 또 다시 "여호와께서 이르신 말씀대로" "다윗을 힘껏 도[운]" 사람들 목록이 나온다(10절). "용사"들은 계속해서 그들 자신을 위해서가 아니라 함께 다윗의 "나라"에서 다윗을 강하게 하는 일에 그들의 힘을 사용한다.[94] 게다가 "온 이스라엘"이 다윗을 왕으로 만드는 일에 함께 한 것과 마찬가지로, 우리는 여호와의 약속이 "이스라엘"을 위한 것임을 상기하게 된다(10절, 참고. 14:2).

"삼십 명"(ESV는 "the three", 셋)의 목록(11-14절), 세 명의 이름 없는 "용사"의 대담한 행동(15-19절), 아비새와 브나야의 공적(20-25절), "삼십 명" 중 다른 사람들의 이름(26-41a절)은 사무엘하 23:8-39와 대단히 유사한데, 여기서 더 많은 이름이 나오면서 확장된다(11:41b-47).[95] 앞에서 말한 것처럼, 저자가 목록들을 이 위치에 둔 것(사무엘하처럼 다윗의 통치 끝부분에 두기보다)은 다윗에 대한 지지가 커져서 즉위식으로 이어지는 것, 그리고 이미 다윗에게 와서 자신들의 재능을 바친 서너 명의 핵심 인물의 능력을 강조하는데 기여한다. 역대상 11:11-31에 이름이 나오는 많은 사람들은 27:1-15에서

93 Hershel Shanks, "The Interrupted Search for King David's Palace," *BAR* 42/4 (2016): 33-39

94 "다윗을 힘껏 도와"라고 번역된 히브리어 형태는 과거와 현재와 미래의 계속되는 행동을 의미한다.

95 몇 가지 이문들, 특히 이름들은 필사상의 오류, 같은 목록의 다른 역본들 혹은 개인들의 이름 변형 등으로 인해 생겨날 것이다. 많은 주석가들은 사무엘하 23:9b-11a를 빠뜨린 것을 필사자가 빠뜨리고 못 본 것이라고 생각한다. 그 결과 "셋" 중의 세 번째 사람인 삼마에 대한 언급이 없으며, 그의 공적은 엘르아살에게 돌아간다.

매달 할당된 군사적 의무를 맡은 사람으로 다시 나온다. 그들 역시 나라의 안녕에 기여했다.

눈에 띄는 것으로, 성공은 다윗이 아니라 이 사람들에 의한 것이다(예를 들어, 엘르아살은 "바스담밈에서 다윗과 함께" 있었다. 하지만 승리는 엘르아살이 "서서" 있었던 것의 결과다. 11:13-14). 다윗이 한 유일한 행동은 별다른 생각 없이 말한 소원을 듣게 된 세 사람이 행동을 취한 후 그들의 "피"의 대가가 무엇이었을지 겸손하게 인정한 것(15-19절)과 다윗이 브나야를 "시위대장"으로 삼은 것(25절) 뿐이다. 저자는 심지어 브나야가 한 애굽 사람을 죽인 것을 다윗이 골리앗을 죽인 것과 비교해볼 것을 권장하는 말을 사용하기까지 한다. 둘 다 자기 대적의 무기(각각 "창"과 "칼")를 사용했을 뿐 아니라, 사무엘하 23:21과 비교해서 "그 사람의 키가 다섯 규빗이요"(약 2.3미터)라는 말과 "베틀채 같으나"(참고. 삼상 17:4, 7)라는 말이 추가되어 있다는 것이다.

역대상 11:26-47에 나오는 "용사"들의 이름은 대략 지리적 순서로 되어 있다. 서너 성읍 혹은 가족들은 유다 출신이고(26-30절), 북부 지파에 속해 있으며(31-37절), 비이스라엘인 출신으로(38-41a) 밝혀지며, 저자가 덧붙인 것들은 요단 건너편과 연관되어 있다(41b-47절).[96]

12:1-22 즉위식을 위해 헤브론에 모인 사람들(23절)을 다시 다루기 전에, 다윗이 사울 치하에서 분투하던 때로부터 다윗을 지지한 네 집단 사람들의 이름이 나오면서, 다윗의 지도력을 점차 더 많은 사람이 자발적으로 인정한다는 것을 입증해준다(1-22절의 교차대구법적 배열에 대해서는 단락 개관을 보라). 블레셋 영토 안에 있는 "시글락"(1, 20절)이 나오는 것은 이때가 사울이 블레셋과 마지막 전투를 하기 직전에 시작된 시기를 나타내며(삼상 27:6; 삼하 1:1), 반면 "요새"(대상 12:8, 16)라는 말은 더 이른 시기의 긴 기간을 망라하는 것으로, 단수로 된 "요새"라는 말은 서로 다른 위치들을 나타내는

96 Selman, *1 Chronicles*, 143. 더 상세한 연구로는 Gary N. Knoppers, *I Chronicles 10-29*, AB (New York: Doubleday, 2004), 548-553을 보라.

집합 명사다(삼상 22:1-5의 "아둘람 굴…요새", 삼상 23:14의 "광야의 요새…십", 삼상 23:29의 "엔게디 요새"). 저자의 관심사는 그 사건들에 있는 것이 아니라 "시글락"과 "요새"에서 "다윗에게 [온]"(대상 12:1, 16), "다윗에게 돌아온"(8절), "다윗에게 돌아[온]"(19절) 사람들에게 있다. 또 다른 사람들이 후에 헤브론에서 즉위식을 위해 '왔다'(23, 31, 38절). 각 장소에는 사울의 베나민 지파 출신 사람들이 있었으며, 일부는 심지어 사울의 "동족"이었다(2b, 16절). 하지만 대다수의 "동족"은 후에 헤브론에서 왔다(29절).

다윗은 그를 '도운' 사람들의 마음을 끌었다(1, 17, 21, 22절).[97] 핵심 구절은 아마새가 성령의 영감을 받아 다윗에게 한 핵심적인 말로, 그 말은 "당신을 돕는 자에게도 평안이 있을지니"라는 말을 "당신의 하나님이 당신을 도우심이니이다"라는 말과 연결시킨다(18절). 하나님이 "도우[신다]"는 것은 히브리어 '에제르'('ezer)가 그저 단순한 조력 이상으로, 종종 건져냄과 구원으로 이어진다는 것을 보여준다(참고. 삼상 7:12).[98] 공동체의 안녕은 궁극적으로 다윗에게 의지하는 것이 아니라 하나님께 의지하는 것에서 나타나지만, 다윗과 함께 하는 것은 서로에게 유익("평안")이 된다. 역대기 저자는 이어서 다윗에 대한 지지가 점차 커지는 것이 하나님이 다윗을 택하셨다는 인식과 연결되어 있다고 단언한다. "도움"의 상호성은 역대기에만 나오는 본문 및 문구들에서 반복해서 나오는 주제다. (1) 왕 그리고/또는 백성에 대한 하나님의 '도움'은 역대상 5:20["도우심을 입었으므로"(ESV는 "prevailed", 이겼다)라는 말은 '그들이 도움을 받았다'라는 의미의 동사를 번역한 것이다], 15:26, 역대하 14:11(2번), 18:31, 25:8, 26:7, 15, 32:8에서 명백히 나타나는데 모두 군사적 지원과 관련되어 있다("하나님이 여호와의 언약궤를 맨 레위 사람을 도우셨으므로"라고 되어 있는 대상 15:26을 제외하고). (2) 역대상 12:33(개역개정에는 "두 마음을 품지 아니하고" 나오는 다음에 '다윗을 돕기 위해'라는 말이 번역되어 있지 않다—옮

97 "도움"(에제르)이라는 명사는 또한 세 군사의 이름을 구성하는 요소다(12:3, 6, 9).

98 J. Gordon McConville, *I and II Chronicles*, DSB (Edinburgh, UK: Saint Andrew, 1984), 28-29.

긴이주), 22:17, 대하 26:13, 32:3에서 지도자들은 왕을 '돕는다'. (3) 반면 역대하 19:2, 28:16, 23(두 번)에는 다른 자원을 가지고 혹은 악인들을 '돕는' 것에 대한 경고가 나온다. 다윗은 위대한 지도자였을지는 모르지만, 성공은 모두가 하나님과 그분이 정하신 통치자 아래 하나 될 때 통일된 목적을 지니는 것에 달려 있었다. 하나님의 "도움"은 여전히 포로기 이후 공동체의 소망이다(시 146:5).

각 집단은 서로 다른 자질 혹은 기술을 가진 것으로 묘사된다. 시글락의 첫 번째 집단인 "베냐민 지파"는 솜씨 좋은 궁사이며 물매 던지는 사람들이었다(대상 12:2). 반면 요단 건너편의 "갓 자손" 곧 요새의 첫 번째 집단은 "방패와 창"을 가지고 있었다. 그들은 힘 있고 빠르며 두려움이 없는 것으로 인해 넘치는 칭찬을 받는다(8, 15절). "베냐민과 유다" 자손의 진지함은 의심을 사지만, '성령이 감싸신' 아마새(참고. 대하 24:20; 삿 6:34)는 그들의 충성을 단언한다(르호보암에 대한 불충성의 말과는 대조적으로, 대하 10:16). 그들은 다윗과 함께 한 무리의 "지휘관"("우두머리")으로 신뢰할 수 있다(삼상 22:2; 27:2). 네 번째 집단인 "므낫세" 지파 사람들은 "다…용사"라고 칭찬을 받았다(대상 12:20-21). 19b절에 나오는 여담은 다윗이 사울을 공격하는 블레셋 사람들을 '돕는' 일을 피할 수 있었으며, 그래서 "므낫세 지파"가 사울과의 전투에 합류하는 대신 "다윗을 도와 도둑 떼를 쳤[다]"는 것을 설명한다(삼상 28:1-2; 29:1-30:31).

'베냐민과 유다'가 결합해서 나오는 것은 역대기의 특징이다(참고. 대하 11:1, 3; 14:8; 15:2, 8, 9; 17:14-19; 25:5; 31:1; 34:9, 32). 베냐민은 언제나 다윗 계열의 왕과 예루살렘 성전을 지원했다. 그들은 '유대 사람'(유대 지역에 사는)이었지만 그들의 정체성을 유지했다(참고. 바울이 자신이 유다 지파에 뿌리를 둔 것에 자부심을 가지는 것, 롬 11:1; 빌 3:5).[99]

헤브론 이전에 있었던 지지에 대한 세부묘사의 결론은 그런 지지가 "날

99 Benjamin D. Giffone, *"Sit at My Right Hand": The Chronicler's Portrait of the Tribe of Benjamin in the Social Context of Yehud*, LHBOTS 628 (London: Bloomsbury T&T Clark, 2016).

마다" 꾸준히 커진다는 것을 강조한다. 이름이 나오는 몇몇 사람들 배후에는 "큰 군대"가 있다(삼상 27:2는 시글락으로 옮기기 전에 "육백 명"이 있었다고 말한다). "하나님의 군대[진영]와 같았더라"라는 비교는 아마 단지 최상급이 아니라 하나님의 임재를 강조할 것이다. 같은 문구가 다른 곳에서는 천사들의 "군대"에 대해 사용된다(창 32:2).

12:23-37 여호와께서 "그 나라를…다윗에게 넘겨주셨[으며]"(10:14) 이제 각 지파에서 큰 숫자의 사람들이 "다윗에게로 나아와서…사울의 나라를 그에게 돌리고자 하였[다]"(12:23). 용어는 내내 군사적 소집을 나타내는 용어로, 민수기 1장과 26장에 나오는 인구조사와 비슷한 점들이 있다. 민수기에서는 레위가 주요 목록에서 별도로 취급되었다. 하지만 역대기 저자는 이 부분을 포함시킴으로 이스라엘을 지속시키는데 있어 모든 지파가 협력적으로 참여했음을 계속 강조한다.

기여는 다양해서, 다양한 서술자들이 나온다. 예를 들어 유다와 납달리는 "방패와 창"으로 무장하며(대상 12:24, 34) 시므온과 에브라임은 "큰 용사"(25, 30절)라 불린다. 가장 칭찬받는 것은 큰 분견대인 스불론이다(33절, 참고. 드보라의 칭찬, 삿 5:18). 육체적 능력과 장비만 필요한 것이 아니다. 잇사갈은 현재의 사건들에서 일어나고 있는 일을 분별하는 지혜를 기여한다(대상 12:32). 다른 곳에서도 그러듯 저자는 획일적이지 않은 하나 됨을 보라고 격려한다.

목록은 남쪽에서 북쪽으로 이동하며, 북부 지파들과 요단 건너편 지파들을 한데 묶어 다루기 전에 레위가 끼워 넣어져 있다. 숫자들을 해석할 때, 히브리어 엘레프(*'elef*, 천)는 다양한 크기의 친족 집단[예를 들어, 삿 6:15, 거기에서 그 말은 "집"(clan)으로 번역되며, "므낫세 중에 극히 약하고"라고 묘사된다] 및 군사적 무리(예를 들어, 신 1:15, "천부장과 백부장과…")에 대해 사용되는 전통적 용어라고 흔히 해석된다. 여기에서 적절한 것은 숫자를 과장해서 표현한 것으로, 그것은 가치와 중요성을 표현하기 위해 고대 근동에서 잘 알려진 문학적 관습이었다(오늘날에도 많은 사회에서 사용되는 관례).[100] 눈에 띄는 것은 북부 지파와 요단 건너편 지파의 큰 숫자와 남쪽 지파의 훨씬 더 작은 숫자 간의 차이다[예를 들어, "이만 팔천육백 명"의 단 지파, "사만 명"의 아셀 지파, "십이만 명"(3×사만 명)의 요단 건너편 지파, 하지만 유다 지파는 단 "육천팔백 명"]. 이렇게, 계보들에서처럼, 역대기 저자는 이 지파들에게 가치를 부여하면서, 이제 다윗에 대한 그들의 충성과 온 나라에 대한 그들의 기여를 추가로 말한다.

12:38-40 절정은 즐거운 사흘간의 즉위식 잔치다. 저자는 앞서 군사적 행진처럼 온 "이 모든" 사람의 이름을 말하고 그들을 계수한 후에, 그들이 어떻게 "성심으로" 왔는지 묘사하면서 어떻게 "이스라엘의 남은 자도 다" 똑같이 연합했는지 덧붙인다. 이어서 저자는 자원 공급을 과장되게 묘사하는데 다시 한번 다양한 기증품들이 상세히 나온다. 헤브론에서 다윗에게 "기름을 부어" "여호와 앞에 [백성들과] 언약을 맺[었지만]"(11:3), 종교 의식이나 기도에 대한 세세한 것들은 나오지 않으며, 제사장이나 레위인들에 대한 유일한 언급은 군사적 소집에서만 나온다(12:27-28). 종교적 활동은 궤와 성전(다음 부분의 초점)에 초점을 맞추어야 한다. 큰 집합 인원과 잔치를 위해 "음식을 많이" 가져온 것은 단순히 의무적으로 그런 것이 아니라 "이스라엘 가운데에 기쁨"(역대기에 '기쁨/기뻐하다'라는 말이 많이 나오는 것 중 첫 번째)이 있었기 때문이다. 쉽게 비교할 수 있는 것은 후에 다윗과 그의 백성이 "성심으로" 성전을 위해 풍성히 드렸기 때문에 "기뻐[한]" 것이다(29:9).

100 Fouts, "Numbers, Large Numbers," 750-754.

응답

다윗이 온 이스라엘의 왕이 되는 기사에서 다양한 요소는 그리스도와 그분을 따르는 자들에 대한 많은 예시를 제공한다.

(1) 예수님은 "나는 선한 목자라"(요 10:14)라고 말씀하실 때, 오랫동안 이어져 내려온 왕의 이미지를 사용하신다. 특히 역대기에는 다윗이 실패한 점들도 있지만 그가 여러 가지 방식으로 '선한' 것이 나타난다. 하지만 지금 "다윗의 뿌리요 자손"(계 22:16)으로서 다스리시는 그리스도가 지니신 '선한'이라는 특성은 무조건적이다. 다윗은 자신을 위해 목숨을 내놓는 세 사람에 의해 겸손하게 된다(대상 11:19). 하지만 그리스도는 "양을 위하여 [자신의] 목숨을 버리[시는]"(요 10:15) 분이다. 예수님은 "목자 없는 양과 같이 고생하며 기진[한]"(마 9:36) 무리를 불쌍히 여기신다.

(2) 예기치 않게 신약에서 "다윗 성"이라는 이름은 예수님과 다윗의 탄생지인 베들레헴에만 적용된다[눅 2:4, 11(다윗의 동네); 삼상 17:12]. 성전에 있던 일부 사람들은 예수님을 환영하고(예를 들어, 눅 1-2장의 사가랴와 엘리사벳, 시므온과 안나) 초대 그리스도인들은 계속 성전에서 예배드리지만, 예루살렘은 주로 예수님을 반대하는 중심지가 된다(눅 13:34; 19:41-44에서 강조된). 예수님은 "다윗의 자손"(마 21:9)으로서 예루살렘에 들어가지만 거부당하신다. 예수님의 통치는 새 예루살렘을 중심으로 하고 있는데, 그곳은 그리스도가 계시는 곳이며 "너희가 이른" 곳은 "위에" 있다고(갈 4:26; 히 12:22), 또한 종말론적으로 "하나님께로부터 하늘에서 내려오니 그 준비한 것이 신부가…단장한 것 같더라"(계 21:2, 참고. 계 21:10)라고 묘사된다.

(3) 그리스도는 사람들에게 "나를 따라오라"라고 부르시면서 사역을 시작하시며, 많은 사람이 그렇게 따른다(마 4:18-22, 25). 종종 참된 "지도자"의 표시는 사람들이 기꺼이 '따르는' 것이라고 말한다. 점점 더 많은 사람이 다윗에게 "돌아와서" 그들이 마치 "하나님의 군대"와 같았던 것처럼(대상 12:22), 우리는 이제 경외감을 불러일으키면서 사람들이 온 세상으로부터 오는 것을 본다. 단지 모든 이스라엘 지파(그리고 몇몇 이방인)에서만 오는

것이 아니라 점차 더 모든 백성들에서 그리스도를 왕으로 따르기 위해 오는 것이다.

(4) 좋은 지도자는 전체의 안녕을 위해 애쓰며 각 사람이 기여하는 바를 증진시켜, 각자가 전체의 유익을 위해 함께 사용될 수 있도록 한다. 이것은 그리스도의 사역에서 볼 수 있다. 예를 들어, 그리스도가 제자들을 그들끼리 보내시는 때와 같은 경우다(눅 9:1-6; 10:1-20). 그리스도는 또한 어린 소년이 드린 적은 음식을 취해 수천 명을 먹이신다(요 6:8-13). 그리스도는 하늘에 오르신 왕으로서, "우리 각 사람에게 선물[을]…주셨나니" "그리스도의 몸을 세우[는]" 데 사용하기 위해서다(엡 4:7-12). 지도자는(목사든, 정치나 조직의 지도자든, 사업 경영자든, 학교장이든) 전체 사람들에게 기품, 품격, 정신의 본을 보여야 할 큰 책임이 있다(예를 들어, 벧전 5:3). 하지만 그들은 절대 이것을 혼자 이루지 않는다. 저자의 풍성한 세부묘사는 우리가 속해 있는 집단의 개인들과 소집단들의 다양한 배경과 기여를 보고 그것을 긍정하는데 도움이 된다.

(5) 이 모든 것을 즐겁게 경축하면서 우리는 메시아의 큰 잔치, "어린양의 혼인 기약"을 고대하는데, 성만찬은 그런 경축의 맛보기가 되어야 한다(계 19:6-10; 마 26:26-29).

I Chronicles
역대상
13:1-14

13장

1 다윗이 천부장과 백부장 곧 모든 지휘관과 더불어 의논하고 2 다윗
이 이스라엘의 온 회중에게 이르되 만일 너희가 좋게 여기고 또 우리
의 하나님 여호와께로 말미암았으면 우리가 이스라엘 온 땅에 남아
있는 우리 형제와 또 초원이 딸린 성읍에 사는 제사장과 레위 사람에
게 전령을 보내 그들을 우리에게로 모이게 하고 3 우리가 우리 하나님
의 궤를 우리에게로 옮겨오자 사울 때에는 우리가 궤 앞에서 묻지 아
니하였느니라 하매 4 뭇 백성의 눈이 이 일을 좋게 여기므로 온 회중
이 그대로 행하겠다 한지라

1 David consulted with the commanders of thousands and of hundreds,
with every leader. 2 And David said to all the assembly of Israel, "If
it seems good to you and from the Lord our God, let us send abroad
to our brothers who remain in all the lands of Israel, as well as to the
priests and Levites in the cities that have pasturelands, that they may be
gathered to us. 3 Then let us bring again the ark of our God to us, for we
did not seek it[1] in the days of Saul." 4 All the assembly agreed to do so,
for the thing was right in the eyes of all the people.

5 이에 다윗이 애굽의 시홀 시내에서부터 하맛 어귀까지 온 이스라엘
을 불러모으고 기럇여아림에서부터 하나님의 궤를 메어오고자 할새
6 다윗이 온 이스라엘을 거느리고 바알라 곧 유다에 속한 기럇여아림
에 올라가서 여호와 하나님의 궤를 메어오려 하니 이는 여호와께서
두 그룹 사이에 계시므로 그러한 이름으로 일컬음을 받았더라 7 하나
님의 궤를 새 수레에 싣고 아비나답의 집에서 나오는데 웃사와 아히
오는 수레를 몰며 8 다윗과 이스라엘 온 무리는 하나님 앞에서 힘을
다하여 뛰놀며 노래하며 수금과 비파와 소고와 제금과 나팔로 연주하
니라

5 So David assembled all Israel from the Nile[2] of Egypt to Lebo-
hamath, to bring the ark of God from Kiriath-jearim. 6 And David and
all Israel went up to Baalah, that is, to Kiriath-jearim that belongs to
Judah, to bring up from there the ark of God, which is called by the
name of the Lord who sits enthroned above the cherubim. 7 And they
carried the ark of God on a new cart, from the house of Abinadab, and
Uzzah and Ahio[3] were driving the cart. 8 And David and all Israel were
celebrating before God with all their might, with song and lyres and
harps and tambourines and cymbals and trumpets.

9 기돈의 타작 마당에 이르러서는 소들이 뛰므로 웃사가 손을 펴서 궤
를 붙들었더니 10 웃사가 손을 펴서 궤를 붙듦으로 말미암아 여호와께
서 진노하사 치시매 그가 거기 하나님 앞에서 죽으니라 11 여호와께서
웃사의 몸을 찢으셨으므로 다윗이 노하여 그곳을 베레스 웃사라 부르
니 그 이름이 오늘까지 이르니라 12 그날에 다윗이 하나님을 두려워
하여 이르되 내가 어떻게 하나님의 궤를 내 곳으로 오게 하리요 하고
13 다윗이 궤를 옮겨 자기가 있는 다윗 성으로 메어들이지 못하고 그
대신 가드 사람 오벧에돔의 집으로 메어가니라 14 하나님의 궤가 오벧

에돔의 집에서 그의 가족과 함께 석 달을 있으니라 여호와께서 오벧
에돔의 집과 그의 모든 소유에 복을 내리셨더라
9 And when they came to the threshing floor of Chidon, Uzzah put
out his hand to take hold of the ark, for the oxen stumbled. 10 And the
anger of the Lord was kindled against Uzzah, and he struck him down
because he put out his hand to the ark, and he died there before God.
11 And David was angry because the Lord had broken out against
Uzzah. And that place is called Perez-uzza[4] to this day. 12 And David
was afraid of God that day, and he said, "How can I bring the ark of
God home to me?" 13 So David did not take the ark home into the
city of David, but took it aside to the house of Obed-edom the Gittite.
14 And the ark of God remained with the household of Obed-edom in
his house three months. And the Lord blessed the household of Obed-
edom and all that he had.

1 Or *him* *2* Hebrew *Shihor* *3* Or *and his brother* *4* *Perez-uzza* means *the breaking out against Uzzah*

13장

단락 개관

역내기에서 하나님의 궤와 관련된 다윗의 행동은 그가 왕이 되고 예루살렘을 수도로 만든 후에 첫 번째로 한 행동으로, 역대기 저자의 순서는 사무엘하에 나오는 순서와 다르다.[101] 문학적 재배치는 다윗이 모세 율법 및

101 참고. 11:1-29:30 개관.

그 중심 목적에 탁월하게 동화되는 것을 나타낸다. 궤는 성전이 파괴될 때 파괴된 것이 거의 확실하지만(성전은 대하 35:3에서 마지막으로 언급된다. 참고. 렘 3:16), 내러티브는 포로기 이후 청중들에게 다윗 왕과는 별도로 언약 관계가 우선이고 중심이라는 것을 상기시킨다.

역대상 13:5부터 나오는 내러티브는 사무엘하 6:1-11과 매우 유사하지만, 역대상 13:1-4는 다윗의 계획이 "온 이스라엘"을 관여시켜 의논해서 결정한 결과가 된 배경을 제공한다. 크게 경축하면서 궤를 기럇여아림에서 가져왔으나, 오는 길에 수레를 운전하는 사람 중 한 명이 손을 펴서 궤를 붙들었다가 죽었다(5-10절). 그 결과 두려워서 더 이상 나아가지 못하게 되었으며, 궤는 오벧에돔의 집에 남겨졌다. 하지만 본문은 "오벧에돔의 집"에 복이 내려졌다는 긍정적인 말로 끝난다(11-14절).

단락 개요

II. 다윗과 솔로몬의 통일 왕국—예루살렘, 궤, 성전(대상 9:35-대하 9:31)
B. 다윗, 예루살렘에서 왕이 됨: 승리와 성전 준비(11:1-29:30)
1. 다윗이 왕위에 오름: 군사적 성공과 궤를 예루살렘으로 가져옴(11:1-16:43)…
b. 다윗, 온 이스라엘, 하나님의 궤(13:1-14)

주석

13:1-4 "하나님의 궤"(또한 "여호와의 언약궤", 15:25 등)는 모세 언약의 중심이 되는 것이었다. 그것은 금으로 씌운 직사각형 상자(약 120센티미터×76센티미터×76센티미터)로, 뚜껑에는 날개를 펼친 두 그룹이 서 있었다. 그 상자는 두 개의 긴 채를 사용해서 옮겨야 했다. 궤는 하나님의 보좌와 임재를 나타냈으며(13:6) 십계명이 적힌 두 개의 돌판을 담고 있었다(출 25:16; 신 10:1-5). 사울이 통치하기 전에 궤는 블레셋 사람들에게 빼앗겼으나 다시 돌려받아 예루살렘 서쪽 14.5킬로미터 떨어진 기럇여아림에 남아있었다(삼상 4:1-7:2).

처음에 나오는 인상적인 장면은 다윗의 통치 방식과 특성에 대한 저자의 묘사를 잘 보여준다. 다윗은 왕으로서 적절하게 과정을 주도한다. 하지만 그의 결정은 일방적인 것이 아니다. 다윗은 핵심 지도자들과 폭넓게 "의논"했다. 그 말은 다윗의 대관식에서 일익을 담당했다고 방금 열거된 많은 "지휘관"과 "장"(commander)을 가리키는 말이다(대상 11:10-12:38). 게다가 다윗이 훨씬 더 광범위한 '모임'을 소집하는 것은 "너희가 좋게 여기고 또 우리의 하나님 여호와께로 말미암았으면"이라는 것을 조건으로 하는 것으로, 13:4는 백성들이 그 말에 보편적으로 동의했다고 진술한다. 사울은 "여호와께 묻지[다라쉬] 아니[한]" 것으로 인해 심판을 받았다(10:13-14). 하지만 이제 다윗은 사울의 통치 동안 궤 앞에서 "묻지"(다라쉬) 않은 것을 공동의 실패로 본다("우리", 13:3). 궤를 가져오는 것은 중대한 공동체 반전의 표시다. [삼하 6:1-2는 그냥 다윗이 궤를 가져오기 위해 최고의 부대를 모은다고만 나오고 이유는 나오지 않는다. 역대기에 나오는 '묻다(seek)'라는 핵심 주제에 대해서는 대상 10:13-14 주석을 참고하라.]

역대기 저자는 온 백성의 참여와 반응에 대해 묘사하면서, 다윗에게나 백성들에게나 예루살렘에 새로운 국가 중심을 둔 왕권은 모세 언약에 계속 헌신하고 있었다는 것을 보여준다. 다윗이 솔선해서 모범을 보였을지는 모르지만, 언약 관계는 왕에게 달려 있지 않았다. 그것은 포로기 이후 공동체에게 중요한 메시지다.

13:5-10 모인 집단의 구성원은 모두를 아우른다는 사실이 다시 강조된다. 이번에는 지리적 범위에 기초해서 진술된다. "애굽의 쉬홀"[쉬호르(*shihor*), ESV는 "Nile"(나일), 아마 나일 삼각주의 동쪽 변]과 "하맛 어귀"(가나안의 북동쪽 모퉁이, 다메섹 북쪽 약 75킬로미터)는 여호수아 13:3, 5에 나오는 약속의 땅의 가장 큰 범위를 묘사할 것이다(참고. 삿 3:3; 왕하 14:25; 대하 7:8; 겔 47:15; 48:1). 하지만 이것은 다른 곳에서 나오는 그 나라의 범위보다 더 크다(참고. "브엘세바에서부터 단까지", 대상 21:2; 대하 30:5, 또한 시작 부분 계보들에 나오는 영토들). 역대기 저자는 일부러 정치적/지파적 경계 너머 출신 사람들을 묘사하고 있을 수도 있다. 그것은 그의 청중들에게 적절한 개방성과 격려를 나타낸다.[102]

궤를 가져오는 것은 노력을 아끼지 않을만한 가장 즐거운 일이었다. 그럼에도 불구하고, 블레셋이 이전에 한 행동들 및 모세의 요구사항들을 잘 아는 청중들에게 "새 수레"라는 말은 비극의 씨앗이 될 수 있다는 경고로 다가온다. 오래 전에 블레셋 사람들은 궤를 돌려주기 위해 "새 수레"를 사용했었다(삼상 6:7-8). 하지만 모세의 규정은 소가 끄는 수레를 사용하는 것이 아니라, 레위인들이 채에 꿰어서 궤를 옮겨야 한다고 규정했다(출 25:10-15; 민 4:15; 7:6-9; 신 10:8). 게다가 "웃사와 아히오"가 레위인이었다는 증거는 없다(삼상 7:1-2; 삼하 6:3). 그래서 비록 웃사는 아주 좋은 의도였던 것처럼 보이지만, 여호와는 그를 '치셨다'. 이 사건은 다윗이 그렇게 생각했던 것과 마찬가지로(대상 13:12) 청중들에게도 가혹하게 보였고 그로 인해 생긴 질문들은 답이 없다고 느껴졌다. 하지만 고대 이스라엘의 맥락에서 읽어보면 이것이 바로 모세 율법이 경고했던 시나리오였다(민 4:15). 궤는 "거룩"했으며(하나님의 목적을 위해 구별된) 하나님의 임재와 동일시되었다. 그것

102 Knoppers, *I Chronicles 10-29*, 584-586.

은 "하나님 앞에서"(대상 13:10, 참고. "하나님의 궤 곁에서", 삼하 6:7)라는 저자의 말로 강조된다. 궤는 다른 어떤 인간의 물체처럼 취급할 수 없다. 하나님이 임재하신다. 하나님께 나아올 수 있는 용납할만한 방식이 무엇인지는 하나님이 결정하신다.

13:11-14 다윗의 반응은 분노와 두려움이 뒤섞인 것이다. 우리는 다윗의 말 속에서 그런 감정을 상상할 수 있을 뿐이다(12절). 고뇌와 혼란, 하나님과 자신 둘 다에 대한 분노 등이 혼합되어 있을 것이다. 결국 다윗이 그 행진을 시작한 사람이고 계획한 사람이다. 그리고 웃사는 아무 죄도 없이 죽은 것처럼 보였을 것이다. 다윗의 좋은 의도는 잘못되었으며, 그 곤경에서 벗어날 길은 없어보였다.

대답은 미결 상태다. 첫 번째로 예상치 않은 결과가 나온다. 궤는 "가드 사람 오벧에돔의 집"에 남아있었다.[103] 그리고 "석 달"이라는 짧은 기간 동안 여호와는 그의 "집과 그의 모든 소유"에 복을 내리셨다. 다윗과 백성은 "여호와께서 진노하[신]" 것을 보았을지 모르지만, 같은 궤와 연관해서 하나님이 그 후에 취하신 행동은 복을 내리시는 것이었다.

103 가드 사람("Gittite")은 길에서 멀지 않은 블레셋 도시 가드에서 온 사람이다. "오벧에돔" 역시 궤를 지키는 레위인 "문지기"의 이름이다(15:18, 24). 그리고 역대기 저자에게 이것은 같은 사람인 듯하다. 특히 후에 그에게 여덟 아들이 있는데 "하나님이 오벧에돔에게 복을 주셨[기]" 때문이라는 것을 읽을 때 그렇다(26:4-5).

응답

많은 사람은 전심을 다해 헌신하면서 어떤 새로운 모험을 즐겁게 진척시켰지만 갑자기 어떤 일이 발생하며 도대체 뭐가 잘못된 걸까 하고 생각하게 되는 경우들을 경험한다. 다윗의 상황은 많은 신실한 그리스도 추종자들의 삶에 반영되어왔다. 우리는 다윗처럼 어쩐지 하나님이 공정치 못하다고 느낄 수도 있다(욥이 그랬던 것처럼). 이해를 하려 애쓸 때 다른 질문들이 생겨날 수도 있다. 거룩하신 하나님이 우리와 대결하고 계시는가(행 5:1-11; 고전 11:17-32)? 우리는 바로잡혀야 하고 하나님의 길에 대해 더 배울 필요가 있는가(마 17:14-20; 딤후 3:16-17)? 아니면 이것은 옳은 일을 하는 것에 대한 반대인가(마 5:10-11)? 이것은 우리가 그리스도를 따를 때 만나게 되는 폭풍우인가(마 8:23-27)? 어떤 하나의 대답도 모든 상황에 다 적합하지는 않다! 히브리서 저자는 "때를 따라…은혜의 보좌 앞에 담대히 나아갈 것이니라"라고 권하면서 동시에 "경건함과 두려움으로" 나아오라고 경고한다(히 4:16; 12:25-29).

다윗의 선한 의도가 비극을 막지는 못했다. 유감스럽게도 교회사와 개인의 경험을 보면 좋은 의도를 갖고서도 잘못이 저질러진 예가 많다. 하지만 이 본문은 또한 비극이 끝은 아니라는 것의 한 예다. 행악에 대한 하나님의 "진노"는 성경 도처에서 나오는 주제다. 하지만 그 주제와 나란히 그리고 그 후에 나오는 것은 하나님의 오래 참으심, 자비로우심, 신실하심이다[출 34:7에서 "천 대"(ESV 난외주)와 "삼사 대"의 비교, 사 54:7-8에서 "잠시"와 "큰 긍휼" 및 "영원한 자비"와의 비교]. 게다가 우리는 여기에서 "이스라엘 나라 밖"에 있던 이방인들이 그리스도 안에서 "성령 안에서 하나님이 거하실 처소가 되기 위하여…함께 지어져 가[는]" 방식이 예시되어 있는 것을 본다(엡 2:11-22).[104]

104 Andrew Wilson, "God in Our Living Room," *Christianity Today* 60/3 (April 2016): 34.

1 Chronicles
역대상
14:1-17

14장

1 두로 왕 히람이 다윗에게 사신들과 백향목과 석수와 목수를 보내 그
의 궁전을 건축하게 하였더라 2 다윗이 여호와께서 자기를 이스라엘
의 왕으로 삼으신 줄을 깨달았으니 이는 그의 백성 이스라엘을 위하
여 그의 나라가 높이 들림을 받았음을 앎이었더라

1 And Hiram king of Tyre sent messengers to David, and cedar trees,
also masons and carpenters to build a house for him. 2 And David
knew that the Lord had established him as king over Israel, and that his
kingdom was highly exalted for the sake of his people Israel.

3 다윗이 예루살렘에서 또 아내들을 맞아 다윗이 다시 아들들과 딸들
을 낳았으니 4 예루살렘에서 낳은 아들들의 이름은 삼무아와 소밥과
나단과 솔로몬과 5 입할과 엘리수아와 엘벨렛과 6 노가와 네벡과 야비
아와 7 엘리사마와 브엘랴다와 엘리벨렛이었더라

3 And David took more wives in Jerusalem, and David fathered more
sons and daughters. 4 These are the names of the children born to him
in Jerusalem: Shammua, Shobab, Nathan, Solomon, 5 Ibhar, Elishua,

Elpelet, 6 Nogah, Nepheg, Japhia, 7 Elishama, Beeliada and Eliphelet.

8 다윗이 기름 부음을 받아 온 이스라엘의 왕이 되었다 함을 블레셋
사람들이 듣고 모든 블레셋 사람들이 다윗을 찾으러 올라오매 다윗이
듣고 대항하러 나갔으나 9 블레셋 사람들이 이미 이르러 르바임 골짜
기로 쳐들어온지라 10 다윗이 하나님께 물어 이르되 내가 블레셋 사람
들을 치러 올라가리이까 주께서 그들을 내 손에 넘기시겠나이까 하니
여호와께서 그에게 이르시되 올라가라 내가 그들을 네 손에 넘기리
라 하신지라 11 이에 무리가 바알브라심으로 올라갔더니 다윗이 거기
서 그들을 치고 다윗이 이르되 하나님이 물을 쪼갬 같이 내 손으로 내
대적을 흩으셨다 하므로 그곳 이름을 바알브라심이라 부르니라 12 블
레셋 사람이 그들의 우상을 그곳에 버렸으므로 다윗이 명령하여 불에
사르니라

8 When the Philistines heard that David had been anointed king over
all Israel, all the Philistines went up to search for David. But David
heard of it and went out against them. 9 Now the Philistines had come
and made a raid in the Valley of Rephaim. 10 And David inquired of
God, "Shall I go up against the Philistines? Will you give them into
my hand?" And the Lord said to him, "Go up, and I will give them into
your hand." 11 And he went up to Baal-perazim, and David struck them
down there. And David said, "God has broken through[1] my enemies
by my hand, like a bursting flood." Therefore the name of that place is
called Baal-perazim. 12 And they left their gods there, and David gave
command, and they were burned.

13 블레셋 사람들이 다시 골짜기를 침범한지라 14 다윗이 또 하나님께
묻자온대 하나님이 이르시되 마주 올라가지 말고 그들 뒤로 돌아 뽕

나무 수풀 맞은편에서 그들을 기습하되 15 뽕나무 꼭대기에서 걸음 걷
는 소리가 들리거든 곧 나가서 싸우라 너보다 하나님이 앞서 나아가
서 블레셋 사람들의 군대를 치리라 하신지라 16 이에 다윗이 하나님의
명령대로 행하여 블레셋 사람들의 군대를 쳐서 기브온에서부터 게셀
까지 이르렀더니 17 다윗의 명성이 온 세상에 퍼졌고 여호와께서 모든
이방 민족으로 그를 두려워하게 하셨더라

13 And the Philistines yet again made a raid in the valley. 14 And when
David again inquired of God, God said to him, "You shall not go up
after them; go around and come against them opposite the balsam
trees. 15 And when you hear the sound of marching in the tops of the
balsam trees, then go out to battle, for God has gone out before you
to strike down the army of the Philistines." 16 And David did as God
commanded him, and they struck down the Philistine army from
Gibeon to Gezer. 17 And the fame of David went out into all lands, and
the Lord brought the fear of him upon all nations.

1 *Baal-perazim* means *Lord of breaking through*

단락 개관

궤 이야기를 계속하기 전에, 역대기 저자는 두로의 히람이 보낸 선물과 다윗의 반응을 말하며(14:1-2) 예루살렘에서 태어난 자녀들을 열거한다(3-7절). 다음에 블레셋의 공격들 및 다윗의 승리들이 나온다(8-16절).

본문은 사무엘하 5:11-25와 밀접하게 조화를 이룬다. 하지만 저자는 그 내용을 궤가 오벧에돔에 남겨지고 "여호와께서 오벧에돔의 집과 그의 모든 소유에 복을 내리[신]"(대상 13:14) 후에 나오게 했다. 이렇게 해서 다윗

의 성공들 역시 다윗에게 주어진 복의 표시로 제시된다. 저자는 다윗의 나라가 "'높이' 들림을 받았[다]"(14:2)는 것을 강조하고 17절을 결론으로 추가함으로 세부사항들의 틀을 구성한다. 역대기 저자의 문학적 배열은 또한 히브리어 파라츠(*parats*, '찢다/흩다', '폭발하다')와 관련된 두 예를 역전시킨다. 그래서 "진노"는 이제 복으로 응답된다. 13:11에서 여호와는 "웃사의 몸을 찢으셨[다]"(broken out, 참고. 15:13). 하지만 이제 14:11에서 여호와는 다윗에게 승리를 주심으로 대적을 "흩으셨다"(broken through). 앞부분은 나아갈 방향에 관한 질문과 함께 복 주심으로 끝났다(13:12, 14). 이제 다윗이 예루살렘에서 그리고 나라들 가운데서 복을 받으면서 다윗의 의도가 존중되고 있었다는 것이 분명해진다.

단락 개요

II. 다윗과 솔로몬의 통일 왕국 - 예루살렘, 궤, 성전(대상 9:35-대하 9:31)
  B. 다윗, 예루살렘에서 왕이 됨: 승리와 성전 준비(11:1-29:30)
    1. 다윗이 왕위에 오름: 군사적 성공과 궤를 예루살렘으로 가져옴(11:1-16:43)…
      c. 명예, 가족, 블레셋을 물리침(14:1-17)

주석

14:1-2 "두로"는 페니키아의 주요 항구로, 번창하는 무역 중심지였다(겔 27장). 그곳은 레바논 내륙지역을 내려다보고 있었으며 매우 훌륭한 "백향목"을 접할 수 있고, 그곳 왕 "히람"[105]은 다윗과 솔로몬 둘 다와 좋은 관계를 맺고 있었다(대하 2:3-12; 8:18). 히람이 다윗의 "궁전"(ESV는 "house", 집, 즉, 그의 궁궐)을 짓도록 재료와 직공들을 보내는 것은 다윗이 받은 복을 나타내는 첫 번째 표시로, 그 히브리어 단어는 앞에서 오벧에돔의 "집"과 "가족"에 대해 사용된 것과 똑같은 것이다(대상 13:13, 14). 저자는 히람의 행동을 다윗의 나라가 "높이 들림을 받[는]" 증거라고 보며, 그래서 궤에 일어난 일에도 불구하고 다윗은 "여호와께서 자기를 이스라엘의 왕으로 삼으신 줄을 깨달았[다]".[106] 무엇보다도, 이것은 단지 다윗만이 아니라 "그의 백성 이스라엘을 위[한]" 것이었다.

이 짧은 단락은 언약궤도, 다윗 계열의 왕도 없는 포로기 이후의 공동체에게 적실성을 지닌다. 다윗이(그리고 확장하면 이스라엘이) "높이 들림을 받[은]" 것은 분명 궤의 존재에 달린 것이 아니었다. 게다가 다윗이 자신을 향한 이방 왕들의 호의적 행동 배후에 여호와가 계시다는 것을 "깨달았[던]" 것처럼, 한 백성으로서의 포로귀환자들은 바사 황제의 지지에서 하나님의 손을 볼 수 있었다(대하 36:23; 스 6:6-12).

14:3-7 복은 "예루살렘에서" 다윗에게 많은 "아들들과 딸들"이 태어난 것에서 한층 더 명백하게 드러난다. 그것은 사울의 "집안"이 소멸된 것(10:6)과 대조된다. 그 목록은 역대상 3:5-9와 사무엘하 5:13-16에 나오

105 그 이름은 또한 "후람"이라고도 나온다.

106 역대기의 마소라 본문(또한 70인역)에는 "이스라엘의"라는 말 다음에 '그리고'(개역개정에는 "이는"-옮긴이주)라는 말이 없다. 그래서 "다윗은…그의 나라가 높이 들림을 받았기 '때문이라는' 것을 깨달으니라"는 의미가 된다[KJV는 "왜냐하면"(for), ESV는 "과"(and)라는 말이 나오는 삼하 5:12를 따른다]. Williamson, *1 and 2 Chronicles*, 117.

는 것과 비슷하다. 사무엘하 5:13에서처럼 아내들을 "또"(more) 그리고 자녀들을 "다시"(more) 두었다고 표현되어 있는 반면, 저자는 헤브론에 대한 어떤 언급도 빼놓고 다윗이 예루살렘을 차지한 후에 받은 복에 초점을 맞춘다(대상 3:5-9의 지리적 기능과는 대조적으로). "브엘랴다"는 3:8(또한 삼하 5:16)에서는 "엘랴다"라고 나오는데, 그것은 바알(*ba'al*, 신의 이름일 뿐 아니라 '주인, 주'를 의미하는)이라는 말이 들어가는 이름이 또한 엘(*'el*, "하나님")의 한 형태와 함께 나오는 예다(참고. 대상 8:29-40 주석).

14:8-16 블레셋 사람들은 사울의 "집안"을 끝내버렸으며(10:1-6) 그 다음에는 왕이 된 다윗과 첫 번째 대결을 하면서 다윗도 비슷한 운명을 당할 것이라고 위협했다. 해설자는 다윗의 행동과 결과를 보여주는 몇 가지 대조적 사항을 제공한다. 사울은 "신접한 자에게 가르치기를 청[한][샤알(*sha'al*), 의논한]"(10:13) 반면, 다윗은 "하나님께 물[었다][샤알]"(14:10, 14). 블레셋 사람들은 전에 이스라엘 사람들을 물리쳤을 때, 궤를 빼앗아오는 것을 이스라엘의 '신들'(gods)을 뺏은 것이라고 생각했으며, 그 궤를 그들의 신 다곤 앞에 전리품으로 두었다(삼상 4:7-11; 5:2). 이제 패배하면서 블레셋 사람들은 전쟁터에 "그들의 우상을…버렸[다]". 저자가 덧붙인 것(참고. 삼하 5:21)은 다윗이 신들을 "불에 사르[라고]" 명함으로 모세 율법(신 7:5; 12:3)에 따라 행동하는 것을 보여준다(대상 14:12).

두 전쟁은 아마 다윗이 궤를 예루살렘으로 가져오기 전에 일어났겠지만(사무엘하의 순서에서처럼), 저자의 배열은 다윗의 승리들이 하나님이 주시는 복의 표시라고 보게 한다. 하나님이 다윗을 위해 "흩으[신]" 것은 하나님이 웃사를 "찢으[신]" 것을 능가한다(대상 14:11; 13:11).

하나님이 "네 손에 넘[긴다]"(14:10)는 말은 전투 내러티브에 공통적으로 나오는 요소다(예를 들어, 출 23:31; 수 8:7, 18; 대하 16:8; 18:5, 11, 14; 28:9). 일반적으로 이스라엘 사람들이 실제 싸움에 어느 정도 관여하기는 하지만, 그 문구는 하나님의 행동에 초점을 맞춘다. 그래서 사무엘하 5:20에서 다윗은 승리한 것에 대한 반응으로 "여호와께서…'내 앞에서' 내 대적을 흩으셨다"라고 단언했다. 하지만 역대기에는 "'내 손으로'…"라고 되어 있다(대상 14:11). 승리가 하나님으로 인한 것이라는 분명한 단언이 있는 반면, 여기에서는 하나님의 도구로서 다윗의 적극적 역할을 시인한다. 게다가 저자가 백성을 자주 포함시키는 것과 조화를 이루어, 그가 "그들"[11,[107] 16절(개역개정에는 "행하여" 다음에 나오는 '그들이'라는 말이 번역되어 있지 않다—옮긴이주), 삼하 5:20, 25에 나오는 단수 '그'와 대조해보라(ESV 참고)]이라는 복수를 사용하는 것은 백성이 전투와 승리에 참여했다는 것을 명백히 보여준다.[108]

두 전투 모두 "골짜기"에서 일어났다. 첫 번째 전투는 예루살렘 남서쪽인(수 15:8) "르바임[의]"(대상 14:9)라고 지칭되는 반면, 저자는 두 번째 전투를 북쪽의 "기브온"과 연결시킨다(대상 14:13, 16; 사 28:21에서와 같이). 다윗은 어느 한 경우에 사용된 전략을 반복해야 한다고 생각하지 않았다. 두 경우 모두 다윗은 "하나님께 묻[는다]"(대상 14:10, 14). 첫 번째 전투는 정면 대결이었던 반면, 두 번째 전투는 나무를 은신처로 사용해서 둘레를 돎으로서 함정에 빠뜨리는 것을 포함했다. "뽕나무 꼭대기에서 걸음 걷는 소리"가 무엇을 의미하든(왕하 7:6에서도 비슷한 상황이 나온다), 그것은 "하나님이 앞서 나아가[셨다는]"(대상 14:15) 증거였다. 이번에는 다윗과 함께 하고 있는 모든 사람에게 하나님이 인도하고 계시다는 것이 분명했다.

14:17 역대기 저자는 핵심 요점을 요약함으로 이 부분을 마무리한다. 이 세부묘사가 다윗의 명성의 정도 및 다윗이 왕으로서 계속 성공하는 것 그리고 함축적으로 이스라엘을 위한 평강과 안전을 보장하는 것에서 여호와의 활동을 예시한다는 것이다(참고. 여호사밧, 대하 17:10; 20:29).

107 마소라 본문에는 대상 14:11에서 "그들이 올라갔더니"(ESV는 "he went up", 그가 올라갔더니)라고 되어 있다.

108 Knoppers, *I Chronicles 10-29*, 601-602.

응답

하나님의 복은 우리가 혹은 지도자들이 모든 것을 바르게 하거나 모든 일을 바로잡는 것에 달려 있지 않다(궤는 여전히 오벧에돔의 집에 있다). 다윗 이야기에서 분명한 것은 하나님이 열방 가운데 사는 그분의 백성을 위해 행동하시며 또한 설사 불완전하게 이해할지라도 하나님의 뜻을 알고 행하고자 하는 사람들이 바라는 바를 존중하신다는 것이다. 여기에서 다윗의 이야기는 즉각적인 복이 임하는 이야기로 그 역사적 맥락에 적절한 반면, 성경 다른 부분들은 반대의 논리에 대해 경고한다. 성공은 올바른 일을 하고 있다는 증거인 반면 복을 받지 못하는 것은 행악의 증거라고 주장하는 논리다(욥기; 시 73편; 요 9:2).

"내가 전한 복음대로 다윗의 씨로 죽은 자 가운데서 다시 살아나신 예수 그리스도를 기억[할]"(딤후 2:8) 때, 다윗이 예루살렘에서 왕이 된 후에 받은 복들은 그리스도께서 죽으시고 부활하신 이후 점차 더 크게 누리고 있는 복과 비교할 수 있을 것이다. 그리스도는 지금 "[하나님의] 오른편에[서]" 다스리시기 때문이다(엡 1:20-23). 여기에는 다른 권세들을 복종시키는 것(골 2:15; 벧전 3:22), 가족의 숫자가 늘어나는 것(마 12:49-50; 히 2:10-13), 열방들 가운데서 점점 더 인정받고 명예를 누리는 것(빌 2:9-11; 계 7:9-10)이 포함된다. 다윗과 마찬가지로, 그리스도의 통치가 계속될 때 더 많은 것이 올 것이다.

역대상 15:1-16:43 개관

하나님은 다윗(대상 14장) 및 궤가 있던 곳인 "오벧에돔의 집"에 복을 주셨다(13:13-14). 결국 다윗은 다시 궤를 예루살렘으로 가져왔다. 다윗은 예루살렘에 궤를 "둘 곳을 마련[했다]"(15:1). 이번에는 다윗이 "여호와의 말씀을 따라"(15:15) 모세에게 주신 것을 따를 것이다. 15-16장 일부는 사무엘하 6장과 시편에서 나온 자료를 각색한다. 바뀐 부분과 추가된 부분들은 역대기 저자의 관심사를 반영한다. 추가된 세부사항 중 많은 것은 레위인들의 역할 및 노래하는 찬송의 준비에 관한 것이다.

우리는 하나님을 즐거이 경축하고 찬양하는 글을 읽는다. 사람들은 구체적인 임무들을 부여받는다. 궤 행진과 함께 음악으로 여호와께 감사하는 것(대상 15:16-29)은 계속되어야 한다. 궤 앞에서나(16:4-7, 37) 기브온에서 당분간 정기 제사를 드리며 있을 때도(16:41-42) 감사는 계속 된다. 결론부에 간구가 나오는 긴 감사의 시가 포함되어 있다(16:8-36).

1 Chronicles
역대상
15:1-29

1 다윗이 다윗 성에서 자기를 위하여 궁전을 세우고 또 하나님의 궤를
둘 곳을 마련하고 그것을 위하여 장막을 치고 2 다윗이 이르되 레위
사람 외에는 하나님의 궤를 멜 수 없나니 이는 여호와께서 그들을 택
하사 여호와의 궤를 메고 영원히 그를 섬기게 하셨음이라 하고 3 다윗
이 이스라엘 온 무리를 예루살렘으로 모으고 여호와의 궤를 그 마련
한 곳으로 메어 올리고자 하여 4 다윗이 아론 자손과 레위 사람을 모
으니 5 그핫 자손 중에 지도자 우리엘과 그의 형제가 백이십 명이요
6 므라리 자손 중에 지도자 아사야와 그의 형제가 이백이십 명이요
7 게르솜 자손 중에 지도자 요엘과 그의 형제가 백삼십 명이요 8 엘리
사반 자손 중에 지도자 스마야와 그의 형제가 이백 명이요 9 헤브론
자손 중에 지도자 엘리엘과 그의 형제가 팔십 명이요 10 웃시엘 자손
중에 지도자 암미나답과 그의 형제가 백십이 명이라 11 다윗이 제사
장 사독과 아비아달을 부르고 또 레위 사람 우리엘과 아사야와 요엘
과 스마야와 엘리엘과 암미나답을 불러 12 그들에게 이르되 너희는 레
위 사람의 지도자이니 너희와 너희 형제는 몸을 성결하게 하고 내가
마련한 곳으로 이스라엘의 하나님 여호와의 궤를 메어 올리라 13 전
에는 너희가 메지 아니하였으므로 우리 하나님 여호와께서 우리를 찢

으셨으니 이는 우리가 규례대로 그에게 구하지 아니하였음이라 하니
14 이에 제사장들과 레위 사람들이 이스라엘 하나님 여호와의 궤를 메
고 올라가려 하여 몸을 성결하게 하고 15 모세가 여호와의 말씀을 따
라 명령한 대로 레위 자손이 채에 하나님의 궤를 꿰어 어깨에 메니라

1 David[1] built houses for himself in the city of David. And he prepared
a place for the ark of God and pitched a tent for it. 2 Then David said
that no one but the Levites may carry the ark of God, for the Lord had
chosen them to carry the ark of the Lord and to minister to him forever.
3 And David assembled all Israel at Jerusalem to bring up the ark of the
Lord to its place, which he had prepared for it. 4 And David gathered
together the sons of Aaron and the Levites: 5 of the sons of Kohath,
Uriel the chief, with 120 of his brothers; 6 of the sons of Merari, Asaiah
the chief, with 220 of his brothers; 7 of the sons of Gershom, Joel the
chief, with 130 of his brothers; 8 of the sons of Elizaphan, Shemaiah the
chief, with 200 of his brothers; 9 of the sons of Hebron, Eliel the chief,
with 80 of his brothers; 10 of the sons of Uzziel, Amminadab the chief,
with 112 of his brothers. 11 Then David summoned the priests Zadok
and Abiathar, and the Levites Uriel, Asaiah, Joel, Shemaiah, Eliel, and
Amminadab, 12 and said to them, "You are the heads of the fathers'
houses of the Levites. Consecrate yourselves, you and your brothers,
so that you may bring up the ark of the Lord, the God of Israel, to the
place that I have prepared for it. 13 Because you did not carry it the first
time, the Lord our God broke out against us, because we did not seek
him according to the rule." 14 So the priests and the Levites consecrated
themselves to bring up the ark of the Lord, the God of Israel. 15 And
the Levites carried the ark of God on their shoulders with the poles, as
Moses had commanded according to the word of the Lord.

16 다윗이 레위 사람의 어른들에게 명령하여 그의 형제들을 노래하는
자들로 세우고 비파와 수금과 제금 등의 악기를 울려서 즐거운 소리
를 크게 내라 하매 17 레위 사람이 요엘의 아들 헤만과 그의 형제 중
베레갸의 아들 아삽과 그의 형제 므라리 자손 중에 구사야의 아들 에
단을 세우고 18 그다음으로 그들의 형제 스가랴와 벤과 야아시엘과 스
미라못과 여히엘과 운니와 엘리압과 브나야와 마아세야와 맛디디야
와 엘리블레후와 믹네야와 문지기 오벧에돔과 여이엘을 세우니 19 노
래하는 자 헤만과 아삽과 에단은 놋제금을 크게 치는 자요 20 스가랴
와 아시엘과 스미라못과 여히엘과 운니와 엘리압과 마아세야와 브나
야는 비파를 타서 알라못에 맞추는 자요 21 맛디디야와 엘리블레후와
믹네야와 오벧에돔과 여이엘과 아사시야는 수금을 타서 여덟째 음에
맞추어 인도하는 자요 22 레위 사람의 지도자 그나냐는 노래에 익숙하
므로 노래를 인도하는 자요 23 베레갸와 엘가나는 궤 앞에서 문을 지
키는 자요 24 제사장 스바냐와 요사밧과 느다넬과 아미새와 스가랴와
브나야와 엘리에셀은 하나님의 궤 앞에서 나팔을 부는 자요 오벧에돔
과 여히야는 궤 앞에서 문을 지키는 자이더라

16 David also commanded the chiefs of the Levites to appoint their
brothers as the singers who should play loudly on musical instruments,
on harps and lyres and cymbals, to raise sounds of joy. 17 So the
Levites appointed Heman the son of Joel; and of his brothers Asaph
the son of Berechiah; and of the sons of Merari, their brothers, Ethan
the son of Kushaiah; 18 and with them their brothers of the second
order, Zechariah, Jaaziel, Shemiramoth, Jehiel, Unni, Eliab, Benaiah,
Maaseiah, Mattithiah, Eliphelehu, and Mikneiah, and the gatekeepers
Obed-edom and Jeiel. 19 The singers, Heman, Asaph, and Ethan, were
to sound bronze cymbals; 20 Zechariah, Aziel, Shemiramoth, Jehiel,
Unni, Eliab, Maaseiah, and Benaiah were to play harps according

to Alamoth; 21 but Mattithiah, Eliphelehu, Mikneiah, Obed-edom,
Jeiel, and Azaziah were to lead with lyres according to the Sheminith.
22 Chenaniah, leader of the Levites in music, should direct the music,
for he understood it. 23 Berechiah and Elkanah were to be gatekeepers
for the ark. 24 Shebaniah, Joshaphat, Nethanel, Amasai, Zechariah,
Benaiah, and Eliezer, the priests, should blow the trumpets before the
ark of God. Obed-edom and Jehiah were to be gatekeepers for the ark.

25 이에 다윗과 이스라엘 장로들과 천부장들이 가서 여호와의 언약궤
를 즐거이 메고 오벧에돔의 집에서 올라왔는데 26 하나님이 여호와의
언약궤를 멘 레위 사람을 도우셨으므로 무리가 수송아지 일곱 마리와
숫양 일곱 마리로 제사를 드렸더라 27 다윗과 및 궤를 멘 레위 사람과
노래하는 자와 그의 우두머리 그나냐와 모든 노래하는 자도 다 세마
포 겉옷을 입었으며 다윗은 또 베 에봇을 입었고 28 이스라엘 무리는
크게 부르며 뿔나팔과 나팔을 불며 제금을 치며 비파와 수금을 힘 있
게 타며 여호와의 언약궤를 메어 올렸더라
25 So David and the elders of Israel and the commanders of thousands
went to bring up the ark of the covenant of the Lord from the house of
Obed-edom with rejoicing. 26 And because God helped the Levites who
were carrying the ark of the covenant of the Lord, they sacrificed seven
bulls and seven rams. 27 David was clothed with a robe of fine linen,
as also were all the Levites who were carrying the ark, and the singers
and Chenaniah the leader of the music of the singers. And David wore
a linen ephod. 28 So all Israel brought up the ark of the covenant of the
Lord with shouting, to the sound of the horn, trumpets, and cymbals,
and made loud music on harps and lyres.

29 여호와의 언약궤가 다윗 성으로 들어올 때에 사울의 딸 미갈이 창
으로 내다보다가 다윗 왕이 춤추며 뛰노는 것을 보고 그 마음에 업신
여겼더라

29 And as the ark of the covenant of the Lord came to the city of David,
Michal the daughter of Saul looked out of the window and saw King
David dancing and celebrating, and she despised him in her heart.

1 Hebrew *He*

단락 개요

II. 다윗과 솔로몬의 통일 왕국—예루살렘, 궤, 성전(대상 9:35-대하 9:31)
- B. 다윗, 예루살렘에서 왕이 됨: 승리와 성전 준비(11:1-29:30)
  - 1. 다윗이 왕위에 오름: 군사적 성공과 궤를 예루살렘으로 가져옴(11:1-16:43)…
    - d. 다윗이 궤를 예루살렘으로 가져옴(15:1-16:43)
      - (1) 궤를 예루살렘으로 가져옴(15:1-29)
        - (a) 궤를 이동시킬 준비(15:1-24)
          - (i) 궤를 둘 곳(15:1)
          - (ii) 레위인들만 궤를 옮겨야 한다: 그들의 확실한 조상(15:2-10)
          - (iii) 옮기는 과업을 위해 제사장들과 레위인들을 성결하게 함(15:11-15)
          - (iv) 음악가 조직(15:16-24)

(b) 궤를 예루살렘으로 옮김(15:25-29; 삼하 6:12-16을 각색함)

(i) 즐거운 행진(15:25-28)

(ii) 사울의 딸 미갈의 부정적 반응(15:29)

주석

15:1 다윗의 명성이 온 나라 곳곳에 퍼졌다(14:17). 하지만 끝나지 않은 용무가 있다. 궤는 여전히 "오벧에돔의 집"에 있다(13:13-14). 다윗은 "자기를 위하여 궁전"을 세울 뿐 아니라 또한 성읍에 "하나님의 궤"를 위한 "장막"을 제공한다. 궤가 처음 만들어졌을 때 그것은 성막에 두었다(출 40:21). 사무엘 시대 무렵에는 궤를 블레셋에게 빼앗겨 제사를 드리는 주요 장소("회막"이 있던 곳인 지금의 기브온, 대상 16:39; 대하 1:3)와 분리되기까지 실로에 있었다(삼상 4:4, 11). 예루살렘에 있는 "장막"은 성전이 지어질 때까지 임시 집이 될 것이다(대상 17:1; 대하 5:2-7).

15:2-15 저자는 다윗이 반드시 레위인들만 궤를 옮길 수 있도록 한다는 것을 강조한다(레위인들은 삼하 6장의 짧은 글에서는 언급되지 않는다. 참고. 대상 15:25-28 주석). 처음에 레위인들의 책임을 중요하게 언급할 뿐 아니라(2절), 추가로 그 문단은 이 "규례"대로 행하지 않은 것이 전에 재앙으로 이어졌다는 다윗의 말(13절)과 또한 이번에는 그들이 "여호와의 말씀"을 따랐다는 진술(14-15절)로 결론을 맺는다. 13:5에서처럼 "온 이스라엘"이 관여되어 있다는 것이 도처에 포함되어 있으며 다윗은 "우리를"/"우리가"(15:13)에 대해 말한다.

다윗은 왕으로서 전체 행사를 책임지고 있을 것이다. 다윗은 백성을 "모으고”, 궤가 있을 곳을 “마련[했으며]”(3절) 제사장들과 레위인들을 “모으[고]”(4절) “부[른다]”(11절). 하지만 다윗은 계획을 세우면서 이제 하나님이 전에 명하신 행동들과 요구사항들을 인식한다. 특정한 과업을 위해 레위인들을 “여호와께서 택하[셨다]”는 것이다(2절). 이 과업들은 처음에는 “궤를 메어 올리[는]” 사람들의 이름과 그들이 받은 지시들을 말하는 부분인 4-13절의 초점이며, 후에는 레위인들이 “영원히 그를[여호와를] 섬기게”(15:2) 하는 것을 상술하는 16:4-7, 37-42의 초점이다.

이름들은 세 주요 레위 가족(5-7절) 그리고 모세가 궤를 돌보고 운송할 책임을 맡긴 그핫 자손 중의 세 씨족(8-10절; 민 3:29-31; 4:4-6)을 요약한다. 이 단락은 “다윗”이라는 말로 시작하지만(대상 15:1, 2) “모세가 여호와의 말씀을 따라 명령한 대로”(15절)라는 말로 끝난다. 전에 역대기에서 “모세의 모든 명령”이라는 말은 제사 드리는 것과 관련되어 있었으며(6:49) “여호와께서 전하신 말씀대로”라는 말은 다윗이 왕이 되는 것과 관련되어 있었다(11:3, 10; 12:23). 이제 왕권과 예배, 다윗과 모세는 “여호와의 말씀을 따라”라는 말로 결합되어 있다. 다윗은 왕으로서 여호와의 말씀에 순종하도록 할 책임이 있다.

다른 고대 근동 왕들처럼, 다윗은 예루살렘에서 예배를 위한 규정들을 확립할 것이다. 하지만 그 왕들과는 달리 다윗은 여호와께서 이미 모세에게 명하신 것과 일관되게 행동할 것이다. 다윗을 왕으로 만드시는 하나님의 행동은 모세 언약을 폐하는 것이 아니라 그 규정들을 새로운 환경에 맞게 각색해서 계속 이어가는 것이다. 포로기 이후 청중들에게 중요한 것으로, 주도권과 지도력은 내내 다윗이 잡고 있지만, 그렇다고 해서 공동의 책임이 무효가 되지 않는다는 사실이다. “우리 하나님 여호와께서 ‘우리를’[13:11의 “웃사”] 찢으셨으니 이는 ‘우리가’ 규례대로 그에게 구하지 아니하였음이라”(15:13, 참고. 13:3). 다윗은 “온 이스라엘”이 해야 하는 일의 모범을 보인다. 여호와의 말씀에 따라 여호와께 복종하여 사는 것이다.

이 부분은 하나님을 ‘구하는’(seek) 것이 의미하는 바가 무엇인가에 대한 또 다른 예를 제공한다(참고. 10:13-14). 다윗은 “사울 때에는 우리가 궤 앞에서 묻지[seek] 아니하였느니라"(13:3)라는 말로 궤를 가져오는 일을 시작했었다. 하지만 이제 다윗은 그때 "우리가 규례대로 그에게 구하지 아니하였음이라"(15:13)고 고백한다. 같은 히브리어 단어가 '그것을 구하다' 혹은 '그를 구하다'라고 번역될 수 있으며 그래서 구하는 것이 궤 아니면 여호와 혹은 심지어 둘 다일 가능성을 허용한다. 번역본에서는 어떻게 번역할지 결정을 해야 한다![109] 하나님을 구하는 것은 적절한 예배와, 그래서 또한 신성한 물체를 돌보는 것과 뗄 수 없이 연결되어 있다(13절에서처럼). 궤를 '구하는' 것은 어떤 물체를 '찾는' 것 이상이다(마치 그것이 어디 있는지 모르는 것처럼). 궤는 언약 공동체의 가장 중심, 하나님의 보좌, 십계명의 보관소를 나타낸다(참고. 13:1-4 주석). 그래서 진정으로 하나님을 구하는 것에는 궤를 다시 공동체의 삶과 예배의 중심에 두는 것이 포함된다.

15:16-24 "즐거[움]"과 찬양을 표현하는 음악은 역대기 내내 핵심 특징이다.[110] 사무엘하 6:12의 "기쁨"은 다윗이 그 전에 섬길 인원들 및 다양한 악기들을 조직해놓음으로써 가능해진다. 그들은 "즐거운 소리를 크게 내[야]"(대상 15:16) 했다.

"모세가 명령한" 것은 레위인들이 채에 꿰어 궤를 메고 이동하라는 것이었다(15절). 이제 자신이 "레위 사람의 어른들"에게 그가 위임한대로 노래하는 자들과 음악가들을 임명하라고 "명령[한]" 것은 다윗이다. 이것은 중대한 새로운 발전이다. 모세오경은 제사장들이 나팔을 부는 것에 대한 언급을 제외하고는 음악의 구조에 대해서는 침묵하기 때문이다(24절; 민 10:8-10). 임명된 지도자들의 이름이 나오며(15:17-18) 두 번째 목록은 구체적인 음악적 역할들을 지정한다(19-24절).[111]

109 이에 대한 광범한 논의로는 Knoppers, *I Chronicles 10-29*, 618을 보라.

110 참고. 서론의 '역대기 신학' 중 '성전, 레위인들, 예배'.

111 15:7-18, 19-24, 16:5-6에 나오는 목록들을 비교하는 표로는 Braun, *1 Chronicles*, 190을 보라.

다양한 가족들이 특정한 악기들의 전문가가 된 듯하다. 비파(16, 20절), 수금(16, 21절), 제금(16, 19절, 28절은 "뿔나팔"을 추가한다) 등이다. 그와 함께 "레위 사람의 [음악] 지도자"가 "노래에 익숙하므로" 그 역할을 맡았다는 실제적 설명이 나온다(22절). "알라못"과 "여덟째 음"(각각 시 46편 및 6편과 12편의 표제에도 나오는)이라는 전문 용어의 의미는 그 말이 음악에 관한 것이라는 점 외에는 확실하지 않다. "장막"과 후에 성전에서 확장된 또 다른 역할은 "문을 지키는 자"의 역할이다(대상 15:23, 24). 그들은 궤를 확실히 보호하면서 성소를 지켰으며 후에는 다른 책임들도 더 맡았다(참고. 26:1-19 주석).[112] 오벧에돔(15:18, 21, 또한 16:5, 38; 26:4-8)은 아마 자신의 집에서 궤를 지켰던 오벧에돔(15:25, 참고. 13:11-14 주석)과 동일인일 것이다. 만일 그렇다면 그는 비록 이방인이었지만("가드 사람") 계속해서 "문을 지키는 자" 역할을 하면서 레위인으로 통합되는 듯하다(15:18, 24). 다른 문 지키는 자인 "여이엘"과 함께, 그는 또한 수금도 탔다(18, 21절).

왕의 성전과 연관된 음악은 고대 근동 전역에서 흔했으며, 예루살렘에서 성전 예배의 핵심 요소가 되었다. 그것은 역대기에서 레위인 성가대가 자주 언급되는 것에서 뿐 아니라(16:5-6, 41-42; 25:6-7 등) 또한 시편에 나오는 암시들, 즉 표제에서나[예를 들어, 자주 나오는 "인도자(혹은 '성가대장')를 따라"라는 말, 시 4편; 5편; 6편 등] 본문에서도(예를 들어, 시 28:7; 69:30; 98:4-6; 137:2-4; 150:1-6) 입증된다. 포로생활에서 돌아온 후에도 다윗이 마련해놓은 장치는 계속되었다(느 12:24, 27-47). 중요한 것으로, 다윗이 수도에서 예배를 조직한 것은 다른 곳에 나오는 왕의 활동과 비교할 수 있는 반면, 다윗은 궤를 돌보는 일과 운송하는 일에 레위인들을 배정하는 것에 관한 모세 전통을 따르면서 또한 음악가 예배에서 레위의 역할을 확장시킨다.

무대는 이제 준비되었다. 등장인물들은 그들에게 정해진 배역을 담당할 준비가 되었다(대상 15:1-24). 그래서 역대기 저자는 실제 행진으로 넘어간다.

112 John W. Wright, "Guarding the Gates: 1 Chronicles 26:1-18 and the Roles of Gatekeepers in Chronicles," *JSOT* 48 (1990): 69-81.

15:25-28 저자의 강조점들은 그가 사무엘하 6:12-15의 내러티브를 확장시키는 것에서 분명하게 드러난다. 저자는 처음에 광범위한 지도자들이 관여한다는 것을 반복하고(대상 15:25), 레위인들이 관여한다는 것을 분명히 묘사하며(26, 27절), "노래하는 자"와 그들의 악기들의 위치를 끼워넣는다(27, 28절). 그리고 궤는 이제 "여호와의 '언약' 궤"(25, 26, 28, 29절)라고 일반적으로 묘사되면서 그 의미에 초점을 맞춘다(그 정식 이름은 16:6, 37; 17:1; 22:19; 28:2, 18; 대하 5:2, 7에 다시 나온다). 여기에는 모세 언약 뿐 아니라(신 10:8) 또한 아브라함 및 그의 자손들과 맺은 "영원한 언약"(대상 16:15-17)을 상기시키는 것이 있다. 게다가 언약궤라는 용어는 레위인들이 궤를 옮길 때 강조되며(15:25-29에서 네 번), 그들은 언약을 노래하며 궤 앞에서 계속 섬기도록 위임받는다(16:4, 15). 포로기 후에는 궤는 존재하지 않을지 모르지만, 레위인들이 성전에서 계속 사역할 때 "언약"은 계속되며 그 초점을 찾는다.[113]

여기에도 하나님의 반응이 포함되어 있다. 사무엘서 기자는 그들이 "여섯 걸음을 가매 다윗이…제사를 드리고"(삼하 6:13)라고 말한다. 역대기 저자는 이제 "레위 사람을 도우[신]" 하나님께 대한 반응으로 "[그들이] 제사를 드렸[다]"(대상 15:26, 전에 "찢으[신]" 것과 대조를 이룬다, 13절)라고 설명한다. "수송아지 일곱 마리와 숫양 일곱 마리"라는 세부사항은 역대하 29:21(또한 민 23:1; 욥 42:8)에 나온 균형 잡힌 숫자와 비슷하다.

역대기 저자는 다윗이 제사장의 것과 비슷한 짧은 웃옷인 "베 에봇"을 입었다는 것을 여기서도 언급하면서(참고. 삼상 22:18), 레위인들과 노래하는 자들도 입었던 다윗의 "세마포 겉옷"에 대한 세부사항을 덧붙인다. 그 의복이 제사장들이 입는 것이라는 의미이기보다는 모든 핵심 참여자가 멋지고 위엄 있는 옷차림을 하고 있다는 것이 강조되고 있는 듯하다(참고. 대하

15장

113 Louis C. Jonker, "'The Ark of the Covenant of the Lord': The Place of Covenant in the Chronicler's Theology," in *Covenant in the Persian Period: From Genesis to Chronicles*, ed. Richard J. Bautch and Gary N. Knoppers (Winona Lake, IN: Eisenbrauns, 2015): 409-429.

5:12).[114] "그나냐"에 대한 언급은 다윗이 레위인들을 임명하는 일을 이행하고 있음을 가리킨다(대상 15:22, 27).

15:29 역대기에서 미갈은 이 구절에서만 언급된다. 미갈이 다윗의 아내라는 언급도(삼상 18:20-28) 다윗과 미갈 사이에서 그 후에 이어진 대화에 대한 언급도(삼하 6:20-23) 없다. 저자의 초점은 미갈이 "사울의 딸"이라는 것에 맞춰져 있다. 미갈은 "사울 때"의 특징적 태도가 그랬듯이, 궤에 대해 계속해서 부정적인 태도를 보인다(대상 13:3, 참고. 10:13-14). 역대기에서 "다윗 왕"의 이 첫 번째 사건은 아마 의도적일 것이다. 사울의 집과는 달리 다윗은 그의 나라에서 여호와의 언약궤, 곧 하나님의 보좌를 중심으로 만드는 일을 무조건적으로 기쁘게 경축하면서 하나님을 경외하는 왕적 지도력의 모범을 보인다. 의미심장한 것으로, 다윗 왕이라는 말이 다음으로 나오는 경우는 다윗이 여호와께서 그와 맺으신 언약의 약속을 받은 후다. 겸손하게 "다윗이 여호와 앞에[즉 궤 옆에] 들어가 앉[는다]"(17:16)는 것이다. "왕"이라는 호칭은 여호와의 통치에 복종하는 "주권자"(참고. 11:2)에게 적용된다.

응답

실패는 최종적인 것이 아니다. 하나님의 심판에 대한 경험은 관계 혹은 미래 사역의 끝이 아니다. 다윗은(그리고 백성은) 궤를 찾았다. 그들의 동기는 선하고, 진지하고, 순수했다. 하지만 그들은 하나님을 구하는 것에는 또한 하나님의 길을 배우고 따르는 것이 포함된다는 것을 배워야 했다. 그들은 오랜 후에 히브리서 저자가 강조한 것을 경험했다. "주께서 그 사랑하시는

114 Japhet, *I & II Chronicles*, 306-307에 나오는 논의를 보라.

자를 징계하시고…하나님은 우리의 유익을 위하여 그의 거룩하심에 참여하게 하시느니라"(히 12:6, 10)는 것이다. 실패의 장소로 돌아가 다시 시작하되, 이번에는 하나님이 그분의 영으로 도우사 그 일을 제대로 할 수 있는 기회가 종종 있다(예를 들어, 베드로는 예루살렘에서 그리스도를 부인했으며, 그곳에서 후에 오순절 때 설교를 했다). 새 출발에 수반되는 것으로, 계속적인 성경 연구를 통해 "여호와의 말씀에 따[르는]" 것이 무엇인지 배우게 될 것이다.

성경으로부터 배우는 것에는 성경 이야기가 변화하는 상황으로 전진하는 이야기라는 인식이 수반된다.[115] 다윗은 모세의 계명들을 따랐으나 또한 왕권 및 새로운 수도 예루살렘을 수반하기 위해 새로운 형태로 발전시켰다. 예수님은 과거도 강조하시고 또한 새로운 유형의 믿음과 순종도 가르치셨다(예를 들어, 마 5-7장). 반면 유대인들과 비유대인들로 구성되어 있었던 초대 교회는 열방 가운데서 하나님을 따르고 그분을 예배한다는 것이 무슨 의미인지 성령의 인도 하에 고심했다(행 10-11장; 15장).

그렇게 앞으로 나아가는 것은 번거로운 일이 아니라 기쁨으로 해야 하는 일이다. 하나님의 백성, 곧 유대인들과 그리스도인들 둘 다의 역사 내내, 음악은 중대한 역할을 담당했다. 교회 역사를 보면 개혁과 갱신의 때에 음악적 창의성이 새롭게 폭발되는 경우가 종종 수반된다. 우리는 다양한 악기를 다루는 솜씨와 노래를 쓰는 지혜를 가진 모든 사람들에 대해 하나님께 감사할 수 있으며, 다윗이 그랬듯이, 우리도 예배에서 그런 솜씨들을 발휘할 기회를 제공하려 애써야 한다.

115 Bartholomew and Goheen, *Drama of Scripture*.

1 Chronicles
역대상
16:1-43

1 하나님의 궤를 메고 들어가서 다윗이 그것을 위하여 친 장막 가운데
에 두고 번제와 화목제를 하나님께 드리니라 2 다윗이 번제와 화목제
드리기를 마치고 여호와의 이름으로 백성에게 축복하고 3 이스라엘
무리 중 남녀를 막론하고 각 사람에게 떡 한 덩이와 야자열매로 만든
과자와 건포도로 만든 과자 하나씩을 나누어 주었더라

1 And they brought in the ark of God and set it inside the tent that David
had pitched for it, and they offered burnt offerings and peace offerings
before God. 2 And when David had finished offering the burnt offerings
and the peace offerings, he blessed the people in the name of the Lord
3 and distributed to all Israel, both men and women, to each a loaf of
bread, a portion of meat,[1] and a cake of raisins.

4 또 레위 사람을 세워 여호와의 궤 앞에서 섬기며 이스라엘 하나님
여호와를 칭송하고 감사하며 찬양하게 하였으니 5 아삽은 우두머리
요 그다음은 스가랴와 여이엘과 스미라못과 여히엘과 맛디디아와 엘
리압과 브나야와 오벧에돔과 여이엘이라 비파와 수금을 타고 아삽은

제금을 힘 있게 치고 6 제사장 브나야와 야하시엘은 항상 하나님의 언
약궤 앞에서 나팔을 부니라 7 그날에 다윗이 아삽과 그의 형제를 세워
먼저 여호와께 감사하게 하여 이르기를

8 너희는 여호와께 감사하며 그의 이름을 불러 아뢰며 그가 행하신
일을 만민 중에 알릴지어다 9 그에게 노래하며 그를 찬양하고 그의
모든 기사를 전할지어다 10 그의 성호를 자랑하라 여호와를 구하는
자마다 마음이 즐거울지로다 11 여호와와 그의 능력을 구할지어다
항상 그의 얼굴을 찾을지어다 12-13 그의 종 이스라엘의 후손 곧 택
하신 야곱의 자손 너희는 그의 행하신 기사와 그의 이적과 그의 입
의 법도를 기억할지어다

14 그는 여호와 우리 하나님이시라 그의 법도가 온 땅에 있도다 15 너
희는 그의 언약 곧 천 대에 명령하신 말씀을 영원히 기억할지어
다 16 이것은 아브라함에게 하신 언약이며 이삭에게 하신 맹세이며
17 이는 야곱에게 세우신 율례 곧 이스라엘에게 하신 영원한 언약이
라 18 이르시기를 내가 가나안 땅을 네게 주어 너희 기업의 지경이
되게 하리라 하셨도다

19 그때에 너희 사람 수가 적어서 보잘것없으며 그 땅에 객이 되어
20 이 민족에게서 저 민족에게로, 이 나라에서 다른 백성에게로 유
랑하였도다 21 여호와께서는 사람이 그들을 해하기를 용납하지 아
니하시고 그들 때문에 왕들을 꾸짖어 22 이르시기를 나의 기름 부은
자에게 손을 대지 말며 나의 선지자를 해하지 말라 하셨도다

23 온 땅이여 여호와께 노래하며 그의 구원을 날마다 선포할지어다
24 그의 영광을 모든 민족 중에, 그의 기이한 행적을 만민 중에 선포
할지어다 25 여호와는 위대하시니 극진히 찬양할 것이요 모든 신보
다 경외할 것임이여 26 만국의 모든 신은 헛것이나 여호와께서는 하
늘을 지으셨도다 27 존귀와 위엄이 그의 앞에 있으며 능력과 즐거움
이 그의 처소에 있도다

28 여러 나라의 종족들아 영광과 권능을 여호와께 돌릴지어다 여호
와께 돌릴지어다 29 여호와의 이름에 합당한 영광을 그에게 돌릴지
어다 제물을 들고 그 앞에 들어갈지어다 아름답고 거룩한 것으로
여호와께 경배할지어다 30 온 땅이여 그 앞에서 떨지어다 세계가 굳
게 서고 흔들리지 아니하는도다 31 하늘은 기뻐하고 땅은 즐거워하
며 모든 나라 중에서는 이르기를 여호와께서 통치하신다 할지로다
32 바다와 거기 충만한 것이 외치며 밭과 그 가운데 모든 것은 즐거
워할지로다 33 그리할 때에 숲 속의 나무들이 여호와 앞에서 즐거이
노래하리니 주께서 땅을 심판하러 오실 것임이로다 34 여호와께 감
사하라 그는 선하시며 그의 인자하심이 영원함이로다

35 너희는 이르기를
우리 구원의 하나님이여 우리를 구원하여 만국 가운데에서 건져내
시고 모으사 우리로 주의 거룩한 이름을 감사하며 주의 영광을 드
높이게 하소서 할지어다 36 여호와 이스라엘의 하나님을 영원부터
영원까지 송축할지로다

하매 모든 백성이 아멘 하고 여호와를 찬양하였더라

4 Then he appointed some of the Levites as ministers before the ark
of the Lord, to invoke, to thank, and to praise the Lord, the God of
Israel. 5 Asaph was the chief, and second to him were Zechariah, Jeiel,
Shemiramoth, Jehiel, Mattithiah, Eliab, Benaiah, Obed-edom, and Jeiel,
who were to play harps and lyres; Asaph was to sound the cymbals,
6 and Benaiah and Jahaziel the priests were to blow trumpets regularly
before the ark of the covenant of God. 7 Then on that day David first
appointed that thanksgiving be sung to the Lord by Asaph and his
brothers.

8 Oh give thanks to the Lord; call upon his name;
make known his deeds among the peoples!

9 Sing to him, sing praises to him;
tell of all his wondrous works!
10 Glory in his holy name;
let the hearts of those who seek the Lord rejoice!
11 Seek the Lord and his strength;
seek his presence continually!
12 Remember the wondrous works that he has done,
his miracles and the judgments he uttered,
13 O offspring of Israel his servant,
children of Jacob, his chosen ones!
14 He is the Lord our God;
his judgments are in all the earth.
15 Remember his covenant forever,
the word that he commanded, for a thousand generations,
16 the covenant that he made with Abraham,
his sworn promise to Isaac,
17 which he confirmed to Jacob as a statute,
to Israel as an everlasting covenant,
18 saying, "To you I will give the land of Canaan,
as your portion for an inheritance."
19 When you were few in number,
of little account, and sojourners in it,
20 wandering from nation to nation,
from one kingdom to another people,
21 he allowed no one to oppress them;
he rebuked kings on their account,
22 saying, "Touch not my anointed ones,

do my prophets no harm!”

23 Sing to the Lord, all the earth!

Tell of his salvation from day to day.

24 Declare his glory among the nations,

his marvelous works among all the peoples!

25 For great is the Lord, and greatly to be praised,

and he is to be feared above all gods.

26 For all the gods of the peoples are worthless idols,

but the Lord made the heavens.

27 Splendor and majesty are before him;

strength and joy are in his place.

28 Ascribe to the Lord, O families of the peoples,

ascribe to the Lord glory and strength!

29 Ascribe to the Lord the glory due his name;

bring an offering and come before him!

Worship the Lord in the splendor of holiness;[2]

30 tremble before him, all the earth;

yes, the world is established; it shall never be moved.

31 Let the heavens be glad, and let the earth rejoice,

and let them say among the nations, “The Lord reigns!”

32 Let the sea roar, and all that fills it;

let the field exult, and everything in it!

33 Then shall the trees of the forest sing for joy

before the Lord, for he comes to judge the earth.

34 Oh give thanks to the Lord, for he is good;

for his steadfast love endures forever!

35 Say also:

"Save us, O God of our salvation,

and gather and deliver us from among the nations,

that we may give thanks to your holy name

and glory in your praise.

36 Blessed be the Lord, the God of Israel,

from everlasting to everlasting!"

Then all the people said, "Amen!" and praised the Lord.

37 다윗이 아삽과 그의 형제를 여호와의 언약궤 앞에 있게 하며 항상
그 궤 앞에서 섬기게 하되 날마다 그 일대로 하게 하였고 38 오벧에돔
과 그의 형제 육십팔 명과 여두둔의 아들 오벧에돔과 호사를 문지기
로 삼았고 39 제사장 사독과 그의 형제 제사장들에게 기브온 산당에
서 여호와의 성막 앞에 모시게 하여 40 항상 아침저녁으로 번제단 위
에 여호와께 번제를 드리되 여호와의 율법에 기록하여 이스라엘에게
명령하신 대로 다 준행하게 하였고 41 또 여호와의 인자하심이 영원하
시므로 그들과 함께 헤만과 여두둔과 그리고 택함을 받아 지명된 나
머지 사람을 세워 감사하게 하였고 42 또 그들과 함께 헤만과 여두둔
을 세워 나팔과 제금들과 하나님을 찬송하는 악기로 소리를 크게 내
게 하였고 또 여두둔의 아들에게 문을 지키게 하였더라

37 So David left Asaph and his brothers there before the ark of the
covenant of the Lord to minister regularly before the ark as each day
required, 38 and also Obed-edom and his[3] sixty-eight brothers, while
Obed-edom, the son of Jeduthun, and Hosah were to be gatekeepers.
39 And he left Zadok the priest and his brothers the priests before the
tabernacle of the Lord in the high place that was at Gibeon 40 to offer
burnt offerings to the Lord on the altar of burnt offering regularly
morning and evening, to do all that is written in the Law of the Lord

16장

that he commanded Israel. 41 With them were Heman and Jeduthun
and the rest of those chosen and expressly named to give thanks to the
Lord, for his steadfast love endures forever. 42 Heman and Jeduthun had
trumpets and cymbals for the music and instruments for sacred song.
The sons of Jeduthun were appointed to the gate.

43 이에 뭇 백성은 각각 그 집으로 돌아가고 다윗도 자기 집을 위하여 축복하려고 돌아갔더라

43 Then all the people departed each to his house, and David went home to bless his household.

1 Compare Septuagint, Syriac, Vulgate; the meaning of the Hebrew is uncertain *2* Or *in holy attire* *3* Hebrew *their*

단락 개관

여호와께 감사를 드리는 것, 그리고 그런 감사가 지속적인 예배의 필수적 부분이 되도록 계획하는 것이 궤가 예루살렘에 도착하는 것을 축하하는 이야기의 중심에 있다. 이 장은 교차대구법적 배열을 보여주는데, 바깥쪽 틀(대상 16:1-3, 43)은 사무엘하 6:17-20a에 기초한 내러티브를 구성한다. 또한 여호와의 궤 앞에서 계속해서 음악을 통해 감사하도록 해놓은 것(대상 16:4-7, 37-42)은 가운데 있는 감사의 시와 결론부에 나오는 짧은 간구의 틀을 형성한다(8-36절).

단락 개요

II. 다윗과 솔로몬의 통일 왕국—예루살렘, 궤, 성전(대상 9:35-대하 9:31)

B. 다윗, 예루살렘에서 왕이 됨: 승리와 성전 준비(11:1-29:30)

1. 다윗이 왕위에 오름: 군사적 성공과 궤를 예루살렘으로 가져옴(11:1-16:43)…

d. 다윗이 궤를 예루살렘으로 가져옴(15:1-16:43)

(2) 궤가 제자리에 놓이는 것과 계속 진행되는 예배에 대한 규정(16:1-42)

(a) 제물을 드리고 다윗이 백성을 축복함(16:1-3; 삼하 6:17-19a를 각색함)

(b) 음악적 찬양을 제공하기 위해 레위인들을 임명함(16:4-7)

(c) 찬양의 노래, 결론부의 간구(16:8-36; 시 105:1-5; 96:1-13; 106:1, 47-48을 각색한 것)

(b′) 예루살렘의 궤 앞에서 음악을 하는 것, 그리고 기브온에 있는 성막에서 계속해서 제물을 드리는 이중 장치(16:37-42)

(a′) 백성과 다윗이 그들이 사는 곳으로 돌아감(16:43; 삼하 6:19b-20a를 각색한 것)

주석

16:1-3 "하나님의 궤"는 이제 그것을 위해 마련해놓은 장소에 있으며, 그래서 15:26에서처럼 '그들이'(개역개정에는 없음—옮긴이주, 삼하 6:17은 "다윗이") "하나님께" 제물[116]을 드린다. 궤는 하나님의 보좌를 나타낸다. 다윗은 모세 율법을 따랐으며(대상 15:15), 이제 모세가 성막을 완성한 후에 백성을 축복한 것과 마찬가지로(출 39:43), 다윗은 그 모임을 축복한다. 성전 봉헌 후에 솔로몬도(대하 6:3) 그리고 성전 예배를 회복시키고 백성이 제사장들과 레위인들이 드리는 지속적인 예배를 위해 자신의 것을 드린 후에 히스기야(대하 31:8)도 비슷한 왕으로서 축복을 한다.

사무엘하 6:19에서는 모든 사람이 음식을 받았다는 말로 결론을 맺는다. 하지만 역대기에서 음식은 그다음에 나오는 찬양이라는 맥락 안에서 나온다. 백성은 그 찬양에 참여한다(대상 16:36). 이것은 "하나님께"(ESV는 "before God", 하나님 앞에서) 음식을 함께 나누는 것을 시사한다. 모세와 아론과 나답과 아비후와 다른 칠십 인이 "이스라엘의 하나님을 보[았을]" 때 시내산에서 나눈 식사(출 24:9-12)를 온 이스라엘에게까지 확장한 것이다. 공동체는 하나님의 임재 안에서 함께 먹고 마시는 것에서 표현된다.

16:4-7 다윗이 궤가 행진할 때 음악을 제공하도록 레위인들을 혁신적으로 세운 것(참고. 15:16-24 주석)은 영구적인 것이 되어, "궤 앞에서" 드리는 예배의 통상적 요소가 된다. 그들은 노래로 "섬기[는]" 자가 되어야 한다. 그러면서 제사장들이 "항상 나팔을 [불고]"(16:6) 레위인들이 "여호와께 감사[하는]"(7절; 15:16-24; 23:30) 별개의 역할은 계속 수행된다. 특정한 레위인들의 이름과 그들의 음악적 책임이 반복된다(참고. 15:17-21; 16:37-42에는 더 많은 세부사항과 이름들이 보충되어 있다). 음악은 이 시점으로부터 예배의

116 "번제"와 "화목제"(peace offerings, 어떤 역본은 "fellowship offerings"라고 번역한다)는 21:26; 대하 7:7; 29:35; 31:2에도 나온다.

필수적 부분이 되어야 한다. 이는 대체로 침묵 가운데 진행되는 성막의 전례 의식과는 대조를 이룬다.

"칭송하[다]"(4절, ESV는 "invoke", 기원하다)라는 말은 '기억하게 하다'라는 의미를 지닌 말을 번역한 것이다. 찬양은 여호와의 이름을 부르면서 예배자들에게 그들이 누구의 백성인지 기억하게 하는 것으로 시작한다[예를 들어, 8-13절, "다른 신들의 이름은 부르지도(똑같은 히브리어 동사) 말며"라는 출 23:13의 부정적 명령과 대조해보라]. "칭송하[다]"라는 말에는 또한 예배자들이 여호와께 그분의 백성이 비탄 가운데 있을 때 그들을 기억해달라고 요청하는 것도 포함될 수 있었다[시 38편과 70편의 표제, "기념하는"(for the memorial offering)이라는 말에서처럼]. 여호와는 다른 곳에서 단은 "내가 내 이름을 기념하게 하는"(출 20:24) 곳이라고 단언하신다. 여기에서 그 사실은 레위인들의 합창으로 강화된다. "감사"하는 것과 "찬양"하는 것이 서로 섞여서 사용된다. "감사"는 개인적으로나 공동적으로나 특정한 해방의 때와 관련되어 있는 경향이 있는 반면, "찬양"은 보통 하나님의 일반적 속성들 및 활동에 대해 사용된다. 다음에 나오는 시의 예들에서처럼, 15-22절은 구체적인 반면 23-27절은 일반적이다.

이 짧은 부분은 아삽의 가족이 "감사"의 노래를 부르는 것이 "다윗이 세워 먼저" 이 활동을 하도록 한 것에서부터 비롯되었다는 것을 재차 강조하면서 끝난다. 다윗의 권위는 후에 포로생활 이후 그 관행을 계속하는 것의 기초가 된다(스 3:10; 느 12:45-46, 참고. 대하 29:25, 30).

16:8-36 궤가 예루살렘에 설치되는 것에 대한 이 장의 내러티브 한 가운데에 저자는 오랜 세월 성전에서 노래된 감사 시편들을 광범위하게 통합해서 각색한 것을 집어넣는다.[117] 저자는 이 시편(역대기에 나오는 유일한 그런 노

117 7절에서 KJV가 "이 시편"(this psalm)이라는 말을 삽입한 것은 이 구절들이 당시 노래되었다는 것을 암시한다. 하지만 그 말은 히브리어에는 나오지 않는다. 다윗이 한 것은 레위인 음악인들에 의해 계속적인 "여호와께 대한 감사"를 시작한 것이다.

래)을 예루살렘에서 드리는 예배 시작 부분에 눈에 띄게 배치함으로, 궤 자체(청중들에게는 더 이상 존재하지 않는)로부터 궤가 상징하는 것, 곧 이스라엘과 "영원한 언약"(6, 13-17절)을 맺으신 주권적인 여호와께로 그의 청중들의 주의를 분명하게 돌린다. 저자는 시편 105:1-15, 96:1-13, 106:1, 47-48을 결합하고 각색하면서, 하나님이 이스라엘과 맺으신 언약, 이스라엘이 기업으로 받은 가나안 땅, 하나님의 보호(대상 16:14-22), 모든 민족의 창조주이시며 주권자이신 하나님(23-27절), 모든 민족이 하나님의 영광을 깨닫고 모든 피조물이 기뻐하라는 명령(28-33절)을 결합시킨다. "여호와께 감사하[라]"라는 명령은 그 시의 틀을 형성하며(8, 34절) 하나님께 "우리가 감사하[도록]" "우리를 구원하[시라]"라는 별도의 짧은 부르짖음으로 이어진다(35-36절). 하나님과 그분의 백성의 이야기 및 그들이 현재 드리고 있는 구원해달라는 탄원(13-22, 35절)은 하나님의 전 세계적이고 우주적인 통치라는 더 큰 배경 안에 있다. 이스라엘의 찬양에서 이스라엘의 하나님 여호와는 모든 나라들에 심지어 자연 세계 전체에 주권적인 분이라고 단언된다.

"여호와께 감사"(16:7)하는 내내 하나님의 성품과 행동이 전면에 드러난다("여호와", 15번). 하지만 시편에서 흔히 그렇듯, 그 말은 하나님께 하는 것이 아니라 다른 사람들에게 하는 것이다. 하나님은 다른 사람들과 함께 하라고 말씀하시며 우리가 다 같이 그분을 노래하는 찬양을 받으신다. 레위인들이 노래를 인도할지는 모르지만, 온 이스라엘, 열방, 모든 창조물이 참여하라는 명령을 받는다. 처음부터 끝까지 일곱 개의 명령법이 나오는데, 가장 많은 것은 앞의 내러티브에서 이미 사용된 단어 형태들로, "감사하[라]"(8, 34, 35절), "기억할지어다"(12, 15절), '찬양하라'[10절("자랑하라"), 25, 35, 36절], "노래하[라]"(9, 23절) 및 "선포할지어다"(24절). "돌릴지어다"[28절(2번), 29절], "제물을 들고 들어갈지어다"와 "경배할지어다"(29절)등이다. 간접 명령법("할지로다", 31, 32절)을 사용해서 인간 외의 세상에게도 말한다. 오직 35절의 탄원에서만 하나님께 직접 말한다.

시작 부분인 8-12절은 시편 105:1-5와 똑같다. '여호와를 구하라'라는 명령은 역대기 저자의 핵심 주제와 조화를 이룬다.[118] 처음에 나오는 명령법들의 대상은 역대상 16:13에서 "이스라엘의 후손…야곱의 자손"이라고 나와 있다. "아브라함"(시 105:6)에서 "이스라엘"로 바뀐 것은 아마 저자가 땅을 주겠다는 언약 약속에 초점을 두고 있기 때문일 것이다. 그 약속은 아브라함의 자손 모두에게 주어진 것이 아니라 오직 야곱의 자손에게만 주어졌다. 게다가 역대기 내내 저자는 족장의 모든 자손을 포함하는 존재인 하나님의 백성에 초점을 맞추기 위해 "이스라엘"이라는 말을 사용한다("야곱"이라는 말은 역대기에서 이 본문, 대상 16:13, 17에만 나온다).[119]

시편 105편은 족장 시대로부터 출애굽을 거쳐 땅을 소유하기에 이르기까지 하나님의 백성을 위한 하나님의 행동을 자세히 이야기한다. 하지만 저자는 이스라엘에게 주어진 언약 약속에 대해 말하는 부분인 족장 부분만 통합시킨다. 그 약속은 "가나안 땅을…기업"으로 주신다는 것과 족장 시대 동안 하나님이 보호해주신다는 것이다(대상 16:14-22; 시 105:7-15).[120] 저자는 두 가지를 문법적으로 바꾸면서, 포로기 이후 청중들에게 하나님이 땅에 관해 아브라함, 이삭, 야곱과 영원한 언약을 맺으신 것을 "기억할지어다"라고 명한다(대상 16:15, 참고. "[그가] 기억하셨으니", 시 105:8). 그리고 저자는 청중을 그 땅 안에서 하나님의 보호를 받았던 족장들의 취약한 상황과 연관시킨다["너희 사람 수가 적어서", 대상 16:19, 참고. "그들의", 시 105:12]. 그 시편은 이렇게 상황에 들어맞기도 하고 또한 청중들이 그 일부가 되라고 권고하기도 한다. 감사의 노래는 하나님을 신뢰하고 그래서 찬양에 함께 참여하라는 격려다.

전 세계적 맥락은 이미 시편에 등장한 노래의 일부였다. 여호와의 "법도[ESV는 "judgment", 심판]가 온 땅에 있[으며]"(대상 16:14), 하나님의 백성이

118 참고. 서론의 '역대기 신학' 중 '하나님의 상과 벌', 또한 10:13-14와 ESVEC 대하 7:13-16 주석.

119 참고. 서론의 '역대기 신학' 중 "온 이스라엘".

120 출애굽 사건을 언급하지 않는 역대기 저자의 경향에 대해서는 서론의 '역대기 신학' 중 '언약들: 아브라함, 모세, 다윗' 부분을 참고하라.

"다른 백성" 가운데서 "이 민족에게서 저 민족에게로"(20절) 유랑할 때 하나님이 그들을 보호하셨다는 것이다. 하지만 땅과 민족들은 단지 이스라엘의 삶의 배경일 뿐만이 아니다. 이스라엘의 감사는 온 세상이 찬양을 하는 것으로 이어져야 한다. 시편 96:1-13을 이용해서 "온 땅"이 참여하라고 명하는 것(대상 16:23, 30)은 이스라엘의 감사 노래의 일부가 된다. 하나님의 "영광"과 그의 "기이한 행적"은 "모든 민족"과 "만민"에게 알려져야 한다(24, 28절, 참고. 8, 12절). 여호와가 찬양받아야 하는 것은 첫째, 다른 사람들의 신들인 "헛것"(ESV는 "worthless idols", 쓸모없는 우상들)과는 달리, 여호와께서 "하늘을 지으셨[기]" 때문이며(26절), 둘째, 그분은 모든 나라와 모든 자연 세계를 공정하게 통치하시기 때문이다(30-33절).

31절에서는 시편 96:10-11에 나오는 문구들의 순서를 재배치함으로 "하늘"과 "땅"에게 "모든 나라 중에서 이르기를 여호와께서 통치하신다 할지로다"라는 즐거운 임무를 부여한다. 모든 나라는 하나님의 백성 사이에서 하나님이 역사하시는 것을 통해 그리고 자연 세계를 통해 하나님의 통치를 보아야 한다. 저자의 편집은 장차 하나님의 백성과 나라들을 포함해서 피조물 전체가 하나 되어 하나님께 영광을 돌릴 때를 즐겁게 강조하는 예배의 한 예다. 그래서 이것은 모두에게 선포되어야 한다. 우주적 기쁨(대상 16:23-25)은 지금 "그의 처소"에 있는 "즐거움"으로 예상할 수 있다(27절, 참고. "아름다움", 시 96:6). 이 시는 바사 제국에 살고 있는 포로기 이후 청중들을 위한 담대한 믿음의 선언이다. 바사 제국의 이데올로기는 황제가 "신들 중 가장 위대한 자, 하늘과 땅과 사람을 창조한"[121] 자로 여겨지는 아후라마즈다에 의해 왕이 되었다는 것을 중심으로 하고 있었다.

121 Pierre Briant, *From Cyrus to Alexander: A History of the Persian Empire*, trans. Peter T. Daniels (Winona Lake, IN: Eisenbrauns, 2002), 241, 또한 W. Dennis Tucker Jr., *Constructing and Deconstructing Power in Psalm 107-150*, AIL 29 (Atlanta: SBL, 2014), 26-30; Louis C. Jonker, "Being Both on the Periphery and in the Centre: The Jerusalem Temple in Late Persian Period Yehud from Postcolonial Perspective," in *Centres and Peripheries in the Early Second Temple Period*, ed. Ehud Ben Zvi and Christoph Levin, FAT 108 (Tübingen: Mohr Siebeck, 2016): 243-267을 보라.

결론적 구절들(대상 16:34-36)은 시편 106편의 서론 및 결론(시 106:1, 47-48)에 기초하고 있다. 이것은 청중들에게 그 시편 전체를 가리킬 수도 있다. 그것은 출애굽 때의 사건들에서 나온 탄원기도로, 하나님의 백성은 하나님을 신뢰하지 못했지만 그럼에도 불구하고 하나님은 자비하심으로 계속 그들을 인도하시고 구원하셨던 경우들에 초점을 맞춘다. 여기에서도 역시 역대기 저자가 변형한 부분들이 중요하다. "너희는 이르기를"(대상 16:35 시작 부분에 있는)이라는 말을 끼워 넣음으로 역대상 16:34에서 시편 106:1을 사용한 것이 앞에 나오는 감사의 노래 전체의 결론이 된다. 여호와의 "선하[심]"과 "인자하심"은 그 노래의 특징들을 모두 포괄한다(16:34, 41; 대하 5:13; 7:3; 20:21; 스 3:11; 시 107:1; 118:1, 29; 136:1에 같은 표현이 나온다). 이제 역대상 16:8-34 모두에서 광범위하게 선포된 하나님의 성품과 행동으로부터 "우리를 구원하[소서]"라는 단순한 외침이 나온다. 저자는 "우리 구원의"라는 말과 "건져내시고"라는 말을 덧붙인다. 백성들은 그들이 어디에서부터 '모여야' 하든, 이방의 지배로부터 해방되어야 한다. 중요한 것으로, 시편 106:47에서처럼, 건져내는 것의 목표는 하나님이 찬양과 영광을 받으시는 것이다.

시에 대한 결론으로, 저자는 시편 106편의 결말부("모든 백성들아 아멘 할지어다 할렐루야")를 내러티브의 일부로 바꾼다. 궤 앞에서 감사를 드린 것은 레위인들만이 아니었다. "모든 백성이 아멘 하고 여호와를 찬양하였[기]"(대상 16:36b) 때문이다. 이렇게 예루살렘에서 드리는 예배가 시작될 때, 모든 사람이 온전히 참여했다는 것이 강조된다. 저자의 예에서 찬양과 감사는 간구의 기초가 되며 그것은 또한 우주적 찬양으로 이어진다.

16장

16:37-42 궤에서 사역하도록 마련해놓은 것은 "날마다 그 일대로" 계속되었다(37절). 이후의 유대 전승은 레위인들이 날마다 성전에서 특정한 시편들을 낭송했다고 기록한다(미쉬나 타미드 7:4).[122] 하지만 모세의 규정들은 궤가 성막에 있도록 했는데, 성막은 아직 기브온에 있었다(참고. 대하 1:2-6; 5:5). 전에는 "번제와 화목제"를 궤 앞에서 드렸었으나(대상 16:1, 2; 삼하 6:17,

18), 이제 저자는 다윗이 기브온에서 제사를 드리도록 했고 또한 레위인 음악가들이 함께 하도록 정해놓았다고 주의 깊게 말한다(대상 16:39-42). 특정한 레위인들이 "여호와의 인자하심이 영원하시므로…지명된 사람을 세워 감사하게 하였고"(41절)라는 진술은 노래의 첫 단어와 마지막 단어(8, 34절)를 아름답게 결합시킨다. 기브온에서 드리는 찬양은 예루살렘에서 드리는 찬양과 조화를 이루어야 했다. 궤 앞에서건 성막에서건 제사만이 아니라 감사와 찬양을 하면서 여호와를 구해야 한다.[123]

16:43 저자는 사무엘하 6:19b-20a 본문으로 돌아가 역대상 15:1-3의 서두를 문학적으로 마무리한다. 미갈과 다윗의 이야기(삼하 6:20b-23)는 빠져 있다. 15:29에서 충분히 말했기 때문이다. 궤는 이제 있을 "곳"에 있었고 레위인들이 "영원히 그[여호와]를 섬기게"(15:1, 2) 해놓았다. 그래서 모인 백성(15:3)은 집으로 돌아갈 수 있었고 다윗은 이제 "자기 집을 위하여 축복하려고" 그의 "궁전"(15:1, ESV는 "houses", 집)으로 돌아갈 수 있었다(참고. 여호와께서 전에 오벧에돔의 집에 복 주신 것, 13:14). 내러티브는 다윗의 "집"/"집안"과 하나님을 위한 "집"에 초점을 맞추어 계속될 것이다.

122 Knoppers, *I Chronicles 10-29*, 643-644.

123 Kleinig, *The Lord's Song*, 133-148.

124 Hill은 상징적 의사소통의 위치를 길게 논한다(*1 & 2 Chronicles*, 248-253).

응답

저자와 그의 청중들은 모세 시대로부터 내려온 가장 신성한 물체인 궤가 더 이상 존재하지 않는다는 현실에 직면했다. 예루살렘에 궤가 설치된 이야기를 듣는 것은 어떤 사람들에게는 상실을 고통스럽게 상기시키는 것 혹은 적어도 향수에 잠기게 하는 기억이 될 수 있었다. 하지만 저자는 사무엘하 6장의 세부묘사를 그냥 반복하기보다는 이 묘사를 확장한다. 또한 궤 자체와 궤가 있는 곳에 초점을 맞추기보다 그 궤의 주인이신 하나님을 향한 즐거운 찬양이 증대된 것에 초점을 맞춘다. 가운데 나오는 긴 노래는 궤를 언급하지는 않지만 "그 인자하심이 영원하[신]" 하나님을 깊이 묵상한다(대상 16:34, 41). 궤는 사라졌을지 모르지만, 하나님께 감사하기 위해 물리적 물체가 있어야 하는 것은 아니다. 예배는 모두에게 하나님의 이야기를 말하면서 하나님의 언약적 행동과 온 땅에 대한 그분의 주권을 계속해서 상기하는 것이 되어야 한다.

신약 시대 또한 유대인들에게 그들의 주의와 소망을 물리적 물체인 성전으로부터 그리스도께로 돌리라고 요구했다. 성전은 주후 70년에 파괴될 것이었다. 하지만 이미 예수님은 자신이 성전이라고 가리키신 바 있다(요 2:19-22, 참고. 마 26:61; 27:40). 예수님은 하나님이 임재하시는 곳, 하나님의 통치의 초점이었다. 후에 바울은 예수 그리스도의 교회가 하나님의 성전, 하나님이 그분의 영으로 임재하시는 곳이라고 말할 것이다(고후 6:16; 엡 2:19-22). 동시에 상징들과 물리적 물체들은 주요한 인간의 의사소통 요소다(전 세계적 예는 이미지와 그림을 통한 광고가 지닌 힘이다). 유대인 그리스도인들은 할 수 있는 동안은 계속 성전에서 예배를 드렸다(행 2:46; 3:1; 21:26). 그리고 상징들에 대한 전 세계 그리스도인들의 태도와 상징은 다양하다. 역대기 저자가 궤의 설치에 대해 다루는 것은, 하나님을 섬기는데서 초점은 상징이나 물체가 아니라 그 물체들이 가리키는 것, 곧 찬양받아야 하시는 하나님과 그분의 목적들이 되어야 한다는 점을 중대하게 상기시킨다.[124]

저자의 기도(대상 16:8-36)를 최초 청중들의 상황에 관련시켜보면, 그리스도인들이 과거의 영광에 대한 기억을 갖고 혹은 그런 기억 없이 소수집단이 되는 압력에 직면하는 현 상황에서 예배의 역할과 내용을 묵상하는 데 도움이 될 수 있다. 이 본문은 모든 세대에 걸친 하나님의 "인자하심"의 이야기를 기억하고 모든 피조물에 대한 하나님의 주권을 재단언하는 정기적이고, 공동적이고, 조직적인 예배의 중요성을 예증해준다. 우리는 무엇보다도 "하나님께서 그리스도 안에 계시사 세상을 자기와 화목하게 하시며"(고후 5:19)라는 것과 부활이 "여호와께서 통치하신다"(대상 16:31)라고 단언하는 것에 감사한다. 찬양의 내용과 그 찬양의 잠재적 청중은 온 땅을 포괄한다. 저자가 여호와께서 오실 때 자연 세계가 누릴 "즐거움"을 노래하는 것은 모든 피조물이 언젠가 속량 받으리라는 소망에 관한 바울의 말(롬 8:19-23)에서 확장된다. 그런 큰 그림을 배경으로 우리는 확신을 가지고 간구들을 드리는 것이다.

"항상…날마다 그 일대로"(대상 16:37) 섬기는 레위인들의 관행을 각색해서, 기독교 교회는 초기부터 다양한 전통과 음악 스타일을 갖고 체계적으로 시편을 노래해왔다. 하나님의 영감을 받은 찬송책인 시편은 찬양과 간구의, 그래서 또한 개인적 묵상의 내용과 구조를 제공한다.[125]

감사의 노래는 찬양이 어떻게 본질적으로 즐거움을 포함하는지 그리고 온 땅에게 하나님께 영광을 돌리라고 명하면서 다른 사람들에게 하나님의 위대하심을 말하는 것을 포함하는지 더 보여준다. 하나님께 "구원하[소서]…건져[주소서]"라고 부르짖는 것의 목표는 여전히 다른 사람들도 함께 하자고 하면서 하나님을 찬양하는 것이다. 베드로전서 2:9은 "너희는 택하신 족속이요…너희를 어두운 데서 불러내어 그의 기이한 빛에 들어가게 하신 이의 아름다운 덕을 선포하게 하려 하심이라"라는 것을 간결하게 상기시키는 말이다. 전도는 즐거운 찬양의 행위, 하나님의 탁월하심을 보

125 William L. Holladay, *The Psalms through Three Thousand Years: Prayerbook of a Cloud of Witnesses* (Minneapolis: Fortress, 1993); N. T. Wright, *The Case for the Psalms: Why They Are Essential* (New York: HarperCollins, 2013).

여주는 행동들이다. 루이스(C. S. Lewis)는 자신이 어떻게 다음과 같은 것을 깨닫게 되었는지 곰곰이 성찰한다.

> 하나님이 그분의 임재를 전달하시는 것은 바로 이같이 예배를 받으시는 과정에서다…(그러나) 나는 모든 즐거움이 자발적으로 넘쳐흘러 찬양이 되는 것은 한 번도 본 적이 없다…나는 또한 사람들이 무엇이든 자신이 소중히 여기는 것을 자발적으로 찬양하듯이, 자발적으로 우리에게 그들과 함께 그것을 찬양하라고 촉구하는 것도 본 적이 없다…스코틀랜드의 교리문답서는 사람의 주된 목적은 '하나님을 영화롭게 하고 영원히 그분을 즐거워하는 것'이라고 말한다. 하지만 그리고 나서 우리는 이 두 가지가 동일한 것임을 알게 될 것이다. 온전히 즐거워하는 것은 영화롭게 하는 것이다. 하나님이 우리에게 그분을 영화롭게 하라고 명령하시는 것은 곧 하나님을 즐거워하라고 초청하시는 것이다.[126]

126 C. S. Lewis, *Reflections on the Psalms* (London: Fontana, 1961), 79-82.

역대상 17:1-29:30 개관

다윗의 통치 이야기 후반부는 전반부와 마찬가지로 하나님의 호의적인 주도권, 하나님이 다윗으로 군사적 성공을 거둘 수 있게 하시는 것, 다윗의 적극적인 신실함, 특히 성전과 관련해서 즐겁게 공동 예배를 드리는 것에서 절정에 이르는 그런 신실함 등을 말한다. 내러티브는 다윗이 그의 "백향목 궁"을 궤를 덮고 있는 "휘장"과 비교하는 것으로 시작되며, 곧이어 다윗의 "집"에 관한 여호와의 약속과 어떻게 다윗의 아들이 다윗이 기도로 응답하는 여호와의 "집"을 건축하는가 하는 것으로 이어진다(대상 17:1-27). 이 두 "집", 즉 다윗 왕조와 성전은 역대기 나머지 부분의 주요 주제로, 포로기 이후 공동체의 삶과 소망을 형성하며 오랜 세월 후에 그리스도께로 이어진다.

그 약속의 성취는 다윗이 서너 주변 종족들을 물리치는 것으로 시작된다(18:1-20:8, 참고, 17:10, "네 모든 대적들로 네게 복종하게 하리라"). 그것은 성전 건축에 필요한 서언이다(신 12:10-11). 다윗이 그 이후 인구조사를 한 것은 천사가 나타나는 것, 다윗이 단을 쌓는 것, 다윗이 장차 성전이 될 부지를 만드는 것 등으로 이어진다(대상 21:1-22:1). 다윗은 성전 인력과 행정을 미리 조직하고(22:2-27:34), 성전을 건축할 "주변 모든 대적에게서 평온을 얻[을]" 사람 솔로몬을 준비시킨다(22:8-10, 참고. 17:11-12; 28:3). 성전 준비는 다윗이 이스라엘(28:1-8)과 솔로몬(28:9-21)에게 하는 지시, 다윗이 자신의 예를 상세히 말하면서 "온 회중"에게 선물에 관해 권고하는 것, 백성이 보이는 크게 "기뻐하[는]" 반응(29:1-9) 등을 읽을 때 절정에 이른다. 다윗의 결론적 행동은 그의 기도로, 백성은 그 기도에 응답한다(29:10-22a). 솔로몬이 왕이 되는 것과 다윗의 죽음에 관한 요약 진술은 다윗 통치에 대한 글을 끝맺는다(29:22b-30).

17:1-20:8 본문은 사무엘하에서 나온 선택된 본문들의 순서를 따른다(삼하 7:1-8:18; 10:1-11:1; 12:26, 30-31; 21:18-22). 이와 대조적으로, 21:1-29:30은 거의 전적으로 역대기에만 나온다. 21:1-26(다윗의 인구조사에 대한 글 대부분)만 사무엘하(삼하 24:1-25)에도 나올 뿐이다. (이전의 대상 11:10-47은 삼하 23:8-39와 대응을 이루었다.) 역대기 저자는 다윗의 군사적 성공들을 포함해서 성전과 관련된 문제만 이야기하며, 그래서 밧세바나 압살롬의 반역에 대한 언급은 빼놓는다. 게다가 사무엘하와 조화되는 본문들은 종종 차이점을 보이는데 그것은 저자의 강조점을 반영한다. 표4를 보라.

	역대상	사무엘하
다윗에게 하신 하나님의 약속	17:1-27	7:1-29
다윗의 확장되는 승리들	18:1-20:8	8:1-18; 10:1-11:1; 12:26-31; 21:18-22
다윗의 인구조사와 성전부지	21:1-22:1	24:1-25
성전에 관해 다윗이 솔로몬과 이스라엘 지도자들에게 한 지시	22:2-19	-
성전과 행정을 위한 다윗의 조직	23:1-27:34	-
다윗의 지시들과 솔로몬이 왕이 됨	28:1-29:25	-
다윗 통치의 끝에 대한 요약	29:26-30	왕상 2:10-12

표4. 역대상 17-29장과 사무엘하 비교

1 Chronicles

역대상

17:1-27

1 다윗이 그의 궁전에 거주할 때에 다윗이 선지자 나단에게 이르되 나
는 백향목 궁에 거주하거늘 여호와의 언약궤는 휘장 아래에 있도다
2 나단이 다윗에게 아뢰되 하나님이 왕과 함께 계시니 마음에 있는 바
를 모두 행하소서

1 Now when David lived in his house, David said to Nathan the prophet,
"Behold, I dwell in a house of cedar, but the ark of the covenant of the
Lord is under a tent." 2 And Nathan said to David, "Do all that is in
your heart, for God is with you."

3 그 밤에 하나님의 말씀이 나단에게 임하여 이르시되 4 가서 내 종 다
윗에게 말하기를 여호와의 말씀이 너는 내가 거할 집을 건축하지 말
라 5 내가 이스라엘을 애굽에서 올라오게 한 날부터 오늘까지 집에 있
지 아니하고 오직 이 장막과 저 장막에 있으며 이 성막과 저 성막에
있었나니 6 이스라엘 무리와 더불어 가는 모든 곳에서 내가 내 백성
을 먹이라고 명령한 이스라엘 어느 사사에게 내가 말하기를 너희가
어찌하여 내 백향목 집을 건축하지 아니하였느냐고 말하였느냐 하고

7 또한 내 종 다윗에게 이처럼 말하라 만군의 여호와께서 이처럼 말씀
하시기를 내가 너를 목장 곧 양 떼를 따라다니던 데에서 데려다가 내
백성 이스라엘의 주권자로 삼고 8 네가 어디로 가든지 내가 너와 함
께 있어 네 모든 대적을 네 앞에서 멸하였은즉 세상에서 존귀한 자들
의 이름 같은 이름을 네게 만들어 주리라 9 내가 또 내 백성 이스라엘
을 위하여 한 곳을 정하여 그들을 심고 그들이 그곳에 거주하면서 다
시는 옮겨가지 아니하게 하며 악한 사람들에게 전과 같이 그들을 해
치지 못하게 하여 10 전에 내가 사사에게 명령하여 내 백성 이스라엘
을 다스리던 때와 같지 아니하게 하고 또 네 모든 대적으로 네게 복종
하게 하리라 또 네게 이르노니 여호와가 너를 위하여 한 왕조를 세울
지라 11 네 생명의 연한이 차서 네가 조상들에게로 돌아가면 내가 네
뒤에 네 씨 곧 네 아들 중 하나를 세우고 그 나라를 견고하게 하리니
12 그는 나를 위하여 집을 건축할 것이요 나는 그의 왕위를 영원히 견
고하게 하리라 13 나는 그의 아버지가 되고 그는 나의 아들이 되리니
나의 인자를 그에게서 빼앗지 아니하기를 내가 네 전에 있던 자에게
서 빼앗음과 같이 하지 아니할 것이며 14 내가 영원히 그를 내 집과 내
나라에 세우리니 그의 왕위가 영원히 견고하리라 하셨다 하라 15 나단
이 이 모든 말씀과 이 모든 계시대로 다윗에게 전하니라

3 But that same night the word of the Lord came to Nathan, 4 "Go and
tell my servant David, 'Thus says the Lord: It is not you who will build
me a house to dwell in. 5 For I have not lived in a house since the day I
brought up Israel to this day, but I have gone from tent to tent and from
dwelling to dwelling. 6 In all places where I have moved with all Israel,
did I speak a word with any of the judges of Israel, whom I commanded
to shepherd my people, saying, "Why have you not built me a house of
cedar?"' 7 Now, therefore, thus shall you say to my servant David, 'Thus
says the Lord of hosts, I took you from the pasture, from following the

sheep, to be prince over my people Israel, 8 and I have been with you
wherever you have gone and have cut off all your enemies from before
you. And I will make for you a name, like the name of the great ones
of the earth. 9 And I will appoint a place for my people Israel and will
plant them, that they may dwell in their own place and be disturbed
no more. And violent men shall waste them no more, as formerly,
10 from the time that I appointed judges over my people Israel. And I
will subdue all your enemies. Moreover, I declare to you that the Lord
will build you a house. 11 When your days are fulfilled to walk with
your fathers, I will raise up your offspring after you, one of your own
sons, and I will establish his kingdom. 12 He shall build a house for me,
and I will establish his throne forever. 13 I will be to him a father, and
he shall be to me a son. I will not take my steadfast love from him, as
I took it from him who was before you, 14 but I will confirm him in my
house and in my kingdom forever, and his throne shall be established
forever.'" 15 In accordance with all these words, and in accordance with
all this vision, Nathan spoke to David.

16 다윗 왕이 여호와 앞에 들어가 앉아서 이르되 여호와 하나님이여
나는 누구이오며 내 집은 무엇이기에 나에게 이에 이르게 하셨나이까
17 하나님이여 주께서 이것을 오히려 작게 여기시고 또 종의 집에 대
하여 먼 장래까지 말씀하셨사오니 여호와 하나님이여 나를 존귀한 자
들 같이 여기셨나이다 18 주께서 주의 종에게 베푸신 영예에 대하여
이 다윗이 다시 주께 무슨 말을 하오리이까 주께서는 주의 종을 아시
나이다 19 여호와여 주께서 주의 종을 위하여 주의 뜻대로 이 모든 큰
일을 행하사 이 모든 큰 일을 알게 하셨나이다 20 여호와여 우리 귀로
들은 대로는 주와 같은 이가 없고 주 외에는 하나님이 없나이다 21 땅

의 어느 한 나라가 주의 백성 이스라엘과 같으리이까 하나님이 자기
백성을 구속하시려고 나가사 크고 두려운 일로 말미암아 이름을 얻으
시고 애굽에서 구속하신 자기 백성 앞에서 모든 민족을 쫓아내셨사오
며 22 주께서 주의 백성 이스라엘을 영원히 주의 백성으로 삼으셨사오
니 여호와여 주께서 그들의 하나님이 되셨나이다 23 여호와여 이제 주
의 종과 그의 집에 대하여 말씀하신 것을 영원히 견고하게 하시며 말
씀하신 대로 행하사 24 견고하게 하시고 사람에게 영원히 주의 이름을
높여 이르기를 만군의 여호와는 이스라엘의 하나님 곧 이스라엘에게
하나님이시라 하게 하시며 주의 종 다윗의 왕조가 주 앞에서 견고히
서게 하옵소서 25 나의 하나님이여 주께서 종을 위하여 왕조를 세우실
것을 이미 듣게 하셨으므로 주의 종이 주 앞에서 이 기도로 간구할 마
음이 생겼나이다 26 여호와여 오직 주는 하나님이시라 주께서 이 좋
은 것으로 주의 종에게 허락하시고 27 이제 주께서 종의 왕조에 복을
주사 주 앞에 영원히 두시기를 기뻐하시나이다 여호와여 주께서 복을
주셨사오니 이 복을 영원히 누리리이다 하니라

16 Then King David went in and sat before the Lord and said, "Who
am I, O Lord God, and what is my house, that you have brought me
thus far? 17 And this was a small thing in your eyes, O God. You have
also spoken of your servant's house for a great while to come, and
have shown me future generations,[1] O Lord God! 18 And what more
can David say to you for honoring your servant? For you know your
servant. 19 For your servant's sake, O Lord, and according to your
own heart, you have done all this greatness, in making known all these
great things. 20 There is none like you, O Lord, and there is no God
besides you, according to all that we have heard with our ears. 21 And
who is like your people Israel, the one[2] nation on earth whom God
went to redeem to be his people, making for yourself a name for great

and awesome things, in driving out nations before your people whom you redeemed from Egypt? [22] And you made your people Israel to be your people forever, and you, O Lord, became their God. [23] And now, O Lord, let the word that you have spoken concerning your servant and concerning his house be established forever, and do as you have spoken, [24] and your name will be established and magnified forever, saying, 'The Lord of hosts, the God of Israel, is Israel's God,' and the house of your servant David will be established before you. [25] For you, my God, have revealed to your servant that you will build a house for him. Therefore your servant has found courage to pray before you. [26] And now, O Lord, you are God, and you have promised this good thing to your servant. [27] Now you have been pleased to bless the house of your servant, that it may continue forever before you, for it is you, O Lord, who have blessed, and it is blessed forever."

1 Or *and you look upon me as a man of high rank* *2* Septuagint, Vulgate *other*

단락 개요

II. 다윗과 솔로몬의 통일 왕국—예루살렘, 궤, 성전(대상 9:35-대하 9:31)

B. 다윗, 예루살렘에서 왕이 됨: 승리와 성전 준비(11:1-29:30)

2. 승리와 성전 준비(17:1-29:30)

a. 하나님의 약속들(17:1-27)

주석

17:1-15 이 부분은 성전이 완성되면서 여호와께서 하신 말씀(대하 7:11-22)과 함께, 역대기 저자의 역사에 나오는 주요 주제들을 제공한다. 여기에서 우리는 왕권(인간적인 것과 신적인 것)과 성전이 "집"이라는 말에서 결합된 것을 본다.[127] 하나님의 궤는 이제 그 "장막"으로 다시 돌아왔으며(15:1; 16:1), 다윗은 그의 "집"을 축복하러 돌아갔다(16:43). 그것은 저자의 글에서 곧바로 재료들의 대조로 이어진다. 다윗의 "집"은 매우 고급 "백향목"으로 만들어져 있으나(또한 14:1) 궤는 '장막'("휘장", 참고. 출 26:1-14) 아래 있다. 고대 근동 통치자들은 보좌에 자리를 잡은 후 혹은 군사적 모험에서 성공을 거둔 후, 보통 도시국가의 주요 신을 위한 신전을 짓거나 새롭게 고쳤다. 다윗이 성전을 짓고자 하는 마음을 표현했을 때, 궁정 선지자 나단은 흔쾌히 동의한다.

하지만 여호와는 다른 우선순위를 가지고 계셨다. 그래서 "하나님[ESV는 70인역을 따라 "LORD"(여호와), 마소라 본문은 '하나님']의 말씀이 나단에게 임[했다]". 다윗에게 "여호와께서 이처럼 말씀하시기를"이라고 말하라는 두 개의 명령(대상 17:4, 7)은 신탁을 두 부분으로 나눈다. 첫 번째 부분은 "내가 거할 집[house]을 건축[할]" 사람은 다윗이 아니라고 부정적으로 진술하는 반면(4-6절), 두 번째 부분은 여호와께서 "너를 위하여 한 왕조[house]를 세우리라"라고 긍정적으로 단언한다(7-14절). 그 신탁은 물리적 건물(때로 '궁궐' 혹은 '성전'이라고 번역되는) 혹은 그 건물과 연관된 사람들[16:43에서처럼 "집"(household), 또한 영어에서처럼 왕의 "집"(house) 혹은 왕조]을 언급하기 위해 히브리어 바이트(집)를 사용해서 언어유희를 시도한다. 두 부분의 균형은 저자가 17:4와 10절 둘 다에서 '건축하다'(10절에서는 "세울지라"로 번역됨—옮긴이주)라는 말을 사용하는 것으로 강화된다(참고. 삼하 7:5, 11, 각각 '건축하다'라

127 Selman, *1 Chronicles*, 174.

는 말과 '짓다'라는 말을 사용한다). 왕조에 대한 약속은 종종 다윗 '언약'으로 언급된다(참고. 시 89:3, 28; 사 55:3). 여기에서 하나님의 주도권과 역대상 17:4-14의 메시지는 틀을 형성하는 진술, 곧 "하나님의 말씀이 나단에게 임하여"(3절)라는 말과 나단이 다윗에게 한 말이 "이 모든 말씀과 이 모든 계시대로"(15절) 전한 것이었다는 말로 강화된다.

이것은 역대기에서 나단을 포함하는 유일한 내러티브이며, 마찬가지로 "선견자" 갓을 포함하는 사건도 단 하나 있다(21:9-19). 고대 사회 다른 곳에서처럼, 선지자들은 궁정 조직에 통상 존재했으며 왕의 계획들을 의논하는 상대였다. 레위인 음악가들에 관한 다윗의 지시들은 후에 "여호와께서 그의 선지자들"인 갓과 나단을 통해 명령하신 것이라고 나온다(대하 29:25). 그들에 관한 공식 궁정 기록(왕이 그들과 상의한 문제들에 대한?)은 역대상 29:29와 역대하 29:25에 언급되어 있다.

저자는 서너 군데에서 사무엘하 7:4-17의 말을 고쳐서 말한다. 그래서 특정한 요소들에 주의를 기울이게 함으로서 다른 관점을 제공하고 있다. 저자는 다윗에게 주어진 약속들을 다윗과 솔로몬의 통치를 하나의 결합된 사건에서 결부시키는 방식으로 묘사한다. 다윗은 "집"에 대한 약속을 받는데, 그것은 솔로몬의 통치에서 확증되며, 적들을 "복종시키는" 것에서 다윗의 역할은 솔로몬의 화평한 통치로 이어질 것이며, 그 안에서 솔로몬이 여호와의 "집"을 건축하리라는 것이다.

(1) '건축할 사람.' 역대기에서 여호와의 말씀은 건축에 대한 질문(참고. "네가 나를 위하여 내가 살 집을 건축하겠느냐", 삼하 7:5)에서 다윗이 "집"을 건축하기에 적절한 사람이 아니라는 진술(대상 17:4, 히브리어에는 정관사가 있다)로 바뀐다. 성전은 하나님의 계획이다. 그리고 하나님이 건축자를 결정하신다. 하나님은 이전의 어떤 이스라엘 지도자들, "사사들"(참고. '지파들', 삼하 7:7 ESV 난외주)에게도 그분께 "집"을 건축하라고 요구하지 않으셨으나, 다윗의 아들이 그 일을 하라고 정하신다(대상 17:6, 12).

(2) '하나님이 다윗에게 하신 약속.' 하지만 하나님의 우선순위는 "내 집"이 아니다. 긍정적 단언(7-14절)에서는 하나님께서 다윗과 "내 백성" 이스

라엘을 위해 하신 일과 하실 일에만 거의 전적으로 초점을 맞추는데, 그것은 다윗을 위한 "왕조"(7-10절, ESV는 "house", 집) 및 솔로몬과 관련된 약속들(11-14절)에서 절정에 이른다. 이 긍정적 신탁에서 하나님의 "집"은 단 두 번만 언급된다. 12a절에서 솔로몬에 대한 일곱 개의 진술 중 단 하나와, 솔로몬이 "내 집"에서 왕으로 "세우[심]"을 받는 14절에서다(삼하 7:16에서는 다르다, 뒤를 보라). 그 단언은 "만군의 여호와"께서 하신 것으로, 그것은 종종 군사적 맥락에서 사용되는 호칭이며(예를 들어, 삼상 17:45; 대상 11:9; 17:7, 24가 역대기에 나오는 유일한 경우들이다) 적절하게도 여기에서는 전사 왕으로서 다윗의 역할을 가리키는 말들로 이어진다. 고대 근동 언약 문서의 공통된 특징은 미래를 위한 헌신으로 이어지는 과거의 호의적 관계들을 자세히 이야기하는 것이다. 그래서 하나님은 과거에 어떻게 "네 모든 대적을…멸하였[는지]" 말씀하시며 그리고 나서 "이름을 네게 만들어주[고]" "내 백성…을 위하여 한 곳을 정하여…다시는 옮겨가게 아니[할]" 것이라는 약속들이 성취되리라고 단언하신다. "내가 네 모든 대적으로 네게 '복종하게'" 할 것이기 때문이다(17:10, 참고. "너를 모든 원수에게서 벗어나 편히 쉬게 하리라", 삼하 7:11). 역대기에서 '쉼'(rest)은 솔로몬의 통치 때까지 일어나지 않을 것이다(대상 22:8-9; 23:25; 28:2-3). 다윗의 과업은 "복종하게" 하는 것으로, 여호와는 그 약속을 지키신다(18:1; 20:4; 22:18). [역대기 저자는 삼하 7:1b를 빼놓는데 거기에서는 여호와께서 다윗에게 주신 "평안"(rest)에 대해 말한다. 그것은 분명 부분적인 것이었다. 그 사실은 역대기 저자가 바꾸어 말하는 삼하 7:11의 약속에서 분명히 드러난다.]

(3) '솔로몬과 하나님의 "집".' 여호와께서 자신이 '너를 위하여 한 집(왕조)을 세울지라'(대상 17:10)라고 다윗에게 하신 말씀과 균형을 이루는 것은 솔로몬이 할 일에 대한 유일한 진술로, "그는 나를 위하여 집을 건축할 것이요"(12절)라는 말이다. 저자가 후에 솔로몬의 통치에 대해 말하는 부분에서는 솔로몬이 개인적으로 행한 나쁜 짓에 대한 어떤 언급도 나오지 않는다. 저자의 초점은 솔로몬이 성전을 짓는 공적 행동에서 완전한 순종을 보였다는 것이다. 그것이 포로기 이후 청중들이 재건된 성전을 바라볼 때 그들에게 적절한 말이며, 아마 그 때문에 저자는 사무엘하 7:14b에 나오는

17장

"그가 만일 죄를 범하면"에 관한 진술을 13절에 포함시키지 않을 것이다.

(4) '하나님의 "나라"와 솔로몬의 나라.' 주된 차이점은 14절에 나온다. "내가 영원히 그를 '내' 집[성전]과 '내' 나라에 세우리니 '그의'[솔로몬의] 왕위가 영원히 견고하리라"라는 것이다[참고. 삼하 7:16의 "네 집[다윗의 왕조]과 네 나라가 내(몇몇 고대 역본들은 히브리어로 '너의'라고 되어 있다) 앞에서 영원히 보전되고 '네' 왕위가 영원히 견고하리라"]. 역대상 17:11-14과 결합되어 있는 것은 왕조의 연속성, 하나님이 세우신 왕들로서 다윗과 솔로몬의 중요성, 하나님의 "나라" 등이다.

다윗으로부터 솔로몬까지 왕조의 연속성이 강조되었다. 다윗의 "아들" 중 하나가 그의 뒤를 이를 것이다(11절). 하나님이 "네 전에 있던 자"(사울)에게서 나라를 빼앗아 다윗을 왕으로 세우신 것과는 달리, 여호와는 다윗의 "씨"에게서 "나의 인자를 빼앗지 아니하[실]" 것이다. 도리어 "그의 왕위가 영원히 견고[할]" 것이다(13-14절; 10:14; 14:2). 솔로몬과 하나님의 관계는 아버지와 아들의 관계로 묘사된다(17:13, 그것은 22:10; 28:6에서 반복 된다. 참고. 시 2:6-7; 89:26-27). 그것은 다른 책들에서도 하나님과 이스라엘 간의 관계에 대해 볼 수 있는 관계다(출 4:22; 렘 31:9; 호 11:1). 아버지와 아들의 관계는 대단히 밀접한 상호 유대를 가리키는 비유적 표현이다.[128] 그런 상호 유대는 "내 집과 내 나라"에서 솔로몬이 차지하는 위치를 통해 드러난다. 하나님은 이스라엘의 진짜 왕이시다(궤로 상징되는, 대상 13:6). 그래서 하나님은 '여호와의 (나라) 왕위'에 왕들을 '세우실' 권리가 있다(28:5; 29:23; 대하 9:8). 다윗, 솔로몬, 그들의 후계자들은 하나님을 대표하는 자들로서 하나님의 통치를 시행한다.[129]

(5) "영원히." 솔로몬과 그의 성전 건축에 초점을 맞추는 것은 장기적 약속은 없으며 그래서 메시아적 의미는 없다는 것을 시사할 수도 있지만, 저

128 고대 근동에서 아들 됨과 충성에 대응되는 것과의 비교로는 Knoppers, *I Chronicles 10-29*, 670-671을 보라.

129 "주권자"(17:7에도 나오는)로서 다윗에 관한 11:1-3 주석 참고.

자는 "영원히"라는 말을 자주 사용할 뿐 아니라[대상 17:12, 14(2번), 16-27에서 다섯 번 더] 또한 후에 약속들을 언급할 때(22:10; 28:4, 7) 그 용어를 재차 강조한다. 게다가 신탁의 주된 주제는 성전 건축이 아니라 하나님이 다윗과 그다음에는 솔로몬을 통해, 그리고 암시된 바로는 다윗의 자손인 다른 사람들(그의 "집")을 통해 그분의 통치를 시행하신다는 것이다. 가장 중요한 것은 하나님의 "나라"에 대한 언급이다. 포로기 이후 청중들에게 하나님은 계속해서 통치하신다. 하나님은 그래서 사람들을 "내 왕위"에 두실 수 있으시다. 하나님이 "나의 인자"를 빼앗지 않으시리라는 약속은 "그의 인자하심이 영원함이로다"라고 단언하는 역대기의 노래들[16:34, 41; 대하 5:13; 7:3, 6; 20:21(모두 역대기에만 나오는 말), 참고. 대하 1:8; 6:14, 42]에서 응답된다. 이것은 예수 그리스도 안에서 성취되는 소망이다.

17:16-27 집을 건축하려는 다윗의 계획은 거절당했으며, 다윗은 하나님의 예상치 못한 말씀을 들었다. 다윗의 반응은 자신보다 훨씬 위대한 분이신 하나님께 겸손히 기도하면서 하나님 앞에(즉 궤 옆에) 나아오는 것이다. 처음에 나오는 "여호와 하나님이여 나는 누구이오며 내 집은 무엇이기에 나에게 이에 이르게 하셨나이까"라는 말은 분위기를 조성한다. 16-17절에서 일인칭 단수("나", "내", "나에게")가 나오는 처음 네 경우를 제외하고, 다윗은 자신을 "주의 종"(10번), "그를, 그의"(2번), 혹은 한 번은 "다윗"이라고 말한다. 하나님이 다윗을 "내 종"(4, 7절)이라고 부르시는 것은 다윗에게 오로지 하나님의 선택에 기인한 명예로운 위치를 부여하는 반면(18절), 다윗이 "주의 종"이라고 하는 것은 순종적 복종, 하나님이 바라시는 것은 기꺼이 하려는 마음을 말한다.

다윗의 기도는 세 부분으로 되어 있다. 16-22절은 "이에" 이르기까지의 일을 확장한다. 23-25절은 이어서 "이제" 단 하나의 간구를 드린다. 26-27절은 '이제'(and now, 개역개정에는 없음) 결론적 단언을 한다. 여호와와 같은 다른 신이 없다면, 이스라엘 같은 다른 나라도 없다. 그들은 "주의 백성"이기 때문이다. 그 신탁이 하나님께서 다윗을 택하신 것을 이스라엘과 관련된 하나님의 목적 및 그분의 과거 행동들이라는 맥락 안에 두는 것과 마찬가지로(5-10절), 다윗은 출애굽 이래 계속되어온 하나님의 행동을 강조한다. 이스라엘은 "영원히 주의 백성"이 되어야 하며 "여호와"는 "그들의 하나님"이 되셔야 한다(21-22절). 자신의 백성을 위한 하나님의 행동은 모세로부터 다윗까지 이어졌다. 다윗의 언약은 새로운 국면을 표시한다. 하나님이 전에 맺으신 언약과 행동들을 대신하는 것이 아니라 그것을 토대로 세워지고 있는 것이다.

기도 서론에서 다윗은 하나님이 "이에" 이르기까지 그에게 행하신 일을 "작게 여기[셨다는]" 것에 놀란다. 왜냐하면 "또 종의 집에 대하여 먼 장래까지 말씀하셨[기]" 때문이다(17a절, 17절 나머지 부분의 히브리어 본문의 의미는 확실하지 않으며, 다양한 해결책들이 제안되었다). "이제"라는 말로 다윗은 하나의 요청을 한다. 하나님이 실로 "말씀하신 대로 행하[시리라]"는 것이다(23절). 성전이나 솔로몬에 대한 구체적 언급은 없다. 다윗은 그때로부터 미래에 이르기까지 "그의 집"에 초점을 맞춘다. 하나님의 "종"으로서 다윗은 자신의 "집"이 "영원히 견고하게" 되는 것과 하나님의 "이름"이 "견고하게 하사 영원히 높여[지는]" 것이 연관되어 있음을 본다. 하나님의 영광과 하나님이 다윗에 관한 그분의 말씀을 지키는 것은 서로 얽혀있다(23-24절, 삼하 7:25-26은 다른 표현으로 되어 있다). 다윗이 이 요청을 할 수 있는 것은 하나님이 이미 그렇게 하시겠다고 약속하셨기 때문이다(대상 17:25)! 게다가 하나님 편에서 강요당하신 것은 없다. 다윗을 택하신 것은 "주의 뜻대로"(19절) 하신 것이며, 하나님은 복 주시기를 "기뻐하[셨다]"(27절, 25-26절에 요약된 바 하나님이 약속하신 것을 언급하면서).

기도는 미래에 대해 하나님을 신뢰하는 단언으로 결론을 맺는다("이제"). 사무엘하 7:29에서 다윗의 말은 복을 비는 기도인 반면("청하건대…복을 주사"), 저자는 그것을 하나의 진술로 만들었다. 복의 연속성이 확보되는 것은 복을 주신 분 때문이다(대상 17:26-27). 저자는 초점을 다윗으로부터 왕이시며(14절) 그분의 '인자하심'으로 복을 주시는 분인 하나님께로 바꿨다.

응답

여호와의 말씀은 오랜 후에 "다윗의 자손"(마 1:1; 9:27; 12:23 등)이신 예수 그리스도 안에서 성취될 것을 가리킨다. 하나님은 그분의 나라를 다스릴 사람을 '세우셨으며', 하나님은 그분이 하신 말씀을 지키리라고 신뢰할 수 있다. 그래서 예수께서 세례를 받으실 때 우리는 하나님이 "내 사랑하는 아들"(막 1:11)이라고 단언하시는 것을 본다. 예수님은 "하나님의 나라가 가까이 왔으니"(막 1:15)라고 선포하며 사역을 시작하셨다. 무엇보다도 그리스도의 부활과 승천을 통해 신약은 그리스도를 하나님 나라의 왕적 아들이시라고 말한다. 그리스도는 그분의 승리의 통치에서 정당함이 입증되고 세움을 받으셨다(행 2:32-36; 13:33; 롬 1:1-4; 고전 15:20-28).

역대기 저자가 바사의 통치 아래 살고 있는 청중들에게 이야기하는 방식은 그리스도의 부활의 승리와 재림 사이에 살고 있는 오늘날 그리스도인들에게 격려가 될 수 있다. 그때 어떤 사람들에게는 하나님이 "주의 종의 언약을 미워하[신]"(시 89:39) 것처럼 보였던 반면, 오늘날 어떤 사람들은 "주께서 강림하신다는 약속이 어디 있느냐 조상들이 잔 후로부터 만물이 처음 창조될 때와 같이 그냥 있다"(벧후 3:4)라고 묻기 때문이다. 저자는 하나님이 과거에 행하신 일들, 특히 출애굽과 다윗을 택하시고 능력을 주신 것에서 하나님의 사역을 기억나게 한다. 그는 하나님의 약속들이 "영원한" 것이라고 단언한다. 과거는 하나님의 '인자하심'을 나타내는 분명한 증거이기 때문이다. 그리고 무엇보다도 저자는 초점을 다윗으로부터 '하나님 나라'로 바꾼다. 다윗 계열의 왕이 물리적으로 존재하지 않을 때라도 하나님은 여전히 왕으로서 통치를 하고 계셨다. 하나님은 자신의 약속을 바꾸지 않으셨다. 다윗이 경험한 복은 미래에도 받으리라 믿을 수 있다. 우리는 하나님의 행동과 말씀에 대한 그의 이야기에 그리스도의 이야기와 성령을 주신 것을 덧붙인다. 다윗과 마찬가지로 우리는 '여호와 앞에' 올 수 있다. "바라는 것들의 실상"인 믿음은 "흔들리지 않는 나라"를 가진 하나님을 예배하는 자리로 이끌기 때문이다(히 11:1; 12:28). 그 믿음은 우리가 역사 내

내 하나님이 하신 언약적 행동들을 기억하고 "영원히" 있는 약속들을 새롭게 들을 때 유지된다.

다윗과 나단의 행동은 하나님을 기쁘시게 하고자 하면서 하나님을 따를 때 무엇이 일어나는지에 대한 본을 보여준다. 다윗의 계획과 나단이 처음에 한 격려는 불순종이나 주제넘음 혹은 신뢰의 결여에서 나온 행동이 아니라, 더 광범위한 공동체에서 인식될 수 있는 방식으로 하나님께 영광을 돌리려는 마음에 대한 칭찬할만한 표현이다. 그들의 마음이 헌신되어 있다는 것은 하나님의 다른 계획에 대해 그들이 마지못해하는 모습이나 실망의 표시를 전혀 보이지 않는 것에서 분명히 볼 수 있다. 나단은 하나님이 말씀하시는 것을 다윗에게 정확히 말하며, 다윗은 하나님의 약속들이 그에게 "베푸신 영예"라고 겸손히 묘사한다. 여기에 하나님이 인도받기를 바라는 사람들을 인도하시는 한 예가 있다. 이것을 사도행전 16:6-10에 나오는 바울의 이동과 비교해볼 수 있을 것이다. 바울은 무역로에 있는 상당히 인구가 많은 지역들로 이동하려 하지만 할 수 없었다. 그리고 하나님은 예상치 않게 바울에게 유럽으로 이동하라고 명하신다. 하나님을 따르는 것은 메시지를 받기까지 가만히 앉아있는 것을 의미하지 않는다. 우리는 하나님을 아는 우리의 지식과 하나님의 목적들에 대한 과거의 경험에 기초해서 앞서 움직인다. 하지만 하나님이 다른 계획들을 보여주시는 때가 있을 수 있다. 여기에서 우리는 또한 하나님이 그분의 계속적인 목적들 안에서 사람들을 다른 역할들로 사용하시는 방식들을 본다. 다윗은 성전을 건축하는 것에 대해 많은 인간적 칭찬(그리고 분명 개인적 만족)을 받았을 것이다. 하지만 하나님 나라에서 그것은 솔로몬의 역할이 되어야 했다. 그것을 하나님이 그분의 백성을 애굽에서 건져내어 약속의 땅으로 옮기시는 것에서 모세와 여호수아가 담당했던 서로 다른 역할 혹은 하나님이 그분의 교회를 성장시키시는 것에서 바울과 아볼로의 역할(고전 3:5-9)과 비교할 수 있을 것이다.[130] 우리는 단순하지만 심오한 파급효과를 지닌 다윗의

130 Leslie C. Allen, "The First and Second Books of Chronicles," in *NIB*, 3:409.

단언을 되풀이하는 것이 좋을 것이다. "오직 주는 하나님이시라"는 것과 우리는 "주의 종[들]"이라는 것이다(대상 17:26).

17장

1 Chronicles
역대상
18:1-20:8

18:1 그 후에 다윗이 블레셋 사람들을 쳐서 항복을 받고 블레셋 사람들
의 손에서 가드와 그 동네를 빼앗고
18:1 After this David defeated the Philistines and subdued them, and he
took Gath and its villages out of the hand of the Philistines.

2 또 모압을 치매 모압 사람이 다윗의 종이 되어 조공을 바치니라
2 And he defeated Moab, and the Moabites became servants to David
and brought tribute.

3 소바 왕 하닷에셀이 유브라데 강가에서 자기 세력을 펴고자 하매 다
윗이 그를 쳐서 하맛까지 이르고 4 다윗이 그에게서 병거 천 대와 기
병 칠천 명과 보병 이만 명을 빼앗고 다윗이 그 병거 백 대의 말들만
남기고 그 외의 병거의 말은 다 발의 힘줄을 끊었더니 5 다메섹 아람
사람이 소바 왕 하닷에셀을 도우러 온지라 다윗이 아람 사람 이만 이
천 명을 죽이고 6 다윗이 다메섹 아람에 수비대를 두매 아람 사람이
다윗의 종이 되어 조공을 바치니라 다윗이 어디로 가든지 여호와께서

이기게 하시니라 7 다윗이 하닷에셀의 신하들이 가진 금 방패를 빼앗
아 예루살렘으로 가져오고 8 또 하닷에셀의 성읍 디브핫과 군에서 심
히 많은 놋을 빼앗았더니 솔로몬이 그것으로 1)놋대야와 기둥과 놋그
릇들을 만들었더라

3 David also defeated Hadadezer king of Zobah-Hamath, as he went to
set up his monument[1] at the river Euphrates. 4 And David took from
him 1,000 chariots, 7,000 horsemen, and 20,000 foot soldiers. And
David hamstrung all the chariot horses, but left enough for 100 chariots.
5 And when the Syrians of Damascus came to help Hadadezer king of
Zobah, David struck down 22,000 men of the Syrians. 6 Then David
put garrisons[2] in Syria of Damascus, and the Syrians became servants
to David and brought tribute. And the Lord gave victory to David[3]
wherever he went. 7 And David took the shields of gold that were
carried by the servants of Hadadezer and brought them to Jerusalem.
8 And from Tibhath and from Cun, cities of Hadadezer, David took a
large amount of bronze. With it Solomon made the bronze sea and the
pillars and the vessels of bronze.

9 하맛 왕 도우가 다윗이 소바 왕 하닷에셀의 온 군대를 쳐서 무찔렀
다 함을 듣고 10 그의 아들 하도람을 보내서 다윗 왕에게 문안하고 축
복하게 하니 이는 하닷에셀이 벌써 도우와 맞서 여러 번 전쟁이 있던
터에 다윗이 하닷에셀을 쳐서 무찔렀음이라 하도람이 금과 은과 놋의
여러 가지 그릇을 가져온지라 11 다윗 왕이 그것도 여호와께 드리되
에돔과 모압과 암몬 자손과 블레셋 사람들과 아말렉 등 모든 이방 민
족에게서 빼앗아 온 은금과 함께 하여 드리니라

9 When Tou king of Hamath heard that David had defeated the whole
army of Hadadezer, king of Zobah, 10 he sent his son Hadoram to King

18장

David, to ask about his health and to bless him because he had fought
against Hadadezer and defeated him; for Hadadezer had often been at
war with Tou. And he sent all sorts of articles of gold, of silver, and of
bronze. 11 These also King David dedicated to the Lord, together with
the silver and gold that he had carried off from all the nations, from
Edom, Moab, the Ammonites, the Philistines, and Amalek.

12 스루야의 아들 아비새가 소금 골짜기에서 에돔 사람 만 팔천 명을
쳐죽인지라 13 다윗이 에돔에 수비대를 두매 에돔 사람이 다 다윗의
종이 되니라 다윗이 어디로 가든지 여호와께서 이기게 하셨더라
12 And Abishai, the son of Zeruiah, killed 18,000 Edomites in the
Valley of Salt. 13 Then he put garrisons in Edom, and all the Edomites
became David's servants. And the Lord gave victory to David wherever
he went.

14 다윗이 온 이스라엘을 다스려 모든 백성에게 정의와 공의를 행할새
15 스루야의 아들 요압은 군대사령관이 되고 아힐룻의 아들 여호사밧
은 행정장관이 되고 16 아히둡의 아들 사독과 아비아달의 아들 아비멜
렉은 제사장이 되고 사워사는 서기관이 되고 17 여호야다의 아들 브나
야는 그렛 사람과 블렛 사람을 다스리고 다윗의 아들들은 왕을 모시
는 사람들의 우두머리가 되니라
14 So David reigned over all Israel, and he administered justice and
equity to all his people. 15 And Joab the son of Zeruiah was over the
army; and Jehoshaphat the son of Ahilud was recorder; 16 and Zadok
the son of Ahitub and Ahimelech the son of Abiathar were priests; and
Shavsha was secretary; 17 and Benaiah the son of Jehoiada was over the
Cherethites and the Pelethites; and David's sons were the chief officials

in the service of the king.

19:1 그 후에 암몬 자손의 왕 나하스가 죽고 그의 아들이 대신하여 왕
이 되니 2 다윗이 이르되 하눈의 아버지 나하스가 전에 내게 호의를
베풀었으니 이제 내가 그의 아들 하눈에게 호의를 베풀리라 하고 사
절들을 보내서 그의 아버지 죽음을 문상하게 하니라 다윗의 신하들이
암몬 자손의 땅에 이르러 하눈에게 나아가 문상하매 3 암몬 자손의 방
백들이 하눈에게 말하되 왕은 다윗이 조문 사절을 보낸 것이 왕의 부
친을 존경함인 줄로 여기시나이까 그의 신하들이 왕에게 나아온 것
이 이 땅을 엿보고 정탐하여 전복시키고자 함이 아니니이까 하는지라
4 하눈이 이에 다윗의 신하들을 잡아 그들의 수염을 깎고 그 의복을
볼기 중간까지 자르고 돌려보내매 5 어떤 사람이 다윗에게 가서 그 사
람들이 당한 일을 말하니라 그 사람들이 심히 부끄러워하므로 다윗이
그들을 맞으러 보내 왕이 이르기를 너희는 수염이 자라기까지 여리고
에 머물다가 돌아오라 하니라

19:1 Now after this Nahash the king of the Ammonites died, and his son
reigned in his place. 2 And David said, "I will deal kindly with Hanun
the son of Nahash, for his father dealt kindly with me." So David sent
messengers to console him concerning his father. And David's servants
came to the land of the Ammonites to Hanun to console him. 3 But
the princes of the Ammonites said to Hanun, "Do you think, because
David has sent comforters to you, that he is honoring your father? Have
not his servants come to you to search and to overthrow and to spy
out the land?" 4 So Hanun took David's servants and shaved them and
cut off their garments in the middle, at their hips, and sent them away;
5 and they departed. When David was told concerning the men, he sent
messengers to meet them, for the men were greatly ashamed. And the

king said, "Remain at Jericho until your beards have grown and then
return."

6 암몬 자손이 자기가 다윗에게 밉게 한 줄 안지라 하눈과 암몬 자손
은 더불어 은 천 달란트를 아람 나하라임과 아람마아가와 소바에 보
내 병거와 마병을 삯 내되 7 곧 병거 삼만 이천 대와 마아가 왕과 그의
군대를 고용하였더니 그들이 와서 메드바 앞에 진 치매 암몬 자손이
그 모든 성읍으로부터 모여 와서 싸우려 한지라 8 다윗이 듣고 요압과
용사의 온 무리를 보냈더니 9 암몬 자손은 나가서 성문 앞에 진을 치
고 도우러 온 여러 왕은 따로 들에 있더라
6 When the Ammonites saw that they had become a stench to David,
Hanun and the Ammonites sent 1,000 talents[4] of silver to hire chariots
and horsemen from Mesopotamia, from Aram-maacah, and from
Zobah. 7 They hired 32,000 chariots and the king of Maacah with his
army, who came and encamped before Medeba. And the Ammonites
were mustered from their cities and came to battle. 8 When David
heard of it, he sent Joab and all the army of the mighty men. 9 And the
Ammonites came out and drew up in battle array at the entrance of
the city, and the kings who had come were by themselves in the open
country.

10 요압이 앞 뒤에 친 적진을 보고 이스라엘에서 뽑은 자 중에서 또 뽑
아 아람 사람을 대하여 진을 치고 11 그 남은 무리는 그의 아우 아비새
의 수하에 맡겨 암몬 자손을 대하여 진을 치게 하고 12 이르되 만일 아
람 사람이 나보다 강하면 네가 나를 돕고 만일 암몬 자손이 너보다 강
하면 내가 너를 도우리라 13 너는 힘을 내라 우리가 우리 백성과 우리
하나님의 성읍들을 위하여 힘을 내자 여호와께서 선히 여기시는 대로

행하시기를 원하노라 하고 14 요압과 그 추종자가 싸우려고 아람 사람
앞에 나아가니 그들이 그 앞에서 도망하고 15 암몬 자손은 아람 사람
이 도망함을 보고 그들도 요압의 아우 아비새 앞에서 도망하여 성읍
으로 들어간지라 이에 요압이 예루살렘으로 돌아오니라

10 When Joab saw that the battle was set against him both in front
and in the rear, he chose some of the best men of Israel and arrayed
them against the Syrians. 11 The rest of his men he put in the charge
of Abishai his brother, and they were arrayed against the Ammonites.
12 And he said, "If the Syrians are too strong for me, then you shall help
me, but if the Ammonites are too strong for you, then I will help you.
13 Be strong, and let us use our strength for our people and for the cities
of our God, and may the Lord do what seems good to him." 14 So Joab
and the people who were with him drew near before the Syrians for
battle, and they fled before him. 15 And when the Ammonites saw that
the Syrians fled, they likewise fled before Abishai, Joab's brother, and
entered the city. Then Joab came to Jerusalem.

16 아람 사람이 자기가 이스라엘 앞에서 패하였음을 보고 사신을 보
내 강 건너편에 있는 아람 사람을 불러내니 하닷에셀의 군대사령관
소박이 그들을 거느린지라 17 어떤 사람이 다윗에게 전하매 다윗이 온
이스라엘을 모으고 요단을 건너 아람 사람에게 이르러 그들을 향하여
진을 치니라 다윗이 아람 사람을 향하여 진을 치매 그들이 다윗과 맞
서 싸우더니 18 아람 사람이 이스라엘 앞에서 도망한지라 다윗이 아람
병거 칠천 대의 군사와 보병 사만 명을 죽이고 또 군대 지휘관 소박을
죽이매 19 하닷에셀의 부하들이 자기가 이스라엘 앞에서 패하였음을
보고 다윗과 더불어 화친하여 섬기고 그 후로는 아람 사람이 암몬 자
손 돕기를 원하지 아니하였더라

19장

16 But when the Syrians saw that they had been defeated by Israel, they
sent messengers and brought out the Syrians who were beyond the
Euphrates,[5] with Shophach the commander of the army of Hadadezer
at their head. 17 And when it was told to David, he gathered all Israel
together and crossed the Jordan and came to them and drew up his
forces against them. And when David set the battle in array against the
Syrians, they fought with him. 18 And the Syrians fled before Israel, and
David killed of the Syrians the men of 7,000 chariots and 40,000 foot
soldiers, and put to death also Shophach the commander of their army.
19 And when the servants of Hadadezer saw that they had been defeated
by Israel, they made peace with David and became subject to him. So
the Syrians were not willing to save the Ammonites anymore.

20:1 해가 바뀌어 왕들이 출전할 때가 되매 요압이 그 군대를 거느리고
나가서 암몬 자손의 땅을 격파하고 들어가 랍바를 에워싸고 다윗은
예루살렘에 그대로 있더니 요압이 랍바를 쳐서 함락시키매 2 다윗이
그 왕의 머리에서 보석 있는 왕관을 빼앗아 중량을 달아보니 금 한 달
란트라 그들의 왕관을 자기 머리에 쓰니라 다윗이 또 그 성에서 노략
한 물건을 무수히 내오고 3 그 가운데 백성을 끌어내어 톱과 쇠도끼와
돌써래로 일하게 하니라 다윗이 암몬 자손의 모든 성읍을 이같이 하
고 다윗이 모든 백성과 함께 예루살렘으로 돌아오니라

20:1 In the spring of the year, the time when kings go out to battle, Joab
led out the army and ravaged the country of the Ammonites and came
and besieged Rabbah. But David remained at Jerusalem. And Joab
struck down Rabbah and overthrew it. 2 And David took the crown of
their king from his head. He found that it weighed a talent[6] of gold, and
in it was a precious stone. And it was placed on David's head. And he

brought out the spoil of the city, a very great amount. 3 And he brought
out the people who were in it and set them to labor[7] with saws and iron
picks and axes.[8] And thus David did to all the cities of the Ammonites.
Then David and all the people returned to Jerusalem.

4 이후에 블레셋 사람들과 게셀에서 전쟁할 때에 후사 사람 십브개가
키가 큰 자의 아들 중에 십배를 쳐죽이매 그들이 항복하였더라 5 다
시 블레셋 사람들과 전쟁할 때에 야일의 아들 엘하난이 가드 사람 골
리앗의 아우 라흐미를 죽였는데 이 사람의 창자루는 베틀채 같았더라
6 또 가드에서 전쟁할 때에 그곳에 키 큰 자 하나는 손과 발에 가락이
여섯씩 모두 스물넷이 있는데 그도 키가 큰 자의 소생이라 7 그가 이
스라엘을 능욕하므로 다윗의 형 시므아의 아들 요나단이 그를 죽이니
라 8 가드의 키 큰 자의 소생이라도 다윗의 손과 그 신하의 손에 다 죽
었더라

20장

4 And after this there arose war with the Philistines at Gezer. Then
Sibbecai the Hushathite struck down Sippai, who was one of the
descendants of the giants, and the Philistines were subdued. 5 And there
was again war with the Philistines, and Elhanan the son of Jair struck
down Lahmi the brother of Goliath the Gittite, the shaft of whose
spear was like a weaver's beam. 6 And there was again war at Gath,
where there was a man of great stature, who had six fingers on each
hand and six toes on each foot, twenty-four in number, and he also
was descended from the giants. 7 And when he taunted Israel, Jonathan
the son of Shimea, David's brother, struck him down. 8 These were
descended from the giants in Gath, and they fell by the hand of David
and by the hand of his servants.

1)히, 놋바다

1 Hebrew *hand* *2* Septuagint, Vulgate, 2 Samuel 8:6 (compare Syriac); Hebrew lacks *garrisons* *3* Hebrew *the LORD saved David*; also verse 13 *4* A *talent* was about 75 pounds or 34 kilograms *5* Hebrew *the River* *6* A *talent* was about 75 pounds or 34 kilograms *7* Compare 2 Samuel 12:31; Hebrew *he sawed* *8* Compare 2 Samuel 12:31; Hebrew *saws*

단락 개관

다윗의 승리들을 대조해보면 두 가지로 이야기가 진행된다. 첫째 우리는 다윗이 자기 적들을 "항복"시키고(18:1; 20:4) 이웃 백성들이 그의 "종"이 될 때[18:2, 6, 13, 그리고 "섬기고"(ESV는 "became subject", 신하가 되고)] 하나님이 어떻게 그분의 약속(대상 17:10)을 성취하시는지 본다. 둘째 그런 대조는 다윗이 어떻게 실제로 "피를 심히 많이 흘렸고 크게 전쟁[한]" 사람이지만 그 결과 솔로몬이 성전을 건축할 수 있도록 하는 "평안"이 올 수 있었는지 보여준다(22:8-10; 28:3). 18-20장 다음에는 성전과 성전 예배를 위한 준비 사항들이 나올 것이다.

역대기 저자는 사무엘하 8-21장에서 나온 이야기들을 선택했다.[131] 모든 자료는 다윗의 군사적 출정 및 정치적 연고와 관련되어 있다. 청중들은 다윗의 개인적, 가정적 실패들을 잘 알고 있었을 것이다. 하지만 그런 사건들은 다윗의 성공들이 어떻게 성전 건축의 배경이 되는 안전과 안정을 가져왔는지에 대한 저자의 초점에 적절하지 않다.

131 참고. 17:1-29:30 개관.

세부 묘사는 서쪽(블레셋, 18:1), 동쪽(모압, 18:2), 북쪽[아람(Syrian)[132] 나라들, 18:3-10], 남쪽(에돔 18:12-13)을 연속적으로 다루며, 동쪽과 북쪽(암몬 사람들과 아람 나라들, 19:1-20:3)을 포괄하는 전쟁을 더 다루고 다시 블레셋으로 결론을 맺는다(20:4-8). 전에 자세히 이야기했던 전투들은 블레셋을 상대로 한 수비전이었다(14:8-16). 하지만 이 장들에 열거된 일부 전투들은 공격전이다. 이스라엘 나라의 영토 범위가 늘어나지는 않았지만, 다윗이 주도권을 잡고 평화로운 관계를 유지하는 지역은 크게 확장되었다. 이스라엘은 해안 및 요단강 동쪽의 무역로(왕의 대로)에 접근할 수 있는 권한을 얻었다. 그 길은 남쪽으로는 애굽과 아라비아까지 북쪽으로는 다메섹을 거쳐 메소포타미아까지 계속되었다. 다윗이 거둔 승리들은 안전을 제공해주었을 뿐 아니라 공물을 받고 무역 수입을 할 수 있게 해주었다. 여기에서는 또한 이 재물 중 일부가 성전을 위해 사용되었다는 것을 말한다(18:8, 11, 참고. 대하 5:1).

분명한 문학적 시간 표시가 본문의 각 부분을 구분해준다. 역대상 18:1, 19:1, 20:4에 나오는 "그 후에"라는 말과 20:1에 나오는 "해가 바뀌어"라는 말이다. 게다가 18장의 목록에 실린 세부 묘사는 18:6b, 11과 13b에 나오는 결론적 요약 진술에 의해 여러 부분으로 구분되는 반면, 18:14는 다윗의 행정을 소개한다. 전반적 배열은 의도적으로 교차대구법적인 것일 수 있다. 블레셋에 대한 승리들은 바깥 틀을 제공하며(18:1; 20:4-8) 동쪽과 북쪽에서의 승리들은 안쪽 틀을 형성하고(18:2-13; 19:1-20:3), 행정적 조직이 중앙 부분을 형성하는 것이다(18:14-17). 이것은 군사적 모험들이 "온 이스라엘"의 좋은 행정을 위해 안정과 안전을 제공하는 수단이었음을 나타내는 표시다.

132 "수리아(사람)"[Syria(n)]이라는 말은 70인역에서 상부 메소포타미아인 시리아와 레바논의 사람들, 지역, 도시 국가들에 대해 사용된 헬라어 이름을 따른다. "아람(사람)"[Aram(ean)]이라는 말은 셈어 이름을 따르는 것으로 구약에서 다루는 기간을 언급할 때 일반적으로 사용된다(언어는 아람어다). 영어 역본들은 다양하게 번역되어 있다. ESV 모세오경(그리고 대상 7:14)에서는 "아람(사람)"이라고 되어 있으며 구약 나머지 부분에서는 "수리아(사람)"이라고 되어 있다. 예를 들어 19:6 같은 몇몇 장소명이나 1:17; 2:23과 같은 계보들에서 "아람"이라고 되어 있는 것만 예외다. 이 장들에서 언급된 도시 국가들을 포함해서 더 상세한 것으로는 J. A. Lund, "Aram, Damascus and Syria," in *DOTHB*, 41-50을 보라.

단락 개요

II. 다윗과 솔로몬의 통일 왕국—예루살렘, 궤, 성전(대상 9:35-대하 9:31)

B. 다윗, 예루살렘에서 왕이 됨: 승리와 성전 준비(11:1-29:30)

2. 승리와 성전 준비(17:1-29:30)

b. 다윗의 확장되는 승리들(18:1-20:8)

주석

18:1-6 사무엘하 8:1-6을 참고하라. 솔로몬이 통치한지 몇 세기가 지난 후에 이스라엘은 메소포타미아와 애굽의 주요 강대국 사이에 끼어있게 될 것이다(참고. 애굽인들과 앗수르인들의 공격들, 대하 12:1-12; 32:1-22). 현재 가장 큰 위협은 블레셋의 침략에서 초래됐다(대상 10:1-12; 14:8-17). 다윗은 주도권을 쥐고 연안 평야에 있는 다섯 개의 블레셋 중심지 중 하나인 가드를 공략했다. 더 이상의 상세한 내용은 나오지 않지만, 다른 곳에서 우리는 다윗의 용병이 된 육백 명의 가드 사람에 대해 읽는다(삼하 15:18).

동쪽 경계선은 보호를 받았다. 요단 건너편 고원 지대에 있는 모압이 "다윗의 종이 되어 조공을 바치[게]" 되었기 때문이다. 국제 관계에서 통상 사용되는 이 말은 약간의 지방 자치권은 보유하고 있었지만 속국으로서 정기적으로 공물을 바치는 것을 보여준다.

본문은 북쪽으로 수리아 도시 국가들에 주의를 돌린다. "다메섹"은 주요 도시로, 비옥한 오아시스이고 북남과 동서 무역로의 중심축이었다. 더 북쪽의 '베카 골짜기'(Beqaa Valley)에는 "소바"(대상 18:5, 9)가 있었다. "하맛"(9절)은 소바 북쪽 오론테스강에 있는 곳으로 다메섹에서 190킬로미터 떨어져 있었다. "유브라데강"(3절)까지는 130킬로미터 더 떨어져 있었다. "소바"(3절, ESV는 "Zobah-Hamath", 소바 하맛)는 아마 '하맛 쪽의 소바' 혹은 소바와 하맛 둘 다를 의미할 것이다(참고. "하맛소바", 대하 8:3).[133]

누가 "유브라데강 가에서 자기 세력을 펴"(ESV는 "set up his monument", 자기 기념비를 세워) 그 땅에 대한 권위와 소유권을 주장했는가?[134] 사무엘하 8:3에 나오는 "권세를 회복하려고"라는 표현은 하닷에셀을 가리킨다. 이것은 다윗이 북쪽으로 이동하는 것에 대한 첫 번째 언급이기 때문이다(이 사건이 역대상 19장의 전투들 이후에 일어나지 않았다면). 하지만 역대기는 "펴"(ESV는 "set up", 세워)라는 말을 사용하는데(삼하 8:3, 70인역에서처럼, 그래서 아마 저자는 히브리어 본문을 사용하고 있을 것이다), 그 말은 두 왕 중 누구에게도 적용될 수 있었다. 여기에서 다윗이 영토에 대한 소유권을 주장하고 있다면, 그것은 아브라함과 모세에게 하신 약속, "큰 강 유브라데까지" 이스라엘에게 땅을 주겠다는 약속(창 15:18; 출 23:31)의 성취일 것이다.[135]

단 한 번의 전투에서 다윗은 하닷에셀의 군사적 역량을 철저히 약화시켰다. 하지만 다윗을 도우러 온 다메섹 아람 사람들과는 달리, 하닷에셀은 공물을 바치는 속국이 되지는 않았다(참고. 대상 19:6, 16, 19). 여기 나오는 "병거 천 대와 기병 칠천 명"이라는 숫자(4QSam[a]와 삼하 70인역에도 나오는)는 "병거"라는 단어가 사무엘하 8:4의 마소라 본문에서 나온 것임을 시사한다.[136] 말은 주로 군사적 목적으로 사용되었다. 그리고 힘줄을 끊는 것은 말이 군사적 용도에 적절하지 않게 만들었다(수 11:6). 그러나 그 말들은 여전히 농업용으로는 적절할 것이다.[137] 다윗은 자신의 목적에 필요한 만큼만

18장

133 Japhet, *I & II Chronicles*, 346과 Knoppers, *I Chronicles 10-29*, 690에 나오는 다른 결론들을 보라.

134 히브리어 야드(*yad*, '손')는 종종 권세를 나타내는 비유이며(대상 18:1과 삼하 8:3에 대한 ESV 번역처럼) 또한 승리를 말하거나 영토를 표시하는 기념비 혹은 석비에 대해서도 사용된다(삼상 15:12; 삼하 18:18). 현재 그 말이 사용된 것은 예루살렘에 있는 유대인 대학살 기념비의 이름인 야드 바쉠(Yad Vashem), 곧 "기념물과 이름"(사 56:5에서 나온 말)에서 볼 수 있다.

135 상세한 논의로는 Knoppers, *I Chronicles 10-29*, 695-696을 보라.

136 군사 집단으로서 "천"에 대해서는 서론의 '해석상 과제'를 보라.

137 David G. Firth, *1 & 2 Samuel*, ApOTC (Nottingham, UK: Apollos, 2009), 397.

놔둔다(참고. 왕이 많은 말을 얻는 것에 대한 명령, 신 17:16).

이 전투들에서 핵심 요소는 "다윗이 어디로 가든지 여호와께서 이기게 [동사 야샤(*yasha'*)] 하시니라"라는 것이다. 다윗을 통한 하나님의 행동들은 포로기 이후 청중들에게 '만국 가운데에서 우리를 구원하소서(야샤)'라는 역대상 16:35의 부르짖음에 대한 여호와의 응답의 한 예다. [여러 형태의 '야샤' 라는 단어는 마소라 본문에서 350번 이상 나오는데, '구원, 건져냄, 승리, 도움' 등을 묘사한다. 70인역은 거의 언제나 소조(*sōzō*)의 한 형태를 사용하는데, 그것은 신약의 다양한 문맥에서 흔히 사용되며 영어로 "치유"를 포함해서 비슷한 단어들로 번역된다.]

18:7-11 사무엘하 8:7-12을 참고하라. 여전히 하닷에셀을 포함하지만, 초점은 승리 자체로부터 전리품 및 그것을 사용하는 것으로 바뀐다. 강조되는 것은 성전이며 그래서 저자가 승리와 성전 건축에 관심이 있음을 한층 강조한다. 그래서 우리는 "금 방패"(혹은 아마 '화살통')[138]를 예루살렘으로 가져온 것 및 솔로몬이 성전에서 사용한 "놋"에 대해 읽게 된다(대상 18:8b는 삼하 8:8 마소라 본문에 빠져 있지만, 삼하 8:8 70인역과 아마도 4QSam[a]에는 기술되어 있으며 그래서 아마 역대기 저자가 추가한 것이 아니라 그가 사용한 히브리서 본문에 이미 나와 있었을 것이다).

"하맛 왕 도우"는 다윗이 하닷에셀을 물리친 것을 환영했으며[대상 18:3에서 '소바 하맛'(개역개정에는 "소바"-옮긴이주)이 결합되어 있는 것은 도우가 마지못해 추종했었다는 것을 의미할 것이다] 선물들을 보여주면서 동맹을 맺고자 했다(그 말과 행동들은 외교적이다).[139] 다윗은 선물들을 자기 것으로 챙기지 않고 "[그것들을] 여호와께 드리니라", 즉 성전에서 사용하도록 드렸다(26:26-27). 요약

138 쉘레트(*shelet*)의 의미는 확실하지 않다. 70인역은 그 말이 나오는 일곱 경우에 여섯 개의 서로 다른 헬라어 단어를 사용한다! 삼하 8:7 70인역에서 추가된 것에 의해 "방패"라는 의미가 시사되어 있다. 거기에서는 애굽인 시삭이 르호보암 통치 때 예루살렘을 공격하여 금 방패를 빼앗아간 것을 암시한다(왕상 14:26). 주된 대안적 제안은 아카드어에서처럼 "활과 화살을 넣는 통"(나무로 되어 있고 금으로 도금된)이라는 것이다. *HALOT*, שֶׁלֶט 항목을 보라

139 D. J. Wiseman, "'Is It Peace?'—Covenant and Diplomacy," *VT* 32/3 (1982): 311-326.

진술은 같은 행동을 다윗의 전리품 모두에 포괄적으로 적용한다. "모압"과 "블레셋 사람들"에 대한 승리는 이미 언급되었으며, "에돔"이 뒤이어 나오고(18:11-13), "암몬 자손"은 다음에 나오는 장들에서 주요 집단으로 등장한다. 하지만 사무엘하에도 역대기에도 다윗이 왕이었을 동안 "아말렉" 사람들과 싸웠다는 기록은 전혀 없다. 이것은 사무엘상 30장, 사울이 하나님께 순종하지 않은 것과의 대조(삼상 15장), 혹은 기록되어 있지 않은 전투들이 있다는 암시일 것이다. 보다 중요한 것은 승리로 인해 성전을 위한 재물을 얻게 되었다는 것이다.

18:12-13 사무엘하 8:13-14을 참고하라. 모압과 다메섹처럼, 에돔(예루살렘 남동쪽)은 "수비대"를 둔 속국이 되었다. 그래서 "다윗이 여호와께서 이기게 하[신]" 백성의 목록이 마무리된다.

예상치 못하게 다윗의 누이의 아들 "아비새"의 이름이 "만 팔천 명을 쳐 죽인" 사람으로 나온다. 사무엘하 8:13에는 "다윗"이라고 나오는 반면, 열왕기상 11:15-16과 시편 60편 표제에서는 "요압"이라고 이름이 나온다. 요압은 다윗의 군사령관이었으며(대상 18:15, 참고. 19:8), 한편 요압의 형제 아비새는 "세[ESV는 "thirty", 삼십] 명 중 우두머리"였다(11:20-21, 참고. 19:11). 그래서 다윗, 요압, 아비새는 각각 전체 명령 사슬에서 일익을 담당했다.[140] 역대기 저자가 아비새의 이름을 말하는 것은 다른 곳에서 다윗과 함께 한 다른 사람들을 포함시키는 관행과 일관된 것으로, 그런 관행은 그다음에 나오는 짧은 행정적 개관에서도 입증된다.

18:14-17 사무엘하 8:15-18을 참고하라. 여기 나오는 말들은 사무엘서에도 나오지만, "온 이스라엘"과 "모든 백성"이라는 말은 저자가 반복하는 모두를 포함하는 것에 대한 관심과 조화되며 역대상 17:9에 나오는 약속

140 Selman, *1 Chronicles*, 189.

의 성과로 볼 수 있다.

무엇보다 다윗은 "정의와 공의[equity]"[대하 9:8에서 스바 여왕도 솔로몬에게 같은 문구를 사용하는데, 거기에서는 "정의와 공의(righteousness)를 행하게"라고 번역되어 있다]에서 왕의 이상적인 역할을 성취했다. 미쉬파트 우 체다카(*mishpat u-tsedaqah*, '정의와 공의/공평')는 고대 근동에서 흔한 문구로, 특히 왕들의 책임에 대해 사용되었다[구약에서 이 책임은 모든 아브라함의 자손에게로 확장되며(창 18:19), 하나님의 특성이다(시 103:6)]. 시편 72편의 기도는 왕이 하나님의 "정의"와 "공의"를 시행하는 것의 우선순위에 대해 분명한 윤곽을 제공한다. 왕은 "가난한 백성의 억울함을 풀어주며 궁핍한 자의 자손을 구원하며 압박하는 자를 꺾[어야]"(시 72:4) 하기 때문이다. 형통함과 열방의 복종(공격이 없다는 것에 암시되어 있는)은 왕이 "궁핍한 자가 부르짖을 때에 건지며 도움이 없는 가난한 자도 건지[기]"(시 72:12) 때문이다. 왕은 재물, 지위 혹은 가족의 연줄을 통한 권세가 없는 사람들을 특별히 돌볼 책임이 있다. 고대 근동 도처에서 이상(종종 말에 불과한)도 마찬가지로 취약한 자들을 보호하고 공급하는 것을 포함했다. 그것은 종종 재정적 부담을 덜어주고 종을 해방시키는 것이다.[141]

그런 통치가 이루어지려면 좋은 지도자가 행정을 해야 한다. 요압은 예루살렘 점령 후 군대 사령관으로 임명되었으며(대상 11:6), 용감함과 군사적 기술이 입증된 브나야는 왕의 시위대장을 맡았다(11:22-25, "그렛 사람과 블렛 사람"은 원래 그레데와 블레셋 출신의 용병들이었다).[142] 민정 역할에는 "아힐룻의 아들 여호사밧"이 "행정장관"으로(또한 솔로몬 하에서도, 왕상 4:3, 유일한 다른 언급), 그리고 "사워사"[143]가 "서기관"(혹은 "서기")으로 임명되었다. "행정장관"(ESV

141 Moshe Weinfeld, *Social Justice in Ancient Israel and in the Ancient Near East* (Jerusalem: Magnes; Minneapolis: Fortress, 1995).

142 참고. 삼하 15:18; 20:7, 23; 왕상 1:38, 44.

143 그 이름은 다양하게 나온다. 마소라 본문에서는 "스라야"(삼하 8:17), "스와"(삼하 20:25), 70인역에서는 "아사"(Asa, 삼하 8:17), "수사"(Sousa, 삼하 20:25; 대상 18:16) 등이다.

는 "registrar", 기록원)은 기록을 감독하는 사람, 혹은 '공식 대변인'으로 다양하게 설명되었다. 하지만 이 역할이 "서기관"의 역할과 어떻게 관련되어 있는지는 분명하지 않다.[144]

목록 한 가운데 있는 것은 두 제사장 "사독"과 "아비멜렉"(ESV는 "Ahimelech", 아히멜렉)이다. 이것은 아히멜렉에 대한 첫 번째 언급으로 아히멜렉은 후에 사독과 함께 역대상 24:3, 6, 31에만 이름이 나오는데, 사독이 더 두드러지게 나온다(27:17; 29:22; 대하 31:10). 마지막으로 "다윗의 아들들"은 "왕을 모시는 사람들의 우두머리"(다른 번역은 '다윗의 첫 아들들은 왕 옆에 있었다'는 것이다. 즉 각 아내의 맏아들을 말한다[145])로 지칭된다. 사무엘하 8:18의 마소라 본문은 "제사장들"[코하님(*kohanim*)]이라고 되어 있다. 하지만 원래 히브리어 본문에는 소케님[*sokenim*, (왕의 재산의) 관리자][146]이라고 되어 있을 가능성이 있으며, 역대기 저자가 풀어쓴 것은 이 단어(그때쯤에는 드물거나 시대에 뒤진 것이었던)이다.

행정 인력에 대한 짧은 개관은 성전 부지로 이어지는 인구조사 내러티브에서 요압의 핵심 역할(대상 21장)과 그 이후에 상세한 신전 및 왕궁에 대한 행정적 준비(23-27장)가 나오는 것의 배경을 이룬다.

19장

19:1-19 사무엘하 10:1-19을 참고하라. 암몬 사람들 및 그들의 아람인 동맹들과의 전투들에 대한 이야기는 저자가 사무엘하 8-21장에서 최소한으로 수정하여 여기 통합시킨 유일하게 긴 내러티브다. 그것은 아람 사람 집단들을 포함하는 일련의 사건들, 18:3-10에 나오는 전투와는 다른(아마 더 이른 시기의) 전투들[147]을 포함하는 것이며, 다윗이 "암몬 자손들"로부터 재물을 얻은 것(18:11에 언급된)으로 이어짐으로써 역대상 18장을 보충해준다.

144 Boda, *1-2 Chronicles*, 162; Knoppers, *I Chronicles 10-29*, 707.

145 Knoppers, *I Chronicles 10-29*, 704, 706.

146 삼하 8:18 70인역에는 아울라르카이(*aularchai*), '궁정 우두머리들'이라고 되어 있다. Williamson, *1 and 2 Chronicles*, 140; Allen, "First and Second Books," 415n121을 보라.

147 Selman, *1 Chronicles*, 191-192.

다윗의 지도력은 그가 이웃 나라와 좋은 관계를 맺기를 바라고(19:2) 수치를 당한 그의 사절들을 배려하는 모습을 보이면서(5절) 긍정적으로 묘사된다. 18장의 공격전들과는 달리, 다윗의 군사적 행동은 처음에는 암몬 사람들의 도발에 대한 제한된 반응으로 제시되며(19:8), 다윗이 후에 전투에서 "온 이스라엘"을 이끈 것은 아람 연합군이 제기한 위협에 대한 대답이다(16-17절). 내러티브는 결과적으로 "화친"을 이루었고 아람 나라들이 다윗의 속국이 되었다고 설명한다(19절).

포로기 이후 청중들에게 계속 적절한 것으로, 요압이 자기 사람들에게 한 권고에 초점이 맞춰진다. 그것은 이 장에서 여호와에 대한 유일하게 명백한 언급을 담고 있다(13절). 요압의 말은 청중들에게 승리는 하나님의 백성이 하나님을 신뢰하고 모두의 유익을 위해 함께 일함으로 힘을 얻을 때 오는 긍정적 결과의 예라고 생각하게 한다. "너는 힘을 내라 우리가…힘을 내자"[148]라는 말은 하자크(*khazaq*) 동사의 여러 형태를 이중적으로 사용하는데, 그 동사는 역대기에서 52번 나온다. 예를 들어, 모세가 여호수아에게 한 말(신 31:7)을 상기하면서, 다윗이 솔로몬에게 한 말(22:13, 또한 28:20) 등이다. 그 명령과 함께 나오는 것은 여호와께서 "선히 여기시는대로 행하시[리라]"는 믿음이다(참고. 대하 25:8). 여기에는 하나님이 주신 자원들을 사용하고 하나님을 신뢰하면서 함께 일하자는 권고가 나온다. 다윗은 자신의 통치가 끝날 무렵 "모든 사람을…강하게 하심이 주의 손에 있나이다"(대상 29:12)라고 단언하면서 모든 회중 앞에서 하나님을 찬양할 것이다.

처음에 나오는 무미건조한 회유적 행동은 이어질 다툼에 대한 암시를 전혀 담고 있지 않다(19:1-2). 협정은 백성들 간이 아니라 왕들 개인 간에 맺어졌으며 그래서 암몬 왕이 죽자 새로 합의를 해야 했다(참고. 다윗이 죽은 후 솔로몬과 두로 왕 히람의 행동, 왕상 5:1; 대하 2:3). 다윗은 주도권을 쥐고 "호의[헤세드, 헌신된 우정과 상호 도움을 내포하는]"를 구한다. 사울은 통치 처음부터

148 삼하 10:12에는 똑같은 히브리어가 나오는데 거기에서는 "너는 담대하라 우리가…담대히 하자"라고 번역되어 있다.

암몬 왕 나하스의 반대를 경험했으나(삼상 11:1;[149] 12:12; 14:47), 다윗은 우호적 관계를 지니고 있었다. 아마 사울의 대적으로서 그리고 다윗의 가족이 사울을 피해 요단 건너편에서 시간을 보낸 것 때문에(삼상 22:3-4) 그랬을 것이다. 그리고 다윗은 나하스의 아들과도 계속해서 그런 우호적 관계를 바란다.

하지만 미숙하고 서툰 하눈은 자기 고문들의 의심에 찬 목소리에 귀를 기울인다. 아마 그들은 다윗이 그들 남쪽에 있는 에돔과 모압에서 승리를 거둔 것에 대해 염려했을 것이며(대상 18:2, 12-13) 그래서 다윗이 정말 "호의적" 관계를 바라는지 의심했다. 하눈은 교만하게 사절들에게 그리고 함축적으로는 그들의 왕에게 굴욕을 준다(참고. 그의 아버지의 행동, 삼상 11:1). 수염들(혹은 한쪽)을 깎고 은밀한 신체부위를 드러내어 공개적으로 노출시키는 것은 상대방을 멸시하고 그들의 무력함을 보여주면서 우월한 힘을 주장하는 굴욕적 행동이다(사 7:20; 47:2-3; 나 3:5). 중요한 것으로, 해설자는 처음에는 하눈에 대한 다윗의 반응에 초점을 맞추지 않고 "그 사람들이 당한"[150] 것을 다윗이 섬세하게 처리하는 것에 초점을 맞춘다.

내러티브는 그다음에 연속되는 장면들로 이동하는데, 각 장면은 "보고"["When…saw", 대상 19:6("안지라"), 10, 16, 19]라는 말로 시작된다. 각 장면은 예상과는 반대로 진전되는 것에 대한 반응을 표시한다. 다윗이 처음에 암몬 자손의 새로운 왕에게 "호의를 베풀[려는]" 것 다음에 하눈의 예상치 못한 경멸에 찬 반응이 나오며, 그것은 암몬 사람들을 정복하는 것으로 이어질 것이다(20:1-3). 도중에 요단 건너편과 유브라데 북쪽에 있는 넓은 지역에서 극적인 지정학적 변화가 일어나 많은 도시국가가 다윗의 속국이

149 《ESV 성경 해설 주석 사무엘상》의 각주 41을 보라. 그것은 4QSam[a]에 배경을 제공하는 추가 단락이 있다는 것에 대한 내용이다.

150 대상 19:5-7과 삼하 10:5-6 간의 차이점 중 일부는 아마 역대기 저자가 사용한 히브리어 본문을 반영할 것이다. 4QSam[a]는 삼하 10장 마소라 본문에는 없지만 역대기에는 있는 단어들을 포함한다. 대상 19:5의 "그 사람들이 당한 일", 6절의 "천 달란트", "마아가" 그리고 아마도 "소바", 7절의 아마도 "병거 삼만 이천 대를 고용하였더니" 등이다. Knoppers, *I Chronicles 10-29*, 713-715, 723-727을 보라.

된다. 지혜롭지 못한 조언을 따르는 교만한 행동은 의도하지 않은 중대한 결과들을 가져오며, 후에 유다 왕(르호보암, 대하 10장)의 행동에서 비슷한 일을 보게 될 것이다.

암몬 자손들은 그들이 난공불락이라고 생각했는가? 그들은 다윗이 그저 항복하고 위축되리라고 기대했는가? 사실상 다윗은 암몬 사람들을 "밉게"(ESV는 "stench", 악취) 보았다. 그 말은 썩어가는 물질을 묘사하는 말이며(출 7:18, 21; 8:14) 관계가 완전히 붕괴된 것에 대해 사용되었다(창 34:30; 출 5:21; 삼상 13:4; 27:12). 암몬 자손은 그에 대한 반응으로 그들 자신의 백성을 소집할 뿐 아니라 북쪽으로 상부 메소포타미아(왕의 대로상에 있는 그들의 위치는 재물과 관계들을 둘 다 가져다주었다) 지역으로부터 용병들을 고용하면서 공격했다. 그들이 암몬의 수도 랍바(Rabbah) 남서쪽 교역로에 있는 "메드바" 인근에 전투를 위한 진을 세웠다는 것은 요압과 그의 사람들이 이미 남쪽 모압 지역에 있는 것에 대한 반응일 수도 있고(대상 18:2) 아니면 무역로를 계속 장악하려는 것일 수도 있다. 다윗은 그에 대한 반응으로 요압과 상비군을 보냈다. 암몬 사람들은 다윗을 두 군사력 사이의 함정에 빠지게 해서 탁 트인 지역에서 수리아 병거를 최대한 활용하려는 계획으로 반격을 가했다.

요압은 이 예상치 못한 기동작전에 대한 반응으로 자기 군사들을 나눠 탁 트인 지역에서 아람 사람들을 공격하는 것에 우선권을 두었다. 요압은 그들이 용병이므로 덜 헌신되어 있을 것이라고 생각했을까? 아니면 그것은 병거를 가진 더 큰 병력에 맞설 수 있는 그의 "뽑은 자"(ESV는 "best men", 최고의 사람들)이었을까? 어떻게 생각했든 요압은 각 집단이 확실히 서로 '도울'(야샤, 참고, 18:1-6 주석) 준비가 되어 있도록 했다. '강한'(strong) 적군에 대한 반응(19:12, 하자크가 두 번 나옴)은 이스라엘 사람들이 "힘을 내[는]"(be strong, 13절, 하자크가 두 번 나옴) 것이었다. 하지만 그들은 단지 왕을 위해서가 아니라 "우리 백성과 우리 하나님의 성읍들"을 위해 싸우고 있었으며, 그들은 "여호와께서 선히 여기시는대로 행하시기를" 기대했다. 놀라운 것은 명백히 어떤 실제적 싸움도 없이 '아람 사람들이 도망하였다'는 것이다! 이것은 암몬 자손들이 예상했던 것이 아니었다. 그들은 "보고" "그들도…도망[했다]". 그리고 나서 요압은 예루살렘으로 돌아왔다. 이것은 다윗에게 보고하여 더 큰 군대를 소집하기 위함이었을까(후에 17절에서 그런 것처럼)? 성경 기사는 그런 것에 대해 아무런 암시도 하지 않으며 그보다 다윗이 차후에 한 행동이 아람 사람들의 새로운 위협에 대한 반응이라고 본다.

아람 용병들의 예상치 않은 패주는 다윗의 힘을 보여주는 것으로 가장 강력한 도시 국가인 소바 왕 하닷에셀 하에 있던 광범위한 아람 동맹에 위협으로 여겨졌다(19절; 18:3). 그래서 하닷에셀의 군대사령관의 지휘 하에 대규모 병력이 모였다. 이에 대한 반응으로 다윗은 "온 이스라엘"을 소집해서 요단을 건너 "아람에게 이르[렀다]".[151] 이번에는 다윗 자신이 군대를 장악했으며 다시 한번 많은 사상자를 내고 "아람 사람이 도망한[다]".

이것은 아람 사람들이 예상하고 있던 것이 아니었다. "[그들이] 보고"(19:19, 참고. 16절), 그들은 충성의 대상을 바꾸었으며 다윗의 속국이 되었다["부하", "화친하여", "섬기고"('신하가 되었다')라는 말은 국제 협약에서 사용되는 용어들이다]. 게다가 그들의 충성은 이제 다윗을 대상으로 했으므로 그들은 암몬 사람들 "돕기"를[save(야샤), 대상 19:12; 18:6, 13에서처럼] "원하지 아니하였[다]"(삼하 10:19의 "두려워하여"보다 더 강력한 말). 아람 사람들은 그들의 노력이 암몬 사람들을 다윗에게서 "구원"(save)할 것이라고 생각했지만 여호와께서는 다윗에게 "승리"를 주셨다.

20:1-3 사무엘하 11:1, 12:26, 30-31을 참고하라. 앞에 나온 사건들로 인해 다윗과 암몬 사람들 간에 앞으로의 관계는 불확실해졌다. 사무엘하 11-12장의 주요 내용은 밧세바 및 우리아와 관련된 다윗의 행동들과 나단과의 대면이지만, 역대기 저자는 이 장들의 시작과 끝에서 몇 구절만 사용한다. 하지만 저자는 역대상 20:1에 "왕들이 출전할 때"라는 시간적 사

151 19:17에는 '그들에게'[알레헴(*'alehem*)](개역개정에는 "아람 사람에게")라는 말이 나오는 반면, 삼하 10:17에는 "헬람에"[헬라마(*khela'mah*)]라는 말이 나온다. 아마 갈릴리해 동쪽 요단 건너편 북쪽의 지역일 것이다.

항과 "다윗이 예루살렘에 그대로 있[는]" 동안 압도적 승리를 이룬 요압의 지도력에 대한 말을 포함시킴으로서 다윗의 죄를 암시한다(저자는 심지어 다윗과 "모든 군사"가 그 성의 마지막 공격에 참여한 것을 빼놓는다, 삼하 12:29). 그럼에도 불구하고, 역대상 20:2-3에서 저자의 초점은 다윗이 후에 왕적 행동으로 완전한 승리를 보여준다는 것이다.

"그 왕의 머리에서…왕관"을 빼앗는 것과 그것을 "자기[다윗의] 머리에" 두는 것은 다윗이 다른 백성에 대한 직접 통치권을 탈취하는 단 한 번의 경우로, 전적인 지배를 나타내는 표현이다(다른 사람들은 그의 "신하"가 되었다). 암몬 자손은 그다음에는 약 150년 후에 언급되는데, 모압 및 야곱과 함께 전쟁에서 여호사밧을 반대하는 모습이다(대하 20:1). 70인역이 히브리어 말캄(*malkam*, 그들의 왕)을 '몰골, 그들의 왕'으로 해석하면서 암몬 자손의 신 "밀곰"(왕상 11:5; 렘 49:1)을 언급하는 것에서 또 다른 석의적 가능성이 나온다. 이 경우 왕관은 신의 형상 위에 있었으며 그것은 또한 왕관의 무게가 "한 달란트"(34킬로그램)라는 것을 설명해준다. 그래서 다윗은 여호와 아래 있는 왕으로서, 또한 그들의 신을 조롱하고 있을 것이다.[152]

하나님의 은혜의 예시로, 다윗이 끔찍한 죄를 저지른 후에도 하나님이 계속해서 많은 전리품과 함께 승리를 주신다는 것은 포로기 이후 청중들에게 강력한 설득력을 지니고 있었을 것이다. 그들은 예루살렘의 멸망과 포로생활로 이어진 민족의 죄를 너무나 잘 알고 있었다.

20:4-8 사무엘하 21:18-22을 참고하라. 승리의 목록은 블레셋으로 돌아옴으로써 마무리된다(참고. 대상 18:1-6). "게셀"[153]에서 전투가 시작된 것은 다윗이 전에 블레셋과 싸운 전투에서 마지막으로 이름이 나온 장소와 연결된다(14:16). 다른 전투 기사와는 달리, 이 기사들은 "키가 큰 자"("르바

152 Japhet, *I & II Chronicles*, 364; Selman, *1 Chronicles*, 197; Knoppers, *I Chronicles 10-29*, 730.

153 삼하 21:18은 "곱"이라고 되어 있는데, 그곳은 달리 알려진 바 없다.

임", 키가 크고 힘이 센 고대 사람들, 신 2:11; 3:11)를 상대로 다윗의 '신하'들이 개별적으로 세운 위업이다. 다윗만 거인(골리앗, 삼상 17장)을 죽인 것은 아니었다. 적어도 세 다른 경우에 블레셋 사람들은 거인들을 전사로 내세웠는데 그런 결투는 가나안과 에게해에서 인정된 전투 형태였다. 여기 세 명의 승리자 이름이 나온다. "십브개"는 다윗의 '용사' 중 한 명이었다(대상 11:29; 27:11). "야일의 아들 엘하난"(20:5)은 아마 또 다른 '용사' 중 한 명인 "도도의 아들 엘하난"(11:26)과는 다른 사람일 것이다. 그리고 세 번째인 "요나단"은 다윗의 조카다(2:13에서 "시므아"라는 이름이 나온다). 엘하난의 대적의 이름을 "가드 사람 골리앗의 아우 라흐미"라고 한 것이 아마 이 사건에 대한 정확한 번역일 것이다[삼하 21:19는 아마 라흐미를 '베트 할라흐미'(*bet hallakhmi*, "베들레헴")이라고 바꾼 필사자의 오류를 반영할 것이다(삼하 21:19의 앞부분을 직역하면 '베들레헴 사람 야레오르김의 아들 엘하난은 가드 사람 골리앗을 죽였는데'이다—옮긴이주)].

결론부에 나오는 "다윗의 손과 그 신하의 손에 다 죽었더라"라는 말은 역대상 20:4-8 뿐 아니라 18:1-20:3의 승리에 대한 개관을 잘 요약한다. 그것은 지도자들과 백성 간의 상호작용을 상기시킨다. 다윗은 20:4-7에서 이름이 나오지 않았으나, 세 명의 영웅은 "신하"로 전체의 유익을 위해 그들의 왕과 그의 군대를 위한 대표자 역할을 한다. 전에 다윗이 없었을 때는 요압이 이끌었다(20:1). 다윗은 왕으로서 전략적 지도력을 제공할 수 있을 것이다. 하지만 다윗은 그의 사람들이 없으면 무력하며 왕으로서 다윗의 통치는 "모든 백성"(18:14)을 위한 것이다. 18-20장에서 나오는 각각의 전투는 왕, 핵심적 개인들, 백성 전체 간의 역동적 관계를 다양한 방식으로 보여준다. 그들은 상호 의존한다. 게다가 승리들은 하나님이 "네 모든 대적으로 네게 복종하게 하리라"(17:10, 참고. 18:1; 20:4)라고 하신 약속을 지키신 결과다. 다윗이 여호와의 "종"으로서 기꺼이 복종한 것[17:17-27(10번)]으로 인해 이스라엘 사람들 개인이 "다윗의 신하"(19:2; 20:8)가 되었을 뿐 아니라 또한 다른 백성들이 위협적인 적에서 그의 "종"으로 바뀌었다(18:2, 6, 13; 19:19).

응답

"다윗이 어디로 가든지 여호와께서 이기게 하시니라"(대상 18:6, 13)라는 말은 예수님이 하나님의 통치를 알리면서 오셨을 때 광범위한 행동들을 하실 것을 예시한다(막 1:14-15). 예수님은 "다윗의 자손"으로서 "자기 백성을 그들의 죄에서 구원[하기]" 위해 오셨으나(마 1:1, 21), 그분이 군사적 폭동을 일으키실 것이라는 당시 사람들의 기대와는 달리, 인간의 죄로 인해 영향을 받은 세상으로부터 비롯된 다양한 상황들로부터 사람들을 해방시키셨다. 그분이 메시아인지 아닌지 묻는 세례 요한의 질문에 대한 대답으로 예수님은 "맹인이 보며 못 걷는 사람이 걸으며 나병환자가 깨끗함을 받으며 못 듣는 자가 들으며 죽은 자가 살아나며 가난한 자에게 복음이 전파된다"라고 말씀하셨다(마 11:2-5). 다윗의 전투들처럼, 그리스도의 사역에서도 상황은 다 다르다. 하지만 모든 상황에는 승리가 있다. 심지어 대적들이 다른 사람들로부터 지원을 구할 때도 그렇다. 유대의 종교 지도자들은 빌라도 및 헤롯과 무리들과 결탁해서 그리스도를 죽음에 이르게 했으나 "하나님께서 그를…살리셨[다]"(행 2:23-24; 4:27-28). 여기에도 "이 세상의 임금"(요 12:31; 14:30; 16:11)인 사단에 대한 승리가 있다. 최종 승리는 요한계시록에 생생하게 묘사되어 있다.

놀랍게도 하나님이 그분의 "원수"를 다루시는 방법은 "그의 아들의 죽으심으로 말미암아" 화목을 가져오는 것이다(롬 5:10). 게다가 죄사함이라는 개인적 메시지는 온갖 형태의 악과 그 결과들에 대한 포괄적인 우주적 승리의 한 요소일 뿐이다. 그 승리는 현재는 부분적으로 경험하지만, 그리스도가 다시 오실 때, "피조물도 썩어짐의 종노릇한 데서 해방되어 하나님의 자녀들의 영광의 자유에 이르는"(롬 8:21) 때 온전히 실현된다. 바울은 그리스도의 승리의 승천을 그분이 "사로잡혔던 자들을 사로잡으시고" 전리품들을 나누어주셨다고 묘사한다(엡 4:8). 하나님은 우리를 자유케 하시면서 "우리를 거스르고 불리하게 하는 법조문으로 쓴 증서를 지우[셨을]" 뿐 아니라 "통치자들과 권세들을 무력화하여 드러내어 구경거리로 삼으

[셨다]"(골 2:14-15). 아울러 사망에 대한 "승리"를 주셨다(고전 15:54-57).

다윗의 승리 이야기는 그 승리들이 어떻게 다양한 개인들의 주도권과 용감함을 통해 이루어졌는지 말하는데, 그것은 그리스도를 따르는 자들이 전투와 승리들에 참여하는 방식을 예시한다. 그리스도 혼자만이 그분의 죽음과 부활을 통해 죄사함을 가져오시지만, 그리스도는 모든 사람이 그분을 따르고 하나님 나라의 삶에 참여하라고 부르신다. 예수는 지상 사역을 하시면서 열두 제자를 보내 "가면서 전파하여 말하되 천국이 가까이 왔다 하고 병든 자를 고치며 죽은 자를 살리며 나병환자를 깨끗하게 하며 귀신을 쫓아내[라]"(마 10:7-8)라고 하셨으며, 후에 칠십인은 "기뻐 돌아와 이르되 주여 주의 이름이면 귀신들도 우리에게 항복하더이다"(눅 10:17)라고 말했다. 예수의 마지막 말씀은 그분의 임재와 내주하시는 성령의 권능과 인도를 받아 다른 사람들을 예수의 제자가 되도록 부르라는 왕의 위임령이다(마 28:18-20; 행 1:8).

다윗의 무기는 무력이었고 그의 "대적"(대상 17:8, 10)은 주위의 백성들이었던 반면, "다윗의 자손"으로 환호를 받았던 예수님은 인간 "원수"를 십자가에 이르기까지 사랑으로 대하심으로 모든 사람을 놀라게 하셨다. 예수님은 자기를 따르는 자들도 이와 마찬가지로 "너희 원수를 사랑하[라]"(마 5:44, 참고. 롬 12:14-21)라고 명하셨다. 예수님이 재판을 받으실 때, 가이사의 나라를 대표하는 빌라도는 "유대인의 왕" 예수와 맞서 대결했으며, 예수님은 빌라도에게 "내 나라는 이 세상에 속한[혹은 '…에서 나온', 헬. 에크(*ek*)] 것이 아니니라 만일 내 나라가 이 세상에 속한 것이었더라면 내 종들이 싸[웠을]"(요 18:33, 36) 것이라고 대답하셨다. 이 세상에서 일어나는 나라들은 정치적 힘과 군사적 힘을 사용하지만, 그리스도 안에서 하나님의 나라는 적극적으로 세상에 왔으며, 그것은 "진리"를 말하고 보여준다(요 18:33-37). 이 세상에서 하나님 나라의 "종들"은 진리를 말하고 사랑을 하는 방법들을 사용한다. 하지만 이것이 언제나 환영받는 것은 아니다. 전투는 "악"(ESV는 "evil one", 악한 자)에 대한 것이기 때문이다(요 17:14-19).

요압이 자기 사람들에게 "힘을 내라 우리가…힘을 내자"(대상 19:13)라고 권면한 것은 바울이 원수의 정체 때문에 군사적인 비유적 표현을 변형시킬 때 거기 반영되어 있다.

> 주 안에서와 그의 힘의 능력으로 강건하여지고…하나님의 전신갑주를 입으라 우리의 씨름은 혈과 육을 상대하는 것이 아니요 통치자들과 권세들과 이 어둠의 세상 주관자들과 하늘에 있는 악의 영들을 상대함이라(엡 6:10-12, 참고. 살전 5:8).

전신갑주는 개인적으로 입어야 한다. 하지만 싸움은 공동적인 것이다. 로마 군대의 힘이 그 군대의 병사들이 엄격한 훈련을 받아 함께 싸우는 것에 있었던 것과 마찬가지로, 에베소서 앞부분에서 우리는 그리스도를 머리로 두었으며 그 안에서 각 지체가 "연결되고 결합되어" "사랑 안에서 스스로 세우[며]" 분량대로 역사하는 한 몸인 교회에 대해 읽는다(엡 4:15-16). 요압의 사람들과 마찬가지로(대상 19:12), 우리는 하나님의 전신갑주를 사용해서 우리의 맡은 바 본분을 다하고 서로 '도움을' 준다. 그리스도인들은 핍박에도 불구하고 궁극적으로 로마를 정복했다고 종종 이야기된다. 그리스도인들이 가난한 자, 병든 자, 갇힌 자들을 인종이나 종교와 상관없이 돌보며 보여준 사랑 때문이다.

다윗의 승리들은 "안식"과 평안의 때를 준비시켜주어, 성전을 건축할 수 있게 해주었다. 부활의 승리는 반대에도 불구하고 사랑 안에서 오래 참는 소망을 제공해준다. 우리는 하나님이 사람들과 함께 거하실 그 "안식"의 때, 즉 최종적인 승리를 고대한다(히 4:1; 계 21:3).

1 Chronicles

역대상

21:1-22:1

21장

21:1 사탄이 일어나 이스라엘을 대적하고 다윗을 충동하여 이스라엘을
계수하게 하니라 2 다윗이 요압과 백성의 지도자들에게 이르되 너희
는 가서 브엘세바에서부터 단까지 이스라엘을 계수하고 돌아와 내게
보고하여 그 수효를 알게 하라 하니 3 요압이 아뢰되 여호와께서 그
백성을 지금보다 백 배나 더하시기를 원하나이다 내 주 왕이여 이 백
성이 다 내 주의 종이 아니니이까 내 주께서 어찌하여 이 일을 명령하
시나이까 어찌하여 이스라엘이 범죄하게 하시나이까 하나 4 왕의 명
령이 요압을 재촉한지라 드디어 요압이 떠나 이스라엘 땅에 두루 다
닌 후에 예루살렘으로 돌아와 5 요압이 백성의 수효를 다윗에게 보고
하니 이스라엘 중에 칼을 뺄 만한 자가 백십만 명이요 유다 중에 칼을
뺄 만한 자가 사십칠만 명이라 6 요압이 왕의 명령을 마땅치 않게 여
겨 레위와 베냐민 사람은 계수하지 아니하였더라

21:1 Then Satan stood against Israel and incited David to number Israel.
2 So David said to Joab and the commanders of the army, "Go, number
Israel, from Beersheba to Dan, and bring me a report, that I may know
their number." 3 But Joab said, "May the Lord add to his people a

hundred times as many as they are! Are they not, my lord the king, all
of them my lord's servants? Why then should my lord require this?
Why should it be a cause of guilt for Israel?" 4 But the king's word
prevailed against Joab. So Joab departed and went throughout all Israel
and came back to Jerusalem. 5 And Joab gave the sum of the numbering
of the people to David. In all Israel there were 1,100,000 men who drew
the sword, and in Judah 470,000 who drew the sword. 6 But he did not
include Levi and Benjamin in the numbering, for the king's command
was abhorrent to Joab.

7 하나님이 이 일을 악하게 여기사 이스라엘을 치시매 8 다윗이 하나
님께 아뢰되 내가 이 일을 행함으로 큰 죄를 범하였나이다 이제 간구
하옵나니 종의 죄를 용서하여 주옵소서 내가 심히 미련하게 행하였나
이다 하니라 9 여호와께서 다윗의 선견자 갓에게 말씀하여 이르시되
10 가서 다윗에게 말하여 이르기를 여호와의 말씀이 내가 네게 세 가
지를 내어 놓으리니 그중에서 하나를 네가 택하라 내가 그것을 네게
행하리라 하셨다 하라 하신지라 11 갓이 다윗에게 나아가 그에게 말하
되 여호와의 말씀이 너는 마음대로 택하라 12 혹 삼 년 기근이든지 혹
네가 석 달을 적군에게 패하여 적군의 칼에 쫓길 일이든지 혹 여호와
의 칼 곧 전염병이 사흘 동안 이 땅에 유행하며 여호와의 천사가 이스
라엘 온 지경을 멸할 일이든지라고 하셨나니 내가 무슨 말로 나를 보
내신 이에게 대답할지를 결정하소서 하니 13 다윗이 갓에게 이르되 내
가 곤경에 빠졌도다 여호와께서는 긍휼이 심히 크시니 내가 그의 손
에 빠지고 사람의 손에 빠지지 아니하기를 원하나이다 하는지라
7 But God was displeased with this thing, and he struck Israel. 8 And
David said to God, "I have sinned greatly in that I have done this thing.
But now, please take away the iniquity of your servant, for I have acted

very foolishly." 9 And the Lord spoke to Gad, David's seer, saying,
10 "Go and say to David, 'Thus says the Lord, Three things I offer
you; choose one of them, that I may do it to you.'" 11 So Gad came to
David and said to him, "Thus says the Lord, 'Choose what you will:
12 either three years of famine, or three months of devastation by your
foes while the sword of your enemies overtakes you, or else three days
of the sword of the Lord, pestilence on the land, with the angel of the
Lord destroying throughout all the territory of Israel.' Now decide what
answer I shall return to him who sent me." 13 Then David said to Gad, "I
am in great distress. Let me fall into the hand of the Lord, for his mercy
is very great, but do not let me fall into the hand of man."

14 이에 여호와께서 이스라엘 백성에게 전염병을 내리시매 이스라엘
백성 중에서 죽은 자가 칠만 명이었더라 15 하나님이 예루살렘을 멸
하러 천사를 보내셨더니 천사가 멸하려 할 때에 여호와께서 보시고
이 재앙 내림을 뉘우치사 멸하는 천사에게 이르시되 족하다 이제는
네 손을 거두라 하시니 그때에 여호와의 천사가 여부스 사람 오르난
의 타작 마당 곁에 선지라 16 다윗이 눈을 들어 보매 여호와의 천사가
천지 사이에 섰고 칼을 빼어 손에 들고 예루살렘 하늘을 향하여 편지
라 다윗이 장로들과 더불어 굵은 베를 입고 얼굴을 땅에 대고 엎드려
17 하나님께 아뢰되 명령하여 백성을 계수하게 한 자가 내가 아니니
이까 범죄하고 악을 행한 자는 곧 나이니이다 이 양 떼는 무엇을 행하
였나이까 청하건대 나의 하나님 여호와여 주의 손으로 나와 내 아버
지의 집을 치시고 주의 백성에게 재앙을 내리지 마옵소서 하니라
14 So the Lord sent a pestilence on Israel, and 70,000 men of Israel fell.
15 And God sent the angel to Jerusalem to destroy it, but as he was
about to destroy it, the Lord saw, and he relented from the calamity.

And he said to the angel who was working destruction, "It is enough;
now stay your hand." And the angel of the Lord was standing by the
threshing floor of Ornan the Jebusite. 16 And David lifted his eyes and
saw the angel of the Lord standing between earth and heaven, and in
his hand a drawn sword stretched out over Jerusalem. Then David and
the elders, clothed in sackcloth, fell upon their faces. 17 And David said
to God, "Was it not I who gave command to number the people? It is I
who have sinned and done great evil. But these sheep, what have they
done? Please let your hand, O Lord my God, be against me and against
my father's house. But do not let the plague be on your people."

18 여호와의 천사가 갓에게 명령하여 다윗에게 이르시기를 다윗은 올
라가서 여부스 사람 오르난의 타작 마당에서 여호와를 위하여 제단을
쌓으라 하신지라 19 이에 갓이 여호와의 이름으로 이른 말씀대로 다윗
이 올라가니라 20 그때에 오르난이 밀을 타작하다가 돌이켜 천사를 보
고 오르난이 네 명의 아들과 함께 숨었더니 21 다윗이 오르난에게 나
아가매 오르난이 내다보다가 다윗을 보고 타작 마당에서 나와 얼굴을
땅에 대고 다윗에게 절하매 22 다윗이 오르난에게 이르되 이 타작하는
곳을 내게 넘기라 너는 상당한 값으로 내게 넘기라 내가 여호와를 위
하여 여기 한 제단을 쌓으리니 그리하면 전염병이 백성 중에서 그치
리라 하니 23 오르난이 다윗에게 말하되 왕은 취하소서 내 주 왕께서
좋게 여기시는 대로 행하소서 보소서 내가 이것들을 드리나이다 소들
은 번제물로, 곡식 떠는 기계는 화목으로, 밀은 소제물로 삼으시기 위
하여 다 드리나이다 하는지라 24 다윗 왕이 오르난에게 이르되 그렇지
아니하다 내가 반드시 상당한 값으로 사리라 내가 여호와께 드리려고
네 물건을 빼앗지 아니하겠고 값 없이는 번제를 드리지도 아니하리라
하니라 25 그리하여 다윗은 그 터 값으로 금 육백 세겔을 달아 오르난

에게 주고 26 다윗이 거기서 여호와를 위하여 제단을 쌓고 번제와 화
목제를 드려 여호와께 아뢰었더니 여호와께서 하늘에서부터 번제단
위에 불을 내려 응답하시고 27 여호와께서 천사를 명령하시매 그가 칼
을 칼집에 꽂았더라
18 Now the angel of the Lord had commanded Gad to say to David
that David should go up and raise an altar to the Lord on the threshing
floor of Ornan the Jebusite. 19 So David went up at Gad's word, which
he had spoken in the name of the Lord. 20 Now Ornan was threshing
wheat. He turned and saw the angel, and his four sons who were with
him hid themselves. 21 As David came to Ornan, Ornan looked and saw
David and went out from the threshing floor and paid homage to David
with his face to the ground. 22 And David said to Ornan, "Give me the
site of the threshing floor that I may build on it an altar to the Lord—
ive it to me at its full price—hat the plague may be averted from the
people." 23 Then Ornan said to David, "Take it, and let my lord the king
do what seems good to him. See, I give the oxen for burnt offerings and
the threshing sledges for the wood and the wheat for a grain offering; I
give it all." 24 But King David said to Ornan, "No, but I will buy them
for the full price. I will not take for the Lord what is yours, nor offer
burnt offerings that cost me nothing." 25 So David paid Ornan 600
shekels[1] of gold by weight for the site. 26 And David built there an altar
to the Lord and presented burnt offerings and peace offerings and called
on the Lord, and the Lord[2] answered him with fire from heaven upon
the altar of burnt offering. 27 Then the Lord commanded the angel, and
he put his sword back into its sheath.

28 이때에 다윗이 여호와께서 여부스 사람 오르난의 타작 마당에서

21장

응답하심을 보고 거기서 제사를 드렸으니 29 옛적에 모세가 광야에서
지은 여호와의 성막과 번제단이 그때에 기브온 산당에 있었으나 30 다
윗이 여호와의 천사의 칼을 두려워하여 감히 그 앞에 가서 하나님께
묻지 못하더라

28 At that time, when David saw that the Lord had answered him at
the threshing floor of Ornan the Jebusite, he sacrificed there. 29 For the
tabernacle of the Lord, which Moses had made in the wilderness, and
the altar of burnt offering were at that time in the high place at Gibeon,
30 but David could not go before it to inquire of God, for he was afraid
of the sword of the angel of the Lord.

22:1 다윗이 이르되 이는 여호와 하나님의 성전이요 이는 이스라엘의
번제단이라 하였더라

22:1 Then David said, "Here shall be the house of the Lord God and here
the altar of burnt offering for Israel."

1 A *shekel* was about 2/5 ounce or 11 grams *2* Hebrew *he*

단락 개관

저자가 말한 다윗 통치 이야기에서, 다윗의 인구조사와 그 뒤에 따르는 내용은 다윗의 승리에서 성전 준비로 전환하게 해준다. 여기에는 영적 세력들, 인간의 죄, 하나님의 심판이 포함된다. 다윗의 전심을 다한 회개의 반응과 중보기도, 그리고 하나님의 자비와 그분의 말씀은 모두 "여호와 하나님의 성전"과 "이스라엘의 번제단"으로 이어진다. 이 내러티브는 저자의 청중들에게 하나님이 여전히 죄 사함과 새로운 시작의 기회를 제공하신다

는 것을 강조한다. 성전의 위치는 하나님이 속죄의 제사를 위해 택하신 곳이다.

내러티브는 사무엘하 24:1-25에서 각색한 것이다. 하지만 그 이야기는 후대의 성전 및 제단과 아무런 명백한 연관도 없으며 하나님의 거듭된 '이스라엘을 향한 진노'(참고. 삼하 21:1에 나오는 기근)라는 맥락 안에 있는 반면, 역대기 저자는 인구조사에 대해서는 덜 말하고, 다윗의 고백과 반응 그리고 하나님이 제단과 성전 부지 준비를 지시하시고 승인하시는 것에 주의를 돌리도록 내러티브를 형성한다. 다윗의 통치에 대한 저자의 글에는 다윗의 개인 생활과 관련된 죄 혹은 실패의 사건들이나 군주정의 왕위 계승은 포함되지 않는다(삼하 11-21장; 왕상 1장). 하지만 저자는 궤(대상 13장; 15장) 및 성전 부지(21장)와 관련된 두 개의 사건은 포함시켰다. 두 사건 다 궤 및 성막과 관련된 모세 율법 영역에서의 죄(참고. 21:2-4 주석)와 그 결과들에 대해 말한다. 둘 다 하나님의 "진노" 혹은 "악하게 여기[심]"을 포함하지만 또한 겸손한 회개와 순종이 명백히 나타날 때 하나님이 뒤이어 자비로운 공급을 해주시는 것도 포함한다. 게다가 둘 다에서 우리는 다윗의 지도 아래 시작되었으나 "이스라엘"을 포함하는 악행에 대해 읽는다. 다윗과 백성들에게 죄와 심판은 최종적인 것이 아니다. 두 사건 모두 하나님과 그분의 백성과의 지속되는 관계를 확립한다. 그 관계는 하나님이 지정한 곳에 둔 성전(궤가 놓여있는)과 제단을 중심으로 이어져 있어야 한다.

역대기 이야기는 사무엘서와는 달리 "사탄이 일어나 이스라엘을 대적하고 다윗을 충동하여" 라는 말로 시작한다. 그래서 요압이 백성을 계수하는 일을 "범죄하게" 하는 것이라고 조언했음에도 불구하고, 다윗은 요압에게 "이스라엘을 계수하[라]"라는 지시를 내리게 된다(21:1-6). 다윗은 자신이 "죄를 범하였[다]"는 것을 깨달으며 선견자 갓을 통해 제시된 몇 가지 선택권 중에서 '여호와의 손에 빠지는' 것을 택하고, 그래서 '이스라엘 백성에게 전염병이 임한다'(21:7-14). 여호와께서 예루살렘을 멸하려고 보내신 그분의 "천사"를 제지하시면서 전환이 일어난다. 대신 다윗이 천사를 보고 백성을 위해 중보할 때 초점이 죄를 사하시는 하나님의 "긍휼"로 바뀐다

(21:15-17). 다윗은 "여부스 사람 오르난의 타작 마당에서 여호와를 위하여 제단을 쌓으라"라는 지시를 받는다. 다윗은 그 밭을 사고, 제단을 쌓고, "번제와 화목제"를 드려 위협을 종식시킨다(21:18-27). 다윗은 계속해서 거기에서 제사를 드리며(21:28-30) "이는 여호와 하나님의 성전이요"(22:1)라고 알린다.

내러티브를 이야기된 대로 요약하기는 쉽다. 하지만 무슨 일이 일어나고 있고 무슨 메시지가 전달되고 있는가에 대한 질문들이 제기된다. 처음에 나오는 "사탄"에 대한 언급은 어떻게 이해해야 하는가? 다윗의 동기는 무엇이며 요압은 무엇을 기초로 반대하는가? 다윗의 죄는 무엇인가? 그리고 그것이 '다윗'의 죄라면, 왜 그처럼 많은 '이스라엘 사람들'이 고난을 받는가? 전체 사건은 여호와의 성품과 목적에 관해 무엇을 전달하는가? 청중들은 다윗 시대와 그들 자신의 상황 간의 연관을 어떻게 볼 수 있는가? 본 주석이 이 본문을 샅샅이 살필 때 이런 질문들을 검토해볼 것이다.

이 질문들에 대답할 때 살펴볼 요소들에는 역대기 저자의 글과 사무엘하 24:1-25 간의 많은 차이점(단어들의 약 40퍼센트) 및 말을 고쳐서 말하는 것, 생략, 추가 등이 포함된다. 주된 차이점들은 첫 구절로부터 시작된다. 거기에서는 "여호와" 대신 "사탄"이 언급되기 때문이다(대상 21:1), "이스라엘"에게 영향을 미치는 다윗의 "죄"는 처음부터 요압에 의해 제기된다(21:3). 그리고 인구조사의 지리적 세부사항에 대한 관심은 나타나지 않는다(21:4). 그러나 "레위와 베냐민 사람"은 제외되는 것으로 나온다(21:6). 하나님이 더 깊이 개입하신다. 다윗의 고백이 있기 전에 하나님의 반응이 알려지는 것이다(21:7). "적군의 칼"과 "여호와의 칼"이 대조된다(21:12). "여호와의 천사"가 일찍이 소개되며 그의 역할이 강조된다(21:12, 16, 18, 20, 27). 그리고 제물에 대한 하나님의 응답은 "하늘에서부터…불"이 내려오는 것이다(21:26). 내러티브의 절반 이상이 하나님이 "뉘우치[신]"(21:15) 것으로부터 하나님의 성전 부지를 지정하신 것(22:1, 사무엘서 이야기에서는 단지 삼분의 일)까지를 묘사한다. 중요한 것으로, 21:28-22:1을 추가한 것은 내러티브가 성전 부지에서 절정에 이른다는 것을 보여준다. 그곳은 하나님이

제단을 쌓으라고 명하시고 제사를 받으시는 곳이다. 하나님의 자비와 인간의 반응이 전면에 드러난다.

단락 개요

II. 다윗과 솔로몬의 통일 왕국—예루살렘, 궤, 성전(대상 9:35-대하 9:31)

B. 다윗, 예루살렘에서 왕이 됨: 승리와 성전 준비(11:1-29:30)

2. 승리와 성전준비(17:1-29:30)…

c. 다윗의 인구조사와 성전 부지(21:1-22:1)

주석

21장

21:1 역대기 저자의 서두는 사무엘서 이야기의 시작 부분을 좀 바꾼 것이다(표5).

역대상 21:1	사무엘하 24:1
사탄이 일어나 이스라엘을 대적하고	여호와께서 다시 이스라엘을 향하여 진노하사
다윗을 충동하여	그들을 치시려고 다윗을 격동시키사
이스라엘을 계수하게 하니라	가서 이스라엘과 유다의 인구를 조사하라 하신지라

표5. 역대상 21:1과 사무엘하 24:1 비교

대조는 명백하다. 하지만 그것을 어떻게 이해해야 하는가? "사탄"이라는 이름은 군사적으로 그리고 고발인이라는 면에서 '대적이 되다'라는 의미의 흔한 히브리어 단어[사탄(*satan*)]의 음역이다(민 22:22, 32; 삼상 29:4; 삼하 19:22; 왕상 5:4; 11:14, 23, 25; 시 38:20; 71:13; 109:4, 6, 20, 29). 그 명사는 욥기 1-2장과 스가랴 3:1, 2에서만 정관사와 함께 나오는데, 두 군데 모두에서 하늘의 존재('대적, 사탄')를 언급한다.[154] 역대기에서 '사탄'에는 관사가 없으므로(히브리어 원본에는 별도의 대문자가 없다), 일부 주석가들은 인간 대적을 말한다고 주장한다.[155] 그럴 수도 있지만, 본문이나 문맥의 인구조사 요약에서 "칼을 뺄만한 자"라는 말을 제외하고 군사적 반대를 시사하는 것은 아무 것도 없다(대상 21:5).

이것을 하늘의 대적으로 이해하는 것을 지지해주는 요소는 이 행동들이 사탄이 "서서…대적"한다고 되어 있는 스가랴 3:1 및 사탄이 "충동"했다고 나오는 욥기 2:3의 행동과 비슷하다는 것이다. 더 중요한 것은 아마 민수기 22:22-35와의 몇 가지 문학적 유사점일 것이다. 거기에서 발람에 대한 하나님의 "진노"는 "여호와의 사자"가 발람의 '대적'('사탄', 정관사 없음, 개역개정에는 "막으려고"라고 되어 있다—옮긴이주)으로 나타나는 결과를 낳았다. 역대기 저자가 사무엘서에 나오는 "여호와"라는 말을 '사탄'이라는 말로 대체한 것의 배후에는 바로 이 본문이 있을 것이다. 역대상 21장 나머지 부분에서는 "여호와의 천사"라는 말이 점점 더 두드러지게 나온다(12, 15-20, 27, 30절, 참고. 삼하 24:16-17). 이 "천사"는 분명 하나님과 분리되어 있다. 하나님은 칼을 빼어들고 가도록 그 천사를 "보내신다." 그 천사는 '사신'[말아크(*mal'ak*)의 의미이며 헬라어의 앙겔로스(*angelos*)에 해당하는 말]으로서 또한 하나님의 말씀을 선견자 갓에게 전달한다. 민수기 22장 및 다른 곳에서 그렇듯, 증거로 볼 때 여기에 나오는 정관사 없는 '사탄'이 사람들의 이익에 반하는

154 70인역은 이것을 디아볼로스[*diabolos*, '(거짓) 참소자, 비방하는 자']라고 번역하는데, 그것은 신약에서 종종 정관사와 함께 나온다[거기에서 영어의 '마귀'(devil)라는 말이 나온 것이다].

155 Japhet, *I & II Chronicles*, 374-375; Knoppers, *I Chronicles 10-29*, 743-745.

행동을 하는 하늘의 존재인 사탄의 이름으로 사용된다는 오랜 전통 쪽으로 기울어진다.[156]

사무엘하 24:1에서는 다윗에게 "가서…인구를 조사하라"라고 말씀하시는 것을 포함해서 하나님이 모든 동사의 주어인 반면, 역대기에서는 사탄이 주어가 되며 하나님은 인구조사가 끝난 후까지 언급되지 않는다. 그때 가서야 저자는 "하나님이 이 일을 악하게 여기사"(대상 21:7)라고 덧붙인다. 그래서 이어서 나오는 벌은 인구조사에 대한 하나님의 반응이며, 사무엘서에서처럼 어떤 명시되지 않은 이유에 대한 하나님의 "진노"의 결과가 아니다. ('여호와 하나님이 진노하사'라는 절은 삼하 6:7; 대상 13:10에도 나오는데 거기에서는 웃사가 궤를 잡아 모세 율법을 어긴 후에 나온다.) 욥기와 스가랴서에서와 마찬가지로, 사탄은 말썽꾼이지만, 제한된 역할만 한다. 여기에서 사탄은 더 이상은 내러티브에서 아무런 역할도 담당하지 않는다. 그 후에 나오는 매개적 존재는 하나님의 심판을 시행하는 다른 "여호와의 천사"이다(21:12-30; 삼하 24:16-17). 이렇게 바뀐 것은 사무엘서의 모순이 아니라, 악이 실상이 된 세상에서 하나님이 자기 피조물을 위한 목적을 수행하시는 방법의 복잡성에 대한 묘사가 발전된 것이다. 그것은 한 분 하나님의 주권 안에서 사탄과 악한 영적 세력들이 활동하는 것(그리고 천사들이 매개자로 점차 더 관여하는 것도 이에 견줄 수 있다)을 포함하는 이후의 많은 신구약 중간기 문서와 신약 본문의 전조가 된다. 이 본문에서 사탄은 이스라엘의 적대자이지만, 그의 행동은 궁극적으로 다윗이 성전 부지를 하나님이 "그곳"이라고 지칭하신 곳에 세우도록 인도한다(참고. 뒤의 '응답').

21:2-4 다윗이 인구조사를 명하고 요압이 강력하게 반대한 것을 저자는

156 이것은 적어도 70인역의 루키아노스 개정판과 라틴어역 불가타 성서(주후 4세기) 이래 성경 번역에서 반영되었다. 많은 주석가 중에서 Selman, *1 Chronicles*, 202-204; Boda, *1-2 Chronicles*, 174를 보라. 또한 Paul S. Evans, "Divine Intermediaries in 1 Chronicles 21: An Overlooked Aspect of the Chronicler's Theology," Bib 85/4 (2004): 545-558; Ryan E. Stokes, "The Devil Made David Do It . . . Or *Did* He? The Nature, Identity, and Literary Origins of the *Satan* in 1 Chronicles 21:1," *JBL* 128/1 (2009): 91-106을 보라.

"이 백성이 다 내 주의 종이 아니니이까"와 "어찌하여 이스라엘이 범죄하게 하시나이까"라는 요압의 질문을 덧붙이면서 말한다. 요압의 경고는 다윗의 책임을 가리킨다. 사탄이 충동할지는 모르지만 다윗이 그의 결정에 책임이 있다.

어떤 사람들은 인구조사를 다윗의 지나친 자만심 혹은 하나님을 신뢰하지 못하고 대신 인간의 힘에 의지하는 것으로 해석했다(17:8, 10; 18:6, 13과 대조해보라). 하지만 다른 곳에서는 인구조사가 하나님이 지시하시는 목적과 연관되어 있다고 주장한다(예를 들어, 출 30:11-15; 민 1:2-54; 26:1-65; 대하 2:17-18). 요압이 백성을 다윗의 "종"이라고 말하는 것은 다윗이 자신이 이스라엘을 다스린다는 것을 불필요하게 주장하려 한다는 암시일 수도 있다. 저자는 이미 각 지파들을 계수하면서 "온 이스라엘"이 다윗을 환영했다고 말한 바 있으며(대상 11:1-3; 12:23-38), 다윗의 "종"이 된 이방 백성을 열거한 바 있다(18:2, 6, 13). 이 요소들이 일익을 담당할 수는 있지만, 저자의 이야기는 "범죄"의 보다 정확한 이유를 가리킨다(거기에는 실제로 "이스라엘"이 포함될 것이다). 다양한 요소들이 인구조사 및 성막/성전에 관한 모세율법과 관련될 수 있다.

저자는 성전 건축을 향한 폭넓은 움직임의 일부로 이 이야기를 말한다. 그래서 17장에서 하나님은 다윗이 성전을 건축할 권위는 거부하시지만, 다윗의 아들이 성전을 건축할 것이라고 약속하시며, 그래서 다윗이 자원들을 확보하기 시작하는 장면이 나온다(18:7-11). 그리고 이 장 다음에 내러티브는 곧바로 다윗이 상세한 계획수립을 하는 것으로 넘어간다(22:2-5). 1세기 유대 역사가 요세푸스(Josephus)는 "다윗 왕은…모세의 명령들을 잊어버렸다. 모세는 인구를 계수할 때는 각 사람에 대해 반 세겔을 하나님께 지불해야 한다고 규정했었다"(*Antiquities* 7.318)라고 쓴다. 그것은 출애굽기 30:11-16을 언급하는 말로, 거기에서 지불금은 "[각 사람의] 생명의 속전[코페르(*koper*)]…그들 중에 질병이 없게 하려 함"이다. 거기 명시된 일인당 반 세겔은 "너희의 생명을 대속[카페르(*kapper*)]하기 위하여 여호와께 드리[는]" 것이다. "속전"[케세프 학킵푸림(*kesep hakkippurim*)]은 "회막 봉사에" 사용해야 한다.

요시아가 후에 성전을 보수하는 이야기에서 역대기 저자는 이 모세 율법을 언급하며(대하 24:4-11, 참고. 왕하 12:4-10), 여기에서는 언급되어 있지 않지만 그 모세 율법은 이야기의 특징들을 설명한다. 그래서 사탄이 "충동"하는 것은 다윗이 성전 건축에 집중하는 것에서 관심을 다른 곳으로 돌리게 한다. 그것은 성막을 위한 연보가 없는 인구조사이기 때문이다. 요압은 다른 곳에서는 보통 제의적 배경에서 나오는 단어(예를 들어, 레 4:3; 6:7; 22:16; 대하 24:18)를 사용해서 "범죄하게 하[는]" 것에 대해 말한다. 그리고 각 사람이 세금을 내지 않고 하는 인구조사는 실제로 단지 다윗에게 뿐 아니라 "이스라엘이 범죄하게" 하는 것이다. 결과는 하나님이 "이스라엘을 치시[는]" 것이다(대상 21:7). 이렇게 치는 것은 "전염병"으로 묘사된다(12, 14절). 내러티브 끝부분에서, 기브온에 있는 "여호와의 성막"에 대한 언급은 "옛적에 모세가 광야에서 지은"(29절) 것이라는 묘사로 확장된다. 다윗이 모세의 규정들을 알고 있다는 것은 이미 궤의 반환에 대한 저자의 글의 특징이었으며(15:15) 다윗이 솔로몬에게 지시하기 시작할 때 그것이 두드러진다(22:13). 다윗이 모든 백성을 대표해서 구입하면서 성전 터 값으로 "금 육백 세겔"을 지불한 것은 적절할 것이다(21:25). 경고가 주어졌으며 거부되었다. 바야흐로 모세 율법이 위반되려 한다. 어떤 결과가 오게 될까?

21:5-6 실제 인구조사는 한 구절로 압축되어 있으며(삼하 24:4-8과 대조해 보라) 총 숫자에 대한 보고는 서로 다르다(아마 서로 출처가 다를 것이다). "칼을 뺄만한 자"라는 문구는 구약에서 흔하지 않은 것으로, 다른 곳에서는 사사기 8:10, 열왕기하 3:26에 그리고 사사기 20장(베냐민 지파와 다른 지파들 간의 전쟁)에 여섯 번 나올 뿐이다. 이 장에서 그 말은 "칼을 빼어" 들고 있는 "여호와의 천사"와 대조를 이룬다(대상 21:16, 참고. 민 22:23, 31; 수 5:13).

요압이 "레위와 베냐민 사람"을 제외한 것은 일반적으로 그들이 기브온과 예루살렘 둘 다에서 드려지는 예배와 연관되었기 때문이라고 해석된다(대상 21:29; 16:37-42). 기브온은 베냐민 지파의 중심지이기 때문이다(6:60; 8:29). 하지만 저자는 오로지 예루살렘에만 초점을 맞추고 있을 수도 있다. 저자가 말하는 베냐민 지파 계보는 먼저 예루살렘에 살고 있던 사람들을 상술하며(8:28), 사무엘서-열왕기와는 달리, 역대기 저자는 "유다와 베냐민"을 종종 왕과 성읍과 연관해서 말한다(10번, 대하 11:1, 3, 12, 23 등, 참고. 스 1:5; 4:1; 10:9). 다른 곳에서 예루살렘은 때로 베냐민 지파에게 할당된 영토에 포함된다(수 18:28, 참고, 신 33:12). 요압이 이런 식으로 "마땅치 않[은]" 인구조사를 저지한 것은 예루살렘의 무죄를 입증하려고 범죄를 완화시키려는 노력일 수도 있을 것이다. 의미심장하게도, "전염병"이 "이스라엘에게" 내려지지만, "여호와의 천사"가 예루살렘을 멸하는 것은 저지당한다(대상 21:7, 14-15).[157]

21:7-14 이전에 언약궤를 옮기던 중 모세 규정(15:12-15)을 어긴 것 때문에 "여호와께서…[웃사를] 치[셨으며]"(13:10), 이제 모세의 요구에 반하는 또 다른 행동인 인구조사의 결과는 "하나님이…이스라엘을 치시[는]" 것이었다(21:7, 같은 히브리어 단어). 7절은 8-14절에 나오는 벌의 세부 묘사를 소개하는 요약 역할을 한다(15a절은 이와 비슷하게 15b-27절을 소개한다).[158]

다윗은 자신의 죄를 고백한다. 그의 경건의 깊이는 반복되는 히브리어 메오드(*me'od*)로 표현된다. "내가 '큰' 죄를 범하였나이다…내가 '심히' 미련하게 행하였나이다"(8절)라는 것이다. 그 후에는 "내가 곤경에['great' distress] 빠졌도다"(13절)라는 말이 나오며, 그리고 나서 "그[여호와]의 손에" 두는데 "여호와께서는 긍휼히 '심히' 크시니 내가 그의 손에" 맡긴다는 것을 강조한다. '미련하게 행하다'[사칼(*sakal*)의 한 형태]라는 동사는 흔하지 않다. 그것이 역대기에서 나오는 유일한 다른 경우는 아사가 군사적 도움을 구하려고 성전의 자원을 사용하는 것에 대한 언급이다(대하 16:9). 그래서 이 동사는 왕이 자신의 결정들을 옳다고 보지만 오직 여호와만 의지하고 자기 행

157 Louis C. Jonker, "Of Jebus, Jerusalem, and Benjamin: The Chronicler's *Sondergut* in 1 Chronicles 21 against the Background of the Later Persian Era in Yehud," in *Chronicling the Chronicler*, 81-102.

158 Williamson, *1 and 2 Chronicles*, 145, 146.

동의 결과를 예상하는 일에는 실패하는 것에 대해 사용된다.[159]

여호와는 다윗의 회개에 "다윗의 선견자 갓"[역대기 내내 대부분의 왕들은 '선지자'를 둔다(예를 들어, 나단, 대상 17:1), 다른 사람이 연관되면 그는 '선견자'라고 나오는데, 그 사람도 갓처럼 하나님이 '말씀하신' 것을 가지고 온다]을 통한 말씀으로 응답하신다. 죄를 용서해주신다는 말씀은 없으며 그보다 세 가지 벌 중 하나를 택하라는 말씀이 전달된다. "삼 년…석 달…사흘"이라는 시간적 순서에서, 역대기는 세 번째 벌을 명백히 신적인 것으로 제시한다. "여호와의 칼 곧 전염병"이라는 것이다(참고. 삼하 24:13은 그냥 "전염병").

갓의 시작하는 말과 마무리하는 말("여호와의 말씀이…하셨나니"와 "내가 무슨 말로 나를 보내신 이에게 대답할지")은 단순히 하나님의 사신으로서 그의 역할을 단언한다. 다윗의 대답은 "긍휼이 심히 크[신]" 분이신 여호와의 손에 자신을 맡긴다. 다윗은 하나님의 성품에 의지한다. 그 성품은 금송아지 사건 때 "여호와라 여호와라 자비롭고 은혜롭고 노하기를 더디 하고 인자와 진실이 많은 하나님이라"(출 34:6)라고 알려졌다. 이번에는 무슨 일이 일어날까? 시내산에서처럼(출 32:35), "이스라엘"의 많은 사람에게 명기되지 않은 "전염병"은 죽음을 의미한다. 하지만 다시 시내산에서처럼 이야기는 거기에서 끝나지 않고, 하나님의 자비가 긍정적인 앞길로 이끈다.[160]

21장

21:15-17 초점은 예루살렘과 그 성을 "멸하러…보내[신]" "천사"로 좁아진다. 저자는 "천사"가 하나님의 뜻을 행하면서 "천지 사이에 [선]"(16절) 중재적 존재임을 분명히 한다.[161] 다른 심판의 상황들에서처럼, 하나님이 "뉘우치[신다]"라고 나온다(보통 회개 때문에, 렘 18:8, 10; 26:3; 욘 3:10, 혹은 간청

159 Chou-Wee Pan, "*sākal*," *NIDOTTE*, 3:254-256; G. Fleischer, "*skl*," *TDOT*, 10:255-258.

160 출 34:6-7을 출 32-34장의 문맥에서 해석하는 것에 대해서는 W. Ross Blackburn, *The God Who Makes Himself Known: The Missionary Heart of the Book of Exodus*, NSBT 28 (Downers Grove, IL: IVP Academic, 2012), 153-196을 보라.

161 16절은 역대기 저자가 사용한 사무엘서의 히브리어 본문에 있었을 것이다. 4QSam[a]과 비슷하다(Stokes, "The Devil Made David Do It," 103-104).

으로 인해, 암 7:3, 6). "네 손을 거두라"라는 명령은 천사가 대단히 중요한 장소가 될 곳, "여부스 사람 오르난[162]의 타작마당"에 있기 때문에 나온다. 이것은 성 위의 언덕 꼭대기에 있는 평평한 곳으로(곡식을 키질하기에 매우 좋은), 원주민 중 한 명이 소유하고 있었다.

다윗은 천사가 "칼을 빼어" 들고 위협적 자세(그리고 범죄에 걸맞게 벌이 내려지는 것의 한 예, 참고. 대상 21:5)를 취하는 것을 볼 때 여호와의 명령을 알지 못한다. 천사가 발람에게 나타날 때도 같은 위험을 볼 수 있다(민 22:22-35). 저자는 다윗의 간청을 확장하여 다윗이 스스로 모든 책임을 지는 것과 "주의 백성"('내 백성'이 아니라)은 더 이상 해를 받지 않게 해달라는 다윗의 간청 둘 다 높인다. 예상치 않게도 저자는 "장로들"을 포함시키는데 이는 이 장에서 장로들에 대한 유일한 언급이다(대상 21:16, 참고. 11:3; 15:25). 그들 역시 "굵은 베를 입고" 있는데, 이는 애도와 간구 둘 다를 나타내는 증거다(창 37:34; 느 9:1; 마 11:21). 다시 한번 포로기 이후 공동체는 단지 왕 뿐 아니라 모든 지도자가 복종하여 하나님께 나아오는 예를 보게 된다. 이야기는 청중들에게 예배로 이어지는 회개를 하라는 명령 역할을 한다. 더불어 하나님이 들으시기 때문에 소망이 있다는 것도 알려준다.[163]

21:18-27 다윗은 "주의 손으로 나와 내 아버지의 집을 치소서"(삼하 24:17)라고 기도한 바 있다. 대신 그는 제단을 쌓으라는 명령을 받는다. 갓이 이전에 전한 메시지는 심판의 메시지였다. 이제 그 메시지는 다윗 뿐 아니라 이스라엘을 위한 자비의 길이다. 다음에 나오는 내용에서 저자는 계속해서 하나님의 중개자로서 그리고 갓에게 전달하는 자로서 "여호와의 천사"의 역할을 포함시킨다(대상 21:18, 20, 27, 참고. 삼하 24:18-19). 여호와께서 제단과 제단의 위치를 명하셨다는 것은 확증된다. 다윗은 갓이 천사로

162 사무엘하에서는 보통 "아라우나", 70인역은 둘 다에서 "오르나".

163 Starling, *Hermeneutics as Apprenticeship*, 61.

부터 받아서 그에게 말한 것에 순종한다. 그것은 여호와의 권위를 지닌 말이다.

오르난은 땅뿐 아니라 제사에 필요할만한 것까지 무료로 주기를 원했지만, 다윗이 마침내 상당한 값(full price)을 지불하고 타작마당을 사면서 내러티브는 계속 이어진다(저자는 출 29:38-41에 규정된 "소제"를 포함시킨다). 사무엘하 24:24는 다윗이 "은 오십 세겔"을 지불한다고 말하지만, 역대기에는 "금 육백 세겔"이라고 나온다. 약속의 땅의 일부를 처음 사는 이야기에서 이런 협상들에 대한 묘사를 볼 수 있다. 아브라함이 매장지와 밭을 사면서 "충분한 대가"(full price)[164], 곧 "상인이 통용하는 은 사백 세겔"을 지불하는 것이다(창 23장). 땅과 성전터는 둘 다 미래에 대한 약속과 함께 새로운 시작의 표시다. 역대기에 나오는 지불 금액이 훨씬 더 큰 것은 다양하게 해석되어 왔다. 그것이 아브라함의 지불금보다 더 커야 한다거나, 그것이 타작마당 뿐 아니라 전체 소유지를 포괄한다거나, 금으로 지불한 것은 성전에서 금이 차지하는 위치 때문이라는 것 등이다. 혹은 중세 유대인 주석가 라쉬(Rashi)가 일찍이 시사한 것처럼, 그것은 열두 지파 각각에 대해 오십 세겔을 지불하는 것으로, 그래서 성전이 온 이스라엘을 위한 것임을 단언한다. 해석이 어떻든 간에, 이 많은 금액은 다윗의 헌신을 보여준다. "내가 여호와께 드리려고 네 물건을 빼앗지 아니하겠고 값 없이는 번제를 드리지도 아니하리라"(대상 21:24)라는 다윗의 말은 관대한 행동으로 뒷받침된다.

이 부분은 다윗이 이제 여호와의 명령(18절)을 순종할 수 있게 되면서 결론에 이른다. 다윗은 "여호와를 위하여 제단"을 쌓으며, 궤가 안착되었을 때(16:1) "번제와 화목제"를 드린다. 저자는 그 결과를 이렇게 묘사한다. "다윗이…여호와께 아뢰었더니 여호와께서…응답하시고." 그 응답은 먼저 여호와께서 받아들인다는 표시로 "하늘에서부터 번제단 위에 불을 내[리는]" 것이며(참고. 대하 7:1; 레 9:24) 그리고 나서 "천사"에게 명령하시는 것과

164 이 용어는 대상 21:22, 24와 창 23:9에서만 사용된다.

함께 칼이 "칼집에" 꽂히는 것이다.

21:28-22:1 "이스라엘에게 내리는 재앙이 그쳤[다]"(삼하 24:25). 여기서 저자의 청중들에게 더 중요한 것은, 여호와께서 분명히 이 장소를 택하셨으며 제단에서 드려지는 제사를 받으셨다는 점이다. 그래서 다윗은 "거기서 제사를 드[린]" 이어지는 모든 세대 중 첫 번째 사람이다. "여호와의 성막"과 "번제단"이 여전히 기브온에 있다는 문제는 남아있다(대상 16:39-42). 하지만 "여호와의 칼"에 대한 경험과 "여부스 사람 오르난의 타작마당에서 여호와를 위하여 제단을 쌓으라"(21:18)라는 여호와의 명령은 성전이 이제 "여기"가 되어야 한다는 것을 의미한다. 다윗은 또 다시 심판을 받을 만한 모험은 감히 감행하지 않는다. 다윗은 모세 율법을 신실하게 준수하는 자다. 하지만 다윗은 또한 여호와의 행동에 대한 반응으로 새로운 제의 절차를 소개한다.[165] 그래서 다윗 통치의 나머지 기간은 성전 건축 준비에 드려진다.

"이스라엘의 번제단"이라는 마지막 문구는 서두에 나오는 "사탄이 일어나 이스라엘을 대적하고"(21:1)라는 말에 대한 대답 역할을 한다. 영적 세력들은 이스라엘에게 해를 끼치려 하고 있을지 모르지만, 그리고 이스라엘은 굴복하고 고난을 받을지 모르지만, 하나님은 그분이 택하신 곳에 있는 제단에서 속죄제를 드릴 때 응답해주셨다.

165 William Riley, *King and Cultus in Chronicles: Worship and the Reinterpretation of History*, JSOTSup 160 (Sheffield, UK: JSOT Press, 1993), 61-62를 더 보라.

응답

(1) 여기에는 하나님이 악한 세상 한 가운데서 어떻게 그분의 목적들을 수행해 가시는지 묘사하는 성경의 풍성한 장면들 중 일부인 단 한 본문이 나온다. 그것은 시험에 영적 차원들이 있다는 것을 인정하지만 하나님의 주권 아래 있음을 나타낸다. 역대기 저자가 스가랴서 및 욥기에 나오는 것처럼 "사탄"의 활동을 소개하는 것은 후대의 문서와 신약에서는 하늘에 있는 존재들에 대한 관심이 증대하면서(천사들의 이름이 나오는 것을 포함해서, 예를 들어, 단 8:16; 9:21; 눅 1:19, 26의 가브리엘과 단 10:13, 21; 12:1; 유 1:9; 계 12:7의 미가엘) 더 발전된다. 선하건 악하건 영적 세력들은 분명 이 세상에 존재하지만, 페르시아적 이원론에 나오는 대등한 세력들에 대한 암시는 없다. 신약에는 하나님의 선한 목적을 적극적으로 반대하는 존재인 '사탄'(혹은 '마귀')에 대한 언급이 자주 나오지만, 사탄은 한 번도 그리스도와 대등한 권세인 적은 없다(사탄의 주요 대적은 미가엘이다. 유 1:9; 계 12:7). 적절하게도 사탄이 그리스도를 시험하는 것은 후에 "천사들"이 그리스도께 수종드는 것(마 4:11)과 조화를 이룬다. 게다가 사탄과 다른 세력들이 적극적일 수는 있지만(예를 들어, 막 4:15; 엡 2:2; 벧전 5:8), 어느 곳에서도 인간의 책임을 조금이라도 부인하는 것은 없다. 대신 우리는 잘 저항하라는 명령들을 보게 된다(고전 10:13; 약 1:13-15; 4:7; 벧전 5:8-9).

궁극적으로는 더 이상 사탄의 활동이 없을 것이다(롬 16:20; 계 20:10). 그 사이에 우리는 하나님께서 사탄이 선에 반대하는 것을 사용하시는 상황을 보게 된다. 그래서 다윗은 인구조사를 감행하여 죄를 범하지만, 회개하고 하나님의 자비로운 명령에 순종하는 것은 계속해서 속죄의 희생 장소이자 하나님의 통치의 상징인 예루살렘 성전과 그곳의 제단으로 이어진다. 마찬가지로, 욥기에서 욥에 대한 사탄의 해로운 행동들은 하나님이 허용하시는 것이다. 하지만 그 행동들의 목적은 실패하며 궁극적으로는 욥이 하나님을 한층 더 인식하고 하나님과의 관계가 향상되는 것으로 이어진다. 무엇보다 우리는 그리스도를 본다. 그분은 사탄적 인간적 반대에 직면하셨지만 십자가에 죽으시기까지 순종하셨으며 그래서 속죄와 승리를 가져오셨다.

(2) 다윗은 "여호와의 칼"에 굴복하면서도 또한 하나님의 긍휼히 "심히 크시[다]"라는 것을 신뢰한다. 이와 비슷한 것은 "진노 중에라도 긍휼을 잊지 마옵소서"(합 3:2)라는 하박국의 부르짖음이다. 우리의 본문은 죄와 벌의 상호작용을 표면화한다. 우리는 많은 이스라엘 사람들의 죽음과 고난 그리고 또한 제사를 받으심으로 "죄"를 "용서"하시는 것을 둘 다 본다. 하나님의 진노는 "모든 경건하지 않음과 불의에 대[한]"(롬 1:18) 것이다. 하지만 하나님의 은혜로운 자비는 심판이 끝나는 곳인 제단에서 나타난다. 우리가 완전한 최종적 제사를 보는 것은 그리스도를 볼 때다. 그리스도는 "십자가의 피로 화평을 이루사" 죄의 결과를 지셨기 때문이다(골 1:20; 히 10:12-14). 하나님은 벌을 받아 마땅한 우리를 회복시키며, 회개와 관계의 연속성으로 이끈다는 것을 보여준다. 하나님과 인간의 관계에서 이런 역학을 경험하는 것은 인간관계에서의 회복으로 이어진다. "우리에게 죄지은 자…의 잘못을 용서[할]" 때(마 6:12-15) 우리의 관계는 계속된다. 우리를 죄로 이끌었던 문제들 및 죄의 결과들을 둘 다 성공적으로 처리했기 때문이다.

(3) 다윗의 죄는 어떤 행동이 개인적인, 심지어 사적인 것이라도, 여전히 사회적 결과들을 가져온다는 것을 상기시킨다. 다윗은 용서해달라고 기도했다(대상 21:8). 하지만 하나님의 자비가 칼을 칼집에 꽂게 하기 전에 백성들은 고난을 받았다(21:14, 27). 사람들이 행악의 결과에 휘말리는 것을 보는 일은 인생에서 흔한 일이다. 죄에 참여한 자로서건(특히 그 행동이 지도부에 있는 어떤 사람의 행동일 때) 희생자로서건, 그 죄가 영적인 삶을 포함하건, 심리적 사회적 학대, 물리적 손해, 재정적 처리와 사업 관행, 환경을 살피지 않는 것을 포함하건 그런 것이다. 하나님의 은혜로 결과가 경감될 수도 있으며, 궁극적으로 선이 올 수 있다(롬 8:28-29). 다윗의 중보는 또한 죄를 인정하고 고백하는 행동의 본보기가 되며, 그것은 십자가에서 죄를 지시고, 가해자들을 위해 기도하신(눅 23:34) 그리고 계속 중보하고 계시는(롬 8:34;

히 7:25) 그리스도를 가리킨다.

(4) 이야기가 이제 다윗의 성전 준비로 이어질 때, 우리는 악을 행한 다음에는 의미심장한 사역이 따를 수 있다는 격려를 본다. 인구조사라는 "죄" 다음에 그랬던 것과 마찬가지다.

(5) 역대기 저자의 청중들은 다시 자기 나라에 돌아와 성전에서 예배를 드릴 수 있었지만 여전히 전에 그들의 성이 멸망한 것, 포로생활, 군주정의 종말의 결과들을 경험하고 있었다. 다윗의 죄에 대한 이야기는 죄의 심판이 하나님의 최종 결론이 아니라는 것을 상기시키는 역할을 한다. 하나님은 여전히 "긍휼이 심히 크[시다]". 예루살렘 성전과 그 번제단은 인간이 계획한 것이 아니었으며(비록 다윗은 처음에 그렇게 생각했지만, 대상 17:1) 하나님이 대적들로부터 안식을 얻게 하신 후(신 12:10-14) 그분이 택한 곳에서 명하신 것이었다. 거기서 하나님의 백성은 여전히 "타작마당에서 [다윗에게] 응답하[신]"(대상 21:28) 분을 부르며 그들의 제사를 드릴 수 있다. 오늘날 우리는 다윗의 자손 그리스도를 의지한다. 그리스도는 자신을 제물로 드리셨으며 그리스도의 부활과 승천을 통해 우리는 그분의 희생이 받아들여졌다는 확신을 가진다(행 2:23-24; 히 10:5-14).

I Chronicles
역대상
22:2-19

2 다윗이 명령하여 이스라엘 땅에 거류하는 이방 사람을 모으고 석수
를 시켜 하나님의 성전을 건축할 돌을 다듬게 하고 3 다윗이 또 문짝
못과 거멀 못에 쓸 철을 많이 준비하고 또 무게를 달 수 없을 만큼 심
히 많은 놋을 준비하고 4 또 백향목을 무수히 준비하였으니 이는 시
돈 사람과 두로 사람이 백향목을 다윗에게로 많이 수운하여 왔음이라
5 다윗이 이르되 내 아들 솔로몬은 어리고 미숙하고 여호와를 위하여
건축할 성전은 극히 웅장하여 만국에 명성과 영광이 있게 하여야 할
지라 그러므로 내가 이제 그것을 위하여 준비하리라 하고 다윗이 죽
기 전에 많이 준비하였더라

2 David commanded to gather together the resident aliens who were
in the land of Israel, and he set stonecutters to prepare dressed stones
for building the house of God. 3 David also provided great quantities
of iron for nails for the doors of the gates and for clamps, as well as
bronze in quantities beyond weighing, 4 and cedar timbers without
number, for the Sidonians and Tyrians brought great quantities of
cedar to David. 5 For David said, "Solomon my son is young and
inexperienced, and the house that is to be built for the Lord must be

exceedingly magnificent, of fame and glory throughout all lands. I will therefore make preparation for it." So David provided materials in great quantity before his death.

6 다윗이 그의 아들 솔로몬을 불러 이스라엘 하나님 여호와를 위하여
성전 건축하기를 부탁하여 7 다윗이 솔로몬에게 이르되 내 아들아 나
는 내 하나님 여호와의 이름을 위하여 성전을 건축할 마음이 있었으
나 8 여호와의 말씀이 내게 임하여 이르시되 너는 피를 심히 많이 흘
렸고 크게 전쟁하였느니라 네가 내 앞에서 땅에 피를 많이 흘렸은즉
내 이름을 위하여 성전을 건축하지 못하리라 9 보라 한 아들이 네게
서 나리니 그는 온순한 사람이라 내가 그로 주변 모든 대적에게서 평
온을 얻게 하리라 그의 이름을 솔로몬이라 하리니 이는 내가 그의 생
전에 평안과 안일함을 이스라엘에게 줄 것임이니라 10 그가 내 이름을
위하여 성전을 건축할지라 그는 내 아들이 되고 나는 그의 아버지가
되어 그 나라 왕위를 이스라엘 위에 굳게 세워 영원까지 이르게 하리
라 하셨나니

6 Then he called for Solomon his son and charged him to build a house
for the Lord, the God of Israel. 7 David said to Solomon, "My son, I had
it in my heart to build a house to the name of the Lord my God. 8 But
the word of the Lord came to me, saying, 'You have shed much blood
and have waged great wars. You shall not build a house to my name,
because you have shed so much blood before me on the earth. 9 Behold,
a son shall be born to you who shall be a man of rest. I will give him
rest from all his surrounding enemies. For his name shall be Solomon,
and I will give peace and quiet to Israel in his days. 10 He shall build a
house for my name. He shall be my son, and I will be his father, and I
will establish his royal throne in Israel forever.'

22장

11 이제 내 아들아 여호와께서 너와 함께 계시기를 원하며 네가 형통
하여 여호와께서 네게 대하여 말씀하신 대로 네 하나님 여호와의 성
전을 건축하며 12 여호와께서 네게 지혜와 총명을 주사 네게 이스라엘
을 다스리게 하시고 네 하나님 여호와의 율법을 지키게 하시기를 더
욱 원하노라 13 그때에 네가 만일 여호와께서 모세를 통하여 이스라
엘에게 명령하신 모든 규례와 법도를 삼가 행하면 형통하리니 강하고
담대하여 두려워하지 말고 놀라지 말지어다 14 내가 환난 중에 여호
와의 성전을 위하여 금 십만 달란트와 은 백만 달란트와 놋과 철을 그
무게를 달 수 없을 만큼 심히 많이 준비하였고 또 재목과 돌을 준비하
였으나 너는 더할 것이며 15 또 장인이 네게 많이 있나니 곧 석수와 목
수와 온갖 일에 익숙한 모든 사람이니라 16 금과 은과 놋과 철이 무수
하니 너는 일어나 일하라 여호와께서 너와 함께 계실지로다 하니라

11 "Now, my son, the Lord be with you, so that you may succeed in
building the house of the Lord your God, as he has spoken concerning
you. 12 Only, may the Lord grant you discretion and understanding,
that when he gives you charge over Israel you may keep the law of the
Lord your God. 13 Then you will prosper if you are careful to observe
the statutes and the rules that the Lord commanded Moses for Israel.
Be strong and courageous. Fear not; do not be dismayed. 14 With great
pains I have provided for the house of the Lord 100,000 talents[1] of gold,
a million talents of silver, and bronze and iron beyond weighing, for
there is so much of it; timber and stone, too, I have provided. To these
you must add. 15 You have an abundance of workmen: stonecutters,
masons, carpenters, and all kinds of craftsmen without number, skilled
in working 16 gold, silver, bronze, and iron. Arise and work! The Lord
be with you!"

17 다윗이 또 이스라엘 모든 방백에게 명령하여 그의 아들 솔로몬을
도우라 하여 이르되 18 너희 하나님 여호와께서 너희와 함께 계시지
아니하시느냐 사면으로 너희에게 평온함을 주지 아니하셨느냐 이 땅
주민을 내 손에 넘기사 이 땅으로 여호와와 그의 백성 앞에 복종하게
하셨나니 19 이제 너희는 마음과 뜻을 바쳐서 너희 하나님 여호와를
구하라 그리고 일어나서 여호와 하나님의 성전을 건축하고 여호와의
언약궤와 하나님 성전의 기물을 가져다가 여호와의 이름을 위하여 건
축한 성전에 들이게 하라 하였더라

17 David also commanded all the leaders of Israel to help Solomon his
son, saying, 18 "Is not the Lord your God with you? And has he not
given you peace[2] on every side? For he has delivered the inhabitants
of the land into my hand, and the land is subdued before the Lord and
his people. 19 Now set your mind and heart to seek the Lord your God.
Arise and build the sanctuary of the Lord God, so that the ark of the
covenant of the Lord and the holy vessels of God may be brought into a
house built for the name of the Lord."

1 A *talent* was about 75 pounds or 34 kilograms *2* Or *rest* (see 22:9)

22장

단락 개관

역대기 저자의 이야기에서 다윗은 성전 터를 발표했으며(대상 22:1) 이제 성전 건축 및 솔로몬에게 이어질 왕위 승계에 주의를 기울인다. 22장의 초점은 아홉 번에 걸쳐 나오는 "[하나님의] 성전"(2, 5, 6, 7, 8, 10, 11, 14, 19절)이라는 말과 반복되는 '공급하다, 준비하다'[히브리어 쿤(*kun*)의 의 형태, 3, 5, 14절(2번)]라는 말에서 분명히 나타난다. 솔로몬이 건축자일지는 모르지만, 계

획 수립과 자원 마련은 다윗으로부터 시작된다.

맨 먼저 기술공들을 모으는 것에 대한 상세한 사항들과 다윗이 마련한 주요 자원들에 대한 간략한 개관이 나온다(2-5절). 다음에는 다윗이 솔로몬에게 지시하는 내용이다. 다윗은 먼저 하나님이 성전과 솔로몬에 대해 이전에 하신 말씀을 반복한다(6-10절, 참고. 17:7-14). 다음에는 지시사항 자체가 나오는데, 그 지시사항은 "여호와께서 너와 함께 계시기를 원하[노라]"라는 기도로 시작하고 끝난다(22:11-16). 하나님의 약속과 임재가 미래에 대한 기초를 형성한다. 다윗이 "이스라엘 모든 방백"에게 하는 결론적 명령들 역시 하나님이 하신 일로부터 시작되며, 지도자들이 성전 건축에 참여하도록 이끈다(17-19절).

22-29장은 역대기에만 나오지만, 그 장들에는 모세로부터 여호수아에게로 전환될 때와 유사한 내용이 많이 나온다. 모세와 다윗은 둘 다 그들이 바라던 일(모세는 약속의 땅에 들어가는 것, 다윗은 성전을 건축하는 것)에 대한 자격을 얻지 못하지만, 둘 다 준비를 해놓고 백성 전체와 자기 후계자에게 지시를 했다. 솔로몬에게 그리고 "이스라엘 모든 방백"에게 한 다윗의 말은 모세가 백성과 여호수아에게 한 지시[신 1:6-3:29(특히 1:37-38); 31:1-8]와 여호와께서 여호수아에게 하신 말씀(신 31:23; 수 1:1-9, 구체적인 문구들은 뒤에서 살펴볼 것이다)에서 나온 많은 문구를 사용한다. 하나님이 주신 각 과업은 하나님의 백성의 삶에서 중대한 전환점에 이르렀으며 그 일을 완수하는 데는 한 명 이상의 지도자가 필요했다. 모세와 다윗이 일을 시작했지만, 여호수아와 솔로몬은 그 일을 성공적으로 마무리하기 위해 하나님의 약속된 임재로 뒷받침된 신뢰와 용기가 필요했다.[166]

166 H. G. M. Williamson, "The Accession of Solomon in the Books of Chronicles," *VT* 26/3 (1976): 351-361; Boda, *1-2 Chronicles*, 182-183에 근거한. Raymond B. Dillard, *2 Chronicles*, WBC 15 (Waco, TX: Word, 1987), 3-4.

단락 개요

II. 다윗과 솔로몬의 통일 왕국—예루살렘, 궤, 성전(대상 9:35-대하 9:31)
B. 다윗, 예루살렘에서 왕이 됨: 승리와 성전 준비(11:1-29:30)
2. 승리와 성전 준비(17:1-29:30)…
d. 다윗이 성전에 관해 솔로몬에게 한 지시(22:1-19)

주석

22:2-5 고대 사회에서 통치자들은 보통 공공 건축을 위해 백성을 징집했다. 성전 건축을 위해 다윗은 그의 권위를 사용해서 "거류하는 이방 사람"(resident aliens)의 강제노동을 "명령"했다. 그들은 임시로 이스라엘에 사는 이방인들(foreigners)과는 달리, 이스라엘 사람들과 함께 그 땅에 살고 있던 가나안인 같은 사람들이었다[사무엘하에서 그런 행동에 대한 유일한 암시는 삼하 20:24의 "아도람은 감역관이 되고"(ESV는 "in charge of the forced labor", 강제 노동을 책임 맡고)에 나오는 말이다]. 후에 솔로몬은 성전 건축에서 다양한 과업을 위해 많은 사람을 조직했다(대하 2:17). 하지만 여기에서 언급된 유일한 역할은 주요 구조물을 위해(제단을 위해 사용되는 것이 아니라, 신 27:5-6) "돌을 다듬[는]" 일이다. 기술들은 역대상 22:15에서 확장된다.

물리적 자원을 풍성하게 마련하는 것은 강조의 표현에 의해 두드러지게 부각된다. 히브리어 라로브(*larob*, '풍성하게')가 "무게를 달 수 없을 만큼"(3절), "무수히"(4절)라는 말과 함께 네 번 사용되는 것["심히 많은"/"많은", 3(2번), 4, 5절]이다. "철"의 용도는 여기에만 명시되어 있다. "놋"은 다윗의 전리품의 일부였으며, 그것의 용도는 전에 언급되었고(18:8, 10) 뒤에서 훨씬 더 상세히 나온다(대하 4:1-18). 페니키아 연안 거주자들인 "시돈 사람과 두로 사람"

22장

이 "백향목"(지역 도처에서 건축용으로 환영받는)을 가지고 온다는 구체적 언급은 에스라 3:7에도 나오는 것으로, 첫 번째 성전과 두 번째 성전 사이에서 약간의 연속성을 보여준다. 역대기 저자의 청중들은 "레바논의 영광 곧 잣나무와 소나무와 황양목이 함께 네게 이르러 내 거룩한 곳을 아름답게 할 것이며 내가 나의 발 둘 곳을 영화롭게 할 것이라"(사 60:13)라는 약속을 상기할 것이다.

풍성한 공급은 건축물의 질과 그 목적의 중요성을 강조한다. 어떤 건축물이든 그 디자인과 재료, 크기와 전반적 미학을 통해, 그것을 보는 모든 사람에게 가치와 지위를 전달하는 문화적으로 적절한 상징성을 지닌다(집이든, 가게든, 상업적 사무실이나 정부 사무실이든, 스포츠 시설이든, 종교 센터든).[167] 많은 문화에서, 그리고 분명 고대 근동에서, 성전은 그 재료와 구조와 비품에 의해 그 성전을 자신의 '집/장소'라고 부르는 신(그리고 함축적으로는 당연히 자신의 신을 위해 신전을 건축한 왕)의 상대적인 "명성과 영광"을 전달한다.

다윗은 무엇이 포함될지 본다. 솔로몬이 성전을 건축하는 사람일지는 모르지만 그는 "어리고 미숙하[다]"(또한 대상 29:1에서 또 다시 솔로몬에 대해, 그리고 비슷하게는 대하 13:7에서 르호보암에 대해). 솔로몬의 나이는 확실히 알 수 없다. 아마 십대 후반일 것이다(왕상 3:7에서 솔로몬도 마찬가지로 자신을 경험이 없는 "작은 아이"라고 묘사한다). 그래서 다윗은 성전이 "극히 웅장하여" 여호와께서 이스라엘이 점령한 땅 안에서 뿐 아니라 "만국"에서 영광을 받도록 사전에 자신이 할 수 있는 모든 것을 한다. 다윗이 문화적으로 적절한 공급과 준비에 힘쓴 것은 성전이 올바르게 여호와를 가리키도록 하려는 것이다. 다윗은 후에 여호와께 "위대하심과 권능과 영광과 승리와 위엄이 다 주께 속하였사오니"(대상 29:11)라고 말한다.

167 P. M. Phillips은 "Rhetoric," in *Words & the Word: Explorations in Biblical Interpretation and Literary Theory*, ed. David G. Firth and Jamie A. Grant (Nottingham, UK: Apollos, 2008), 246-248에서 건축물이 그것을 만든 사람의 세계관을 전달하는 방식에 대해 논한다.

22:6-10 다윗은 죽기 전에 한 많은 담화 중 첫 번째 것에서, 여호와께서 나단을 통해 자신에게 하신 말씀(17:7-14)을 솔로몬에게 이야기한다. 이런 반복을 통해 저자는 또한 그의 독자들에게 솔로몬이 왕이 되는 것과 성전 건축을 위임받는 것이 단순히 아들을 지나치게 사랑해서 아들이 자신의 바람을 성취하기를 원하는 아버지의 생각이 아니라고 단언하고 있다. 솔로몬이 왕이 되게 하시고 그의 가장 중요한 과업을 설정하게 하시는 분은 하나님이시다.

17:9-10에서 하나님은 다윗의 모든 대적이 "네게 복종하게" 할 것이고 백성이 "다시는 옮겨가지 아니하게"[168] 할 것이라고 약속하신 바 있다. 이제 다윗은 자신이 "피를 심히 많이[169] 흘렸고 크게 전쟁하였[기]" 때문에 성전을 건축할 수 없다고 덧붙인다(또한 28:3, 참고. 왕상 5:3-4에 나오는 솔로몬의 말). "피를 흘리는" 것은 종종 죄로 이어지는 윤리적 악행을 나타내는 말이며(예를 들어, 창 9:6; 37:22; 겔 18:10) 그래서 어떤 사람들은 이 말이 인구조사에서 죽은 사람들(대상 21:14) 혹은 우리아의 죽음(삼하 11-12장) 혹은 사울의 집에 관한 비난들(삼하 16:7-8)을 말한다고 주장했다. 하지만 이 금지는 인구조사 전에 나온 것이며 저자는 다른 사건들에 대해서는 침묵을 지킨다. 역대기에서 다윗이 "피를 흘린" 경우는 여기(2번)와 28:3 뿐인데 각각은 '전쟁'과 연결되어 있다. 그래서 적어도 요세푸스 때부터[170] 그 결합된 문구는 통상적 전투 및 그들의 피흘림만 말하는 것으로 여겨졌다. 그것은 '많은' 혹은 '큰'이라는 말이 포함됨으로써 강화된다.

두 측면이 그 금지와 관련된 것으로 함께 나온다. 그 측면들은 의식상의 부정함과 '안식'의 부재다. "무죄한" 피를 흘리는 것만 범죄하는 것인 반면

22장

168 참고. 17:1-15 주석의 (2) 다윗에게 하신 하나님의 약속.

169 라로브(*larob*), '풍성하게'의 또 다른 경우(참고. 22:2-5 주석). 여기에서는 '풍성한' 피가 '풍성한' 자원 마련에 의해 균형을 이룬다. 자원은 하사품으로 인한 것과 "크게 전쟁"(8절)한 것으로 인한 포상금이었다.

170 Josephus, *Antiquities* 7.337.

(예를 들어, 삼상 25:31; 잠 6:17; 사 59:7; 렘 7:6), 전쟁 중에 피와 접촉하면 의식상 부정하게 된다. 이어서 나오는 "내 앞에서 땅에 피를 많이 흘렸은즉"이라는 말은 피흘림의 측면을 강화할 뿐 아니라 또한 오염도 시사한다. 그러나 모세의 법령은 정결하게 하는 절차들도 포함하긴 한다(민 19:16; 31:13-24; 35:33-34).

"크게 전쟁"하는 것과 "평온" 간의 대조는 여기에서 역대상 17:9-10의 내용을 다시 고쳐 말하는 것에서 전면에 부각된다. 하나님은 솔로몬에게 "평온"을 그리고 이스라엘에게 "평안과 안일함"을 주실 것이다. 솔로몬을 "온순한 사람"(ESV는 "man of rest", 평온의 사람)이라고 묘사하는 것은 다윗이 후에 자신을 "전쟁을 많이 한 사람"(man of war, 28:3)이라고 묘사하는 것과 대조를 이룰 수 있다. "솔로몬"[쉘로모(*shelomoh*)]의 이름과 "평안"(샬롬)이라는 단어로 보여주는 언어유희는 수사학적 강조를 제공한다. 솔로몬에게뿐 아니라 "이스라엘"에게 "평안", 곧 "주변 모든 대적"으로부터 오는 분쟁이 없을 때만, 하나님은 "너희의 하나님 여호와께서…택하실 그곳"에 "자기 이름을 두[실]" 것이다(신 12:10-11).[171]

다윗이 솔로몬에게 여호와께서 하신 말씀을 전달하는 것은 솔로몬에게 그가 성전을 건축해야 할 뿐 아니라 그 역시 여호와와 직접적인 언약 관계에 있게 될 것이라고 단언하는 것이다("그는 내 아들이 되고 나는 그의 아버지가 되어"). "그 나라 왕위를 이스라엘 위에"라는 말은 단지 다윗의 성취와 승리들의 결과일 뿐 아니라 여호와께서 "[그것을] 굳게 세워 영원까지 이르게" 하실 것이기 때문에 그의 것이 될 것이다.[172] "평온"(rest)와 "평안"(peace)에 초점을 맞추는 것은 필시 주전 4세기 초부터 바사 통치자와 헬라 통치자들이 적극적인 평화 논의를 하고 있는 상황에서 청중들의 마음에 울림을 주었을 것이다. 역대기 저자는 권세나 협정에서 오는 "평안"이 아니라

171 역대기에서 인간이 전쟁에 참여하는 것에 대한 탁월한 논의로는 August H. Konkel, *1 & 2 Chronicles*, BCBC (Harrisonburg, VA: Herald, 2016), 40-41, 481-485를 보라.

172 참고. 17:1-15 주석의 (4) 하나님의 "나라"와 솔로몬의 나라.

예루살렘 성전을 중심으로 여호와를 '구하는' 것에서 오는 "평안"을 가리킨다.[173]

22:11-16 다윗은 솔로몬에게 성전을 건축하라는 하나님의 위임령을 이행하라고 지시하면서, 여호와의 지속적인 관여, 솔로몬 자신이 "율법을 지[킬]" 책임, 다윗의 무한한 공급을 개략적으로 말한다.

여호수아에게 주는 하나님의 말씀에서처럼, 솔로몬은 과업의 성공을 보장하는 것으로 여호와의 능력 주시는 임재에 대해 반복해서 강조하는 말을 듣는다(11, 18절, 참고. 수 1:5, 9). 또한 여호수아처럼, 솔로몬은 "여호와께서 모세를 통하여 이스라엘에게 명령하신" "네 하나님 여호와의 율법을 지키[는]" 책임을 가지고 있다(참고. 수 1:7). 그것이 하나님이 주신 과업에서 "형통"(ESV는 "succeed", 성공)하고 "형통"(prosper)하는 길이다(대상 22:11, 13, 둘 다 찰라흐의 형태들이다. 참고. 수 1:7-8). 이 주제는 후에 역대기에서 솔로몬과 다른 사람들의 '성공/형통'에 대한 권고 및 결과들과 함께 나온다(대상 29:23; 대하 7:11; 13:12; 14:7; 20:20; 24:20; 26:5; 31:21; 32:30).

후에 기브온에서 솔로몬은 백성을 다스릴 "지혜와 지식"을 위해 기도할 것이다(대하 1:10, 참고. 왕상 3:9). 여기에서 다윗은 솔로몬이 백성을 통치하는 "지혜와 총명"이 하나님의 "율법"을 지키는 것에 있어야 한다는 점을 분명히 보여주는 말로 기도한다. 그것을 순종하는 것에서 솔로몬은 "강하고 담대[해야]" 한다. 그는 움찔하거나 "놀라지" 말아야 한다(신 31:7-8; 수 1:9). 후에 두로의 히람은 "다윗 왕에게 지혜로운 아들을 주시고 명철과 총명을 주[신]" 특히 성전 건축과 관련해서 그렇게 하신 하나님을 송축하면서, 다윗의 기도가 응답받을 것이라고 단언할 것이다(대하 2:12). 일을 진척시킬 때, 하나님의 임재는 두려움 없는 순종과 의사결정을 할 수 있도록 해준다.

여호와께서 '성공'을 가져오시는 한 가지 방법은 다윗의 무조건적인 관

173 Jonker, *1 & 2 Chronicles*, 164.

22장

대함을 통한 것이다. 다윗의 "건축할 마음"(대상 22:7)은 도덕적 지원 이상이며 매우 열정적이다. 또한 "환난 중에"(ESV는 "with great pains", 큰 고통을) 감수하는 모습이 나오며[14절, 비슷한 생각이 시 132:1에 나온다(거기에서는 "겸손"이라고 나온다-옮긴이주). 아마 그것이 여기 나온 말의 출처일 것이다[174]] 금, 은, 놋, 철, 재목, 돌을 풍성하게 공급한다. 의도적으로 엄청나게 큰 숫자가 사용된다. "금 십만 달란트와 은 백만 달란트"는 히람이 일 년에 솔로몬에게 보낸 공물인 "금 일백이십 달란트"(왕상 9:14) 혹은 오빌에서 가져온 "금 사백이십 달란트"(왕상 9:28)보다 훨씬 더 많은 양이다. 많은 문화권에서 과장법을 사용할 때 흔히 그렇듯, 숫자는 예외적인 엄청남을 묘사한다. 그럼에도 불구하고 솔로몬 자신이 여기에 더해야 한다!

역대상 22:2에는 석수만 언급된 반면, 15-16절은 "장인이 많이"(또 다시 '라로브') 있다고 나온다. "익숙한 사람"(ESV는 "craftsmen…skilled", 숙련된 장인들)이라는 말은 하캄(*khakam*)이라는 히브리어 단어를 적절히 번역한 것으로, 그 말은 다른 곳에서는 보통 "지혜로운"이라고 번역된다(히브리어에서 "지혜"는 온갖 삶의 기술들과 연결되어 있다). 여기에서 그 말의 용법은 성막과의 또 다른 연관을 나타낸다. 성막에도 역시 '숙련된, 유능한' 기술공들이 있었다[출 28:3; 31:6; 35:10, 25; 36:1 등, 성전에 대해서는 또한 대하 2:7, 13, 14("재주있는")]. 실제로 구약의 모든 역사서 중 출애굽기와 역대기만 '숙련된' 일꾼들을 언급하는데, 모두 성막과 성전이라는 맥락에서 나오며 그래서 저자가 그 둘을 의도적으로 비교하고 있다는 것을 가리킨다. 성전은 성막을 계속 이어간다. 다윗은 하나님을 공경하는 영구적인 예배 시설을 준비하면서 모세가 한 일을 기반으로 하고 있다. 성막이 세워졌을 때 백성은 너무나 풍성하게 물질적 자원과 기술을 가지고 와서, "쓰기에 남음이" 있을 정도였으며 백성에게 더 이상 가져오지 말라고 중단시켜야 했다(출 35:4-36:7). 그래서 성전을 위해 다윗 자신이 한량없는 자원과 일꾼들을 '무수히 많이'(개역개정에

174 Knoppers, *I Chronicles 10-29*, 777.

는 정확히 번역되지 않음-옮긴이주) 제공하고 있다. '네가 필요한 것 이상으로!' 라는 말이다. 성막과 성전을 위한 재물과 숙련된 사람들에는 '비용을 아끼지 않는다'라고 말할 수 있다. 솔로몬이 "일어나 일하라"라는 말을 듣기에 얼마나 대단한 환경인가. 그리고 솔로몬이 이런 눈에 보이는 자원들에 의지하지 않도록 "여호와께서 너와 함께 계실지로다"라는 말이 덧붙여진다.

22:17-19 궤를 가져올 때 그랬던 것과 마찬가지로, 다윗은 "이스라엘 모든 방백"을 관여시킨다(참고. 13:1, 4). 다윗은 '도와준' 많은 사람이 있어 왕이 되었다(참고. 12:1, 17, 18, 21, 22). 이제 그들은 "솔로몬을 도[와야]" 한다. 그때는 그것이 주로 전투에서 힘을 제공함으로서 돕는 것이었다(다른 곳에서처럼 하나님은 종종 전투에서 '도우셨다', 대하 14:11; 18:31; 25:8; 26:7; 32:8). 이제 그것은 성전을 건축하는 일에 협력하는 것이다(전에는 하나님이 궤를 가지고 있는 레위인들을 '도우셨다', 대상 15:26). 방백들에게 한 다윗의 말에 나오는 핵심 주제는 솔로몬에게 한 말과 조화된다.

(1) 다윗은 전에 솔로몬에게 "내 하나님"(22:7)과 "네 하나님"(11절)이신 여호와에 대해 말했으며 솔로몬에게 "여호와께서 너와 함께 계실지로다"(11, 16절)라고 말했었다. 이제 "이스라엘 모든 방백"에게 다윗이 하는 첫마디는 "너희 하나님 여호와께서 너희와 함께 계시지 아니하느냐"라는 것이다. 이것은 그들이 여호와와 중재자 없이 언약 관계를 맺고 있다는 것과 그들이 전진할 때 여호와의 능력주시는 임재가 함께 한다는 것을 직접 상기시켜준다.

(2) 성전 건축을 위한 기회를 제공해주는 '평온/평안'은 솔로몬에게만 적절한 것이 아니라 모두가 누리는 것이다. 다윗이 "크게 전쟁"했을 때 여호와께서 '평온/평안'을 "그"와 "너희" 둘 다에게 "주[셨다]"(8-9, 18절).[175] 이것은 역대기에서 여호수아의 지도 아래 시작된 땅 정복에 대한 유일하

22장

175 "내가 그로 주변…에게서 평온을 얻게 하리라"(9절)와 "[그가] 사면으로 너희에게 평온함을 주지 아니하셨느냐"(18절)는 같은 히브리어 헤니아흐…미싸빕(*heniakh…missabib*)을 번역한 것이다.

게 구체적인 암시일 것이다. "이 땅으로 여호와…앞에 복종하게 하셨나니"라는 문구는 민수기 32:22에 있는 것과 같다[시제는 미래에서 현재로 바뀐다. 참고. 민 32:29; 수 18:1. 동사 카바쉬(*kabash*)는 대상 17:10; 18:1; 20:4에서 "대적"을 목적어로 사용된 카나(*kana'*)와는 다르다]. 약속된 소유 및 그것의 "평온함"은 다윗에 의해 성취되었으며 그래서 성전이 건축될 수 있다.[176]

(3) 솔로몬에게 여호와의 명령들을 "삼가 행하[라]"라고 명령하는 것(22:13)은 방백들이 "마음과 뜻[혹은 '존재와 마음']을 바쳐서 너희 하나님 여호와를 구하라"(19절, '구하다'에 대해서는 10:13-14 주석 참고)라는 명령과 조화를 이룬다. 특히 이것은 성전 건축을 포함한다.

(4) 솔로몬에게 "일어나 일하라"(22:16)라고 행동을 명하는 것은 이제 방백들에게 "일어나서 건축하[라]"라는 명령이 된다.

왕과 방백들이 하나 되어 협력하는 것은 왕 없이 살고 있는 역대기의 포로기 이후 청중들에게 격려가 되며 과거를 상기시키는 것이었다. 성전이 성공적으로 건축되는 것은 애초부터 "이스라엘 모든 방백"이 적극적으로 참여하는 것에 달려 있었다. "마음과 뜻"이 연합되었고 여호와께서 왕(다윗과 솔로몬) 뿐 아니라 백성들과도 함께 하셨다. '일어나다'라는 말과 '건축하다'라는 말이 결합된 것은 의미심장하게도 포로기 이후 모든 사람이 성전과 예루살렘 성벽 둘 다의 건축에 참여하는 것에 대해 사용되었다(스 1:5; 3:2; 느 2:18, 20; 3:1). 역대기 이야기 순서에서 솔로몬에 대한 최초의 공식적 언급이 성전에 관한 것임은 적절하다(비슷한 우선순위가 다윗이 후에 더 큰 회중에게 한 말에서도 나온다, 대상 28:1-8). 다시 한번 바사 제국 안에 살고 있는 청중들에게, 정치적 상황이 아니라 성전에 주의가 돌리게 한다. 성전은 "만국에" 하나님께 영광을 가져오는(22:5), 백성의 영속적인 초점이다.

방백들에게 한 말은 건축하는 이유에 대해 더 상세히 설명하고, 다윗이 마련한 것과 명령들이 적절한 정점에 이르게 한다. "여호와 하나님의 성

176 Japhet, *I & II Chronicles*, 402.

전[ESV는 "tabernacle", 성소]"을 건축하고 여호와의 언약궤와 하나님의 성전의 기물을 가져다가…들이게 하라"라는 결론적 진술(19절)에서 모세와 다윗의 시대와 행동이 하나로 결합된다. 역대기에서 "성소"['거룩한 곳', 또한 28:10; 대하 20:8; 26:18; 29:21; 30:8; 36:17(이 구절들에서 "성전" 혹은 "전"으로라고도 번역됨-옮긴이주)]라는 말이 처음 나오는 여기에서는 출애굽기-민수기(또한 수 24:26)에서는 흔히 나오지만 사사기-열왕기에는 빠져있는 단어를 사용한다. "성전"(temple)은 중심이 되는 언약적 물체인 "궤"를 두는 곳이었던 모세의 "성소"(sanctuary)의 뒤를 잇는다. 여기에서 언급된 "성전의 기물"은 처음에는 성막에서 전에 사용되던 것들이다(대하 5:5). 역대기(그리고 에스라-느헤미야)의 한 가지 특징은 포로기 이전과 이후 둘 다의 성전의 다양한 기물들에 관심을 갖는다는 것이다(예를 들어, 대상 9:29; 18:8, 10-11; 대하 5:1; 13:11; 스 1:7-11; 7:19-20; 느 13:5-9).[177] 하나님을 예배하는 것과 관련된 모든 것은 주의 깊게 다루어져야 한다. 성전(건물과 내용)은 여호와께 영광을 돌려야 한다.

오늘날 성전은 일반적으로 "솔로몬의 성전"이라고 일컬어지는 반면, 역대기 저자의 관점에서는 그것이 "다윗과 솔로몬의 성전"이라고 말할 수 있을 것이다. 하지만 심지어 그 말조차 저자의 강조점을 놓치는 것이다. 그것은 "여호와의 성전"이라는 것이다. 성전은 하나님이 처음에 하신 명령에 순종해서, 하나님이 '평온함/평안함'을 주신 후에, 하나님의 계속적 임재를 누리고, 많은 사람(이 장에서는 다윗, 솔로몬, "이스라엘 모든 방백", 많은 기술공들)이 투입되어 건축되는 그분의 집이다.

177 Knoppers, *I Chronicles 10-29*, 782-783.

응답

다윗은 자재를 풍성하게 마련해놓았다. 성전의 물리적 화려함이 온 세상에 하나님의 장엄하심을 묘사하기를 바랐기 때문이다. 출애굽에서 돌아온 지 이십 년이 채 안 되어 선지자 학개는 백성들에게 열방 가운데서 하나님께 영광을 돌릴 성전을 재건하기 위해 물자를 마련하라고 명령하는 반면, 단 몇 십 년 후에 말라기는 여호와의 "이름이 이방 민족 중에서 크게 될" 미래를 가리킴으로써 제사장들에게 건성으로 드리는 제사에 관해 도전한다(학 1:3-8; 2:1-9; 말 1:6-14). 이제 몇 년 후 역대기 저자는 다윗의 모범을 제시한다. 이방 민족을 내다보는 시각은 계속 이어진다.

예수님이 사역을 하실 무렵, 헤롯은 자기 생각에 장엄한 성전이 될 만한 것을 사십육 년간 짓고 있었다. 하지만 예수님은 "자기 육체"인 성전에 주의를 돌리셨다(요 2:18-22). 뒤이어 교회를 "성전"이라고 말하는 신약의 다른 언급들이 나왔다(고전 3:16; 엡 2:21).[178] 다윗의 희생적 관대함은 우리가 다윗의 자손인 그리스도께서 "성령의 전"(고전 6:19)을 위해 마련해놓으신 것을 성찰하도록 도울 수 있다. 그것은 그리스도가 "가난하게" 되심으로 우리는 "부요하게" 되었다는 것(고후 8:9), 그리스도의 "선물"에는 각각 다른 사람들과 협력해서 자신의 역할을 담당하는 일꾼들이 포함된다는 것(엡 4:7-16), 그리스도께서 성령을 보내사 우리가 그분의 증인으로서 능력을 받게 하시고 "열매"를 맺도록 하셨다는 것(행 1:8; 갈 5:22-23) 등이다.

우리는 "산 돌 같이 신령한 집으로 세워지고" 있으나, 첫 번째 성전의 돌들만큼이나 물리적인 것도 아니고 눈에 보이지도 않는다(벧전 2:5). 솔로몬은 준비한 것에 "더할" 수 있었다. 이제 하나님의 장엄함을 보여주어야 하는 "돌들" 자체가 이 일이 일어나게 하는 적극적 참여자다! 베드로는 이어서 "너희가 이방인[혹은 이방 민족들] 중에서 행실"을 할 때 그들이 "너희

178 참고. 서론의 '성경의 다른 본문 및 그리스도와의 관련성' 중 '앞을 내다봄: 성전과 교회, 삶과 예배'에서.

선한 일을 보고…하나님께 영광을 돌리게 하[게끔]" 추구해야 한다고 말한다(벧전 2:12). 이것은 예수님이 "너희 착한 행실을 보고 하늘에 계신 너희 아버지께 영광을 돌리게"(마 5:16) 될 다른 사람들에 대해 하신 말씀을 반영한다. "착한 행실"[칼라 에르가(*kala erga*), 벧전 2:12에도 나오는]이라는 말은 '아름다운, 매력적인' 행동을 함축한다. 예수께 향유를 붓는 일, 곧 "좋은 일"[마 26:10, ESV는 "beautiful thing"(아름다운 일), 단수 형태 에르곤 칼론(*ergon kalon*)]이 그런 경우다.

유감스럽게도 건물 혹은 기물들은 겉보기로는 부요함을 묘사할지 모르지만 실제로는 지나치게 화려한 것, 심지어 불쾌한 것일 수도 있다. 마찬가지로 어떤 "착함"은 도덕적으로는 올바르지만 매력적이지 않은 것일 수 있다. 그리스도는 그분의 제자들에게 그들이 하는 모든 것의 아름다움을 통해 지역적으로, 국가적으로, 전 세계적으로 하나님의 장엄함과 영광을 나타내 보이라고 명하신다. '선한 일'은 우리를 향한 하나님의 너그러움의 결과로 '너그러운' 것을 포함한다(고후 8:7-9; 딤전 6:17-18). 당연히 개인의 행동들은 중요하지만(서구에서는 종종 여기에만 초점을 맞춘다), 성경에서 부각되는 것은 공동생활이다. 예수님의 비유적 표현은 "너희는[복수] 세상의 빛[단수, 집합적]이라…동네가"(마 5:14)라는 것이다. 유감스럽게도 교회 역사 내내 그리고 오늘날까지도 다른 사람들이 교회를 바라볼 때 발견하는 것들로는 복음을 전달하지 못할 수도 있다. 우리의 죄를 고백하는 것, 우리가 은혜와 사랑을 실천하는 것은 복음의 강력한 증거가 된다. 아름다움은 우리가 하나님의 은혜에 의지해서 삶을 살아갈 때 성령의 관대한 역사를 통해 온다. 그래서 왕이신 그리스도의 위임령, 곧 "제자로 삼아…내가 너희에게 분부한 모든 것을 가르쳐 지키게 하라"라는 말 다음에는 "내가…너희와 항상 함께 있으리라"라는 말이 이어서 나오는 것이다(마 28:18-20).

"영적 집"을 위한 하나님의 공급은 각 사람의 적극적 기여를 통해 계속 이어진다. 다윗은 솔로몬에게 "여호와께서 너와 함께 계시기를 원하며"(대상 22:11, 16)라는 기도와 함께 하나님의 약속을 말했을 뿐 아니라, 또한 할 수 있을 때 물적·인적 자원들을 공급했다. "너희는 먼저 그의 나라…를 구하라 그리하면 이 모든 것을 너희에게 더하시리라"(마 6:33)라는 그리스도의 약속은 개인적으로 적용된 경우가 얼마나 많은지 말만 하고 별다른 행동을 하지 않는 것이다(참고. 약 2:15-16). 하지만 예수님은 제자 공동체에게 말씀하셨다. "너희"(you)는 복수형(KJV "seek ye")으로 공동체의 자원은 하나님의 나라를 가장 중요한 관심사로 삼을 때 공유된다[막 10:29-30("현세에 있어"라는 말을 주목하라); 행 2:42-47; 롬 15:27]. "일어나서…건축하[라]"라는 다윗의 명령은 "가서 제자를 삼으라"라는 명령이 되었으며, 하나님의 백성이 오랜 세월에 걸쳐 성령의 인도를 따랐을 때, 우리는 하나님의 영광이 "만국에" 빛났으면 하는 다윗의 바람이 성취되는 것을 본다.

역대상 23:1-27:34 개관

역대상의 결론부 장들은 다윗이 "늙으매"라는 말과 솔로몬이 "왕"이 되었다는 말이 틀을 형성한다(23:1; 29:28). 두 부분은 비슷한 방식으로 시작된다(참고. 뒤의 23:2 주석과 28:1 주석). (1) 23-27장은 다윗의 조직적 준비를 묘사하는 반면, (2) 28-29장은 다윗이 성전과 나라를 넘겨주면서 하는 감동적인 지시와 행동 및 백성의 반응을 이야기한다. 다윗은 솔로몬과 방백들에게 "여호와 하나님의 성전을 건축하[라]"(22:19)라고 지시했으며 이미 재료와 기술공들을 마련해놓았다(22:2-5). 하지만 그것은 건축 자체에 대해서는 간략하게만 다루었다. 저자의 초점은 백성 및 그들의 계속적인 책임들, 그리고 성전 일꾼 및 전국 행정 조직을 전면에 부각시키는 것이다. 조직에 관한 세부사항(160구절)은 물리적 건축 및 그 안에 들어가는 물건들에 대한 세부사항(41구절, 28:11-12; 대하 3:1-4:22)보다 훨씬 더 중요하다. 열왕기상 1-2장은 다윗이 나이 들어 약해진 것과 왕위 승계를 둘러싼 음모들을 묘사하는 반면, 역대기 저자는 긍정적 측면에 초점을 맞춘다.

상세한 첫 번째 부분을 건너뛰고 바로 감동적인 마지막 부분으로 넘어가고 싶은 생각이 들 수도 있지만, 이 처음 부분은 저자가 이야기를 하는데 있어 중요한 역할을 담당한다.[179] 여기서 우리는 성전의 활동들 및 국가 행정을 유지하는데 책임을 져야 하는 가족들이 누구인지, 포로기 이후 기간에 보존되어야 할 구조들이 무엇인지 세세히 알 수 있다. 다음 부분은 솔로몬에게 왕위가 넘어가면서 이런 것들이 어떻게 이행되기 시작했는지 말할 것이다. 그때 백성이 보인 반응은 오랜 세월이 흘러 역대기 저자의 청중들을 고무시키는 본보기가 된다.

애굽과 메소포타미아에서 나온 문서들은 성전 행정이 왕의 명령 및 왕실과 민간 관리자, 군 관리자의 명령 하에 있었다는 것을 보여준다.[180] 바사의 황제들이 제2성전을 건축할 권위와 자원을 제공하면서, 그것은 포로기 이후까지 계속되었다(대하 36:23; 스 1:2-11; 6:1-12; 7:11-26). 그런 상황에 있는 청중들에게 저자는 성전의 활동들이 그저 바사의 통치의 부속물이 아니라 다윗이 전에 세운 조직을 보존하면서 다윗의 권위를 지니고 있었다는 것을 길게 논한다. 모세는 아론의 제사장직과 레위인들의 과업에 관한 교훈을 제공했다. 여호수아는 땅을 할당했다. 그리고 이제 다윗은 그의 주된 과업으로서 그 땅의 중심인 "여호와의 성전"에서 계속되는 활동을 체계화하는 조직적 책임들을 확립했다(대상 23:4, 24, 28, 32 등, 대하 8:14-15; 23:18; 29:25; 35:4, 15에서, 또한 스 3:10; 8:20; 느 12:24, 36, 45-46에서 강조).

레위인들의 조직은 다양한 주제 하에 제시된다.

(1) 세 레위 가문과 그들의 일반적 의무(대상 23:1-32)
- (a) 전환의 때(23:1-2)
- (b) 세 전통적 가문에 따른 구분(23:3-23)
- (c) 아론의 후손을 제외하고, 의무들에 대한 묘사(23:24-32)

(2) 아론 계열의 제사장들과 다른 레위인들 간의 구분(24:1-31)
- (a) 아론의 후손들을 제사장 일을 위해 스물네 반으로 조직함(24:1-19)

179 23-27장이 역대기에 필수적인 것이며 나중에 끼워 넣은 것이 아니라는 상세한 논증으로는 Japhet, *I & II Chronicles*, 406-410과 John W. Wright, "The Legacy of David in Chronicles: The Narrative Function of 1 Chronicles 23-27," *JBL* 110/2 (1991): 229-242를 보라.

180 Knoppers, *I Chronicles 10-29*, 788; Wright, "Legacy," 237-240.

(b) 비아론 계열의 레위인 가족 조직에 대한 또 다른 목록(24:20-31)

(3) 음악가들을 스물네 반으로 조직함(25:1-31)

(4) 문지기들과 다른 레위인들의 책임을 나눔(26:1-32)

(a) 문지기들을 나눔(26:1-19)

(b) 성전 곳간 맡은 자와 다른 행정가들(26:20-32)

(5) 왕의 권위 아래 있는 다른 행정 인원들(27:1-34)

(a) 군사 지도자들(27:1-15)

(b) 지파들의 지도자들(27:16-24)

(c) 왕의 재산 청지기들(27:25-31)

(d) 궁정 모사들(27:32-34)

1 Chronicles

역대상

23:1-32

1 다윗이 나이가 많아 늙으매 아들 솔로몬을 이스라엘 왕으로 삼고

1 When David was old and full of days, he made Solomon his son king over Israel.

2 이스라엘 모든 방백과 제사장과 레위 사람을 모았더라 3 레위 사람
은 삼십 세 이상으로 계수하니 모든 남자의 수가 삼만 팔천 명인데
4 그중의 이만 사천 명은 여호와의 성전의 일을 보살피는 자요 육천
명은 관원과 재판관이요 5 사천 명은 문지기요 사천 명은 그가 여호와
께 찬송을 드리기 위하여 만든 악기로 찬송하는 자들이라 6 다윗이 레
위의 아들들을 게르손과 그핫과 므라리에 따라 각 반으로 나누었더라

2 David[1] assembled all the leaders of Israel and the priests and the
Levites. 3 The Levites, thirty years old and upward, were numbered,
and the total was 38,000 men. 4 "Twenty-four thousand of these,"
David said,[2] "shall have charge of the work in the house of the Lord,
6,000 shall be officers and judges, 5 4,000 gatekeepers, and 4,000 shall
offer praises to the Lord with the instruments that I have made for

praise." 6 And David organized them in divisions corresponding to the
sons of Levi: Gershon, Kohath, and Merari.

7 게르손 자손은 라단과 시므이라 8 라단의 아들들은 우두머리 여히엘
과 또 세담과 요엘 세 사람이요 9 시므이의 아들들은 슬로밋과 하시엘
과 하란 세 사람이니 이는 라단의 우두머리들이며 10 또 시므이의 아들
들은 야핫과 시나와 여우스와 브리아이니 이 네 사람도 시므이의 아
들이라 11 그 우두머리는 야핫이요 그다음은 시사며 여우스와 브리아
는 아들이 많지 아니하므로 그들과 한 조상의 가문으로 계수되었더라
7 The sons of Gershon[3] were Ladan and Shimei. 8 The sons of Ladan:
Jehiel the chief, and Zetham, and Joel, three. 9 The sons of Shimei:
Shelomoth, Haziel, and Haran, three. These were the heads of the
fathers' houses of Ladan. 10 And the sons of Shimei: Jahath, Zina, and
Jeush and Beriah. These four were the sons of Shimei. 11 Jahath was the
chief, and Zizah the second; but Jeush and Beriah did not have many
sons, therefore they became counted as a single father's house.

12 그핫의 아들들은 아므람과 이스할과 헤브론과 웃시엘 네 사람이
라 13 아므람의 아들들은 아론과 모세이니 아론은 그 자손들과 함께
구별되어 몸을 성결하게 하여 영원토록 심히 거룩한 자가 되어 여호
와 앞에 분향하고 섬기며 영원토록 그 이름으로 축복하게 되었느니라
14 하나님의 사람 모세의 아들들은 레위 지파 중에 기록되었으니 15 모
세의 아들은 게르솜과 엘리에셀이라 16 게르솜의 아들 중에 스브엘이
우두머리가 되었고 17 엘리에셀의 아들들은 우두머리 르하뱌라 엘리
에셀에게 이 외에는 다른 아들이 없고 르하뱌의 아들들은 심히 많았
으며 18 이스할의 아들들은 우두머리 슬로밋이요 19 헤브론의 아들들
은 우두머리 여리야와 둘째 아마랴와 셋째 야하시엘과 넷째 여가므암

23장

이며 20 웃시엘의 아들들은 우두머리 미가와 그다음 잇시야더라
12 The sons of Kohath: Amram, Izhar, Hebron, and Uzziel, four. 13 The
sons of Amram: Aaron and Moses. Aaron was set apart to dedicate the
most holy things, that he and his sons forever should make offerings
before the Lord and minister to him and pronounce blessings in his
name forever. 14 But the sons of Moses the man of God were named
among the tribe of Levi. 15 The sons of Moses: Gershom and Eliezer.
16 The sons of Gershom: Shebuel the chief. 17 The sons of Eliezer:
Rehabiah the chief. Eliezer had no other sons, but the sons of Rehabiah
were very many. 18 The sons of Izhar: Shelomith the chief. 19 The sons
of Hebron: Jeriah the chief, Amariah the second, Jahaziel the third,
and Jekameam the fourth. 20 The sons of Uzziel: Micah the chief and
Isshiah the second.

21 므라리의 아들들은 마흘리와 무시요 마흘리의 아들들은 엘르아살
과 기스라 22 엘르아살이 아들이 없이 죽고 딸만 있더니 그의 형제 기
스의 아들이 그에게 장가 들었으며 23 무시의 아들들은 마흘리와 에델
과 여레못 세 사람이더라
21 The sons of Merari: Mahli and Mushi. The sons of Mahli: Eleazar
and Kish. 22 Eleazar died having no sons, but only daughters; their
kinsmen, the sons of Kish, married them. 23 The sons of Mushi: Mahli,
Eder, and Jeremoth, three.

24 이는 다 레위 자손이니 그 조상의 가문을 따라 계수된 이름이 기록
되고 여호와의 성전에서 섬기는 일을 하는 이십 세 이상 된 우두머리
들이라 25 다윗이 이르기를 이스라엘 하나님 여호와께서 평강을 그
의 백성에게 주시고 예루살렘에 영원히 거하시나니 26 레위 사람이 다

시는 성막과 그 가운데에서 쓰는 모든 기구를 멜 필요가 없다 한지라
27 다윗의 유언대로 레위 자손이 이십 세 이상으로 계수되었으니 28 그
직분은 아론의 자손을 도와 여호와의 성전과 뜰과 골방에서 섬기고
또 모든 성물을 정결하게 하는 일 곧 하나님의 성전에서 섬기는 일과
29 또 진설병과 고운 가루의 소제물 곧 무교전병이나 과자를 굽는 것
이나 반죽하는 것이나 또 모든 저울과 자를 맡고 30 아침과 저녁마다
서서 여호와께 감사하고 찬송하며 31 또 안식일과 초하루와 절기에 모
든 번제를 여호와께 드리되 그가 명령하신 규례의 정한 수효대로 항
상 여호와 앞에 드리며 32 또 회막의 직무와 성소의 직무와 그들의 형
제 아론 자손의 직무를 지켜 여호와의 성전에서 수종드는 것이더라
24 These were the sons of Levi by their fathers' houses, the heads of
fathers' houses as they were listed according to the number of the
names of the individuals from twenty years old and upward who were
to do the work for the service of the house of the Lord. 25 For David
said, "The Lord, the God of Israel, has given rest to his people, and he
dwells in Jerusalem forever. 26 And so the Levites no longer need to
carry the tabernacle or any of the things for its service." 27 For by the
last words of David the sons of Levi were numbered from twenty years
old and upward. 28 For their duty was to assist the sons of Aaron for
the service of the house of the Lord, having the care of the courts and
the chambers, the cleansing of all that is holy, and any work for the
service of the house of God. 29 Their duty was also to assist with the
showbread, the flour for the grain offering, the wafers of unleavened
bread, the baked offering, the offering mixed with oil, and all measures
of quantity or size. 30 And they were to stand every morning, thanking
and praising the Lord, and likewise at evening, 31 and whenever burnt
offerings were offered to the Lord on Sabbaths, new moons, and feast

days, according to the number required of them, regularly before the Lord. 32 Thus they were to keep charge of the tent of meeting and the sanctuary, and to attend the sons of Aaron, their brothers, for the service of the house of the Lord.

1 Hebrew *He* *2* Hebrew lacks *David said* *3* Vulgate (compare Septuagint, Syriac); Hebrew *to the Gershonite*

단락 개요

II. 다윗과 솔로몬의 통일 왕국—예루살렘, 궤, 성전(대상 9:35-대하 9:31)

B. 다윗, 예루살렘에서 왕이 됨: 승리와 성전 준비(11:1-29:30)

2. 승리와 성전 준비(17:1-29:30)…

e. 다윗이 성전과 행정을 조직함(23:1-27:34)

(1) 세 레위인 가문과 그들의 일반적 의무(23:1-32)

(a) 전환의 때(23:1-2)

(b) 세 전통적 가문에 따른 구분(23:3-23)

(c) 아론의 후손을 제외하고, 의무들에 대한 묘사(23:24-32)

주석

23:1 다윗이 "나이가 많아 늙으매"라는 것과 솔로몬이 "왕"이 되는 것은 역대상 결론부 장들을 위한 배경이다(참고. 29:28). 다윗의 인생은 갑자기 끝나지 않았다(참고. 사 65:20). 다윗은 아브라함, 이삭, 욥 그리고 후의 신실한 제사장 여호야다처럼 명예롭게 묘사된다(창 25:8; 35:29; 욥 42:17; 대하 24:15). 노년의 쇠약함을 묘사하는 열왕기상 1:1과는 대조적으로, 역대기 저자는 지속적인 효과를 지닌 긍정적 행동들을 강조한다.

23:2 첫째, 다윗은 핵심 인물들을 "모았[다]". 비슷한 행동이 28:1에서도 반복된다. 하지만 그 두 경우는 관련되어 있기는 하지만 관련된 사람들에서나 목적 면에서나 다르다. 여기에서 모임은 적합한 사람들이 민간 및 종교적 지도자의 과업들을 할당받기 위한 것인 반면, 나중에 나오는 모임은 훨씬 더 크며 즐거운 예배로 이어진다[두 집단 모두에는 '이스라엘의 온 지도자들/방백들'(같은 히브리어 단어)이 나온다]. 두 개의 히브리어 동사가 때로 '모였다'로 번역되는데, 그 두 동사는 다른 목적을 가리킨다. 아사프(*'asaf*, '모이다, 모으다', 23:2)는 다양한 문맥에서 나오는데, 군사적 문맥과 세금(예를 들어, 11:13; 19:7, 17; 대하 1:14; 12:5; 24:11) 그리고 여기에서처럼 왕이 가르침을 위해 백성을 모으는 것(대상 15:4; 23:2; 대하 29:4, 15, 20) 등 다양하다. 역대기 저자는 카할('소집하다, 모으다', 대상 28:1)이라는 단어를 제사로 경축하는 것에서 절정에 이르는 보다 공식적인 모임을 두고 사용한다(13:5; 15:3; 대하 20:26). 역대상 23:2와 28:1의 서로 다른 목적들과 매우 유사한 것은 15:3-4에서 볼 수 있다. 거기에서 왕은 궤를 예루살렘으로 가져오기 위해 "이스라엘 온 무리를 모으고[카할]", "아론 자손과 레위 사람을 모[아서][아사프]" 그들의 임무를 할당한다.

23:3-6 레위인들을 계수하는 것은 민수기 1:47-49과 2:33의 지시를 따르는 것으로 일반적 인구조사와 별개다. 일반적 인구조사의 목적은 "전쟁

에 나갈 만한" 사람들을 계수하는 것이다(참고. 대상 21:2-4 주석). 모세가 그 후에 레위 종족들을 계수하는 것에서 그런 것처럼(민 3:14-39), 다윗의 의도는 하나님의 예배가 질서정연하게 이루어지도록 돕는 것이다. 레위인에게 "삼십 세 이상"이라는 말은 민수기 4:3, 23 등과 조화된다. 그러나 민수기 8:23-24는 "이십오 세 이상"인 사람들의 의무를 규정한다. 역대상 23:24-32(24절에서) 주석을 더 보라. 거기에서 다윗은 "이십 세 이상"이라고 명시해서 임명한다.

"삼만 팔천 명"이라는 숫자는 아마 38개의 집단 혹은 종족을 나타낼 것이다("천"에 대해서는 12:23-37 주석을 참고하라. 이와 비교할만한 크기는 25:7-31; 26:8-11에 나오는 288명의 음악가와 93명의 문지기다).[181] 거의 삼분의 이가 성전의 "일을 보살피는" 자다. 그런 큰 비율은 처음에는 성전 건축이라는 중대 과업과 적절하게 관련되어 있다. 레위인들은 훗날 요시아 통치 때 성전을 수리하는 일(대하 34:12-13)과 제2성전을 건축하는 일(스 3:8)에서 "일을 감독"했다. 하지만 성전에서 지속적으로 행해지는 다른 과업 또한 레위인들이 관여하는 "일"로 묘사된다(예를 들어, 대상 23:24; 25:1).

다른 주요 임무들에는 "관원과 재판관"이 되는 것이 포함된다. 레위인 "재판관"의 역할은 여호사밧의 개혁에서 "여호와께 속한 일과…모든 송사를 재판하게 하[는]" 것이라고 잘 묘사되어 있다(대하 19:8-11, 참고. 신 16:18-20). 반면 "관원"[쇼테르(*shoter*)]이라는 용어는 서기의 역할, 기록 보관의 역할을 시사한다[70인역 그람마튜스(*grammateus*, '서기관'), 참고. 대상 27:1; 대하 19:11; 26:11]. "문지기"의 다양한 역할들은 성막에서 '지키는 일'(민 3-4장)을 조정하고 확장한다. 그들의 조직은 역대상 26:1-19에 상세히 나온다.

다윗 치하에서 새로운 것은 "여호와께 찬송을 드리기 위하여 만든 악기로 찬송하는 자들"의 주요 기능이다. 제사장들은 전에 "나팔"을 불었다. 하지만 다윗은 특별히 레위인들이 성전에서 "찬송을 드리기 위하여" 만든 다

181 Selman, *1 Chronicles*, 223. 이와 비교할 수 있는 다른 레위인 총수로는 4,600명(12:26)과 8,580명(삼십 세부터 오십 세까지, 민 4:47-48)이 있다.

른 악기들로 다양성을 확장시킨다(대하 7:6; 29:26; 느 12:36). 음악가들의 조직은 역대상 25장에 상세히 나와 있다(참고. 15:16-24; 16:4-7).

모든 임무는 일 년 내내 밤낮으로 영속적으로 이루어져야 한다. 레위인들은 그에 따라 "각 반으로" 나누어 조직되어 있었다. 그들은 교대로 돌아가면서 일하여 형평성에 맞게 관여하게 될 것이다. 다윗은 레위의 아들들인 "게르손과 그핫과 므라리" 자손에 기초해서 전통적으로 레위인을 세 집단으로 나눈 것을 그대로 유지한다(6:1-53, 참고. 출 6:16-19; 민 3:17-39). 하지만 다윗은 성전의 새로운 배경에 맞게 그들의 과업을 조정할 것이다.

23:7-23 레위인들의 '가문의 우두머리'의 목록 내용(24절, 또한 15:12에 포함된)은 그 가족들의 광범위한 사회적 관계를 개략적으로 설명하려는 목적을 가리킨다. 우두머리는 총 24명으로[게르손의 가문은 10명(23:11b는 이것이 후에 9명이 되었음을 시사한다), 그핫은 9명, 므라리는 5명] 후에 명확하게 스물네 반(24:18; 25:31)으로 계산되는 것과 조화를 이룬다. 독특한 내용에는 다음과 같은 것들이 포함된다. (1) 레위로부터 단 삼대 혹은 사대마다 한 명 이상의 이름이 나온다. (2) 몇몇 사람들의 이름은 여기에만 나오며 다른 사람들은 다른 곳에서는 지리적으로 다른 곳과 연관된다(참고. 6:1-30, 게르손의 첫째 아들 "라단"은 다른 곳에서는 "립니"로 나온다). (3) 왜 몇몇 조정이 이루어졌는지 설명하는 말이 나온다(23:11b, 14, 17b, 22).

아론과 "그 자손들"(여기에서 이름이 나오지 않는)이 제사장적 역할을 위해 "구별되어"라는 간략한 묘사가 눈에 띈다. 의미심장하게도 이어서 모세는 "하나님의 사람"이라는 묘사가 나오며(또한 대하 30:16) 그의 아들들의 이름이 나온다. 성전 활동에서 아론의 가족과 모세의 가족 둘 다 일익을 담당한다. 이것은 다른 곳에 나오는 저자의 접근방식과 조화된다. 모든 레위인의 중요한 사역에 주의를 기울이는 한편, 제사를 드리고 복을 비는 제사장들의 역할을 강조하는 것이다. 이 과업들은 역대상 23:28-32에서 길게 묘사된다.

23:24-32 이동할 수 있는 성소에서 성전으로 전환하기 위해서는 레위인들의 역할이 명시되고 확장되어야 했다. 이제 성막과 성막의 기구들을 옮길 필요는 없었으나 제사와 제물은 계속 드려졌으며 성전과 그 설비들을 돌보는 일은 훨씬 더 광범위한 것이 되었다. 다윗은 "아론의 자손"을 돕는 것과 관련된 레위인들의 의무의 연속성을 강조하면서 또한 새로운 물리적 환경에 맞게 그들의 의무를 확장시킨다. 여기에 나오는 일반적 규정들은 다음 장들에 나오는 "반(division)"을 조직하는 배경을 설정한다.

24절에 나오는 요약 진술은 다리 역할을 한다. 그것은 앞에 나오는 목록("이들은…레위의 자손이니")을 결론 맺고 "여호와의 성전에서 섬기는 일"에 대한 다윗의 지시들을 소개한다["섬김"(service)이라는 말은 24-32절에서 다섯 번 사용된다(26절에서는 "쓰는", 32절에서는 "수종드는"이라고 번역되어 있다—옮긴이주)]. 첫 번째로 바뀐 것은 다윗이 이제 "이십 세 이상"의 모든 사람을 포함시킨다는 것이다(24, 27절). "삼십"에서 "이십"으로 바뀐 것(참고. 23:3-6 주석)은 비레위인 인구조사와 조화를 이루는 반면(민 1:3, 20 등), 성전은 더 커졌는데 일부 과업은 나이든 사람에게 국한되어 있기 때문에 더 많은 인원을 관여시킬 필요성을 반영할 수도 있다. 분명한 것은 인구조사는 민수기 1:17-46의 방식을 따른다는 것이다. 거기 나오는 것과 같은 용어를 사용해서, "조상의 가문"(확대 가족)에 기초하여, "우두머리"가 "그 명수"에 따라, "계통별로"[레굴겔로탐(*legulgelotam*), '머리 수 대로', ESV는 "individuals"(개인별로), 민 1:2, 18 등] 목록을 "기록"할 책임을 지는 것이다.

새 조직과 할당된 임무가 단지 왕의 바람과 권위로 인한 것이 아니라 여호와의 행동에서 나오는 것이라는 점이 다시 상기된다. 민족이 누리는 "평강"을 주신 분은 하나님이시며, 성전 건축은 하나님이 "예루살렘에…거하시[도록]" 한다. "평안"과 성전 간의 연관은 솔로몬에게 전에 한 말(대상 22:9-10)에서 핵심 요소였으며 백성에게 하는 말(28:2-6)에서 다시 나올 것이다. 반면에 여호와가 "거하시는"[샤칸(*shakan*), 23:25, 이동할 수 있는 "성막"인 미쉬칸(*mishkan*)을 대체하는(26절)] 곳은 하나님이 다윗에게 하신 말씀(17:4-5) 시작 부분에 나온다. 여호와께서 택하신 곳이 "예루살렘에" 있다는 것은 실패로 끝난 다윗의 인구조사(22:1)의 절정이었다. "영원히"라는 말을 덧붙인 것은 고정된 장소를 강조할 뿐 아니라 또한 다윗이 마련해놓은 것에 지속적인 권위를 부여한다(대하 35:4; 느 12:45).

레위인들의 "직분"에 대한 포괄적인 묘사는 역대상 23:28-32를 시작하고 끝내는 문구에 표현되어 있다. "아론의 자손을 도와 여호와의…성전에서 섬기는" 일이라는 것이다. 그 범위는 다양한 측면에 대한 언급과 함께 예시된다. 건물과 그곳의 물건들을 돌보는 것(28b절), 다양한 제물을 조리하고 측량하는 일에 돕는 것(29절), 감사와 찬양을 드리는 것(30-31절) 등이다. 그 어휘에는 신속함과 기민함의 요소가 분명히 나타난다. "직분"[마아마드(*ma'amad*)]이라는 말은 수행하여 섬길 준비가 되어 있는 것을 포괄한다(참고. 솔로몬의 공복들이 "도열한 것", 대하 9:4). "도와"[레야드(*leyad*)]라는 말은 바로 가까이에 있다는 것이다. 그리고 레위인들은 모든 경우 감사와 찬송을 위해 "서서" 있어야 한다. 마지막 구절(대상 23:32)은 부단히 경계하는 것을 요약한다. 그들은 "회막"과 "성소"와 "아론 자손"의 "직무를 지켜"[샤마르 미쉬메렛(*shamar mishmeret*), '파수를 보다/보살피다']야 하기 때문이다(참고. 민 3:6-10).[182] 제사를 드릴 때 "아론의 자손"이 중심이 될지는 모르지만, 레위인들의 광범위한 책임을 볼 때 레위인들은 종속적인 존재들이 아니다. 그들은 모든 일이 제대로 이루어지도록 확인해야 하는 듯하다!

182 명사 미쉬메렛(*mishmeret*)은 '회막', '성소', '아론 자손' 각각에 대해 반복된다. ESV는 "아론 자손"을 목적어로 할 때는 여기에서는 "수종들다"(attend)라고 그리고 민 3:7에서는 "지키다"(keep guard over, 개역개정은 "직무를 위하여")라고 번역한다.

응답

나이가 들어가는 것을 바라보는 태도는 개인마다 그리고 공동체 내에서 대단히 다양하다. 어떤 사람들은 육체적 능력과 정신적 총명함이 쇠퇴하는 것에 초점을 둘 수도 있다. 하지만 이 부분 첫머리는 노년의 지혜를 상기시켜준다. 그것은 종종 상황 속에서 가장 중요한 것이 무엇인지 본다. 다윗의 행동들은 다음 세대와 그 너머까지 계속되는 "찬송"을 촉진하면서 즐거운 소망 속에 고대하는 것의 한 예다. 그리스도의 탄생 이야기에서 누가는 순종하는 믿음과 계속 불러야 하는 즐거운 노래들의 예를 말한다. 어린 마리아뿐 아니라(눅 1:27, 46-55) 나이든 스가랴, 시므온, 안나(눅 1:5-7, 67-79; 2:25-38)가 그 예다. 오순절 때 성취된 약속에는 "너희의 늙은이들은 꿈을 꾸리라"(행 2:17)라는 예언이 포함되었다.

다윗이 왕으로서 "하나님의 성전에서 섬기는 일"을 정리해놓는 것은 왕이신 다윗의 자손 그리스도의 행동을 예시한다. 그리스도는 승천하시면서 그분의 몸이 기능하도록 "선물을 주셨다". "그리스도의 몸"은 성전이다. 여기에도 역할들의 이름이 나와 있다. 하지만 과업의 방향은 변화되었다. 레위인들은 "아론의 자손"을 도와야 했던 반면, "사도…선지자…복음 전하는 자…목사와 교사"는 "성도를 온전하게 하여 봉사의 일을 하게" 해야 한다(엡 4:8-12). 역대기 저자는 아론 계열의 제사장들과 함께 레위인이 가진 책임의 중요성을 강조하는데 관심을 갖고 있었겠지만, 신약은 몸 전체가 잘 작동되도록 몸의 각 지체가 필요한 기여를 하는 것을 가리킨다(고전 12:12-26).

1 Chronicles

역대상

24:1-31

[1] 아론 자손의 계열들이 이러하니라 아론의 아들들은 나답과 아비후
와 엘르아살과 이다말이라 [2] 나답과 아비후가 그들의 아버지보다 먼
저 죽고 그들에게 아들이 없으므로 엘르아살과 이다말이 제사장의 직
분을 행하였더라 [3] 다윗이 엘르아살의 자손 사독과 이다말의 자손 아
히멜렉과 더불어 그들을 나누어 각각 그 섬기는 직무를 맡겼는데 [4] 엘
르아살의 자손 중에 우두머리가 이다말의 자손보다 많으므로 나눈 것
이 이러하니 엘르아살 자손의 우두머리가 열여섯 명이요 이다말 자손
은 그 조상들의 가문을 따라 여덟 명이라 [5] 이에 제비 뽑아 피차에 차
등이 없이 나누었으니 이는 성전의 일을 다스리는 자와 하나님의 일
을 다스리는 자가 엘르아살의 자손 중에도 있고 이다말의 자손 중에
도 있음이라 [6] 레위 사람 느다넬의 아들 서기관 스마야가 왕과 방백과
제사장 사독과 아비아달의 아들 아히멜렉과 및 제사장과 레위 사람의
우두머리 앞에서 그 이름을 기록하여 엘르아살의 자손 중에서 한 집
을 뽑고 이다말의 자손 중에서 한 집을 뽑았으니

[1] The divisions of the sons of Aaron were these. The sons of Aaron:
Nadab, Abihu, Eleazar, and Ithamar. [2] But Nadab and Abihu died

24장

before their father and had no children, so Eleazar and Ithamar became
the priests. 3 With the help of Zadok of the sons of Eleazar, and
Ahimelech of the sons of Ithamar, David organized them according
to the appointed duties in their service. 4 Since more chief men were
found among the sons of Eleazar than among the sons of Ithamar, they
organized them under sixteen heads of fathers' houses of the sons of
Eleazar, and eight of the sons of Ithamar. 5 They divided them by lot,
all alike, for there were sacred officers and officers of God among both
the sons of Eleazar and the sons of Ithamar. 6 And the scribe Shemaiah,
the son of Nethanel, a Levite, recorded them in the presence of the
king and the princes and Zadok the priest and Ahimelech the son of
Abiathar and the heads of the fathers' houses of the priests and of the
Levites, one father's house being chosen for Eleazar and one chosen for
Ithamar.

7 첫째로 제비 뽑힌 자는 여호야립이요 둘째는 여다야요 8 셋째는 하
림이요 넷째는 스오림이요 9 다섯째는 말기야요 여섯째는 미야민이요
10 일곱째는 학고스요 여덟째는 아비야요 11 아홉째는 예수아요 열째
는 스가냐요 12 열한째는 엘리아십이요 열두째는 야김이요 13 열셋째
는 훕바요 열넷째는 예세브압이요 14 열다섯째는 빌가요 열여섯째는
임멜이요 15열일곱째는 헤실이요 열여덟째는 합비세스요 16 열아홉
째는 브다히야요 스무째는 여헤스겔이요 17 스물한째는 야긴이요 스
물두째는 가물이요 18 스물셋째는 들라야요 스물넷째는 마아시야라
19 이와 같은 직무에 따라 여호와의 성전에 들어가서 그의 아버지 아
론을 도왔으니 이는 이스라엘의 하나님 여호와께서 명하신 규례더라
7 The first lot fell to Jehoiarib, the second to Jedaiah, 8 the third to
Harim, the fourth to Seorim, 9 the fifth to Malchijah, the sixth to

Mijamin, 10 the seventh to Hakkoz, the eighth to Abijah, 11 the ninth to
Jeshua, the tenth to Shecaniah, 12 the eleventh to Eliashib, the twelfth
to Jakim, 13 the thirteenth to Huppah, the fourteenth to Jeshebeab,
14 the fifteenth to Bilgah, the sixteenth to Immer, 15 the seventeenth to
Hezir, the eighteenth to Happizzez, 16 the nineteenth to Pethahiah, the
twentieth to Jehezkel, 17 the twenty-first to Jachin, the twenty-second
to Gamul, 18 the twenty-third to Delaiah, the twenty-fourth to Maaziah.
19 These had as their appointed duty in their service to come into the
house of the Lord according to the procedure established for them by
Aaron their father, as the Lord God of Israel had commanded him.

20 레위 자손 중에 남은 자는 이러하니 아므람의 아들들 중에는 수바
엘이요 수바엘의 아들들 중에는 예드야며 21 르하뱌에게 이르러는 그
의 아들들 중에 우두머리 잇시야요 22 이스할의 아들들 중에는 슬로못
이요 슬로못의 아들들 중에는 야핫이요 23 헤브론의 아들들은 장자 여
리야와 둘째 아마랴와 셋째 야하시엘과 넷째 여가므암이요 24 웃시엘
의 아들들은 미가요 미가의 아들들 중에는 사밀이요 25 미가의 아우는
잇시야라 잇시야의 아들들 중에는 스가랴이며 26 므라리의 아들들은
마흘리와 무시요 야아시야의 아들들은 브노이니 27 므라리의 자손 야
아시야에게서 난 자는 브노와 소함과 삭굴과 이브리요 28 마흘리의 아
들 중에는 엘르아살이니 엘르아살은 아들이 없으며 29 기스에게 이르
러는 그의 아들 여라므엘이요 30 무시의 아들들은 마흘리와 에델과 여
리못이니 이는 다 그 조상의 가문에 따라 기록한 레위 자손이라 31 이
여러 사람도 다윗 왕과 사독과 아히멜렉과 제사장과 레위 우두머리
앞에서 그들의 형제 아론 자손처럼 제비 뽑혔으니 장자의 가문과 막
내 동생의 가문이 다름이 없더라

20 And of the rest of the sons of Levi: of the sons of Amram, Shubael;

24장

of the sons of Shubael, Jehdeiah. 21 Of Rehabiah: of the sons of Rehabiah, Isshiah the chief. 22 Of the Izharites, Shelomoth; of the sons of Shelomoth, Jahath. 23 The sons of Hebron:[1] Jeriah the chief,[2] Amariah the second, Jahaziel the third, Jekameam the fourth. 24 The sons of Uzziel, Micah; of the sons of Micah, Shamir. 25 The brother of Micah, Isshiah; of the sons of Isshiah, Zechariah. 26 The sons of Merari: Mahli and Mushi. The sons of Jaaziah: Beno.[3] 27 The sons of Merari: of Jaaziah, Beno, Shoham, Zaccur, and Ibri. 28 Of Mahli: Eleazar, who had no sons. 29 Of Kish, the sons of Kish: Jerahmeel. 30 The sons of Mushi: Mahli, Eder, and Jerimoth. These were the sons of the Levites according to their fathers' houses. 31 These also, the head of each father's house and his younger brother alike, cast lots, just as their brothers the sons of Aaron, in the presence of King David, Zadok, Ahimelech, and the heads of fathers' houses of the priests and of the Levites.

1 Compare 23:19; Hebrew lacks *Hebron* *2* Compare 23:19; Hebrew lacks *the chief* *3* Or *his son*; also verse 27

단락 개관

"아론 자손"의 역할들은 모세 시대부터 구별된 바 있다. 하지만 다윗은 여호와의 "집"에서 영원히 여호와를 "섬기[는]" 조직을 시작한다[대상 23:13, 샤라트(*sharat*, 섬기다), '섬기다, 사역하다'라는 말은 개인적으로 수종드는 사람들에 대해 사용된다(예를 들어, 창 39:4; 40:4; 에 1:10)]. 제사장의 숫자는 많으며(예를 들어, 스 2:36-39에서는 포로귀환자 중에 4,289명의 제사장이 있다고 말한다), 두 아론 가족에게 속해 있다. 엘르아살의 자손과 이다말의 자손으로 다윗 시대에는 사독과 아히멜렉이 그들을 대표했다. 스물네 "반"으로 조직한 것 및 그들의 근무 당번표는 역대상 24:1-19에 상세히 나온다.

레위 가족들에 대한 또 다른 목록이 이어서 나오는데(20-30절), 23:12-23에서 그핫 자손과 므라리 자손들에 대해 나오는 세부 묘사를 한 세대 더 확장시킨다. 이것은 아마 후에 끼워 넣은 보충 자료처럼 보일지 모르지만, 또한 제사장들과 다른 레위인들 간의 밀접한 연관을 단언하는 의도적 교차대구법적 배열의 또 다른 예로 볼 수도 있다. 아론 계열에 대한 세부 묘사(24:1-19)는 레위 계열에 대한 세부 묘사의 틀을 형성한다(23:3-32; 24:20-30, 참고. 6:1-53, 거기서는 아론 계열의 계보가 레위 계열 계보의 틀을 형성한다). 두 집단 간의 유사점은 담당 임무를 위해 제비뽑는 과정의 결론부 요약에 의해 강화된다(24:31).

단락 개요

II. 다윗과 솔로몬의 통일 왕국—예루살렘, 궤, 성전(대상 9:35-대하 9:31)
B. 다윗, 예루살렘에서 왕이 됨: 승리와 성전 준비(11:1-29:30)
2. 승리와 성전 준비(17:1-29:30)…
e. 다윗이 성전과 행정을 조직함(23:1-27:4)…
(2) 아론 계열의 제사장들과 다른 레위인들 간의 구분(24:1-31)
(a) 아론의 후손들을 제사장 일을 위해 이십사 반으로 조직함(24:1-19)
(b) 비아론 계열의 레위 가족 조직에 대한 또 다른 목록(24:20-31)

주석

24:1-19 역대기 저자는 제사장들을 "아론 자손"(역대기에서 17번)이라고 말하는 그의 일반적 관행을 따르면서, 두 제사장 가문인 "엘르아살의 자손" 및 "이다말의 자손"에, 그리고 "반"을 할당하는 일에 초점을 맞춘다. 그래서 저자는 민수기 3:2-4을 각색하면서 거기 나오는 진술을 단순화한다. 나답과 아비후가 "다른 불을 드리다가 여호와 앞에서 죽어"라는 말은 "그들의 아버지보다 먼저 죽고"[리페네(*li-fene*)는 영어의 "전에"(before)처럼 장소 혹은 시간을 말할 수 있다]가 된다.

역대기 저자는 이내 각 가족의 핵심 대표인 사독과 아히멜렉에게로 넘어간다. 둘 다 다윗 행정부의 "제사장"으로 나오는데(대상 18:16=삼하 8:17) 사독이 더 우월한 위치에 있다. (18:6과 이 장에서 아히멜렉은 사독과 연관해서만 언급된다. 그의 아버지 아비아달은 15:11에서 사독과 함께 있었다. 사독 단독으로는 29:22에서 언급되며, "사독의 족속"은 대하 31:10에서 언급된다. 참고. 스 7:2.) 사독의 두드러짐은 두 가족의 상대적 힘을 반영한다. "엘르아살의 자손"은 열여섯 반을 할당받으며 "이다말 자손"은 여덟 반을 할당받는다.

할당 과정에 대한 글은 상세히 살펴볼만하다. 한 가족이 분명 더 강함에도 불구하고(대상 24:5-6), 반 할당이 투명하고 공평했다는 것은 의심의 여지가 없다. (1) 과정은 사독 및 아히멜렉 둘 다와 함께("그들", 참고. 3절) 다윗이 관리했다. (2) 그것은 "제비 뽑아" 이루어지며, "피차에 차등이 없이"[히브리어 관용구, '이들(한 집단)을 이들(다른 집단)과']라는 말은 편견이 없음을 강조한다. (3) 두 가족 모두에게는 "성전의 일을 다스리는 자와 하나님의 일을 다스리는 자"라는 호칭에 적합한 사람들이 있다. 그 두 용어는 동격으로, 사레 코데쉬[*sare qodesh*, '신성한 직무'로 번역되든 "성소의 어른들"(사 43:28에서처럼)로 번역되든]와 여기에만 나오는 사레 하엘로힘(*sare ha'elohim*, '다스리는 자/하나님의 군주들')은 두 가족들로부터 백성들이 하나님을 위해 구별되었다는 것을 상기시키는 말이다. (4) 모든 이름은 이름이 나오는 한 서기관에 의해 그때 기록되었다. 그 서기관은 그 두 가족 출신이 아닌 레위인이다. (5) 모든 과정은 광범위한 대표적 청중들과 함께 공개적으로 수행되었다. (6) "우두머리"(대상 24:4, ESV는 "heads of the fathers' houses", 아버지 집의 우두머리)가 처음 열여섯 반을 위해 먼저 뽑혔으며, 그 후에 엘르아살을 위한 마지막 여덟 반이 나온다(참고. 노래하는 자들을 위한 비슷한 절차, 25장).

제사장들의 "스물네 반"(divisions)이 역사적으로 어떻게 발전되었는가 하는 것은 논쟁의 여지가 있다. 이 본문 외에는, 에스라 2:36-39(=느 7:39-42)에 나오는 첫 번째 포로귀환 집단에 제사장이 네 반만 있으며, 한 세기 후에는 아마 스물 두 반이 있을 것이다(느 10:1-8). 반면 스물네 반은 후에 요세푸스의 글, 랍비 자료, 쿰란 문서 등에서 잘 입증된다. 스물네 반은 음력으로 사십팔 주일과 관련되어 있었다. 여기에 언급된 이름 중 단 아홉 개만 느헤미야 10:1-13; 12:1-26의 목록에 나오는 반면, 어떤 이름들은 여기에만 나와 있다. 하지만 제사장들과 레위인들의 "반열"(divisions)은 역대하 5:11, 8:14, 23:8, 31:2, 17, 35:4, 5, 10에서 일반적으로 언급되며 8:14와 35:4에서 다윗과의 연관이 확증된다. 서기관이 이름들을 기록하는 것을 포함해서, 과정에 대한 역대기 저자의 주의 깊은 묘사는 포로기 이후 공동체를 위한 목표를 제공한다.[183]

어떤 이름들은 후에 하나님의 백성의 삶에서 중대한 전환점들에 나온다. 포로생활에서 돌아오기 시작할 때, 두 번째("여호야다"), 세 번째("하림") 열여섯 번째("임멜") 가족은 첫 번째 귀환포로 목록에 이름이 나오는 네 제사장 가족 중 셋이다(스 2:36-39). 일곱째 가족("학고스")는 처음에는 배제되었지만(스 2:61-63) 후에 나온다(스 8:33; 느 3:4, 21). 거의 사백 년 후에, 다섯 아들과 함께 저항하여 주전 164년에 마카비 봉기와 성전 척결이 일어나게 했던 제사장 맛다디아는 첫 번째 이름인 "여호야립"의 자손이다(마카베오상 2:1). 마지막으로, 예수님의 탄생 전에 세례 요한의 아버지 사가랴는 여덟 번째 이름인 "아비야"의 반열에 속한 것으로 나온다(눅 1:5, 8-9).

24장

183 Selman, *1 Chronicles*, 229-230; Knoppers, *I Chronicles 10-29*, 833-834, 841-842에 나오는 논의를 보라.

다윗은 사독과 아히멜렉과 함께 "아론의 자손"을 위한 "직무"를 조직했을 것이다(대상 24:3, 19). 하지만 그들이 따를 "규례"에는 바뀐 점이 아무 것도 없었다. 결론적 진술(히브리어 사본에서는 별도의 단락으로 강조되어 있다)은 그들이 따른 "규례"가 "그의 아버지 아론"이 세운 것이라고 단언한다. 실제로 그들이 "여호와의 성전에 들어[갈]" 때, 그들은 "이스라엘의 하나님 여호와께서 명하신" 대로 했다. 그들의 '섬김'(ESV에는 19절의 "들어가서" 다음에 '섬기는 일에'라는 말이 나온다—옮긴이주)이라는 말은 섬김을 받는 하나님이 바라시는 대로 따른다는 것을 암시한다.

24:20-31 저자는 "아므람의 아들"(23:13)인 "아론의 자손"의 "반열"을 결정하는 과정을 묘사하고 나서, 다른 "아므람의 아들들"로 시작해서 "레위 자손 중에 남은 자"를 상술한다. 23:16-23에서 나왔던 이름을 반복하지만, 추가된 이름들도 있는데, 후대의 일부 사람들이다. 게다가 그 목록은 그핫과 므라리 계열의 가족들만 포함시킨다. 아마 그들이 제사장들과 함께 특정한 과업들을 지니고 있기 때문일 것이다[게르손 사람들도 "문지기"에서 빠져 있고(26:19), 므라리 사람들이 곳간 맡은 자에서 빠져 있는 것(26:20-32)에서 볼 수 있는 유추[184]]. 초점은 "그들의 형제"인 제사장들과 필적할 수 있다는 것이다. 그들 역시 '제비뽑기'에 의해 임무를 할당받는다. 다시 한번 한쪽으로 치우지지 않고 똑같이 지도력을 발휘한다.

'반열'을 조직하는 절차와 "아론 자손"을 위한 별개의 역할(하지만 레위인들이 그 과정에 관여하고 제사장들과 함께 같은 절차로 할당받은 특정한 역할들을 맡는)에 대한 주의 깊은 묘사는 저자가 제사장 가족들과 레위인들 간에 포로시대 후에 있었던 긴장들을 다루고 있음을 시사할 것이다. 저자는 23-26장에서 레위인들에게 가장 주의를 기울인다. 하지만 "아론 자손"은 23:13, 32와 24:1-19에만 언급되지만, 그들이 중심이다. 역대기 저자는 모두가 "형

184 Selman, *1 Chronicles*, 232.

제"로서 "여호와의 성전에 들어가서 [섬기는 일에]" 관여한다고 단언한다(24:19, 참고. 23:32).[185]

응답

많은 역사 이야기(오랜 세월에 걸쳐 다른 곳에서 그런 것처럼 성경에서도)는 핵심 인물, 보통 지배적 지도자들의 이름만 나온다. 이 장은 비슷한 사역을 하는 매우 많은 사람들을 열거한다는 점에서 두드러진다. 하나님의 백성의 삶에서 중대한 전환이 일어나는 때에, 저자는 그의 청중들이 사독과 아비아달의 도움을 받은 다윗의 주도권 뿐 아니라, 또한 성전에서 섬기는 일에 동반되는 지도력을 제공하도록 지정된 많은 사람들의 이름을 알기를 원한다. 이름의 인용은 가장 중요한 것에 치중한다. 각 집단 안에서 제사장들과 레위인들은 각각 대등한 책임을 가지고 있으며 인정을 받는다. 젊은 사람과 나이든 사람이 포함된다(행 2:17; 딤전 4:12; 5:1). 제사장들과 레위인들의 이름과 임명 절차를 나란히 둔 것, 그리고 과업들에 대한 묘사는 저자가 그의 청중들에게 추천하는 협력의 한 예다. 어느 누구도 혼자 사역하지 않는다.

이 측면들은 우리가 하나님의 백성의 삶에서 또 다른 중대한 전환에 관여하는 사람들을 되돌아보도록 도와준다. 그 전환이란 그리스도의 강림으로, 그것은 현재에 의미를 지닌 것이다. 예수님은 자기와 함께 있도록 열두 명을 택하셨으며, 모두의 이름이 나온다(마 10:2-4와 병행 구절들). 몇몇 사람들은 복음서 이야기와 사도행전에서 두드러진다. 하지만 교회는 특별히 명예로운 자리를 추구하는 것은 "이방인의" 방식이라는, "크고자" 하는 길은 다른 사람들에게 "종"이 되는 것이라는 예수님의 말씀을 기억한다(막

185 Japhet, *I & II Chronicles*, 423-425; Boda, *1-2 Chronicles*, 193.

10:35-45). 공동 사역은 신약에 나오는 글들의 특징이다("서로"라는 말이 서신서에 50번 이상 나온다). 로마에 보낸 주요 서신서에는 바울이 서른 네 명의 이름을 개별적으로 말한 것이 포함되며(롬 16장) "더디오"는 바울의 서기로서 자신의 이름을 포함시킨다(16:22). 교회 역사의 수많은 사람들이 익명으로 남아 있으나, 바울의 글은 광범위한 방식으로 사역하는 남녀의 이름을 기록하는 한 예다.

1 Chronicles
역대상
25:1-31

1 다윗이 군대 지휘관들과 더불어 아삽과 헤만과 여두둔의 자손 중에
서 구별하여 섬기게 하되 수금과 비파와 제금을 잡아 [1]신령한 노래를
하게 하였으니 그 직무대로 일하는 자의 수효는 이러하니라 2 아삽의
아들들은 삭굴과 요셉과 느다냐와 아사렐라니 이 아삽의 아들들이 아
삽의 지휘 아래 왕의 명령을 따라 [2]신령한 노래를 하며 3 여두둔에게
이르러서는 그의 아들들 그달리야와 스리와 여사야와 시므이와 하사
뱌와 맛디디야 여섯 사람이니 그의 아버지 여두둔의 지휘 아래 수금
을 잡아 신령한 노래를 하며 여호와께 감사하며 찬양하며 4 헤만에게
이르러는 그의 아들들 북기야와 맛다냐와 웃시엘과 스브엘과 여리못
과 하나냐와 하나니와 엘리아다와 깃달디와 로맘디에셀과 요스브가
사와 말로디와 호딜과 마하시옷이라 5 이는 다 헤만의 아들들이니 나
팔을 부는 자들이며 헤만은 하나님의 말씀을 가진 왕의 선견자라 하
나님이 헤만에게 열네 아들과 세 딸을 주셨더라 6 이들이 다 그들의
아버지의 지휘 아래 제금과 비파와 수금을 잡아 여호와의 전에서 노
래하여 하나님의 전을 섬겼으며 아삽과 여두둔과 헤만은 왕의 지휘
아래 있었으니 7 그들과 모든 형제 곧 여호와 찬송하기를 배워 익숙한

자의 수효가 이백팔십팔 명이라 8 이 무리의 큰 자나 작은 자나 스승
이나 제자를 막론하고 다같이 제비 뽑아 직임을 얻었으니
1 David and the chiefs of the service also set apart for the service the
sons of Asaph, and of Heman, and of Jeduthun, who prophesied with
lyres, with harps, and with cymbals. The list of those who did the
work and of their duties was: 2 Of the sons of Asaph: Zaccur, Joseph,
Nethaniah, and Asharelah, sons of Asaph, under the direction of
Asaph, who prophesied under the direction of the king. 3 Of Jeduthun,
the sons of Jeduthun: Gedaliah, Zeri, Jeshaiah, Shimei,[1] Hashabiah,
and Mattithiah, six, under the direction of their father Jeduthun, who
prophesied with the lyre in thanksgiving and praise to the Lord. 4 Of
Heman, the sons of Heman: Bukkiah, Mattaniah, Uzziel, Shebuel and
Jerimoth, Hananiah, Hanani, Eliathah, Giddalti, and Romamti-ezer,
Joshbekashah, Mallothi, Hothir, Mahazioth. 5 All these were the sons of
Heman the king's seer, according to the promise of God to exalt him,
for God had given Heman fourteen sons and three daughters. 6 They
were all under the direction of their father in the music in the house of
the Lord with cymbals, harps, and lyres for the service of the house of
God. Asaph, Jeduthun, and Heman were under the order of the king.
7 The number of them along with their brothers, who were trained in
singing to the Lord, all who were skillful, was 288. 8 And they cast lots
for their duties, small and great, teacher and pupil alike.

9 첫째로 제비 뽑힌 자는 아삽의 아들 중 요셉이요 둘째는 그달리야이
니 그와 그의 형제들과 아들들 십이 명이요 10 셋째는 삭굴이니 그의
아들들과 형제들과 십이 명이요 11 넷째는 이스리이니 그의 아들들과
형제들과 십이 명이요 12 다섯째는 느다냐니 그의 아들들과 형제들과

십이 명이요 13 여섯째는 북기야니 그의 아들들과 형제들과 십이 명이
요 14 일곱째는 여사렐라니 그의 아들들과 형제들과 십이 명이요 15 여
덟째는 여사야니 그의 아들들과 형제들과 십이 명이요 16 아홉째는 맛
다냐니 그의 아들들과 형제들과 십이 명이요 17 열째는 시므이니 그의
아들들과 형제들과 십이 명이요 18 열한째는 아사렐이니 그의 아들들
과 형제들과 십이 명이요 19 열두째는 하사뱌니 그의 아들들과 형제들
과 십이 명이요 20 열셋째는 수바엘이니 그의 아들들과 형제들과 십이
명이요 21 열넷째는 맛디디야니 그의 아들들과 형제들과 십이 명이요
22 열다섯째는 여레못이니 그의 아들들과 형제들과 십이 명이요 23 열
여섯째는 하나냐니 그의 아들들과 형제들과 십이 명이요 24 열일곱째
는 요스브가사니 그의 아들들과 형제들과 십이 명이요 25 열여덟째는
하나니니 그의 아들들과 형제들과 십이 명이요 26 열아홉째는 말로디
니 그의 아들들과 형제들과 십이 명이요 27 스무째는 엘리아다니 그의
아들들과 형제들과 십이 명이요 28 스물한째는 호딜이니 그의 아들들
과 형제들과 십이 명이요 29 스물두째는 깃달디니 그의 아들들과 형제
들과 십이 명이요 30 스물셋째는 마하시옷이니 그의 아들들과 형제들
과 십이 명이요 31 스물넷째는 로맘디에셀이니 그의 아들들과 형제들
과 십이 명이었더라

9 The first lot fell for Asaph to Joseph; the second to Gedaliah, to
him and his brothers and his sons, twelve; 10 the third to Zaccur, his
sons and his brothers, twelve; 11 the fourth to Izri, his sons and his
brothers, twelve; 12 the fifth to Nethaniah, his sons and his brothers,
twelve; 13 the sixth to Bukkiah, his sons and his brothers, twelve;
14 the seventh to Jesharelah, his sons and his brothers, twelve; 15 the
eighth to Jeshaiah, his sons and his brothers, twelve; 16 the ninth to
Mattaniah, his sons and his brothers, twelve; 17 the tenth to Shimei, his
sons and his brothers, twelve; 18 the eleventh to Azarel, his sons and his

25장

brothers, twelve; 19 the twelfth to Hashabiah, his sons and his brothers,
twelve; 20 to the thirteenth, Shubael, his sons and his brothers, twelve;
21 to the fourteenth, Mattithiah, his sons and his brothers, twelve;
22 to the fifteenth, to Jeremoth, his sons and his brothers, twelve;
23 to the sixteenth, to Hananiah, his sons and his brothers, twelve;
24 to the seventeenth, to Joshbekashah, his sons and his brothers, twelve;
25 to the eighteenth, to Hanani, his sons and his brothers, twelve;
26 to the nineteenth, to Mallothi, his sons and his brothers, twelve;
27 to the twentieth, to Eliathah, his sons and his brothers, twelve;
28 to the twenty-first, to Hothir, his sons and his brothers, twelve;
29 to the twenty-second, to Giddalti, his sons and his brothers, twelve;
30 to the twenty-third, to Mahazioth, his sons and his brothers, twelve;
31 to the twenty-fourth, to Romamti-ezer, his sons and his brothers,
twelve.

1) 히, 예언을 뜻함 2) 히, '시므이'가 없음. 헬, '시므이'

1 One Hebrew manuscript, Septuagint; most Hebrew manuscripts lack *Shimei*

단락 개관

다윗은 궤를 예루살렘으로 가져올 준비를 하면서, 레위인들에게 음악가들을 임명하라고 명했으며 그 결과 세 명의 레위인 지도자가 나온다(대상 15:16-24). 그 후 다윗은 임시로 책임들을 나누는데, 아삽은 예루살렘 궤 앞에 있는 집단의 우두머리가 되게 하고(16:4-7, 37), 헤만과 여두둔은 기브온에서 성막의 제단 앞에서 이끌게 했다(16:41-42). 이제 모두 성전 안에 함께 있고 궤와 제단은 하나의 큰 구역 안에 있어야 했다. 24장에 나오는 제사장 조직에 대한 묘사와 마찬가지로, 먼저 주요 가족들의 이름이 나오고, 그와 함께 음악가로서 "신령한 노래를 하[는]"(ESV는 "prophesy", 예언하는) 특정한 과업에 대한 개관이 나오며(25:1-7), 그 후 제사장들의 숫자에 맞게 스물네 반열이 할당되는 것이 나온다(8-31절).

성전에서 하는 음악 준비에 대해 그렇게 세심하게 상술하는 것은 역대기의 독특한 특징이다.[186] 저자는 이제 제2성전이 있는 그의 청중들에게 지속적인 음악적 섬김과 하나님 찬양을 위해 전통적인 구조와 절차의 중요성을 분명하게 권하고 있다. 역시 포로기 이후에 정경 형태를 갖추게 된 시편은 '노래하는 것'과 악기들에 대한 많은 언급을 담고 있으며, 그와 함께 때로 흥미를 부추기는 레위인들과 악보에 관한 말이 들어있는 제목들이 나온다. 역대기는 청중들에게 공동 찬양을 이행해서 그런 찬양을 촉진하도록 상기시키는 보충글로 읽을 수 있다.

단락 개요

II. 다윗과 솔로몬의 통일 왕국—예루살렘, 궤, 성전(대상 9:35-대하 9:31)
    B. 다윗, 예루살렘에서 왕이 됨: 승리와 성전 준비(11:1-29:30)
        2. 승리와 성전 준비(17:1-29:30)…
            e. 다윗이 성전과 행정을 조직함(23:1-27:34)…
                (3) 음악가들을 스물네 반으로 조직함(25:1-31)

25장

186 참고. 서론의 '역대기 신학' 중 '성전, 레위인들, 예배'.

주석

25:1-6 다윗이 제사장을 조직할 때 지도자들과 함께 일한 경험에 걸맞게(24:3), 음악가들을 조직할 때도 다른 사람들이 다윗과 함께 한다(15:16에서처럼). "군대 지휘관"[사레 하차바(*sare hatsaba'*), ESV는 "chiefs of the service", 섬김의 장들]은 아마 전에 다윗과 관련되었던 "레위 사람의 어른들"(chiefs, 15:16)과 동일한 사람들일 것이다. 히브리어 차바(*tsaba'*)는 대개 군사 복무와 군대를 묘사하므로, 많은 역본은 이 문구를 "군대 지휘관"이라고 번역한다(26:26; 대하 33:11, 참고. 대상 27:3, 5, 34에처럼). 하지만 그 말은 민수기 4:3, 23, 30, 35, 39, 43, 8:24, 25에서 레위인들의 제의적 '섬김'에 대해 사용되었다. 각 경우(4:3을 제외하고) 여기에서처럼 성막의 '섬김, 일'[아보다(*'abodah*)]과 연결되어 있다.[187] 여호와의 명령 아래, 모세는 레위인들을 전반적으로 "구별[한다]"[민 8:14; 16:9, set apart(필자의 번역, ESV에는 "separated"라고 되어 있다-옮긴이주)]. 이제 다윗은 음악가로서 다양한 과업들을 위해 일정한 레위인들을 "구별[한다]"(대상 23:13은 아론이 특정한 제사장적 임무를 위해 "구별되어"라고 말했다).

역대기에 독특한 것은 "신령한 노래를 하[는]"(25:1, ESV는 "prophesy", 예언하는) 과업을 명기한다는 것이다. 아버지들의 모범과 지시를 따라 그렇게 하는 것이다(2절의 아삽, 3절의 여두둔, 5절의 "왕의 선견자" 헤만, 참고, 대하 29:30; 35:15). 음악 외에는 '예언하는' 그들의 사역이 무엇을 포함하는지 분명히 나오지 않는다. 어떻게든 그들은 포로기 이전 선지자들의 사역을 계속해서 하나님의 말씀을 전달하고 있다. 우리는 후에 전투 때 음악을 포함시켜서 여호와의 메시지를 전하는 "아삽 자손 레위 사람"의 한 예를 읽게 된다(대하 20:14-17, 21-22). 메시지는 또한 하나님의 영감을 받은 노래에서도[서너 시편들(예를 들어, 시 73-89편)은 이 노래하는 자들과 연관되었다고 명시되어 있다] 혹은 보다 일반적으로는 하나님의 명령들에 대한 가르침에서도(신 33:10) 나

187 Japhet, *I & II Chronicles*, 439; Tremper Longman III, "*ṣābā'* I," *NIDOTTE*, 3:733-735.

올 수 있었다.[188]

이름이 나와 있는 세 가족은 아삽, 헤만, 여두둔의 가족이다(대상 16:37, 42 에서처럼). "아삽"은 다윗 시대부터 내내 두드러지며 보통 목록의 가장 처음에 나온다. 하지만 그 가족은 단 네 반열을 위한 숫자만 가지고 있다. 그것은 귀환한 포로의 첫 번째 집단 가운데 이름이 나오는 유일한 가족이다(스 2:41; 3:10). "헤만"은 역대상 6:31-48의 계보들과 15:17, 19에서 가장 먼저 이름이 나온다. 하지만 그 이후로는 아삽 다음에 나온다. 그럼에도 불구하고, 역대기 저자는 헤만이 하나님께 높임을 받았다고 상세히 설명한다. 그것은 자녀의 숫자에서 예시되어 있으며, 헤만의 가족은 스물네 반 중 열네 반을 할당받는다. "여두둔"은 처음에 아삽과 헤만과 함께 임명받은 "에단"과 같은 사람일 수 있다(15:17; 6:31-48). ["에단"은 다른 곳에서는 이름이 나오지 않는다(시편 89편 표제에 나오는 "에스라인 에단"은 다른 사람이다, 참고. 대상 2:6; 왕상 4:31).] "여두둔"의 이름은 포로시대 이후를 포함해서(느 11:17) 서너 번 나온다. 하지만 앞에 계보가 같이 나오지는 않는다.

이름들은 "제금과 비파와 수금"을 말하는 다양한 문구들로 끝나며, "왕의 명령[야드, '손']을 따[른]" 아삽, 헤만, 여두둔을 통한 권위의 계열을 단언한다. 이러한 악기들에 대한 명백한 언급은 역대기 저자의 특징이다[예를 들어, 성경에 나오는 "제금"(메칠타임, *metsiltayim*)에 대한 열세 번의 언급 중 열한 번이 역대기에 나온다. 또한 스 3:10; 느 12:27, 첼첼림(*tseltselim*)도 마찬가지로 시 150:5에 두 번 나온다]. 악기들을 그렇게 사용한 것은 왕의 명령에 따른 것이었다. 하지만 그들은 왕을 위해 연주하고 있지 않았다. 그들은 "여호와께 감사하며 찬양하[고]" 있었다.

두드러진 차이점은 헤만을 '높이시겠다는 하나님의 약속'(개역개정에는 "하나님의 말씀"이라고 되어 있다—옮긴이주)이다(대상 25:5). 저자는 제사장들이 더 많은 반열을 할당받은 이유를 설명하기 위해 그저 엘르아살의 자손들이

188 Selman, *1 Chronicles*, 235; Kleinig, *The Lord's Song*, 153-157, 184-185.

상대적으로 힘이 있다고 진술한다(24:4). 하지만 헤만의 경우에는 많은 식구를 둔 것이 약속(다른 곳에서는 언급되지 않은)의 성취라는 것을 먼저 말한다. 그들이 수적으로 강한 것은 우연이 아니라 하나님의 적극적인 복 주심이다. 게다가 마지막 일곱 아들의 이름은 구조와 의미 면에서 색다르며 아마 시편이 시작될 때 나오는 문구들일 것이다[예를 들어, "하나냐"와 "하나니"는 '내게 은혜를 베푸소서, 여호와(Yahweh)여'와 '내게 은혜를 베푸소서', "엘리아다"는 '당신은 나의 하나님이십니다', "깃달디"는 '내가 찬미를 받았다'].[189] 이 개인적인 말은 그 자료가 초기의 것임을 가리킨다.

25:7-8 "이백팔십팔"(12×24)이라는 "수효"[미스파르(*mispar*)]는 이 구절들을 1-6절에 나오는 가족들 '목록'(역시 '미스파르')과 9-31절에 나오는 "제비뽑기"에 의한 할당 사이의 연결부로 만든다. 스물네 반열 각각에 '열둘'이 있기 때문이다. 제사장들의 과정과 마찬가지로, 할당은 공정하게 이루어지는 것으로 나타난다. 제사장들의 경우, 두 가정 다 자격을 갖춘 사람들이 있었다(24:5). 레위 가족에는 "여호와 찬송하기[쉬르(*shir*)에는 악기를 연주하는 것이 포함된다]를 배워 익숙한 자"들의 충분한 수효가 포함되었다. "큰 자나 작은 자나 스승[메빈(*mebin*)]이나 제자[탈미드(*talmid*)]를 막론하고"[두 번째 쌍은 25:7에 나온 단어들을 가져온 것이다. 멜룸마딤(*melummadim*, '배운' 혹은 '훈련받고 있는') 그리고 메빈("익숙한")] 어떤 편애나 우선권도 주어지지 않는다. 이 용어들은 세대를 가로질러 성전에서 공식적 음악 교육을 하는 것의 중요성을 가리킨다.

25:9-31 이름들 "목록"과 근무당번표의 세부사항들은 고대 근동 다른 곳에서 있었던 세습 기능의 관행을 반영한다. 몇몇 이름의 철자가 변형되어 나오는 것은 저자가 아마 서로 다른 때에 편집된 서로 다른 출처를 한데 모아놓았기 때문일 것이다. 역대기 저자가 전달하는 것은 음악에서 레

189 Williamson, *1 and 2 Chronicles*, 167; Dharamraj, "1 Chronicles," 498.

위인 역할의 중요성 및 질서정연하고 공정한 근무당번표의 중요성이다. 그 모든 것은 다윗이 처음으로 확립해놓았으며 저자의 청중들에게도 역시 적절성을 지닌다.

응답

영향력 있는 유럽의 작곡가이자 27년간 라이프치히에 위치한 유명한 성 토마스 교회(St. Thomas Church)의 음악 감독이었던 요한 세바스찬 바흐(Johann Sebastian Bach, 1685-1750)는 이 장에 대해 이것은 하나님을 기쁘시게 하는 모든 교회 음악의 토대라고 말했다. 음악은 성전 예배의 다른 측면들과 함께 하나님 자신이 그분의 말씀을 선포하기 위해 제정하신 것으로(대상 28:21), 하나님은 은혜롭게 음악 안에 임재하신다(대하 5:13-14).[190]

신약에는 악기에 대한 분명한 언급이 별로 없다(예를 들어, 계 14:2; 15:2의 "거문고"). 하지만 내러티브에 통합된 노래들(예를 들어, 눅 1-2장; 계 5:9-10)과 함께 노래는 도처에 분명하게 나오며, 그것이 삶과 예배의 필수적 부분이었음을 보여주게끔 언급된다(예를 들어, 마 26:30; 고전 14:15, 26; 엡 5:19; 히 2:12; 약 5:13). 음악은 다양한 방식으로 예배와 삶을 고양시켜준다. (1) 음악은 감정에 영향을 미치며 또한 감정을 표현한다. 음악치료사는 말하는 데 어려움이 있는 사람이 어떻게 음악을 통해 의사소통할 수 있는지 안다. (2) 많은 문화권에서 중요하게 공유되는 이야기와 신조들은 노래로 전달되어 내려온다. (3) 음악이 수반된 말은 더 쉽게 기억되고 반복되며, 좋은 음악은 말이 시사하는 감정과 조화를 이룬다. (4) 개인적인 것이 아니라 공동적인 활동으로서(이 장에서처럼), 차이점들을 조화롭게 혼합하는 것은 각 사람이 자기 역할에 기여할 때 영향력을 지닌다(조화롭게 들리는 것이 무엇인가에 대해서

190 Kleinig, *The Lord's Song*, 13, Bach가 자신의 주석 한 권에 대해 여백에 써놓은 글을 Calov가 인용한 것(1681-1682).

는 문화마다 다르겠지만!). (5) 회중 노래에서 사람들은 하나님을 찬양하는 일에 전심으로 함께 참여하면서, 자신들이 전체의 일부라는 것을 경험한다.

저자의 해설은 교회 음악이 "여호와께" 드리는 것임을 상기시킨다. 서로 다른 연령과 기술 수준의 사람들이 함께 모일 때 광범위한 참여가 일어난다. 성가대와 음악가들은 그들 자신이 아니라 하나님을 가리키는 방식으로 준비하고 연주해야 한다. 장소나 참여한 사람들의 숫자와 상관없이, 모든 경우는 왕 중의 왕이신 분께 드리는 '왕실 공연'이라고 말할 수 있을 것이다.

I Chronicles

역대상

26:1-32

1 고라 사람들의 문지기 반들은 이러하니라 아삽의 가문 중 고레의 아
들 므셀레먀라 2 므셀레먀의 아들들인 맏아들 스가랴와 둘째 여디야
엘과 셋째 스바댜와 넷째 야드니엘과 3 다섯째 엘람과 여섯째 여호하
난과 일곱째 엘여호에내이며 4 오벧에돔의 아들들은 맏아들 스마야와
둘째 여호사밧과 셋째 요아와 넷째 사갈과 다섯째 느다넬과 5 여섯째
암미엘과 일곱째 잇사갈과 여덟째 브울래대이니 이는 하나님이 오벧
에돔에게 복을 주셨음이라 6 그의 아들 스마야도 두어 아들을 낳았으
니 그들의 조상의 가문을 다스리는 자요 큰 용사라 7 스마야의 아들들
은 오드니와 르바엘과 오벳과 엘사밧이며 엘사밧의 형제 엘리후와 스
마갸는 능력이 있는 자이니 8 이는 다 오벧에돔의 자손이라 그들과 그
의 아들들과 그의 형제들은 다 능력이 있어 그 직무를 잘하는 자이니
오벧에돔에게서 난 자가 육십이 명이며 9 또 므셀레먀의 아들과 형제
열여덟 명은 능력이 있는 자라 10 므라리 자손 중 호사에게도 아들들
이 있으니 그의 장자는 시므리라 시므리는 본래 맏아들이 아니나 그
의 아버지가 장자로 삼았고 11 둘째는 힐기야요 셋째는 드발리야요 넷
째는 스가랴이니 호사의 아들들과 형제들이 열세 명이더라

26장

1 As for the divisions of the gatekeepers: of the Korahites, Meshelemiah
the son of Kore, of the sons of Asaph. 2 And Meshelemiah had sons:
Zechariah the firstborn, Jediael the second, Zebadiah the third, Jathniel
the fourth, 3 Elam the fifth, Jehohanan the sixth, Eliehoenai the seventh.
4 And Obed-edom had sons: Shemaiah the firstborn, Jehozabad the
second, Joah the third, Sachar the fourth, Nethanel the fifth, 5 Ammiel
the sixth, Issachar the seventh, Peullethai the eighth, for God blessed
him. 6 Also to his son Shemaiah were sons born who were rulers in
their fathers' houses, for they were men of great ability. 7 The sons of
Shemaiah: Othni, Rephael, Obed and Elzabad, whose brothers were
able men, Elihu and Semachiah. 8 All these were of the sons of Obed-
edom with their sons and brothers, able men qualified for the service;
sixty-two of Obed-edom. 9 And Meshelemiah had sons and brothers,
able men, eighteen. 10 And Hosah, of the sons of Merari, had sons:
Shimri the chief (for though he was not the firstborn, his father made
him chief), 11 Hilkiah the second, Tebaliah the third, Zechariah the
fourth: all the sons and brothers of Hosah were thirteen.

12 이상은 다 문지기의 반장으로서 그 형제처럼 직임을 얻어 여호와
의 성전에서 섬기는 자들이라 13 각 문을 지키기 위하여 그의 조상의
가문을 따라 대소를 막론하고 다 제비 뽑혔으니 14 셀레마는 동쪽을
뽑았고 그의 아들 스가랴는 명철한 모사라 모사를 위하여 제비 뽑으
니 북쪽을 뽑았고 15 오벧에돔은 남쪽을 뽑았고 그의 아들들은 곳간
에 뽑혔으며 16 숩빔과 호사는 서쪽을 뽑아 큰 길로 통한 살래겟 문 곁
에 있어 서로 대하여 파수하였으니 17 동쪽 문에 레위 사람이 여섯이
요 북쪽 문에 매일 네 사람이요 남쪽 문에 매일 네 사람이요 곳간에는
둘씩이며 18 서쪽 뜰에 있는 큰 길에 네 사람 그리고 뜰에 두 사람이라

19 고라와 므라리 자손의 문지기의 직책은 이러하였더라
12 These divisions of the gatekeepers, corresponding to their chief men,
had duties, just as their brothers did, ministering in the house of the
Lord. 13 And they cast lots by fathers' houses, small and great alike,
for their gates. 14 The lot for the east fell to Shelemiah. They cast lots
also for his son Zechariah, a shrewd counselor, and his lot came out
for the north. 15 Obed-edom's came out for the south, and to his sons
was allotted the gatehouse. 16 For Shuppim and Hosah it came out for
the west, at the gate of Shallecheth on the road that goes up. Watch
corresponded to watch. 17 On the east there were six each day,[1] on the
north four each day, on the south four each day, as well as two and two
at the gatehouse. 18 And for the colonnade[2] on the west there were four
at the road and two at the colonnade. 19 These were the divisions of the
gatekeepers among the Korahites and the sons of Merari.

20 레위 사람 중에 아히야는 하나님의 전 곳간과 성물 곳간을 맡았으
며 21 라단의 자손은 곧 라단에게 속한 게르손 사람의 자손이니 게르
손 사람 라단에게 속한 가문의 우두머리는 여히엘리라
20 And of the Levites, Ahijah had charge of the treasuries of the house
of God and the treasuries of the dedicated gifts. 21 The sons of Ladan,
the sons of the Gershonites belonging to Ladan, the heads of the
fathers' houses belonging to Ladan the Gershonite: Jehieli.[3]

22 여히엘리의 아들들은 스담과 그의 아우 요엘이니 여호와의 성전
곳간을 맡았고 23 아므람 자손과 이스할 자손과 헤브론 자손과 웃시
엘 자손 중에 24 모세의 아들 게르솜의 자손 스브엘은 곳간을 맡았고
25 그의 형제 곧 엘리에셀에게서 난 자는 그의 아들 르하뱌와 그의 아

26장

들 여사야와 그의 아들 요람과 그의 아들 시그리와 그의 아들 슬로못
이라 26 이 슬로못과 그의 형제는 성물의 모든 곳간을 맡았으니 곧 다
윗 왕과 가문의 우두머리와 천부장과 백부장과 군대의 모든 지휘관이
구별하여 드린 성물이라 27 그들이 싸울 때에 노략하여 얻은 물건 중
에서 구별하여 드려 여호와의 성전을 개수한 일과 28 선견자 사무엘과
기스의 아들 사울과 넬의 아들 아브넬과 스루야의 아들 요압이 무엇
이든지 구별하여 드린 성물은 다 슬로못과 그의 형제의 지휘를 받았
더라

22 The sons of Jehieli, Zetham, and Joel his brother, were in charge
of the treasuries of the house of the Lord. 23 Of the Amramites, the
Izharites, the Hebronites, and the Uzzielites— 24 and Shebuel the son
of Gershom, son of Moses, was chief officer in charge of the treasuries.
25 His brothers: from Eliezer were his son Rehabiah, and his son
Jeshaiah, and his son Joram, and his son Zichri, and his son Shelomoth.
26 This Shelomoth and his brothers were in charge of all the treasuries
of the dedicated gifts that David the king and the heads of the fathers'
houses and the officers of the thousands and the hundreds and the
commanders of the army had dedicated. 27 From spoil won in battles
they dedicated gifts for the maintenance of the house of the Lord.
28 Also all that Samuel the seer and Saul the son of Kish and Abner the
son of Ner and Joab the son of Zeruiah had dedicated—all dedicated
gifts were in the care of Shelomoth[4] and his brothers.

29 이스할 자손 중에 그나냐와 그의 아들들은 성전 밖에서 이스라엘
의 일을 다스리는 관원과 재판관이 되었고 30 헤브론 자손 중에 하사
뱌와 그의 동족 용사 천칠백 명은 요단 서쪽에서 이스라엘을 주관하
여 여호와의 모든 일과 왕을 섬기는 직임을 맡았으며 31 헤브론 자손

중에서는 여리야가 그의 족보와 종족대로 헤브론 자손의 우두머리가
되었더라 다윗이 왕 위에 있은 지 사십 년에 길르앗 야셀에서 그들 중
에 구하여 큰 용사를 얻었으니 32 그의 형제 중 이천칠백 명이 다 용사
요 가문의 우두머리라 다윗 왕이 그들로 르우벤과 갓과 므낫세 반 지
파를 주관하여 하나님의 모든 일과 왕의 일을 다스리게 하였더라

29 Of the Izharites, Chenaniah and his sons were appointed to external
duties for Israel, as officers and judges. 30 Of the Hebronites, Hashabiah
and his brothers, 1,700 men of ability, had the oversight of Israel
westward of the Jordan for all the work of the Lord and for the service
of the king. 31 Of the Hebronites, Jerijah was chief of the Hebronites of
whatever genealogy or fathers' houses. (In the fortieth year of David's
reign search was made and men of great ability among them were
found at Jazer in Gilead.) 32 King David appointed him and his brothers,
2,700 men of ability, heads of fathers' houses, to have the oversight
of the Reubenites, the Gadites and the half-tribe of the Manassites for
everything pertaining to God and for the affairs of the king.

1 Septuagint; Hebrew *six Levites* *2* Or *court*; Hebrew *parbar* (meaning unknown); twice in this verse *3* The Hebrew of verse 21 is uncertain *4* Hebrew *Shelomith*

26장

단락 개관

민수기 3:6-10에 나오는 성막을 위한 레위인들의 책임에는 아론과 "온 회중[과]…모든 기구"를 "맡아 지키[는]"(샤마르) 것이 포함되었다. 거기에는 "외인이 가까이 하면 죽임을 당할 것이니라"라는 경고가 수반된다(참고. 대상 23:32). 성전의 물리적 구조는 훨씬 더 크고 더 복잡해서, 성전의 네 문은 안뜰로, 그리고 성문 단지에 있는 방들 및 행정과 성전 곳간, 장비, 옷, 음식 등을 저장하는데 사용되는 주랑을 따라 나있는 방들로 이어진다(9:26-27). 그래서 불법적(즉 정결하지 않은) 침입 혹은 도둑질과 손상을 당하지 않도록 안전을 제공하고, 재정적 물질적 자원을 책임질 필요가 있었다. 그런 문제들을 조직하는 것이 이 장의 관심사다. 역시 "곳간"(대상 26:20-28)과 관련된 외적 문제들(29-32절)을 감독하고 관리할 사람들인 "문지기"(1-19절)를 임명하는 것이다. "문지기"[쇼에르(*sho'er*)]라는 용어는 "문"[샤아르(*sha'ar*)]와 연관된 모든 활동들을 책임진 사람들을 말한다. 그래서 안전을 유지하는 일과 곳간과 비축물을 지키는 것(모으고 지급하는 것)이 결합된 것이다. 여러 가지 책임은 목록과 9:17-32의 상세한 묘사에서 분명히 나타난다.

단락 개요

II. 다윗과 솔로몬의 통일 왕국—예루살렘, 궤, 성전(대상 9:35-대하 9:31)
  B. 다윗, 예루살렘에서 왕이 됨: 승리와 성전 준비(11:1-29:30)
    2. 승리와 성전 준비(17:1-29:30)…
      e. 다윗이 성전과 행정을 조직함(23:1-27:34)…
        (4) 문지기 및 다른 레위인들의 책임을 나눔(26:1-32)

주석

26:1-19 역대기의 독특한 특징은 "문지기"에게 주의를 기울인다는 것이다[역대기(20번)와 에스라-느헤미야(14번)에 나오는 '쇼에르'는 언제나 성전 일꾼을 말한다. 구약에서 그 말이 나오는 유일한 다른 경우들(삼하 18:26; 왕하 7:10-11)은 성문에 있는 사람을 말한다]. 이렇게 해서 포로기 이후 공동체에게 광범위한 성전 책임의 필요성과 중요성이 강조된다.

앞에서 책임을 할당하는 경우들과 마찬가지로, 가족들의 세세한 사항이 먼저 나온다. 고라 사람 "므셀레먀"[대상 26:1-3, 9. 짧은 형태는 "셀레먀"(14절)와 "살룸"(9:19)], "오벧에돔"(26:4-8), 므라리 자손 "호사"(10절) 등이다. 므셀레먀의 조상 "아삽"은 유명한 음악가(25:1)와 혼동해서는 안 되며, "에비아삽"의 단축형이다(70인역에서처럼, 참고. 6:37; 9:19, 또한 "아비아삽", 출 6:24). 오벧에돔이 복을 받은 것에 대한 언급은 앞에 나왔던 궤를 예루살렘으로 가져오는 내러티브와 연결되며, 그래서 같은 사람을 가리킨다(대상 13:13-14; 16:38). 그가 궤를 돌보고 있을 때 하나님께 '복을 받은' 것은 그를 레위인으로 통합시키고, "문지기"라는 적절한 과업을 할당하는 근거가 된다(참고. 13:11-14 주석). "호사"는 궤가 처음 예루살렘에 두어졌을 때 오벧에돔과 함께 문지기로 이름이 나오지만(16:38) 그에 대해 그 외 다른 것은 알려진 바 없다.[191]

네 문에 있는 그들의 위치와 이름이 나온 사람들 중 일부를 묘사하기 위해 사용된 용어들을 이후의 사건들과 합해보면, "준군사적인 도심 지역 방위군"[192] 역할을 하는 하나의 주요 역할을 가리킨다. "큰 용사"[깁보레 하일(*gibbore khayil*), 26:6]와 "능력이 있는 자"[베네 하일(*bene khayil*), 7, 9절]라고 번역

26장

191 16절에서 그와 함께 이름이 나오는 "숩빔"은 70인역에는 빠져 있으며 그래서 마소라 본문에 나오는 것은 아마 필사자가 앞의 글을 반복한 결과일 것이다[바로 앞에 나오는 단어는 하아숩빔(*ha'asuppim*)이다].

192 Wright는 역대기 다른 곳의 어휘 용법들을 광범위하게 분석한 끝에 이 문구를 제시한다("Guarding the Gates," 69-81).

된 문구는 역대기 다른 곳에서는 거의 언제나 군사적 맥락에서 나온다(예를 들어, 5:18, 24; 28:1; 대하 17:13, 14; 28:6).[193] 레위인들의 그런 활동은 역대하 23:1-21에 분명히 나온다. 경비 담당자의 역할 중 일부는 "부정한" 사람들은 들어오지 않도록 하는 것이었다(대하 23:19). 그것은 어떤 이유에서든 누가 그 범주에 있는지에 관해 행정적 결정들을 하는 것을 암시한다.

"동쪽" 문, "왕의 문"(대상 26:14, 17; 9:18)에서는 가장 많은 활동이 이루어졌다. 성벽으로 둘러싸인 성읍에서는 주요 업무를 성문에서 보는 경우가 흔했으며(예를 들어, 룻 4:1), 적어도 후기 바사와 헬라 제국에서 사람들은 접견을 위해 왕궁 단지의 문에 모였다. 문지기는 들어갈 사람을 결정하고 메시지를 전달하는 일에서 중대한 사람이었다[예를 들어, 단 2:49(왕궁); 에 2:21; 3:2]. 따라서 동쪽 문을 할당받은 "스가랴"가 "명철한 모사"('통찰을 가지고 조언하는 사람')였다는 것은 적절하다. 역대기에서 "모사"라는 말이 나오는 다른 모든 경우는 왕과 연관되어 있다(대상 26:14; 27:32, 33; 대하 22:3, 4; 25:16, 참고. 스 4:5; 7:28; 8:25). 이것은 몇몇 문지기는 핵심적인 행정적 역할을 했다는 것을 시사한다.

제사장들, 그 제사장들 곁에서 일하는 레위인들, 음악가들과 마찬가지로, 문지기를 할당하는 일은 "대소를 막론하고…제비"를 뽑아 이루어지는 공정한 절차를 따랐다고 주장된다(대상 26:13, 참고. 24:5, 31; 25:8). "문지기"의 역할은 제사장의 역할과 마찬가지로 "섬기는"(샤라트의 형태, 26:12, 참고. 23:13) 것으로 묘사된다.

26:20-28 성문 단지와 성문들 사이의 주랑들에는 영접, 저장, 다양한 "성물"(dadicated gifts)과 돈을 지급하기 위한 방들이 있었다(참고. 느 12:25). 몇몇 레위인들은 "곳간을 맡[은]" 자로 이 일을 관리하는 책임을 지니고 있었다(대상 26:20, 22, 24, 26, 참고. 28절). 20-32절에 열거된 이름들은 23:7-

193 Wright는 역대기에 하일(*khayil*)이라는 말이 나오는 49번 중 적어도 40번은 사무엘서-열왕기와 조화되지 않으며, 이 중 36번은 명백히 군사적 맥락에서 나온다고 말한다("Guarding the Gates," 70-71).

20과 조화를 이루며[194] 그들의 책임이 여기 명시되어 있다.

"곳간"은 두 유형으로 되어 있었는데, 각각은 서로 다른 레위 계열의 가족에게 할당되었다. 게르손 계열의 레위인들은 '하나님/여호와의 전 곳간'을 맡았는데(26:20, 22; 28:12) 그것은 다양한 수입을 망라했다. 뒤에서는 동문에서 수입을 걷는 것에 대해 나온다(대하 31:14). 아마 역대상 9:29에 언급된 밀가루, 포도주 등이 포함되어 있을 것이다. 두 번째 유형인, '성물 곳간'(26:20, 26; 28:12)의 내용물은 더 상세히 나와 있다. 그것은 아므람 자손(그핫 계열)에게 할당되었다. 여기에는 싸울 때에 "노략하여 얻은 물건"(26:27)이 담겨있었다. 다윗이 봉헌한 것들은 전에 18:11에서 상술되었다(그리고 솔로몬이 그것을 성전에 두었다, 대하 5:1). 하지만 다른 사람들이 구별하여 드린 것은 다른 곳에서는 언급되지 않는다(아마 사울이 드린 것을 제외하고, 삼상 15:15, 21). 이 노략품들이 분명히 "여호와의 성전을 개수"하기 위해 사용되어야 한다는 진술은 제2성전이 건축된 지 적어도 한 세기 후에 저자가 그의 청중들에게 말한 메시지를 보여준다. 건축하는 행동을 위해서만 준비하는 것으로는 충분하지 않다. 이전 세대의 신실함에 힘입어, 성전 개수가 계속 이루어져야 하기 때문이다. 사무엘서 이후 핵심 인물의 모범은 열심히 배워야 한다.

전쟁에서 나온 "성물"을 가져온 기여자들의 범위에 대한 저자의 예기치 않은 목록(대상 26:26-28)은 저자가 군사적 승리를 주시는 하나님께 신실한 예배를 드리는 것과 연결시키려는 것을 표현할 것이다. 군사적 승리는 하나님의 집에서 하나님을 예배하는 것을 중심으로 "평안"을 가져와야 했다(참고. 18:1-20:8 단락 개관 및 22:6-10 주석.)

26:29-32 23절은 씨족을 열거했고, 24-28절은 첫 번째 씨족인 "아므람 자손"을 다룬다. 이제 다른 두 씨족을 위한 역할이 할당된다. 그 역할들은

194 예외는 "아히야"(20절, *'akhiyyah*)다. 그는 다른 곳에서는 알려져 있지 않다. 70인역에는 "레위인들, 그들의 형제들"[아헤이헴(*'akheyhem*에 해당되는)]이라고 되어 있는데, 이것이 이 서두와 더 잘 어울린다.

성전산 밖에서 하는 일이지만, 성전과 왕궁 둘 다와 연관되어 있다. 그래서 다윗이 그것을 할당한다. "관원과 재판관"으로서 이스할 자손들의 임무는 "성문"에서 레위인들이 행하는 행정적 책임의 연장이다(참고. 23:4). 헤브론 씨족에서 나온 두 집단은 요단 서쪽과 동쪽을 감독했다(이스할의 이름이 먼저 나오는 것은 그들이 일반적인 감독을 했고, 헤브론 자손은 그들 아래에서 두 지정된 지역에서 감독했음을 시사한다). 성전에서 섬기는 그들의 친척들처럼, 그들의 임무는 다양했다. "큰 용사"라는 문구는 공적 안전에 관여하는 것을 가리키며(26:6, 7, 9에 나온 것과 같은 용어들), 반면 나중에 나오는 언급들은 레위인들, 나라 곳곳에서 성전 수리를 위한 돈을 모으는 '문을 지키는 사람들'에 대해 말한다(대하 24:5; 34:9). "여호와의 모든 일과 왕을 섬기는 직임"(대상 26:30, 참고. 32절)이라는 일반적 묘사는 종종 신성한 것과 세속적인 것으로 분리된 것의 통합을 강조한다.

응답

그리스도의 강림은 "문지기"의 사역 중 많은 부분을 폐하는 듯이 보일지 모르지만, 문지기들의 임무에 대한 저자의 묘사는 신약 시대로부터 오늘날의 다양한 상황에 이르기까지 그리스도인의 삶의 예배의 여러 측면을 묵상하도록 이끌 수 있다.

(1) 성전에서건 외적 임무에서건 문지기의 일을 '사역'과 '여호와의 일'로 묘사하는 것은 '신성한' 활동과 '세속적인' 활동을 분리하는 것, 혹은 '영적인' 것과 '행정적인, 유지 보수하는' 역할들을 구분하는 것에 대해 경고한다. 예를 들어 바울은 '돕는 것'과 '다스리는 것'을 영적 은사에 포함시킨다(고전 12:28). 지역 회중의 삶에서건 공동체 내에서건, 모두가 기여한다. 청소하는 사람과 수리하는 사람은 목사와 전도자의 일을 더 잘 할 수 있게 해주거나 산만하게 만들 수 있다. 재정을 받는 일과 사용을 잘 관리하는 것은 어떤 상황에서나 필수적이다. 재정적 추문은 교회의 증거를 손상

시킬 수 있으나, 긍정적인 면에서 보면 초대 예루살렘 교회가 과부들을 위한 지원을 조직적으로 한 것("성령과 지혜가 충만[한]" 사람들이)은 그 결과 "하나님의 말씀이 점점 왕성하여…제자의 수가 심히 더 많아지[게]" 된 것의 한 예다(행 6:1-7).

(2) 문지기가 성전에 들어가는 것을 감독하는 것은 오랜 세월 교회가 예배, 특히 성찬에 누가 참여할 수 있고 참여할 수 없는지 결정하려 했던 다양한 방식들과 비교할 수 있을 것이다. 시편 15편은 자기 검토를 요구하는 "주의 성산에 사는 자 누구오니이까"(1절)라는 질문이 나오는 입장 전례문의 실례인 반면, 신약에 나오는 말들은 사람이 다른 사람들과의 관계에 초점을 맞춰 자신을 검토하는 것에 대해 말한다(마 5:23-24; 고전 11:28). 이것은 그런 훈련이 순전히 개인적인 것이라는 의미는 아니다. 중요한 것으로, 복음서에서 단 두 번 나오는 에클레시아(*ekklēsia*)라는 말 중 한 번은 동료 신자들과 회중의 역할을 언급한다(마 18:15-17, 참고, 고전 5:1-5; 갈 6:1-5).[195] 새 하늘 도성의 환상은 "자기 두루마리를 [빨고]" "문들을 통하여 성에 들어[가는]" 사람을 밖에 남아있는 사람들과 대조시킨다(계 22:14-15).

(3) 교회 건물은 성전은 아니지만 지속적으로 유지보수를 해야 하며, 그래서 그것을 돌볼 책임이 있는 사람들과 그 일을 행할 자원이 필요하다. 이것이 목사의 임무가 되어서는 안 된다! 어떤 교회들은 과거에 후원을 한 사람들로부터 유익을 얻을 것이다. 하지만 지혜로운 관리가 언제나 필요하다. 동시에 그리스도가 성전을 깨끗하게 하시는 이야기는 건물의 존재 이유를 잊어버리면 재정에 초점을 맞추는 것이 어떻게 증거와 예배를 방해할 수 있는지 보여주는 한 예다(막 11:15-17). 모든 것은 "하나님께 하는 사역"으로 행해져야 한다.

195 '에클레시아'가 나오는 다른 경우는 마 16:18이다.

1 Chronicles
역대상
27:1-34

1 이스라엘 자손의 모든 가문의 우두머리와 천부장과 백부장과 왕을
섬기는 관원들이 그들의 숫자대로 반이 나누이니 각 반열이 이만 사
천 명씩이라 일 년 동안 달마다 들어가며 나왔으니

1 This is the number of the people of Israel, the heads of fathers' houses, the commanders of thousands and hundreds, and their officers who served the king in all matters concerning the divisions that came and went, month after month throughout the year, each division numbering 24,000:

2 첫째 달 반의 반장은 삽디엘의 아들 야소브암이요 그의 반에 이만
사천 명이라 3 그는 베레스의 자손으로서 첫째 달 반의 모든 지휘관의
우두머리가 되었고 4 둘째 달 반의 반장은 아호아 사람 도대요 또 미
글롯이 그의 반의 주장이 되었으니 그의 반에 이만 사천 명이요 5 셋
째 달 군대의 셋째 지휘관은 대제사장 여호야다의 아들 브나야요 그
의 반에 이만 사천 명이라 6 이 브나야는 삼십 명 중에 용사요 삼십 명
위에 있으며 그의 반 중에 그의 아들 암미사밧이 있으며 7 넷째 달 넷

째 지휘관은 요압의 아우 아사헬이요 그다음은 그의 아들 스바댜이니
그의 반에 이만 사천 명이요 8 다섯째 달 다섯째 지휘관은 이스라 사
람 삼훗이니 그의 반에 이만 사천 명이요 9 여섯째 달 여섯째 지휘관
은 드고아 사람 익게스의 아들 이라이니 그의 반에 이만 사천 명이요
10 일곱째 달 일곱째 지휘관은 에브라임 자손에 속한 발론 사람 헬레
스이니 그의 반에 이만 사천 명이요 11 여덟째 달 여덟째 지휘관은 세
라 족속 후사 사람 십브개이니 그의 반에 이만 사천 명이요 12 아홉째
달 아홉째 지휘관은 베냐민 자손 아나돗 사람 아비에셀이니 그의 반
에 이만 사천 명이요 13 열째 달 열째 지휘관은 세라 족속 느도바 사람
마하래이니 그의 반에 이만 사천 명이요 14 열한째 달 열한째 지휘관
은 에브라임 자손에 속한 비라돈 사람 브나야이니 그의 반에 이만 사
천 명이요 15 열두째 달 열두째 지휘관은 옷니엘 자손에 속한 느도바
사람 헬대니 그 반에 이만 사천 명이었더라

2 Jashobeam the son of Zabdiel was in charge of the first division in the
first month; in his division were 24,000. 3 He was a descendant of Perez
and was chief of all the commanders. He served for the first month.
4 Dodai the Ahohite[1] was in charge of the division of the second month;
in his division were 24,000. 5 The third commander, for the third
month, was Benaiah, the son of Jehoiada the chief priest; in his division
were 24,000. 6 This is the Benaiah who was a mighty man of the thirty
and in command of the thirty; Ammizabad his son was in charge of
his division.[2] 7 Asahel the brother of Joab was fourth, for the fourth
month, and his son Zebadiah after him; in his division were 24,000.
8 The fifth commander, for the fifth month, was Shamhuth the Izrahite;
in his division were 24,000. 9 Sixth, for the sixth month, was Ira, the
son of Ikkesh the Tekoite; in his division were 24,000. 10 Seventh, for
the seventh month, was Helez the Pelonite, of the sons of Ephraim; in

his division were 24,000. 11 Eighth, for the eighth month, was Sibbecai
the Hushathite, of the Zerahites; in his division were 24,000. 12 Ninth,
for the ninth month, was Abiezer of Anathoth, a Benjaminite; in his
division were 24,000. 13 Tenth, for the tenth month, was Maharai of
Netophah, of the Zerahites; in his division were 24,000. 14 Eleventh, for
the eleventh month, was Benaiah of Pirathon, of the sons of Ephraim;
in his division were 24,000. 15 Twelfth, for the twelfth month, was
Heldai the Netophathite, of Othniel; in his division were 24,000.

16 이스라엘 지파를 관할하는 자는 이러하니라 르우벤 사람의 지도자
는 시그리의 아들 엘리에셀이요 시므온 사람의 지도자는 마아가의 아
들 스바댜요 17 레위 사람의 지도자는 그무엘의 아들 하사뱌요 아론
자손의 지도자는 사독이요 18 유다의 지도자는 다윗의 형 엘리후요 잇
사갈의 지도자는 미가엘의 아들 오므리요 19 스불론의 지도자는 오바
댜의 아들 이스마야요 납달리의 지도자는 아스리엘의 아들 여레못이
요 20 에브라임 자손의 지도자는 아사시야의 아들 호세아요 므낫세 반
지파의 지도자는 브다야의 아들 요엘이요 21 길르앗에 있는 므낫세 반
지파의 지도자는 스가랴의 아들 잇도요 베냐민의 지도자는 아브넬의
아들 야아시엘이요 22 단은 여로함의 아들 아사렐이니 이들은 이스라
엘 지파의 지휘관이었더라 23 이스라엘 사람의 이십 세 이하의 수효는
다윗이 조사하지 아니하였으니 이는 여호와께서 전에 말씀하시기를
이스라엘 사람을 하늘의 별 같이 많게 하리라 하셨음이라 24 스루야의
아들 요압이 조사하기를 시작하고 끝내지도 못해서 그 일로 말미암아
진노가 이스라엘에게 임한지라 그 수효를 다윗 왕의 역대지략에 기록
하지 아니하였더라

16 Over the tribes of Israel, for the Reubenites, Eliezer the son of Zichri
was chief officer; for the Simeonites, Shephatiah the son of Maacah;

17 for Levi, Hashabiah the son of Kemuel; for Aaron, Zadok; 18 for
Judah, Elihu, one of David's brothers; for Issachar, Omri the son of
Michael; 19 for Zebulun, Ishmaiah the son of Obadiah; for Naphtali,
Jeremoth the son of Azriel; 20 for the Ephraimites, Hoshea the son
of Azaziah; for the half-tribe of Manasseh, Joel the son of Pedaiah;
21 for the half-tribe of Manasseh in Gilead, Iddo the son of Zechariah;
for Benjamin, Jaasiel the son of Abner; 22 for Dan, Azarel the son of
Jeroham. These were the leaders of the tribes of Israel. 23 David did not
count those below twenty years of age, for the Lord had promised to
make Israel as many as the stars of heaven. 24 Joab the son of Zeruiah
began to count, but did not finish. Yet wrath came upon Israel for this,
and the number was not entered in the chronicles of King David.

25 아디엘의 아들 아스마웻은 왕의 곳간을 맡았고 웃시야의 아들 요나
단은 밭과 성읍과 마을과 망대의 곳간을 맡았고 26 글룹의 아들 에스
리는 밭 가는 농민을 거느렸고 27 라마 사람 시므이는 포도원을 맡았
고 스밤 사람 삽디는 포도원의 소산 포도주 곳간을 맡았고 28 게델 사
람 바알하난은 평야의 감람나무와 뽕나무를 맡았고 요아스는 기름 곳
간을 맡았고 29 사론 사람 시드래는 사론에서 먹이는 소 떼를 맡았고
아들래의 아들 사밧은 골짜기에 있는 소 떼를 맡았고 30 이스마엘 사
람 오빌은 낙타를 맡았고 메로놋 사람 예드야는 나귀를 맡았고 하갈
사람 야시스는 양 떼를 맡았으니 31 다윗 왕의 재산을 맡은 자들이 이
러하였더라

25 Over the king's treasuries was Azmaveth the son of Adiel; and over
the treasuries in the country, in the cities, in the villages, and in the
towers, was Jonathan the son of Uzziah; 26 and over those who did the
work of the field for tilling the soil was Ezri the son of Chelub; 27 and

27장

over the vineyards was Shimei the Ramathite; and over the produce
of the vineyards for the wine cellars was Zabdi the Shiphmite. 28 Over
the olive and sycamore trees in the Shephelah was Baal-hanan the
Gederite; and over the stores of oil was Joash. 29 Over the herds that
pastured in Sharon was Shitrai the Sharonite; over the herds in the
valleys was Shaphat the son of Adlai. 30 Over the camels was Obil the
Ishmaelite; and over the donkeys was Jehdeiah the Meronothite. Over
the flocks was Jaziz the Hagrite. 31 All these were stewards of King
David's property.

32 다윗의 숙부 요나단은 지혜가 있어서 모사가 되며 서기관도 되었
고 학모니의 아들 여히엘은 왕자들의 수종자가 되었고 33 아히도벨은
왕의 모사가 되었고 아렉 사람 후새는 왕의 벗이 되었고 34 브나야의
아들 여호야다와 아비아달은 아히도벨의 뒤를 이었고 요압은 왕의 군
대 지휘관이 되었더라
32 Jonathan, David's uncle, was a counselor, being a man of
understanding and a scribe. He and Jehiel the son of Hachmoni attended
the king's sons. 33 Ahithophel was the king's counselor, and Hushai the
Archite was the king's friend. 34 Ahithophel was succeeded by Jehoiada
the son of Benaiah, and Abiathar. Joab was commander of the king's
army.

1 Septuagint; Hebrew *Ahohite and his division and Mikloth the chief officer*
2 Septuagint, Vulgate; Hebrew *was his division*

한 부분을 더 살펴보면 일꾼 목록이 마무리된다. 그것은 군사적 반열의 우두머리들(대상 27:1-15), 지파 지도자들(16-24절), 나라 곳곳에 있는 왕의 재산을 관리하는 청지기들(25-31절), 왕의 모사들(32-34절)이다. 그들은 다윗이 "제사장과 레위인"과 함께 부른 "이스라엘 방백"들을 대표한다(23:2). 이 인원들은 그다음에 다윗이 28:1에서 소집하는 큰 총회에서 대표로 나온다.[196]

그 역할들은 성전 일꾼들과는 반대로 '세속적인' 것처럼 보일 수 있지만, 그들 역시 성전 건축을 촉진한다. 그것은 28:1에서 그들이 모이는 것, 그리고 솔로몬을 지원하되 특히 성전 건축에서 그렇게 하라는 지시를 받는 것에서 분명히 볼 수 있다. 안정되고 효율적인 행정은 일꾼들 및 일꾼을 지원하는 데 필요한 자원의 공급을 향상시킨다. 열왕기와 비교해보면 성전에 주의를 집중하고 있는 역대기의 관점이 더 잘 나타난다. 솔로몬 통치에 대한 열왕기 기사에서는 솔로몬의 지혜와 나라 도처에 있는 솔로몬의 행정 조직에 많은 지면이 할애된다(예를 들어, 왕상 4장). 역대기 저자의 묘사는 다윗이 이런 것들을 마련해놓고 지혜로운 모사들을 두어서 솔로몬이 다윗의 공급과 지시에 따라 성전 건축에 에너지를 집중할 수 있도록 준비해준다는 것이다(예를 들어, 대상 28:10-21; 대하 1:4; 2:7, 14; 3:1; 5:1; 7:6; 8:14).

196 23:2에 나오는 "방백"이라는 말은 다양한 주요 위치에 대해 사용되는 사르(*sar*)를 번역한 말이다. 27장에서 그 말은 "지휘관"[commander(s), 1, 3, 5, 8, 34절, leaders(지도자), 22절], "맡은 자들"(stewards, 31절) 등으로 다양하게 번역되는 반면, 28:1에서는 그 말이 여섯 번 나온다. "고관"['어른', officials, (2번)], "반장", "장"[commanders(2번, 천부장과 백부장의 '장'-옮긴이주)], "감독"[steward, '내시/왕궁 관리'("palace officials")는 다른 단어다] 등이다.

단락 개요

II. 다윗과 솔로몬의 통일 왕국—예루살렘, 궤, 성전(대상 9:35-대하 9:31)

B. 다윗, 예루살렘에서 왕이 됨: 승리와 성전 준비(11:1-29:30)

2. 승리와 성전 준비(17:1-29:30)…

e. 다윗이 성전과 행정을 조직함(23:1-27:34)…

(5) 왕의 권위 아래 있는 다른 행정 인원들(27:1-34)

(a) 군사 지도자들(27:1-15)

(b) 지파 지도자들(27:16-24)

(c) 왕의 재산을 지키는 청지기들(27:25-31)

(d) 궁정 모사들(27:32-34)

주석

27:1-15 전에 제사장들과 레위인들은 스물네 개의 "반열"로 조직되었다. 이제 "이스라엘 자손"(비종교적 일꾼들)이 열두 개의 군사적 "반열"로 조직되어 달마다 교대로 섬긴다("들어가며 나왔으니"라는 말은 호위병이 바뀌는 것을 묘사한다, 참고. 대하 23:8). 이 이름들은 모두 역대상 11:11-12, 26-31에 나오는 다윗의 "용사" 가운데 나온다(어떤 이름은 변형된 형태로). 이제 그들은 상비군에서 복무할 뿐 아니라 지도자가 되었다.

"야소브암"은 전반적인 지도력을 부여받았을 것이다. 다윗과 마찬가지로 그는 베레스의 자손이었기 때문이다(참고. 2:5, 9-15; 룻 4:18-22). "브나야"가 "삼십 명" 중에 "용사"라는 지위를 얻게 해준 그의 공훈은 역대상 11:22-25에 묘사되어 있다. "그의 아들 암미사밧"이라고 이름을 붙인 것은 그가 실제 지휘관이 되었다는 것을 시사한다. 마찬가지로 다윗이 헤브론에 있을 때 죽임을 당했던 "아사헬"(삼하 2:23)도 인정을 받는다. "지휘관"으로서 그의 위치는 그의 아들이 취한다.

전에 전투를 위해 군대를 소집했던 것은 지파를 기초로 한 특별 소집이었던 반면, 이제 그 나라는 지파 구조와 독립되어 조직된 상비 시민군을 가지고 있었다. 전쟁을 제외하면, 부대는 국경선을 지키고 안전을 제공하였으며 또한 다양한 요새에 배치되어 있었을 것이다.[197] 각 반이 매달 수비대를 바꾸면서 "들어가며 나왔[을]" 때, 중단 없이 그렇게 진행되었다.

27:16-24 지파 지도자들 목록은 열둘로 나눌 때 약간의 유동성을 보여준다. 므낫세 반지파들은 별개로 취급되는 반면, 갓과 아셀은 빠져 있다(갓의 영토는 요단 동쪽이었으며, 그래서 아마 그 지파는 르우벤 혹은 므낫세 동쪽 반지파에게 포함되었을 것이다. 반면, 아셀 지파는 연안에 있다. 그들은 2:2에 나오는 마지막 두 이름이다). "아론"(27:17)을 분리시킨 것은 제사장들과 다른 레위인들 간에 구별이 있음을 인식한다.

군사적 반열에 각각 이십사 "천"이라는 숫자가 주어진 것과 대조해서(1-15절), 다윗의 좌절된 인구조사에 대한 특별한 언급이 나온다. 역대기 저자가 "이스라엘 사람을 하늘의 별 같이 많게" 하리라는 여호와의 반복된 약속(창 22:17; 26:4; 출 32:13, 성취된 것은 신 1:10; 10:22)을 포함시킨 것은 다윗의 성공이 여호와로 인한 것임을 상기시킨다.

27:25-31 왕의 재산은 나라 전역에 걸쳐 있는 광대한 것이었으며, 군사적 승리를 통해 획득한 일부 땅과 재산도 포함된다. 예를 들어, "평야"(요단 서쪽 언덕), "샤론" 평지, "골짜기" 등이다. 세 개의 광범위한 범주가 묘사된다. "곳간"[treasuries, 26:20, 22, 24, 26에서 나온 것과 같은 단어, "곳간"(ESV는 "cellars", 저장소, 27:27), "곳간"(ESV는 "stores", 창고, 28절) 등으로 적절하게 번역되었다], 농업용

197 Japhet, *I & II Chronicles*, 469.

땅과 농산물, 그리고 가축이다. 흔한 히브리어 사르(*sar*, '군주, 장교, 관리')는 이 문맥에서 "맡은 자"(ESV는 "stewards", 청지기)로 번역된다. 맡은 자들은 그들의 것이 아닌 다윗 왕에게 속한 재산을 감독하는 중요한 책임을 가지고 있다.

다윗의 개인 "재산"에 대한 세부묘사는 다윗의 통치에 대한 결론적 요약에 "부하고"라는 말을 포함시키는 것을 정당화해준다(29:28). 이것은 저자가 다윗의 통치를 솔로몬의 성공의 전면적 토대로 묘사하는 방식을 나타내는 또 다른 예다(참고. 왕상 4:22-28에 나오는 솔로몬의 식량, 그것은 역대기에는 묘사되어 있지 않다).

27:32-34 결론적 목록에는 핵심층 모사들의 이름이 나오는데, 그것은 솔로몬의 통치뿐 아니라 다윗의 통치에서도 궁정에서의 "지혜"가 중요했다는 것을 보여준다. 세 명은 공식 호칭을 가지고 있는데, "아히도벨"은 "왕의 모사", "후새"는 "왕의 벗"(둘 다 압살롬의 반역 내러티브에 관여되어 있었다, 삼하 15:12, 31, 37; 16:15-17:23) 그리고 "요압"은 "왕의 군대 지휘관[사르]"(참고. 대상 11:6)이라는 것이다. "아비아달"은 다윗의 초기 시절부터 다윗의 제사장이었다(삼상 22:20; 삼하 15:24; 20:25). 그러나 다윗 통치가 끝날 때쯤에는 아비아달은 실패로 돌아간 아도니야의 쿠데타를 지지함으로 다윗의 총애를 잃었다(왕상 1:7). 저자가 모사의 지위를 지니고 있던 일곱 명의 이름을 말하는 것은 당시 바사 제국에 있던 일곱 모사와 조화시키려는 문학적 조처일 수도 있다. 다윗의 궁정은 솔로몬의 궁정을 위해 준비되었을 뿐 아니라 또한 후대의 바사인들의 궁정에 비교할 수도 있었다.

모사에 대한 부분은 역대상 23-27장에 나오는 서너 개의 목록에 적절한 결론을 제공한다. 그것은 다윗이 성전과 국가 행정을 위해 마련해놓은 것이 적절한 논의 후에 이루어진 것임을 시사한다. 그런 준비들은 "의논이 없으면 경영이 무너지고 지략이 많으면 경영이 성립하느니라"라는 잠언 15:22의 지혜를 예시한다.

응답

저자는 성전을 중심으로 하고 있지만 나라의 전체 생활을 포괄했던 다윗의 정비 사항이 총체적인 것이었음을 보여준다. 평화와 형통함을 위한 구조는 성전의 삶과 예배를 고양시켰다. 이 장이 그리스도인의 경험과 어떻게 관련되어 있는지 숙고할 때 우리는 주후 몇 세기 간의 기독교 교회, 그리고 오늘날 세계 도처의 교회들이 처한 대단히 다른 정치적 상황에 즉시 직면하게 된다. [콘스탄틴 시대(주후 4세기)부터 교회와 국가가 다양한 방식으로 뒤얽히게 되어 그 흔적이 오늘날까지 몇몇 나라에 남아있는 현대 초기 시대까지의 역사를 탐구하는 것은 본 주석서의 범위를 벗어난다.]

초대 교회는 그리스도를 왕, 다윗의 자손이라고 올바로 단언한 반면 정치 권력을 누리지도 추구하지도 않았으며, 오늘날 많은 나라들에서 그렇듯 종종 박해에 직면했다. 로마 통치와 교회의 삶 간의 관계는 복잡했다. 팍스 로마나(pax Romana, 로마의 평화) 시행 및 로마의 도로들과 사법 체계에 의해 교회의 확장이 촉진되기도 하고 황제 숭배의 다양한 압력들에 의해 그 확장이 어렵게 되기도 한 것이다. 청중들도 마찬가지로 자신의 국가적 상황 속에서 그리스도의 삶과 증거를 촉진하는 몇몇 측면과 그것을 방해하는 측면들을 인식할 것이다. 주후 196년에 이미 터툴리안(Tertullian)은 "순교자의 피는 교회의 씨다"(*Apologeticus* 50.13, 20세기 후반 종종 언급되는 예는 중국의 교회다)라고 단언할 수 있었다. 하지만 반대를 추구하는 것에는 어떤 성경적 근거도 없다는 것을 반드시 유의해야 한다(롬 12:18).

바울은 "모든 사람을 위하여 간구와 기도와 도고와 감사를 하되 임금들과 높은 지위에 있는 모든 사람을 위하여 하라 이는 우리가 모든 경건과 단정함으로 고요하고 평안한 생활을 하려 함이라"라고 촉구한다. 그 이유는 "이것이 우리 구주 하나님 앞에 선하고 받으실만한 것"이기 때문이다. 게다가 저자가 국가의 안전과 번영을 성전과 연결시킨 것과 마찬가지로, 여기에서도 기도의 이유는 "하나님은 모든 사람이 구원을 받으며 진리를 아는데 이르기를 원하시[기]" 때문이다(딤전 2:1-4). 좋은 국가 행정은 하나님을 기쁘시게 하는 것이며, 다윗은 모든 사람에게 유익을 가져오는 지혜로운 행정의 모범을 제공한다. 청중 가운데 어떤 사람들은 그런 행정에 영향을 끼칠 수 있는 지위에 있을 것이다. 모든 사람은 기도할 수 있다.

역대상 28:1-29:30 개관

다윗의 통치에 대한 저자의 글에서 다윗의 마지막 행동은 나라 전역에서 많은 숫자의 지도자들을 모아 "나의 형제들"인 지도자들과 "내 아들" 곧 그의 후계자인 솔로몬에게 하나님의 명령을 따르고 성전을 지으라고 촉구하는 것이었다(대상 28:1-10). 다윗은 솔로몬에게 하나님이 주신 성전에 대한 설계도를 전달하면서(건축, 그릇들, 일꾼), 건축하라는 명령을 한층 강화하고 솔로몬이 많은 지도자들로부터 지지를 받을 것이라고 단언한다(28:11-21). 솔로몬은 혼자서 성전의 자원을 조달하고 건축할 수 없었다. 그래서 다윗은 후하게 마련했으며 회중에게 따르라고 명했다. 회중의 반응 역시 후했다(29:1-9). 그것의 절정은 다윗이 하나님을 찬양하는 것이다. 그것은 백성과 솔로몬이 계속 헌신하도록 간구하는 것의 기초다(29:10-19). 백성의 결론적 반응에는 하나님을 예배하는 것과 솔로몬을 왕으로 강조하는 것이 둘 다 포함되며, 그것은 여호와께서 복 주시는 것으로 확증된다(29:20-25). 다윗의 이야기는 다윗의 통치와 그 영향력에 대한 요약으로 끝을 맺는다(29:26-30).

이 두 장은 22장과 비슷한 유형을 따른다. 공적 배경에서 주제들을 반복하는 것으로, 그 반복은 청중들에게 이 주제들을 강조한다. 거기에는 솔로몬과 백성 둘 다 여호와의 명령을 지켜야 한다는 지시가 포함된다(28:7, 8).

하지만 대부분의 세부사항은 성전 건축에 관한 것이다. 백성, 성전, 왕은 하나님 아래 하나의 전체로 서로 얽혀 있다. 다윗은 성전을 건축할 수 없다. 하지만 하나님의 지시로, 그 과업을 백성과 함께 솔로몬에게 맡긴다. 이스라엘의 왕권은 하나님의 통치의 한 표현이다(28:5; 29:23). 성전은 하나님의 '왕궁, 성채'이며(참고. 29:1-5 주석), 궤는 하나님의 보좌의 "발판"(28:2)이고, 왕권과 성전은 둘 다 백성에게서 전심을 다한 지지와 공급을 요하는데, 그것은 모든 사람이 드리는 예배에서 절정에 이른다.

이 장들은 다윗 이야기에 대한 감동적인 결말로, 거기에서 다윗은 솔로몬과 백성 둘 다에게 지시하고, 백성은 즐거운 관대함으로 응답하며, 왕과 백성은 성전에, 그래서 그 성전의 주인이신 여호와께 중점적으로 주의를 기울인다. 역대기 저자가 즐겁게 예배하는 것에 청중들의 초점을 맞추는 것을 강화하는 것으로, 다윗이 어떤 행동의 주어로 나오는 마지막 경우는 그가 하나님을 찬양하는 것이다. 다윗의 마지막 말은 "온 회중"에게 하는 것으로, "[그들의] 하나님 여호와를 송축하라"라는 것이다(29:20). 이것은 역대기를 간결하게 표현한 것이라고 말할 수 있을 것이다.

I Chronicles

역대상

28:1-21

1 다윗이 이스라엘 모든 고관들 곧 각 지파의 어른과 왕을 섬기는 반
장들과 천부장들과 백부장들과 및 왕과 왕자의 모든 소유와 가축의
감독과 내시와 장사와 모든 용사를 예루살렘으로 소집하고 2 이에 다
윗 왕이 일어서서 이르되 나의 형제들, 나의 백성들아 내 말을 들으라
나는 여호와의 언약궤 곧 우리 하나님의 발판을 봉안할 성전을 건축
할 마음이 있어서 건축할 재료를 준비하였으나 3 하나님이 내게 이르
시되 너는 전쟁을 많이 한 사람이라 피를 많이 흘렸으니 내 이름을 위
하여 성전을 건축하지 못하리라 하셨느니라 4 그러나 이스라엘 하나
님 여호와께서 전에 나를 내 부친의 온 집에서 택하여 영원히 이스라
엘 왕이 되게 하셨나니 곧 하나님이 유다 지파를 택하사 머리를 삼으
시고 유다의 가문에서 내 부친의 집을 택하시고 내 부친의 아들들 중
에서 나를 기뻐하사 온 이스라엘의 왕을 삼으셨느니라 5 여호와께서
내게 여러 아들을 주시고 그 모든 아들 중에서 내 아들 솔로몬을 택하
사 여호와의 나라 왕위에 앉혀 이스라엘을 다스리게 하려 하실새 6 내
게 이르시기를 네 아들 솔로몬 그가 내 성전을 건축하고 내 여러 뜰을
만들리니 이는 내가 그를 택하여 내 아들로 삼고 나는 그의 아버지가
될 것임이라 7 그가 만일 나의 계명과 법도를 힘써 준행하기를 오늘과

28장

같이 하면 내가 그의 나라를 영원히 견고하게 하리라 하셨느니라 8 이
제 너희는 온 이스라엘 곧 여호와의 회중이 보는 데에서와 우리 하나
님이 들으시는 데에서 너희 하나님 여호와의 모든 계명을 구하여 지
키기로 하라 그리하면 너희가 이 아름다운 땅을 누리고 너희 후손에
게 끼쳐 영원한 기업이 되게 하리라

1 David assembled at Jerusalem all the officials of Israel, the officials
of the tribes, the officers of the divisions that served the king, the
commanders of thousands, the commanders of hundreds, the stewards
of all the property and livestock of the king and his sons, together with
the palace officials, the mighty men and all the seasoned warriors.
2 Then King David rose to his feet and said: "Hear me, my brothers and
my people. I had it in my heart to build a house of rest for the ark of
the covenant of the Lord and for the footstool of our God, and I made
preparations for building. 3 But God said to me, 'You may not build
a house for my name, for you are a man of war and have shed blood.'
4 Yet the Lord God of Israel chose me from all my father's house to
be king over Israel forever. For he chose Judah as leader, and in the
house of Judah my father's house, and among my father's sons he
took pleasure in me to make me king over all Israel. 5 And of all my
sons (for the Lord has given me many sons) he has chosen Solomon
my son to sit on the throne of the kingdom of the Lord over Israel.
6 He said to me, 'It is Solomon your son who shall build my house and
my courts, for I have chosen him to be my son, and I will be his father.
7 I will establish his kingdom forever if he continues strong in keeping
my commandments and my rules, as he is today.' 8 Now therefore in
the sight of all Israel, the assembly of the Lord, and in the hearing of
our God, observe and seek out all the commandments of the Lord your

God, that you may possess this good land and leave it for an inheritance
to your children after you forever.

9 내 아들 솔로몬아 너는 네 아버지의 하나님을 알고 온전한 마음과
기쁜 뜻으로 섬길지어다 여호와께서는 모든 마음을 감찰하사 모든 의
도를 아시나니 네가 만일 그를 찾으면 만날 것이요 만일 네가 그를 버
리면 그가 너를 영원히 버리시리라 10 그런즉 이제 너는 삼갈지어다
여호와께서 너를 택하여 성전의 건물을 건축하게 하셨으니 힘써 행할
지니라 하니라
9 "And you, Solomon my son, know the God of your father and serve
him with a whole heart and with a willing mind, for the Lord searches
all hearts and understands every plan and thought. If you seek him,
he will be found by you, but if you forsake him, he will cast you off
forever. 10 Be careful now, for the Lord has chosen you to build a house
for the sanctuary; be strong and do it."

11 다윗이 성전의 복도와 그 집들과 그 곳간과 다락과 골방과 속죄소
의 설계도를 그의 아들 솔로몬에게 주고 12 또 그가 영감으로 받은 모
든 것 곧 여호와의 성전의 뜰과 사면의 모든 방과 하나님의 성전 곳간
과 성물 곳간의 설계도를 주고 13 또 제사장과 레위 사람의 반열과 여
호와의 성전에서 섬기는 모든 일과 여호와의 성전을 섬기는 데에 쓰
는 모든 그릇의 양식을 설명하고 14 또 모든 섬기는 데에 쓰는 금 기구
를 만들 금의 무게와 모든 섬기는 데에 쓰는 은 기구를 만들 은의 무
게를 정하고 15 또 금 등잔대들과 그 등잔 곧 각 등잔대와 그 등잔을
만들 금의 무게와 은 등잔대와 그 등잔을 만들 은의 무게를 각기 그
기구에 알맞게 하고 16 또 진설병의 각 상을 만들 금의 무게를 정하고
은상을 만들 은도 그렇게 하고 17 갈고리와 대접과 종지를 만들 순금

과 금 잔 곧 각 잔을 만들 금의 무게와 또 은 잔 곧 각 잔을 만들 은의
무게를 정하고 18 또 향단에 쓸 순금과 또 수레 곧 금 그룹들의 설계도
대로 만들 금의 무게를 정해 주니 이 그룹들은 날개를 펴서 여호와의
언약궤를 덮는 것이더라 19 다윗이 이르되 여호와의 손이 내게 임하여
이 모든 일의 설계를 그려 나에게 알려 주셨느니라

11 Then David gave Solomon his son the plan of the vestibule of the
temple,[1] and of its houses, its treasuries, its upper rooms, and its inner
chambers, and of the room for the mercy seat; 12 and the plan of all
that he had in mind for the courts of the house of the Lord, all the
surrounding chambers, the treasuries of the house of God, and the
treasuries for dedicated gifts; 13 for the divisions of the priests and of
the Levites, and all the work of the service in the house of the Lord; for
all the vessels for the service in the house of the Lord, 14 the weight of
gold for all golden vessels for each service, the weight of silver vessels
for each service, 15 the weight of the golden lampstands and their
lamps, the weight of gold for each lampstand and its lamps, the weight
of silver for a lampstand and its lamps, according to the use of each
lampstand in the service, 16 the weight of gold for each table for the
showbread, the silver for the silver tables, 17 and pure gold for the forks,
the basins and the cups; for the golden bowls and the weight of each;
for the silver bowls and the weight of each; 18 for the altar of incense
made of refined gold, and its weight; also his plan for the golden chariot
of the cherubim that spread their wings and covered the ark of the
covenant of the Lord. 19 "All this he made clear to me in writing from
the hand of the Lord, all the work to be done according to the plan."

20 또 그의 아들 솔로몬에게 이르되 너는 강하고 담대하게 이 일을 행

하라 두려워하지 말며 놀라지 말라 네가 여호와의 성전 공사의 모든 일을 마치기까지 여호와 하나님 나의 하나님이 너와 함께 계시사 네게서 떠나지 아니하시고 너를 버리지 아니하시리라
21 제사장과 레위 사람의 반이 있으니 하나님의 성전의 모든 공사를 도울 것이요 또 모든 공사에 유능한 기술자가 기쁜 마음으로 너와 함께 할 것이요 또 모든 지휘관과 백성이 온전히 네 명령 아래에 있으리라

20 Then David said to Solomon his son, "Be strong and courageous and do it. Do not be afraid and do not be dismayed, for the Lord God, even my God, is with you. He will not leave you or forsake you, until all the work for the service of the house of the Lord is finished.
21 And behold the divisions of the priests and the Levites for all the service of the house of God; and with you in all the work will be every willing man who has skill for any kind of service; also the officers and all the people will be wholly at your command."

1 Hebrew lacks *of the temple*

단락 개요

II. 다윗과 솔로몬의 통일 왕국—예루살렘, 궤, 성전(대상 9:35-대하 9:31)

B. 다윗, 예루살렘에서 왕이 됨: 승리와 성전 준비(11:1-29:30)

2. 승리와 성전 준비(17:1-29:30)…

f. 다윗의 지시들 및 솔로몬이 왕위에 오름(28:1-29:30)

(1) 전국적 회중과 솔로몬에게 다윗의 내린 지시(28:1-21)

주석

28:1 역대기는 다윗을 왕으로 만들기 위해 '온 이스라엘이 모이는' 것과 그다음에 '예루살렘'을 점령하는 것으로 다윗의 통치 이야기를 시작했다(11:1-8). '예루살렘'은 다윗이 거기에 궤를 가져왔고 거기서 하나님이 다윗의 아들로 성전을 건축하도록 권한을 주신 장소다(11:4-8; 15:1; 16:1; 17:11-12). 다윗의 통치는 다윗이 광범위한 사람들을 대표하는 "이스라엘 모든 고관들"에게 성전과 솔로몬에 관해 지시를 내리기 위해 그들을 "소집"했을 때 절정에 이른다.

23-27장에 나오는 포괄적인 행정적 준비에서 "이스라엘 고관들"이 나오며, "지파의 어른", "천부장", "백부장"이 거명되며, 성전과 군복무에서의 "반"[divisions("반", "계열", "반열", "반장", "직책" 등으로 다양하게 번역되어 있다—옮긴이주)]이 그들의 지도자 아래 확립되었고(23:6; 24:1; 26:1, 12, 19; 27:1), "소유"와 "가축"의 "감독"이 임명되었고(27:25-31), 핵심적인 "내시"(ESV는 "palace officials", 궁정 관원들)가 거명된다(27:32-34). 이제 모두가 "소집"되었으며, 다른 "내시"와 다윗의 "장사"(ESV는 "mighty men", 용사, 19:8)와 "용사"(ESV는 "seasoned warriors", 경험을 쌓은 전사들, 26:6, 31에 나오는 "큰 용사"와 같은 문구)가 같이 모였다. 그렇게 모두를 아우르는 모임은 참으로 "온 이스라엘 곧 여호와의 회중"(28:8)이라고 묘사할 수 있을 것이다. ['모이다'(카할)라는 동사에 대해서는 23:2 주석을 보라. 29:1, 10, 20에도 나오는 "모임"이라는 의미의 명사 카할은 이스라엘 사람들이 특정한 목적을 위해 모이는 것에 대해 폭넓게 사용되며(예를 들어, 출 12:6; 16:3; 레 4:13, 14, 21; 민 14:5) 일반적으로 70인역에서 에클레시아라고 번역되는데, 그 단어는 후에 신약에서 '교회'에 대해 사용되는 단어다.]

28:2-8 "다윗 왕"은 모인 집단을 "종들" 혹은 "신하들"이라고 부르지 않고 "형제들", "나의 백성들"이라고 부른다. 둘 다 친족을 나타내는 용어다. 다윗은 '우리 중 하나'이다(참고. 신 17:15). 다윗의 말은 전에 솔로몬에게 한 말을 따른다(참고. 대상 22:6-10 주석; 22:11-16 주석). 강조점만 조금 바뀌었을

뿐이다. 여기에서 "성전"(ESV는 "houses", 집)은 "궤"를 봉안할 곳, 즉 안식처가 되어야 한다. 궤는 모세의 "언약"을 상기시키는 중심적인 것, 하나님의 보좌의 "발판"(시 132:7)이었다. 역대상 22:8-9에서처럼 다윗은 "전쟁을 많이 한 사람"이라는 언급이 나온다. 22장에서 이것은 "온순한 사람"(ESV는 "man of rest", 평안의 사람)인 솔로몬과 대조를 이룬다. 하지만 여기에서 '안식'해야 하는 것은 "궤"이다(또한 대하 6:41=시 132:8). 그리고 하나님이 그분의 보좌를 위한 '집'을 갖는 것에 주의가 집중된다.

다윗은 먼저 하나님의 백성의 역사를 통한 하나님의 주권적 선택을 요약하면서 솔로몬을 소개한다. 하나님은 먼저 "유다" 지파를 "머리"(나기드, 참고. 창 49:8-10; 시 78:68)로, 그다음에 다윗의 "부친의 집"을(참고. 삼상 16:1), 그다음에 다윗 자신을(참고. 삼상 16:12-13; 시 78:70) "택하[셨다]". 마지막으로, 다윗이 이새의 맏아들(심지어 가장 가망성 있는 아들)이 아니었던 것처럼, 다윗의 모든 아들 중에서 여호와께서 "솔로몬을 택하[셨다]"(역대기만 솔로몬에 대해 이 말을 사용한다. 참고. 대상 22:9-10; 삼하 12:24-25). 다윗 왕조는 이스라엘에게는 뭔가 새로운 것으로, 하나님의 선택의 연속이자 하나님의 통치의 성취로 합법적으로 인정된다. 솔로몬은 "여호와의 나라 왕위에 앉혀 이스라엘을 다스리게" 하실 것이다(대상 28:5).

과거를 이렇게 자세히 이야기하는 것은 다윗이 백성들에게 지시하는 것의 기초다(동사는 모두 복수로 되어 있다). 솔로몬에게 하는 말(22:13)은 백성들이 똑같이 주의를 기울여야 하는 중요한 말이다. 그들은 그저 다윗에 의해 "소집[된]" 집단이 아니다(28:1). "온 이스라엘"은 "여호와의 회중"이기 때문이다(참고. 민 16:3; 20:4; 신 23:2-3, 8; 미 2:5). 그들은 그저 "모든 계명을 지키[기만]"(샤마르는 방심하지 않고 경계하는 것이라는 의미를 지닌다) 해서는 안 되고 또한 그 계명을 "구하여[야]"(다라쉬, 참고. 대상 10:13-14 주석, 또한 시 119:45, 94, 155) 한다. 백성들은 의도적으로 다음 세대까지 계속되는 헌신을 해야 한다. 포로생활에서 돌아온 청중들에게 메시지는 분명하다. 이것이 "이 아름다운 땅을…영원[히]" 누리는 길이라는 것이다.

28:9-10 앞에 나왔던 사적인 지시(22:11-16)와는 달리, 다윗은 공개적으로 솔로몬에게 주의를 돌린다("[그리고] 너는" 다음에는 단수 동사들이 나온다). "여호와"는 다윗의 하나님이었으며, 다윗은 그 여호와의 성전을 준비하고 있었다(또한 28:20, "나의 하나님"). 이제 솔로몬은 여호와가 그의 하나님이시라는 것을 공개적으로 인정해야 한다('알다'라는 말은 고대 국제 외교에서 윗사람의 권위를 법적으로 인정하는 말로 흔히 사용된다. 참고. 호 8:2; 13:4).[198] 솔로몬은 "온전한 마음"(그 문구는 후에 백성들의 제물에 대해 사용된다, 대상 29:9는 "성심으로")과 "기쁜 뜻"(ESV는 "willing mind", 기꺼운 마음, '기뻐하는, 즐거워하는'이라는 의미를 지닌)으로 여호와를 섬겨야 한다. 여호와는 외적 행동 너머를 보시기 때문이다. 여호와께서 "모든 의도"(ESV는 "every plan and thought", 모든 계획과 생각, 창 6:5의 "생각하는 모든 계획"에서처럼)을 아시는 것처럼, 다윗은 후에 백성이 관대함을 보이고 나서 여호와께서 "이것을 주의 백성의 심중에 영원히 두어 생각하게[같은 히브리어, '그런 목적들과 생각들'을 두게] 하시고"라고 기도한다(대상 29:18).

"찾으면 만날 것이요…버리면…버리시리라." 이 두 쌍의 균형은 역대기의 특징이다.[199] '찾다'(다라쉬)라는 말은 역대기에서 종교적 맥락에서 거의 사십 번이나 등장하는 단어로, 일반적으로 하나님께 대한 헌신을 표현하지만, 여기에서는 또한 하나님이 '탐색하시는 것'(혹은 반응하는 마음을 '찾으시는 것')에 대해서도 사용되었다.[200] 그가 "만날 것이요"라는 약속은 역대하 15:2에서 어떻게 과거에 그리고 그 당시 상황에서 하나님이 "너희와 만나게" 되셨는지 말하는 본문에서 반복된다(대하 15:4, 15). 반대말인 '버리다'[아자브('*azab*), '떠나다, 버려두다']라는 말은 역대기에만 나오는 본문들에서 열아홉 번 사용되는데, 백성들이 하나님을 '버리는/버리지 않는' 것과 하나님

198 Knoppers, *I Chronicles* 10-29, 930.

199 참고. 서론의 '역대기 신학' 중 '하나님의 상과 벌'.

200 McConville, *I and II Chronicles*, 99-100.

의 계명들, 혹은 성전(대하 7:19, 22; 12:1; 13:10, 11, 21:10; 24:18, 24; 28:6; 29:6; 34:25) 그리고 하나님이 자기 백성을 '버리는/버리지 않는'(대상 28:20) 것 둘 다에 대해 사용되며, 또한 때로는 백성이 하나님을 '버렸기' 때문에 하나님이 백성을 '버리시는' 것의 결합에서 사용된다(대하 12:5; 15:2; 24:20). (관련된 단어들에 대해서는 ESVEC 대하 7:13-16 주석을 참고하라.) 그렇게 짝을 이루는 것은 주로 일반적 응보의 진술이 아니라 언약 관계 안에서 회개하고 회복하라는 명령으로, 그것은 내러티브의 문맥에서 분명히 알 수 있다(예를 들어, 대하 12:1-12; 15:1-15).[201] 여기에서 그 약속은 솔로몬이 성전을 건축하면서 하나님을 "찾을" 때 확신의 기초다. "힘써"(ESV는 "be strong", 강하여져서) 성전을 건축하라는 말은 그분 자신이 '추구하시는'(혹은 '찾으시는') 분인 하나님과의 역동적 관계에 의해 뒷받침된다.

28:11-19 모세와 성막과의 유사점들은 "설계도"(타브니트, 11, 12, 19절)를 사용하는 것에서 분명히 나타난다. 그것은 성막의 "모양"(양식, 출 25:9, 40)에 대해 사용한 것과 같은 단어다. 다윗이 "영감으로 받은"(ESV는 "had in his mind", 염두에 두고 있던, 대상 28:12) "설계도"는 끝에서 "여호와의 손이 임하여…그려 나에게 나에게 알려주셨느니라"(19절)라고 진술되어 있다. 12절에서 "영감"(mind)은 루아흐(*ruakh*)를 번역한 말로, 그 말은 영어로 '호흡, 바람, 영, 성령'에 다양하게 해당된다. 그래서 그 히브리어 문구는 '그가 함께 계시는 성령에 의해 가진 모든 것'[2절과는 다르다, 거기에는 레바브(*lebab*), "[내] 마음[으로]"라고 되어 있다]이라고 이해할 수 있을 것이다. 물리적 건물들과 방들은 간략하게만 묘사된다(12-13절, 왕상 6-7장과 대조해보라). 하지만 성막의 설계 명세서와의 연관은 "속죄소"로, 그 말은 모세오경 외에는 여기에서만 사용되는 용어다(출 25:17-22).[202] 중요한 것으로, "설계도"는 건축된 측

201 Kelly, *Retribution and Eschatology*.

202 Selman, *1 Chronicles*, 253-254.

면들 이상을 포괄한다. 그것은 성전에서 섬긴 모든 "반열들"(대상 28:13a; 23-26장)로 넘어간다. 하지만 여기에서는 "그릇"의 다양함을 상세히 말한다(28:13b-18).

"그릇"에는 전에 궤와 성막과 연관되었던 것들이 포함되지만(22:19; 23:26) 지금은 수많은 새 그릇들을 포괄한다. 그 그릇들의 "무게"는 포괄적 목록에서 명시되어 있다. [한 예는 성막에는 단 한 개의 금 등잔대만 있었던 반면(출 25:31-40), 성전에는 적어도 열 개의 금 등잔대가 있었다(대하 4:7)는 것이다.] 열왕기에는 성막이나 성전보다 더 많은 "은" 품목이 언급되어 있다. 마지막 품목은 다른 모든 것들이 그것을 향하고 있는데, 하나님을 섬기는 것을 나타내는 것인 "궤"다. 궤를 "수레"라고 부르는 것은 에스겔 1장에 나오는 환상에서 시사되었을 것이다. 하지만 또한 하나님이 수레에 앉아있다는 개념은 하나님을 "그룹들 사이에 좌정하신 만군[하늘 군대]의 여호와"(삼하 6:2)로 보는 고대의 묘사에 맞는다.[203] "그릇"에 대한 관심은 역대기에서 계속된다. 그것은 포로기 이후 성전에 계속 있는 것이었기 때문이다(대하 4:7-22; 25:24; 29:19; 36:7, 10, 18; 스 1:5-11). 여기에서 역대기 저자는 그의 청중들의 현재를 다윗 및 하나님으로부터 온 "설계도"와 또 다른 방식으로 연관시킨다.

28:20-21 다윗이 솔로몬에게 한 마지막 말은 22:11-16에서 한 말을 반복한다. 성전을 건축하는 큰 과업을 마치는 일에서 "강하[게]" 되는 것의 기초는 처음부터 끝까지 하나님이 함께 하실 것이라는 약속이다(참고. 수 1:6-9). 게다가 도움을 줄 많은 일꾼들이 있다(대상 29:1-9에 상세히 설명되어 있는). "회중"에게 한 지시와 솔로몬에게 한 지시는 분리될 수 없다. 이것은 솔로몬에게 한 마지막 말이다. 성전의 과업은 모두가 함께 참여해야 하는 과업이기 때문이다.

203 Japhet, *I & II Chronicles*, 497.

응답

역대기 저자가 예루살렘 성전이 하나님의 위임을 받았다는 사실 및 모세 그리고 성막과 연관이 있다는 사실을 강조하는 것은 포로기 이후 건축되어 여호와께 바쳐진 다른 성전들의 도전을 다루기 위함이라고 볼 수 있다. 예를 들면 애굽의 엘레판틴(Elephantine)과 레온토폴리스(Leontopolis)에 그리고 사마리아의 그리심산에 세운 성전이다.[204] 하나님이 바라시는 바에 따라 예배하는 것에 대한 관심은 우리도 열심히 배워야 한다. 그것이 계속 문제가 되었다는 것은 우물가의 여인이 예수께 한 말에 반영되어 있다. 그 말에 대한 대답으로 예수님은 특정한 장소에 대한 관심으로부터 "영과 진리로" 예배하라는 명령으로 주의를 돌리신다(요 4:20-24). 예루살렘은 하나님의 목적이라는 드라마에서 자신의 위치를 지니고 있다. 하지만 그리스도 안에서 이동 방향은 예루살렘으로 혹은 예루살렘 안에서가 아니라 예루살렘으로부터가 되어야 한다.

예루살렘 성전에서 다윗의 자손인 예수님은 "자기 육체"를 성전이라고 말씀하셨다(요 2:19-22). 그리고 예루살렘으로부터 교회는 확장되었다. 이는 확장되는 지리적 지역으로부터 "신령한 집"에 "산 돌"이 더해지는 것이라고 표현되는 성장이다. 성령의 전은 세워지고 있는 "하나님의 집"이다(벧전 2:5; 고전 3:9, 16). 예수님은 자신을 따르는 사람들에게 주신 마지막 말씀에서 왕적 권위로 "모든 족속을 제자로 삼[으라]"라고 위임하시면서 세상 끝날 까지 그분의 임재가 그들과 함께 있을 것이라고 약속하셨다(마 28:19-20). 이것은 한 백성이 복이 되도록 택하신 하나님의 목적의 긴 역사를 계속 이어가는 과업이다. 그것은 "새 예루살렘", 곧 금과 온갖 보석으로 지어진 성, 하나님의 통치의 상징들을 가리는 어떤 성전도 없는 성이 오는 때를 고대한다. 오히려 "하나님의 영광"이 모든 사람에게 분명하게 나타날

204 Knoppers, *I Chronicles 10-29*, 940-941.

28장

것이다(계 21:1-2, 15-27).

성령의 전에는 또한 지도력을 제공하는 중요한 사람들이 있다. 하지만 어떤 일도 독불장군처럼 행해지지는 않는다. 예를 들어, 바울의 사역에 대해 말하기는 쉽다. 하지만 바울은 자신과 함께 하고 그의 사역을 위해 공급하고 또한 계속되는 건축물의 일부인 사람들에 대해 거듭해서 단언한다(롬 16:1-23; 고전 3:5-10; 빌 4:14-19; 골 4:7-18 등). 다윗이 성전 건축에 관해 지시하기 위해 모은 "회중"은 그리스도가 그분의 증인이 되도록 부르신 "교회"(에클레시아)를 예시한다.

I Chronicles
역대상
29:1-25

[1] 다윗 왕이 온 회중에게 이르되 내 아들 솔로몬이 유일하게 하나님
께서 택하신 바 되었으나 아직 어리고 미숙하며 이 공사는 크도다 이
성전은 사람을 위한 것이 아니요 여호와 하나님을 위한 것이라 [2] 내
가 이미 내 하나님의 성전을 위하여 힘을 다하여 준비하였나니 곧 기
구를 만들 금과 은과 놋과 철과 나무와 또 마노와 가공할 검은 보석과
채석과 다른 모든 보석과 옥돌이 매우 많으며 [3] 성전을 위하여 준비한
이 모든 것 외에도 내 마음이 내 하나님의 성전을 사모하므로 내가 사
유한 금, 은으로 내 하나님의 성전을 위하여 드렸노니 [4] 곧 오빌의 금
삼천 달란트와 순은 칠천 달란트라 모든 성전 벽에 입히며 [5] 금, 은 그
릇을 만들며 장인의 손으로 하는 모든 일에 쓰게 하였노니 오늘 누가
즐거이 손에 채워 여호와께 드리겠느냐 하는지라

[1] And David the king said to all the assembly, "Solomon my son,
whom alone God has chosen, is young and inexperienced, and the work
is great, for the palace will not be for man but for the Lord God. [2] So I
have provided for the house of my God, so far as I was able, the gold
for the things of gold, the silver for the things of silver, and the bronze

for the things of bronze, the iron for the things of iron, and wood for the
things of wood, besides great quantities of onyx and stones for setting,
antimony, colored stones, all sorts of precious stones and marble.
3 Moreover, in addition to all that I have provided for the holy house,
I have a treasure of my own of gold and silver, and because of my
devotion to the house of my God I give it to the house of my God: 4 3,000
talents[1] of gold, of the gold of Ophir, and 7,000 talents of refined silver,
for overlaying the walls of the house,[2] 5 and for all the work to be done
by craftsmen, gold for the things of gold and silver for the things of
silver. Who then will offer willingly, consecrating himself[3] today to the
Lord?"

6 이에 모든 가문의 지도자들과 이스라엘 모든 지파의 지도자들과 천
부장과 백부장과 왕의 사무관이 다 즐거이 드리되 7 하나님의 성전 공
사를 위하여 금 오천 달란트와 금 만 다릭 은 만 달란트와 놋 만 팔천
달란트와 철 십만 달란트를 드리고 8 보석을 가진 모든 사람은 게르손
사람 여히엘의 손에 맡겨 여호와의 성전 곳간에 드렸더라 9 백성들은
자원하여 드렸으므로 기뻐하였으니 곧 그들이 성심으로 여호와께 자
원하여 드렸으므로 다윗 왕도 심히 기뻐하니라
6 Then the leaders of fathers' houses made their freewill offerings, as
did also the leaders of the tribes, the commanders of thousands and of
hundreds, and the officers over the king's work. 7 They gave for the
service of the house of God 5,000 talents and 10,000 darics[4] of gold,
10,000 talents of silver, 18,000 talents of bronze and 100,000 talents
of iron. 8 And whoever had precious stones gave them to the treasury
of the house of the Lord, in the care of Jehiel the Gershonite. 9 Then
the people rejoiced because they had given willingly, for with a whole

heart they had offered freely to the Lord. David the king also rejoiced
greatly.

10 다윗이 온 회중 앞에서 여호와를 송축하여 이르되 우리 조상 이스
라엘의 하나님 여호와여 주는 영원부터 영원까지 송축을 받으시옵소
서 11 여호와여 위대하심과 권능과 영광과 승리와 위엄이 다 주께 속
하였사오니 천지에 있는 것이 다 주의 것이로소이다 여호와여 주권
도 주께 속하였사오니 주는 높으사 만물의 머리이심이니이다 12 부와
귀가 주께로 말미암고 또 주는 만물의 주재가 되사 손에 권세와 능력
이 있사오니 모든 사람을 크게 하심과 강하게 하심이 주의 손에 있나
이다 13 우리 하나님이여 이제 우리가 주께 감사하오며 주의 영화로운
이름을 찬양하나이다
10 Therefore David blessed the Lord in the presence of all the assembly.
And David said: "Blessed are you, O Lord, the God of Israel our father,
forever and ever. 11 Yours, O Lord, is the greatness and the power and
the glory and the victory and the majesty, for all that is in the heavens
and in the earth is yours. Yours is the kingdom, O Lord, and you are
exalted as head above all. 12 Both riches and honor come from you, and
you rule over all. In your hand are power and might, and in your hand
it is to make great and to give strength to all. 13 And now we thank you,
our God, and praise your glorious name.

14 나와 내 백성이 무엇이기에 이처럼 즐거운 마음으로 드릴 힘이 있
었나이까 모든 것이 주께로 말미암았사오니 우리가 주의 손에서 받은
것으로 주께 드렸을 뿐이니이다 15 우리는 우리 조상들과 같이 주님
앞에서 이방 나그네와 거류민들이라 세상에 있는 날이 그림자 같아서
희망이 없나이다 16 우리 하나님 여호와여 우리가 주의 거룩한 이름

을 위하여 성전을 건축하려고 미리 저축한 이 모든 물건이 다 주의 손
에서 왔사오니 다 주의 것이니이다 17 나의 하나님이여 주께서 마음을
감찰하시고 정직을 기뻐하시는 줄을 내가 아나이다 내가 정직한 마
음으로 이 모든 것을 즐거이 드렸사오며 이제 내가 또 여기 있는 주의
백성이 주께 자원하여 드리는 것을 보오니 심히 기쁘도소이다 18 우리
조상들 아브라함과 이삭과 이스라엘의 하나님 여호와여 주께서 이것
을 주의 백성의 심중에 영원히 두어 생각하게 하시고 그 마음을 준비
하여 주께로 돌아오게 하시오며 19 또 내 아들 솔로몬에게 정성된 마
음을 주사 주의 계명과 권면과 율례를 지켜 이 모든 일을 행하게 하시
고 내가 위하여 준비한 것으로 성전을 건축하게 하옵소서 하였더라
14 "But who am I, and what is my people, that we should be able thus
to offer willingly? For all things come from you, and of your own have
we given you. 15 For we are strangers before you and sojourners, as all
our fathers were. Our days on the earth are like a shadow, and there
is no abiding.[5] 16 O Lord our God, all this abundance that we have
provided for building you a house for your holy name comes from your
hand and is all your own. 17 I know, my God, that you test the heart
and have pleasure in uprightness. In the uprightness of my heart I have
freely offered all these things, and now I have seen your people, who
are present here, offering freely and joyously to you. 18 O Lord, the God
of Abraham, Isaac, and Israel, our fathers, keep forever such purposes
and thoughts in the hearts of your people, and direct their hearts toward
you. 19 Grant to Solomon my son a whole heart that he may keep your
commandments, your testimonies, and your statutes, performing all,
and that he may build the palace for which I have made provision."

20 다윗이 온 회중에게 이르되 너희는 너희 하나님 여호와를 송축하

라 하매 회중이 그의 조상들의 하나님 여호와를 송축하고 머리를 숙
여 여호와와 왕에게 절하고 21 이튿날 여호와께 제사를 드리고 또 여
호와께 번제를 드리니 수송아지가 천 마리요 숫양이 천 마리요 어린
양이 천 마리요 또 그 전제라 온 이스라엘을 위하여 풍성한 제물을 드
리고 22 이날에 무리가 크게 기뻐하여 여호와 앞에서 먹으며 마셨더라
무리가 다윗의 아들 솔로몬을 다시 왕으로 삼아 기름을 부어 여호와
께 돌려 주권자가 되게 하고 사독에게도 기름을 부어 제사장이 되게
하니라

20 Then David said to all the assembly, "Bless the Lord your God."
And all the assembly blessed the Lord, the God of their fathers, and
bowed their heads and paid homage to the Lord and to the king. 21 And
they offered sacrifices to the Lord, and on the next day offered burnt
offerings to the Lord, 1,000 bulls, 1,000 rams, and 1,000 lambs, with
their drink offerings, and sacrifices in abundance for all Israel. 22 And
they ate and drank before the Lord on that day with great gladness. And
they made Solomon the son of David king the second time, and they
anointed him as prince for the Lord, and Zadok as priest.

23 솔로몬이 여호와께서 주신 왕위에 앉아 아버지 다윗을 이어 왕이
되어 형통하니 온 이스라엘이 그의 명령에 순종하며 24 모든 방백과
용사와 다윗 왕의 여러 아들들이 솔로몬 왕에게 복종하니 25 여호와께
서 솔로몬을 모든 이스라엘의 목전에서 심히 크게 하시고 또 왕의 위
엄을 그에게 주사 그전 이스라엘 모든 왕보다 뛰어나게 하셨더라

23 Then Solomon sat on the throne of the Lord as king in place of
David his father. And he prospered, and all Israel obeyed him. 24 All
the leaders and the mighty men, and also all the sons of King David,
pledged their allegiance to King Solomon. 25 And the Lord made

Solomon very great in the sight of all Israel and bestowed on him such royal majesty as had not been on any king before him in Israel.

1 A *talent* was about 75 pounds or 34 kilograms *2* Septuagint; Hebrew *houses 3* Or *ordaining himself*; Hebrew *filling his hand 4* A *daric* was a coin weighing about 1/4 ounce or 8.5 grams *5* Septuagint, Vulgate; Hebrew *hope*, or *prospect*

단락 개관

다윗은 회중 앞에서 솔로몬에게 지시했다(대상 28:9-21). 하지만 먼저 나오는 것은 백성들의 반응이다. 솔로몬의 반응은 역대하에서 그가 지시들을 따라 건축하는 기사가 나올 때까지 기록되지 않는다(대상 29장에서 솔로몬은 23절의 "솔로몬은…왕위에 앉아…형통하니"에서만 동사들의 주어로 나온다). 역대기 저자는 "온 회중"이 다윗의 관대함의 모범을 따를 때 그들에게 주의를 집중시킨다(1-9절). 마찬가지로, 다윗이 여호와를 송축하는 것은 "온 회중"으로부터 반응을 불러온다(10-22a절). 이 글은 백성이 왕인 솔로몬에게 충성을 바치고 여호와께서 솔로몬을 높이심으로 솔로몬의 통치가 확증되는 것으로 결론 맺는다(22b-25절). 다윗의 관대함과 백성들의 반응에 초점을 맞추는 것은 역대기 청중들도 마찬가지로 다윗의 본을 따르고 하나님을 찬송하면서 성전 건축과 활동을 지지하라는 또 하나의 격려다.

단락 개요

II. 다윗과 솔로몬의 통일 왕국—예루살렘, 궤, 성전(대상 9:35-대하 9:31)
B. 다윗, 예루살렘에서 왕이 됨: 승리와 성전 준비(11:1-29:30)
2. 승리와 성전 준비(17:1-29:30)…
f. 다윗의 지시들 및 솔로몬이 왕위에 오름(28:1-29:30)…
(2) 다윗의 관대한 공급과 찬양 그리고 백성들의 반응: 솔로몬이 왕이 됨(29:1-25).

주석

29:1-5 솔로몬은 다윗의 뒤를 잇도록 하나님께 "택하신" 바 된다. 하지만 자원을 모으는 것을 포함해서 성전을 건축하는 과업은 "어리고 미숙[한]" 누군가가 홀로 책임 맡기에는 너무 큰일이다(참고. 22:2-5 주석). 그것은 원대한 과업이기 때문이다. 이 구절들과 19절에서 "성전"(ESV는 "house", 집)이라는 흔히 쓰는 말 대신 '비라'('궁궐', 개역개정에는 "성전")라는 말을 사용한 것은 포로기 이후 청중들에게 놀라운 대조를 제공한다. '비라'는 다니엘서와 에스더서에서 바벨론과 바사 황제들의 왕의 성채 혹은 궁전에 대해 사용되기 때문이다(단 8:2; 에 1:2, 5; 2:3 등). 이것은 인간 통치자를 위한 것이 아니라 이스라엘의 참 왕이신 '여호와 하나님'의 '궁전'이 되어야 한다(대상 29:11).

그런 건축물에는 방대한 자원이 요구된다. 그래서 다윗은 "힘을 다하여"(참고. 22:14, "환난 중에") 대단히 다양한 것들을 마련해놓음으로 본을 보였다. 다윗의 관대함은 "내 사모[함]"(외적 강요 없는 기쁨을 가리키는 용어)으로부터 나온다. 선물들은 국가에 속했다고 말할 수 있는 자원들 뿐 아니라 또한 다윗 자신이 "사유한 [것]"[treasure, 세굴라(*segullah*)는 통치자의 개인 재산을 말한다. 다른 곳에서는 하나님의 "소유"(treasured possession)인 이스라엘에 대해 이 말이 사용된다. 출 19:5]에서 나온다. 다윗은 이미 "성전"(ESV는 "holy house", 거룩한 집),[205] 즉 성소 자체를 위해 필요한 것을 마련해 놓았었다. 이제 다윗은 전체 성전 단지, "내 하나님의 성전"을 위해 준비하고 있다. 다시 한번 양적 과장법은 다윗과 백성들 둘 다의 관대함을 강조한다(대상 29:7, 참고. 22:11-16 주석).[206]

다윗의 모범은 모인 회중에게 그와 함께 그 사업에 헌신하도록 도전한다. 드리는 것은 "즐거이", "자원하여" 이루어져야 한다. 그것은 이 본문에서 거듭 반복해서 사용하는 단어이며[29:5, 6, 9(2번), 14, 17(2번)] 앞에서 성막을 위해 자원하여 드린 것, 강제적인 것이 아니라 '마음'과 '영'에서 나오는 선물에서 볼 수 있다(출 25:2; 35:21, 29). 백성은 "손에 채워"(ESV는 "consecrate themselves", 자신을 봉헌하여)야 한다. 저자는 다른 곳에서 제사장 임명과 연관된(예를 들어, 출 28:41; 레 8:33; 민 3:3) 색다른 관용구('자신의 손을 채우다')를 각색해서 사용한다. 사람들은 그저 선물만 가져오는 것이 아니라 자기 봉헌의 행동에서 그들 자신을 가져와야 한다(참고. 대하 29:31).

29:6-9 서로 다른 범주들을 반복함으로써 모든 지도자가 드리는 일에 참여한다는 것이 강조된다(참고. 28:1). 역대기 저자는 드려진 금액이 얼마나 되는지 청중들이 평가할 수 있도록(그 이후의 번역자들 사이에 행해진 일반적인 관행에서), 금액을 당시의 화폐인 "다릭"으로 바꾼다. 그것은 다리우스 I세의 이름을 따라 만들어진 페르시아 금화로 주전 515년에 가서야 주조된 것이었다. "게르손 사람 여히엘"이라는 예상치 않은 이름이 나오는 것은 다윗이 "곳간"을 관리하는 책임을 지도록 사람들을 임명한 것의 중요성을 상기시킨다(26:20-21).

205 이 문구는 구약의 다른 곳에서는 사 64:11에서만 나오지만, 후대 유대 문헌에서는 흔하게 나온다.

206 "금 삼천 달란트 등"은 사적인 것으로, "금 십만 달란트 등"의 국가 재산과 비교된다.

어떤 드림은 자신을 높이는 것이 될 수 있다(참고. 마 6:2). 하지만 여기에서 그것은 "자원하여 여호와께" 드려진다. 성막을 위해 관대하게 드리는 묘사와의 유사점(출 25:1-7; 35:4-9, 20-29)은 성전이 성막과 연관된 모세 전승들을 계속 이어간다는 것을 또 다른 방식으로 나타낸다.[207] 하나님께 드리는 것은 특권이다. 그리고 온 회중이 이 일을 행할 때, 그 결과는 모두 "기뻐하[는]" 것이다. 예배와 드림은 그저 의무의 문제가 아니라 '기쁨'이다(참고. 대상 12:40; 15:25; 16:10, 31 등).

29:10-13 백성들과 왕의 기쁨은 노래로 이어진다. 다윗이 하나님을 찬양하기 때문이다. 다윗의 왕권과 성전은 백성의 역사에서 새 시대를 시작하고 있을 것이다. 그리고 다윗이 여호와를 "내 하나님"(11:19; 22:7; 28:20; 29:2)이라고 부르고 솔로몬에게 그분을 "네 하나님"(22:11, 18; 28:8-9)으로 삼으라고 명하는 것은 옳을 것이다. 하지만 이것은 하나님과 그분의 백성 간에 오랜 관계라는 맥락 안에 있다. 다윗은 온 회중을 대신해서 "우리 조상 이스라엘의 하나님"이신 그리고 후에는 "우리 조상들 아브라함과 이삭과 이스라엘의 하나님"(29:18)이신 여호와께 말한다. 백성의 기본 정체성은 다윗의 국민으로서의 정체성이 아니라 "여호와"와 관련된 긴 역사를 지닌 백성으로서의 정체성이다.

후기 유대인들의 예배에서 일반적인 것이 된 기도 형태에서, 다윗은 하나님께 말하면서 단어와 문구들을 겹쳐나간다. 17:19, 21에서 사용된 "큰 일"(great things)에 나온 말인 "위대하심"(greatness), 특히 출애굽과 다윗에게 한 약속들, 역시 29:12에서 하나님에 대해 그리고 30절에서 다윗에 대해 사용되었으며 종종 승리와 연관된 말인 "권능"("권세"), 여기에서는 흔하게 사용되는 카보드(*kabod*)가 아니라 티페레트(*tiferet*, '빛남, 아름다움')인 "영광", '빛남, 영광'[삼상 15:29에서처럼, "지존자"는 Gloly(영광)를 번역한 말이다—옮긴이주]

207 Williamson, *1 and 2 Chronicles*, 183.

29장

으로도 번역되는 말인 "승리", 곧 네차흐(*netsakh*)[208], 또한 역대상 16:27에도 나오며 하나님이 솔로몬에게 주시는 것(29:25)인 "위엄" 등 하나님께 속한 모든 것이다. 다윗 계열의 왕이 없고 바사의 통치 아래 있는 저자의 청중들에게, 여기서는 하나님이 지속적으로 "주권"(kingdom)을 갖고 계시다는 것이 선포된다. 하나님은 "만물의 주재가 되[시기]" 때문이다(참고. 16:23-33). 찬송에서 하나님의 백성은 눈으로 보이는 것을 초월하는 실상을 단언한다. 다윗과 백성들이 풍성하게 드렸을지는 모르지만, 찬송은 "부와 귀가" 그분께로 말미암는 분인 하나님께 드려져야 한다. 다윗은 솔로몬에게 "강하[라]"(22:13; 28:10, 20)라고 촉구한다. 하지만 하나님은 인간을 크게 하는 것과 강하게 하시는 것의 원천이시다(참고. 29:18-19).

29:14-19 하나님, 그분의 성품과 행위에 대해 깊이 생각하면 자신을 새롭게 이해하게 된다. "나와 내 백성이 무엇이기에…"(참고. 17:16, 21). 지금까지 저자는 다윗이 성전을 위해 해놓은 모든 준비와 마련해놓은 자원들을 대단히 상세하게 말했다(22장부터). 하지만 다윗은 그의 마지막 말에서 모든 영광을 하나님께 돌린다. 다윗과 백성들이 가지고 있고 드리는 것은 언제나 하나님으로부터 나온다. 다윗은 "왕"일지 모르지만, 다윗과 백성들은 "이방 나그네와 거류민"에 불과한 지위를 가지고 있을 뿐이다. 아무런 재산도 없고(그래서 아무런 안전도 없고) 시민인 사람들의 선한 은혜로 사는 사람들인 것이다(참고. 16:19-22).[209] 여기에는 시편 39:12, 102:11이 반영되어 있다. 동시에 그들은 "우리 하나님 여호와"께 나아온다. 그들은 "우리 조상들 아브라함과 이삭과 이스라엘의 하나님"과 지속적으로 적극적인 관계를 지니고 있다. 그것은 하나님이 그들에게 주시는 것과 그들이 그분께 자원하여 드리는 것에서 분명히 볼 수 있다.

208 Japhet, *I & II Chronicles*, 509; *HALOT*, נצח 항목.

209 J. A. Thompson, *1, 2 Chronicles*, NAC 9 (Nashville: Broadman & Holman, 1994), 197.

하나님이 "마음을 감찰하시고" 다윗과 백성들이 진정 기꺼이 드린다는 사실을 아신다는 것은 두려워하거나 혹은 스스로 축하할만한 이유가 아니다. 대신 그것은 두 가지 간구의 기초가 된다. 앞에서 한 명령 및 백성들에게 "너희 하나님 여호와의 모든 계명을 구하여 지키기로 하라"(28:8)라고 그리고 솔로몬에게 "온전한 마음…으로 [하나님을] 섬길지어다"(28:9)라고 지시한 것에 걸맞게, 그 간구들은 첫째, 하나님이 현재 "주님의 백성이 마음 가운데 품은 이러한 생각"(29:18, 새번역, ESV는 "purposes and thoughts in the heart of [the] people", 백성의 마음 속에 있는 목적들과 생각들)이 계속될 수 있게 하시고, 둘째, 솔로몬이 "주의 계명[을]…지[키도록]" "정성된 마음"을 받게 해달라는 것이다(19절). 지금까지의 모든 준비들은 백성들과 왕이 계속해서 하나님을 전심으로 섬기지 않는다면 부적절하다. 순종하라는 명령은 하나님의 능력주심과 결합되어 있다. "[사람의] 마음으로 생각하는 모든 계획"은 "악할"지 모르지만[창 6:5에는 대상 29:18과 같은 히브리어 문구가 나온다. 또한 28:9에 나오는 "마음"(plan and thought)], 하나님의 은혜로 그리고 기도 안에서 그것들은 기쁘시게 하는 것이 될 수 있다.[210]

다시 한번 역대기 저자는 다윗 계열의 왕의 위치는 하나님의 "성전"(palace, 궁궐, 참고. 29:1) 건축을 중심으로 하나님께 우선순위를 두고 온 백성이 기쁘게 섬기는 것이라고 단언한다. 저자의 청중들은 그 후 백성과 왕들이 범한 실패들을 잘 알고 있을 것이다. 하지만 이 기도를 다윗의 마지막 말로 포함시킨 것은 그것을 현재 그들 자신의 겸손하고 진심에서 우러나온 기도로 삼으라는 격려다.

29:20-22a 역대기에서 다윗의 마지막 말은 찬송으로, 백성들은 "여호와를 송축하[는]" 일에 동참한다. 그것은 그들이 "여호와"께 그리고 하나님의 대리인인 "왕"에게 "절하[는]"('경의를 표하는', 그 단어는 엎드리는 것을 가리킨다)

29장

210 Selman, *1 Chronicles*, 261.

행동으로 나타난다. 그들의 "제사"는 봉헌, 감사, 친교의 행동이며, 경축은 잔치로 절정에 이른다. 다윗의 통치는 전국적으로 잔치를 하는 때로 시작되었으며(12:38-40) 마찬가지로 이번에는 "여호와 앞에서", 그분의 임재 안에서 "무리가…먹으며 마셨[을]" 때, 그렇게 했을 때 끝난다. 새 시대와 성전 건축에 헌신하고 있는 광범위한 집단을 대표하는 지도자들이 경축하는 것은 시내산을 반영한다. 시내산에서 모세와 지도자들은 "하나님을 뵙고 먹고 마셨[기]" 때문이다(출 24:9-11). 중요한 행사가 있을 때 함께 먹는 것이 포함되는 대부분의 문화권에서 일반적으로 그렇듯, 성막과 성전에 헌신하는 것은 둘 다 경축하는 식사를 나누는 자리가 된다. "크게 기뻐하[는]"(심하, 대상 29:9, 22a에서처럼 '기쁨') 것은 하나님의 임재 안에서 참으로 발견된다.[211]

29:22b-25 역대기 저자의 청중들은 열왕기상 1장에 나오는 서둘러 마련된 솔로몬의 대관식 이야기를 잘 알고 있었을 것이다. 그것은 궁정의 많은 사람의 지지를 받은 아도니야의 쿠데타를 미연에 방지하기 위해 선수를 친 것이었다. 저자는 언제나 그렇듯이 연합에 초점을 맞추며 "무리"가 "다시" 그렇게 했다는 것만 말한다("왕으로 삼아"라는 말은 대상 29:20부터 나오는 일련의 복수형 동사들을 계속 이어간다). 솔로몬은 "다윗 왕의 여러 아들들"(24절, 참고, 왕상 1:9-10)의 충성을 포함해서 보편적으로 충성을 받는다.

솔로몬은 "주권자"(나기드, 참고. 대상 11:1-3 주석, 거기에서 그 말은 다윗에 대해 처음 사용된다, 또한 17:7)로 기름 부음 받는데 그것은 "왕"으로서 그가 하나님께 책임이 있음을 상기시킨다. 하나님의 통치는 이어서 나오는 "솔로몬이 여호와께서 주신 왕위에 앉아"(참고. 28:5의 "여호와의 나라 왕위에 앉혀 이스라엘을 다스리게", 이 말을 왕상 2:12의 "그의 아버지 다윗의 왕위에 앉으니"와 대조해보라)라는

211 Hill은 하나님 안에서 발견되는 기쁨 및 행복과 대조해서 현대인들이 기쁨과 행복 자체를 목적으로 삼는 것을 분석한다(*1 & 2 Chronicles*, 357-359).

진술에서 분명해진다.[212] 이와 관련해서 "사독에게도 기름을 부어 제사장이 되게" 한다는 말은 몇 가지 의문을 제기한다. 사독은 다윗의 통치 동안 이미 저명했기 때문이다(대상 15:11; 16:39; 18:16; 24:3). 이것이 새 왕 아래에서 사독이 지니는 공식적인 유일한 지위를 말하는 것일 수도 있다. 지도자들을 임명하는 것과만 연결시키고 분열적 상황은 언급하지 않는 것이다. [아비아달은 전에 사독과 함께 이름이 나온 바 있으나(15:11; 삼하 15:24, 29; 17:15; 19:11; 20:25), 솔로몬은 아비아달이 아도니야를 지지한 후에 그의 지위를 박탈했다(왕상 1:5-8; 2:26-27, 35).]

솔로몬의 통치가 맨 처음 시작되었을 때, 그가 후에 필적할 것 없는 형통함과 성공을 누리는 것에 대해 주의를 환기시키는 말이 나온다. 하지만 이것은 단지 솔로몬의 능력 덕으로만 돌려서는 안 된다. 열왕기상 2:12에 나오는 비슷한 요약에는 "그의 나라가 심히 견고하니라"라는 말이 포함된다. 그 말은 열왕기상 2:46에서 솔로몬이 잠재적 대적들을 무자비하게 죽인 후에도 반복된다! 이와 대조적으로 역대기 저자는 지도자들을 포함한 "온 이스라엘이 그의 명령에 순종하[는]" 것에 대해 말하며, 이것이 여호와의 행동으로 인한 것이라고 역설한다. "여호와께서 솔로몬을 모든 이스라엘의 목전에서 심히 크게 하시고 또 [필적할 바 없는] 왕의 위엄을 그에게 주사."

29장

212 참고. 서론의 '역대기 신학' 중 '다윗, 하나님 나라, 하나님의 집'.

응답

다윗의 마지막 행동, 그의 관대한 헌물과 기도에 대한 글을 읽을 때, 다윗의 자손이신 그리스도 그리고 그리스도께 충성을 바치는 모든 사람과 쉽게 비교할 수 있다.

성전을 위한 다윗의 아낌없는 관대함은 하나님의 건물, 성령의 전인 자기 백성을 위한 그리스도의 은혜의 행동들을 묵상하는 데 도움이 된다. 바울은 그리스도의 관대함을 이렇게 묘사한다. "부요하신 이로서 너희를 위하여 가난하게 되심은 그의 가난함으로 말미암아 너희를 부요하게 하려 하심이라"(고후 8:9).[213] 그리고 바울은 그리스도의 행동을 기초로 사용해서 우리도 이와 같이 관대하라고 권고한다. 다윗이 "힘을 다하여" 드리고 "즐거이" 드리라고 명령하는 것처럼, 바울은 마게도냐 교회의 헌금을 "힘대로 할 뿐 아니라 힘에 지나도록 자원하여"라고 묘사한다(고후 8:3). 그들 역시 "먼저 자신을 주께 드[렸다]"(고후 8:5). 다른 곳에서 바울은 "하나님의 전", 그분의 백성이 계속해서 지어져가는 묘사를 사용하며, 모든 사람에게 최고의 재료를 가져오도록 '조심하라'고 촉구한다. "금이나 은이나 보석"으로 된 공적은 오래 지속된다는 것이다(고전 3:10-17).

기쁨이 가득한 다윗의 찬양으로부터 교회는 주기도문 끝에 나오는 "다만 나라와 권세와 영광이 아버지께 영원히 있사옵나이다"라는 송영을 갖게 되었다.[214] 우리는 "하늘에 계신 우리 아버지"께 그분의 "뜻이 땅에서도 이루어지이다"라고 기도한다. 존재하는 모든 것은 그분에게 속해 있기 때문이다. 다윗의 기도는 또한 하나의 모범이다. 우리는 간구에 이르기 전에 먼저 과거와 미래의 하나님의 성품과 행동을 곰곰이 묵상한다. 그런 것들이 모든 간구의 기초이기 때문이다. 마찬가지로, 하나님이 "이것을 주의 백

213 고후 8-9장에 지배적으로 나오는 단어(10번)는 보통 '은혜'라고 번역되는 카리스(*charis*)다.

214 가장 오래되고 가장 믿을만한 헬라어 마태복음 사본들에는 그 송영(마 6:13b)이 나와 있지 않다. 하지만 그 말은 2세기부터 전례적으로 사용되었던 듯하며 신약 사본들에 나온다. 그 말은 분명 예배 때 적절하게 덧붙인 말이다.

성의 심중에 영원히 두어 생각하게 하시고"라는 다윗의 마지막 간구는 그리스도가 십자가로 가시기 전에 드린 간구들과 비교해볼 수 있다. 그리스도는 모든 세대에서 그분을 따르는 자들을 위해 하나님 아버지께서 "아버지의 이름으로 그들을 보전하사…악에 빠지지 않게 보전하시기를…그들도 다 하나가 되어…세상으로 아버지께서 나를 보내신 것을 믿게 하옵소서"(요 17:11, 15, 20-21)라고 기도하셨다.

다윗의 결론적 말과 역대기 저자의 내러티브 내내 울려 퍼지는 것은 하나님의 왕적 통치라는 주제였다. 솔로몬이 앉게 될 보좌는 여호와의 보좌였으며, 이스라엘은 여호와의 나라였다. 다윗의 자손 그리스도께 충성을 바친 사람들은 "우리 아버지여…나라가 임하시오며"라고 기도하며, "세상 나라가 우리 주와 그의 그리스도의 나라가 되어 그가 세세토록 왕노릇"(계 11:15) 하실 때를 고대한다. 여기에 겸손하고 즐거운 찬양에 동참할 큰 이유가 있다.

29장

1 Chronicles
역대상
29:26-30

26 이새의 아들 다윗이 온 이스라엘의 왕이 되어 27 이스라엘을 다스린
기간은 사십 년이라 헤브론에서 칠 년간 다스렸고 예루살렘에서 삼십
삼 년을 다스렸더라 28 그가 나이 많아 늙도록 부하고 존귀를 누리다
가 죽으매 그의 아들 솔로몬이 대신하여 왕이 되니라 29 다윗 왕의 행
적은 처음부터 끝까지 선견자 사무엘의 글과 선지자 나단의 글과 선
견자 갓의 글에 다 기록되고 30 또 그의 왕 된 일과 그의 권세와 그와
이스라엘과 온 세상 모든 나라의 지난날의 역사가 다 기록되어 있느
니라

26 Thus David the son of Jesse reigned over all Israel. 27 The time
that he reigned over Israel was forty years. He reigned seven years in
Hebron and thirty-three years in Jerusalem. 28 Then he died at a good
age, full of days, riches, and honor. And Solomon his son reigned in his
place. 29 Now the acts of King David, from first to last, are written in
the Chronicles of Samuel the seer, and in the Chronicles of Nathan the
prophet, and in the Chronicles of Gad the seer, 30 with accounts of all
his rule and his might and of the circumstances that came upon him and
upon Israel and upon all the kingdoms of the countries.

단락 개요

II. 다윗과 솔로몬의 통일 왕국—예루살렘, 궤, 성전(대상 9:35-대하 9:31)
B. 다윗, 예루살렘에서 왕이 됨: 승리와 성전 준비(11:1-29:30)
2. 승리와 성전 준비(17:1-29:30)…
f. 다윗의 지시들 및 솔로몬이 왕위에 오름(28:1-29:30)…
(3) 다윗의 통치 요약(29:26-30)

주석

29:26-30 결론적 요약은 열왕기상 2:10-12에 나오는 것과 같다. 하지만 "헤브론에서 칠 년간[215]…예루살렘에서 삼십삼 년을"이라는 것만 제외하면 표현은 상당히 다른데, 이는 저자의 강조점들을 반영한다. 자주 나오는 "온 이스라엘"이라는 말이 사용된다. 다윗이 "나이 많아"라는 것은 하나님의 복을 나타내는 표시다(참고. 대상 23:1). 그리고 처음으로 선지자들의 공식 기록[디브레(*dibre*), '말, 내용', ESV는 "Chronicles"(역대기)]이 보다 상세한 사항의 출처라고 나온다. [세 명의 선지자에게는 구약에서 사용된 세 개의 다른 용어들이 주어진다. 둘 다 "선견자"('보는 사람')을 의미하는 말인 로에(*ro'eh*)와 호제(*khozeh*), 그리고 "선지자"를 의미하는 말인 나비(*nabi'*)이다. 하지만 기능의 차이가 암시되어 있는지는 분명하지 않다. 뒤에 나오는 왕들에게는 선지자들의 글 아홉 개가 더 열거될 것이다.]

29장

기록들은 포괄적이다. 우리는 다윗과 이스라엘에 관한 자료들을 예상하지만, 결론적 문구는 청중들의 시야를 "온 세상 모든 나라"(적어도 18-20장

215 더 정확하게는 3:4의 "칠년 육 개월."

에 언급된 나라들을 포괄하는)로 넓혀준다. 이 문구는 역대기에만 나오며 바사 황제들이 자신을 세상의 창조주로 여겨지는 아후라 마즈다에 의해 왕위에 올랐다고 말하기 위해 사용하는 용어를 반영할 것이다.[216] 저자는 그래서 제국의 언어를 사용하지만 그의 청중들이 더 큰 실상으로 향하게 한다. 다른 곳에서 그 문구는 왕들과 이스라엘이 하나님을 의뢰했을 때 이웃 나라들에게 임한 '여호와/하나님에 대한 두려움'(대하 17:10; 20:29) 혹은 이스라엘이 의뢰하지 못할 때 다른 왕들을 섬기는 것(대하 12:8)과 연관되어 있다. 다윗의 통치에 대한 저자의 글은 어떻게 "여호와께서 모든 이방 민족으로 [다윗을] 두려워하게" 하셨는지 혹은 이방 민족에게 "이기게" 하셨는지 말했다(대상 14:17; 18:6, 13, 참고. 17:8).

응답

다윗의 통치에 대한 역대기 저자의 마지막 말이 "온 세상 모든 나라"라는 것은 우연의 일치가 아닐 것이다. 저자의 시대에, 예후드(유대)는 큰 바사 제국의 작은 한 지방일 뿐이었을 것이다. 하지만 그것이 하나님이 의도하시는 시야를 제한할 이유는 아니었다. 하나님이 다윗과 그의 후계자들을 통해 "온 이스라엘"을 다스리시는 것은 '온 세상 모든 나라'에 함축을 지니고 있다. 여기에 마태복음의 마지막 말로 이어지는 기대에 찬 비전이 있다. 거기에서 부활하신 예수님은 "모든 권세"를 가지고 "모든 민족"에게 "내가 너희에게 분부한 모든 것을…지키게" 가르치라고 명령하셨다(마 28:18-20). 이것은 바울의 추진력이 되는 비전이다. 바울은 로마서를 "믿어 순종하게 하나니"(롬 1:5)라는 말로 시작하고 "모든 민족이"(롬 16:26)라는 말로 끝낸다. 예수께서 빌라도에게 하신 "내 나라는 이 세상에 속한 것이 아

216 Briant, *From Cyrus to Alexander*, 173-180.

니니라”(요 18:36a)라는 대답은 인간 나라들과 아무 관련이 없다는 진술이기보다는 그 나라의 근원과 방법들을 말한다(36b절, 참고. 요 1:10-11). 우리는 “위대한 다윗의 더 위대하신 아들이신 분”[217]이 실로 “땅의 임금들의 머리”(계 1:5)라고 단언할 수 있다.

《ESV 성경 해설 주석 역대하》로 이어집니다.

217 시편 72편에 기초한 James Montgomery의 1821년 찬송 ‘여호와의 기름부음 받으신 분께 만세’(Hail to the Lord’s Anointed).

성경구절 찾아보기

역대하

에스라

느헤미야

국제제자훈련원은 건강한 교회를 꿈꾸는 목회의 동반자로서 제자 삼는 사역을 중심으로
성경적 목회 모델을 제시함으로 세계 교회를 섬기는 전문 사역 기관입니다.

ESV 성경 해설 주석

역대상

초판 1쇄 인쇄 2025년 4월 17일
초판 1쇄 발행 2025년 4월 24일

지은이 존 W. 올리
옮긴이 정옥배

펴낸이 오정현
펴낸곳 국제제자훈련원
등록번호 제2013-000170호(2013년 9월 25일)
주소 서울시 서초구 효령로68길 98(서초동)
전화 02) 3489-4300 **팩스** 02) 3489-4329
이메일 dmipress@sarang.org

ISBN 978-89-5731-930-7
978-89-5731-889-8 94230(세트)

※ 책값은 뒤표지에 있습니다. 잘못된 책은 구입하신 곳에서 교환해드립니다.